VOLTAIRE
A LA COUR

VOLTAIRE ET LA SOCIÉTÉ FRANÇAISE

AU XVIIIe SIÈCLE

4 volumes in-8º

ONT DÉJA PARU :

LA JEUNESSE DE VOLTAIRE, 1 vol. in-8, 7 fr. 50 c.
VOLTAIRE AU CHATEAU DE CIREY, 1 vol. in-8, 7 fr. 50 c.
VOLTAIRE A LA COUR, 1 vol. in-8, 7 fr. 50 c.

SOUS PRESSE :

VOLTAIRE ET FRÉDÉRIC, 1 vol. in-8.

PARIS. — IMP. P.-A. BOURDIER, CAPIOMONT FILS ET Ce
rue des Poitevins, 6.

VOLTAIRE ET LA SOCIÉTÉ FRANÇAISE
AU XVIIIᵉ SIÈCLE

VOLTAIRE

A LA COUR

PAR

GUSTAVE DESNOIRESTERRES

PARIS
LIBRAIRIE ACADÉMIQUE
DIDIER ET Cⁱᵉ, LIBRAIRES-ÉDITEURS
35, QUAI DES AUGUSTINS, 35
—
1869

Tous droits réservés.

VOLTAIRE
A LA COUR

I

MADAME D'ÉTIOLES. — LE TEMPLE DE LA GLOIRE. — RAMEAU ET ROUSSEAU. — LES FÊTES DE RAMIRE.

Quelque nombreuses et passionnées qu'avaient été les attaques contre le *Poëme de Fontenoi*, Voltaire, comme courtisan, n'avait fait que gagner du terrain. Il était en pleine faveur, et le maréchal de Saxe écrivait à madame du Châtelet : « Le Roi en a été très-content, et même il m'a dit que l'ouvrage n'était pas susceptible de critique [1]. » Et l'auteur d'ajouter : « Vous sentez bien qu'après cela je dois penser que le Roi est le meilleur et le plus grand connaisseur de son royaume. » Si la *Princesse de Navarre* avait rencontré des juges peu bienveillants, elle aussi avait réussi; il en eût été autrement que Richelieu, encore plus souple courtisan qu'ami éprouvé, n'eût pas songé

---

1. Voltaire, *OEuvres complètes* (Beuchot), t. LV, p. 44. Lettre de Voltaire à Cideville; jeudi après minuit, 3 mai 1745. C'est le 3 juin qu'il faut substituer à cette date, comme le fait remarquer très-judicieusement Beuchot; en 1745 le 3 mai était, d'ailleurs, un lundi.

à commander à l'auteur un second ouvrage dans le genre de la louange et de l'apothéose : « Je vais passer de tout le tracas que m'a donné cette belle victoire à celui d'une nouvelle fête; mais je la ferai dans mon goût, dans le goût noble et convenable aux grandes choses qu'il faut exprimer ou faire entendre [1]. » Cette dernière fête devait être le *Temple de la Gloire*. Cette fois encore, Voltaire allait être rivé au terrible Rameau. Mais il est tout résigné, enchanté qu'il est de donner une nouvelle preuve de zèle et de dévouement à son illustre protecteur, à son « héros ».

J'eus l'honneur, mandait-il à Richelieu, de vous envoyer hier de nouveaux essais de la fête; mais il y en avait bien d'autres sur le métier. Il ne s'agit que de voir avec Rameau ce qui conviendra le plus aux fantaisies de son génie. Je serai son esclave pour vous faire voir que je suis le vôtre; mais, en vérité, vous devriez bien mander à madame de Pompadour autre chose de moi que ces beaux mots : *je ne suis pas trop content de son acte*. J'aimerais bien mieux qu'elle sût par vous combien ses bontés me pénètrent de reconnaissance, et à quel point je vous fais son éloge; car je vous parle d'elle comme je lui parle de vous; et, en vérité, je lui suis très-tendrement attaché, et je crois devoir compter sur sa bienveillance autant que personne. Quand mes sentiments pour elle lui seraient revenus par vous, y aurait-il eu si grand mal? Ignorez-vous le prix de ce que vous dites et de ce que vous écrivez [2]?

Cette petite semonce amicale est à noter. Elle est presque une date pour l'histoire de ce règne si peu sérieux, si futile. C'est la première fois qu'il est question de madame de Pompadour, dans la Correspon-

---

1. Voltaire, *OEuvres complètes* (Beuchot), t. LV, p. 38, 39. Lettre de Voltaire au président Hénault; ce 13, 14 et 15 juin 1745.

2. *Ibid.*, t. LV, p. 43. Lettre de Voltaire à Richelieu; le 20 juin 1745.

dance. Ce nom-là ne pouvait guère, il est vrai, s'y trouver plus tôt; c'était à peine si elle portait alors ce nouveau titre, bien que le marquisat eût été acquis en avril, par l'entregent de Montmartel [1]. Louis XV, qui n'était pas encore allé chercher ses amours en dehors de sa cour, et qui, pour plus de commodité, avait fait succéder les sœurs aux sœurs, un peu embarrassé de l'origine bourgeoise de sa nouvelle passion, avait tenu, dès l'abord, à l'entourer de mystère; et cette intrigue, qui devait être bientôt si publique, avait pris des allures de roman dont l'effet ne fut pas, on le pense bien, d'inspirer la satiété à ce cœur blasé qu'il fallait, avant tout, distraire, désennuyer, arracher à lui-même. Ce fut aux fêtes données pour le mariage du Dauphin que l'on commença à parler du récent caprice du roi [2]; car la qualité de la personne ne laissait pas supposer que ce pût être autre chose. « On prétend, note à la date du 8 mars M. de Luynes (qui, à plus forte raison, n'eût pas admis la possibilité d'une comtesse du Barri), on prétend que depuis quelque temps elle est (madame d'Étioles) presque toujours dans ce pays-ci, et que c'est là le choix que le Roi a fait. Si le fait est vrai, ce ne seroit vraisemblablement qu'une galanterie et non pas une maîtresse [3]. » Il est des gens qui croient à une étoile; madame Poisson avait toujours dit à sa fille qu'elle était un morceau de roi [4], et elle avait fait partager cette conviction à

---

1. Duc de Luynes, *Mémoires*, t. VI, p. 423; mercredi 28 avril 1745.
2. Barbier, *Journal* (Charpentier), t. IV, p. 24; mars 1745.
3. Duc de Luynes, *Mémoires*, t. VI, p. 354.
4. *Vie privée de Louis XV* (Londres, 1785), t. II, p. 258.

Antoinette, qui procéda comme Mahomet, en allant à la montagne, de peur que la montagne ne mît trop de temps à venir à elle. Ajoutons que madame Poisson avait les raisons les meilleures de croire à cette destinée royale. Elle avait conduit sa fille chez une tireuse de cartes qui avait pleinement confirmé ces irréalisables chimères. C'était y voir de loin, car l'enfant avait neuf ans alors ; aussi la marquise, au faîte de la puissance, n'oubliera pas l'oracle et saura se montrer reconnaissante. On a trouvé l'indication d'une pension de six cents livres « faite à madame Lebon, pour avoir prédit à madame de Pompadour qu'elle seroit un jour maîtresse de Louis XV [1]. »

Disons que cette mère prudente ne négligea rien pour l'élever au niveau de son incomparable avenir. Tous les maîtres lui furent donnés : Jeliotte lui enseigna le chant et le clavecin, Guibaudet la danse. Elle montait à cheval en véritable amazone, récitait avec un naturel, une grâce qui seront une de ses plus grandes séductions, et unissait à tous ces dons un talent plus sérieux, inconnu jusque-là chez une femme, celui de graver sur cuivre et sur pierres fines [2]. On sait ce qu'il y a trop souvent à rabattre de ces réputations de coteries, de ces engouements de salons. Quand une femme est jeune, qu'elle est belle comme l'était mademoiselle Poisson, l'on n'est que trop porté à lui tout accorder ; mais Antoinette n'avait nul besoin de cette indulgence. Un soir, on la prie, chez madame

---

[1]. J.-A. Le Roi, *Curiosités historiques* (Paris, Plon, 1864), p. 222.
[2]. *Gazette des Beaux-Arts*, année 1859, t. III, p. 131, 139 à 152. *Madame de Pompadour*, par Albert de la Fizelière.

d'Angervilliers, de toucher du clavecin : elle joua si excellemment qu'elle excita un véritable délire et que l'une des dames présentes, cédant à un transport d'enthousiasme, se précipita dans ses bras en versant un torrent de larmes; et cette dame, étrange coïncidence, était la comtesse de Mailly, la maîtresse de Louis XV [1]. Joignez à cela tout l'esprit du monde, une beauté resplendissante, cette habileté stratégique qui lui fut d'un si grand secours pour demeurer debout sur ce sol singulièrement glissant où elle n'avait à compter que sur elle. Dès 1742, le président Hénault la rencontre chez M. de Montigny, à un souper pour lequel il avait prêté son cuisinier, en une compagnie de gens du monde et d'artistes, M. Dufort des Postes, madame d'Aubeterre, madame de Sassenage et le chanteur Jeliotte [2]. Il parle d'elle comme d'une des plus jolies femmes qu'il ait jamais vues : « Elle sait la musique parfaitement, elle chante avec toute la gaieté et tout le goût possible, sait cent chansons, joue la comédie à Étioles sur un théâtre aussi beau que celui de l'Opéra, où il y a des machines et des changements... On me pria d'aller être témoin de tout cela dans un pays que j'ai beaucoup aimé, où j'ai passé ma jeunesse, et dans une maison qui est la même que mon père avoit, mais où l'on a dépensé cent mille écus depuis [3]. » Mais

---

1. Goncourt, *Les Maîtresses de Louis XV*, t. I, p. 192.
2. Madame du Deffand, *Correspondance complète* (Plon, 1865), t. I, p. 68. Lettre du président Hénault à madame du Deffand; 17 juillet 1742.
3. *Ibid.*, t. I, p. 70. Lettre du président Hénault à madame du Deffand; 18 juillet 1742. — Président Hénault, *Mémoires* (Dentu, 1855), p. 18.

alors elle avait cessé d'être mademoiselle Poisson ; Le Normand de Tournehem, l'amant de sa mère, peut-être son père, l'avait unie à son neveu Le Normand d'Étioles, et elle pouvait sans contrainte se livrer à tous les enivrements d'une vie remplie par les plaisirs et les succès. Tout Paris allait à ces fêtes qui étaient aussi intelligentes que magnifiques. Gresset, Crébillon, Voltaire comptaient au nombre des habitués de Tournehem et de sa fille d'adoption. Seulement, comme l'auteur de *Rhadamiste* et celui de *Zaïre* ne s'aimaient guère, on s'y prenait de façon à ce qu'ils se rencontrassent le moins possible [1].

Bien des femmes, à commencer par la pauvre Mailly, arrivèrent au cœur du maître avec infiniment moins de titres. Encore faut-il l'occasion. Cette occasion se rencontre ou peut se rencontrer à tout instant à la cour ; mais Antoinette n'était qu'une bourgeoise, et un abîme l'en séparait. Les circonstances, son étoile, sa volonté y remédièrent, et elle n'attendit pas la mort de madame de Châteauroux pour se mettre en campagne. Mais la même femme qui n'avait pas regardé à passer sur le corps de sa sœur ne pouvait être d'humeur à tolérer les prétentions agressives de cette obscure beauté dont on lui étourdissait depuis quelque temps les oreilles. Madame de Chevreuse, sans y entendre malice, étant chez le roi, s'avise de prononcer le nom de la *petite d'Étioles ;* la favorite se glisse doucement jusqu'à elle, et lui marche sur le pied avec une brutalité telle que la pauvre duchesse tomba en syncope. Cela pouvait,

---

1. Laujon, *OEuvres choisies* (Paris, 1811), t. I, p. 75.

après tout, n'être qu'une maladresse, et il ne fallait pas qu'elle se méprît. Le lendemain, madame de Châteauroux va rendre visite à sa victime, et lui dit à brûle-pourpoint : « Savez-vous qu'on parle en ce moment de donner au Roi la petite d'Étioles, et qu'on n'en cherche plus que les moyens [1] ? » Et madame de Chevreuse sut dès lors pourquoi on lui avait écrasé le pied la veille. La favorite ne s'en tint pas là : injonction fut faite à cette ambitieuse de la ville de ne plus se montrer aux chasses de la cour. Ces chasses étaient, en effet, pour la fille de madame Poisson, le seul moyen de voir et d'être vue; et, si elle dut alors obéir à ces défenses, elle reprit bien vite ses courses dans la forêt de Sénart, après la mort de l'altière duchesse, en habit couleur de rose et dans un phaéton volant [2], (8 décembre 1744), aidant fort au hasard, qui lui faisait croiser à tout instant le carrosse du roi. Étioles, dans la capitainerie de Sens, près de Corbeil, était à la lisière de la forêt, et ce voisinage expliquait à la rigueur des rencontres trop fréquentes, trop opportunes pour tromper personne. Mais, tout manifeste qu'il fût, le manége ne déplut point : cela prenait des allures de roman et promettait de jeter dans l'imprévu cette majesté ennuyée et si malaisée à distraire. Les préliminaires ne languirent point et l'on ne tarda pas à s'entendre. Si les noces du Dauphin, en introduisant quoique discrètement madame d'Étioles dans ces fêtes, déchirèrent une partie du voile, on s'aimait et on se voyait depuis longtemps. Louis XV, qui ne demandait

1. Duc de Richelieu, *Mémoires* (Paris, 1792), t. VII, p. 9, 10
2. *Ibid.*, t. VIII, p. 154.

d'ailleurs qu'à échapper à tout son monde, auquel l'étiquette et le cérémonial faisaient horreur, allait dans les commencements trouver madame d'Étioles à Paris, rue Croix-des-Petits-Champs [1]. L'hôtel qu'elle occupait avec Tournehem avait, comme toutes les maisons de ce quartier, une sortie dans la rue des Bons-Enfants, qui elle-même avait des débouchés sur le jardin du Palais-Royal ; il se prêtait à merveille à des visites mystérieuses que madame Poisson et M. Le Normand ne demandaient qu'à favoriser, et que le mari seul devait ignorer ; il offrait enfin toutes les commodités pour de pareilles équipées [2]. Le secret fut assez bien gardé pour que ceux qui approchaient la jeune femme, même assez intimement, ne se doutassent de rien, à commencer par le président Hénault, qui lui demanda avec une candeur dont il ne fut pas le dernier à rire, si elle avait pris des mesures à l'égard des noces du Dauphin, où elle comptait loger

1. Michaud, *Biographie universelle*, t. XXXV, p. 284. — Lefeuve, *Les anciennes maisons de Paris sous Napoléon III*, p. 31. Rue Croix-des-Petits-Champs.

2. Cette maison, située en face de l'hôtel d'Argenson, qui avait appartenu à la Bazinière, trésorier de l'épargne sous Louis XIII et Louis XIV, et fut à une certaine heure l'*Hôtel de Bretagne*, existe encore, et porte le n° 21 de la rue Croix-des-Petits-Champs. Les historiens, qui en font le théâtre des premiers rendez-vous de Louis XV, la considèrent comme un gîte occulte et ne paraissent pas soupçonner que le fermier général Le Normand de Tournehem demeurât dans cette rue, ainsi que l'indique l'*Almanach royal* de 1745. Aussitôt qu'on eut vu quelque inconvénient à recevoir le roi chez soi, l'on n'eût certes pas choisi une maison voisine, et l'on fût plutôt allé, ce nous semble, à l'autre bout de la ville. Disons, en outre, que, durant ces visites, madame Poisson, la mère, tenait compagnie aux deux courtisans dont le roi s'était fait escorter, ce qui vient corroborer encore notre opinion.

et qui s'occuperait d'elle? Madame d'Étioles lui répondit qu'elle avait un sien cousin, appelé Binet, premier valet de chambre du Dauphin, qui se chargerait d'elle. « Il s'en chargea, en effet, nous dit le président, et quinze jours après j'appris que mes inquiétudes n'étaient point fondées [1]. » Binet joua bien son rôle. Aux premières accusations, il cria à la calomnie, protesta de l'innocence de sa jeune parente, affirmant qu'elle n'était venue à la cour que pour solliciter une place de fermier général. Il en parla en ces termes à l'évêque de Mirepoix qui l'avait menacé de le faire chasser d'auprès de son maître [2]. Mais le théatin Boyer se fût heurté à plus fort que lui, et les choses ne tardèrent pas à se dessiner de telle sorte qu'il fallut bien prendre son parti sur un événement qui, en scandalisant les gens austères, ne laissa pas de faire mal au cœur à plus d'une grande dame que la succession de la duchesse de Châteauroux eût fort accommodée.

En changeant de fortune, madame d'Étioles se piqua

---

1. Président Hénault, *Mémoires* (Dentu, 1855), p. 198.
2. Duc de Luynes, *Mémoires*, t. VI, p. 418, 419; jeudi 22 avril 1745. L'anecdote suivante prouverait que le public fut informé d'assez bonne heure de cette intrigue mystérieuse. Un jour, madame d'Étioles entre dans un magasin de dentelles et fait des emplettes assez considérables; au moment de payer, elle s'aperçoit qu'elle n'a pas sa bourse, et dit qu'elle enverra solder et prendre ce qu'elle a acheté. « Ah! madame, répondit la marchande, vous pouvez bien emporter tout ce qui vous plaira; tout est à votre service, et je ne suis pas inquiète du payement. — Mais, ma bonne, ne craignez-vous pas que votre crédit ne soit bien hasardé? vous ne me connaissez pas. — Oh! pardonnez-moi, madame, repartit naïvement la marchande; tout le monde vous connaît bien : c'est madame qui a acheté la charge de madame de Châteauroux. » *Paris, Versailles et les Provinces au XVIIIe siècle* (Paris, 1817), t. I, p. 22.

d'être fidèle aux arts et aux lettres, et on la verra s'entourer de littérateurs, d'artistes en tous genres, même de philosophes, qui chanteront ses louanges et la payeront de sa bienveillance en flatteries et en petits vers. Voltaire raconte les commencements de la marquise d'un ton dégagé qui contraste fort avec les airs de courtisan qu'il prend en s'adressant à elle, notamment dans la préface de *Tancrède*. L'on n'a pas le droit d'être aussi désintéressé, lorsque l'on a vécu dans l'intimité de la maîtresse du roi. Mais aux bontés avaient succédé la tiédeur; s'il n'avait pas été trahi, il n'avait pas été défendu, et c'est ce qu'il ne pardonna point.

Il fallait une maîtresse. Le choix tomba sur mademoiselle Poisson, fille d'une femme entretenue et d'un paysan de la Ferté-sous-Jouare, qui avait amassé quelque chose à vendre du blé aux entrepreneurs des vivres. Ce pauvre homme était alors en fuite, condamné pour quelque malversation. On avait marié sa fille au sous-fermier Le Normand, seigneur d'Étioles, neveu du fermier général Le Normand de Tournehem, qui entretenait la mère. La fille était bien élevée, sage, aimable, remplie de grâces et de talents, née avec du bon sens et un bon cœur. Je la connaissais assez : je fus même le confident de son amour. Elle m'avouait qu'elle avait toujours eu un secret pressentiment qu'elle serait aimée du roi, et qu'elle s'était senti une violente inclination pour lui, sans trop le démêler.

Cette idée, qui aurait pu paraître chimérique dans sa situation, était fondée sur ce qu'on l'avait souvent menée aux chasses que faisait le roi dans la forêt de Sénart. Tournehem, l'amant de sa mère, avait une maison de campagne dans le voisinage. On promenait madame d'Étioles dans une jolie calèche. Le roi la remarquait et lui envoyait souvent des chevreuils. Sa mère ne cessait de lui dire qu'elle était plus jolie que madame de Châteauroux; et le bonhomme Tournehem s'écriait souvent : « Il faut avouer que la fille de madame Poisson est un morceau de roi. » Enfin, quand elle eut tenu le roi entre ses bras, elle me dit qu'elle croyait fermement à la destinée ; et elle avait raison.

Je passai quelques mois à Étioles, pendant que le roi faisait la campagne de 1746[1].

Durant quelque temps ces amours échappèrent au contrôle avide des courtisans. On soupait en petit comité ; et, sauf un ou deux amis et amies du prince, tout le monde en était réduit aux conjectures. On ne doutait plus que madame d'Étioles ne logeât à Versailles, sans trop savoir où. Mais ce n'étaient encore que des apparitions, et elle retournait aussitôt à Paris. Elle avait un mari avec lequel, après tout, il fallait compter. Il était absent, il était parti sans soupçon, et n'imaginait pas ce qui l'attendait au retour. « J'appris hier, rapporte le duc de Luynes, que M. d'Étioles, qui vient d'arriver de province et qui avoit compté en arrivant trouver sa femme, qu'il aime fort, a été fort étonné quand M. Le Normand, fermier général, son parent et son ami, lui est venu dire qu'il ne comptât plus sur sa femme, qu'elle avoit un goût si violent qu'elle n'avoit pu lui résister, et que pour lui, il n'avoit d'autre parti à prendre que de songer à s'en séparer. M. d'Étioles tomba évanoui à cette nouvelle[2]... » Il ne s'avisa pas, toutefois, de répéter la comédie du marquis de Montespan. Il ne prit point le deuil de sa femme, et il finit par accéder à une séparation qui, au moins, désintéressait son honneur. Quant à madame d'Étioles, elle avait eu raison de beaucoup attendre de son étoile. Le sentiment que le roi avait

---

1. Voltaire, *OEuvres complètes* (Beuchot), t. XL, p. 80, 81. Mémoires pour servir à l'histoire de M. de Voltaire, écrits par lui-même.
2. Duc de Luynes, *Mémoires*, t. VI, p. 423 ; du mercredi 28 avril 1745.

pour elle n'était point un caprice passager : secondé par l'habitude, il se consolida avec les années, grâce, il faut le dire, à d'inqualifiables condescendances ; et la marquise de Pompadour aura la rare fortune, comme sa devancière, de mourir en pleine faveur : nous voudrions ajouter aimée et regrettée, si Louis XV eût été homme à aimer et à regretter quelque chose.

Voltaire était dans le secret des amours de la favorite, qui le régalait dans son joli château d'un tokai qu'il déclare incomparablement supérieur à celui que le roi de Prusse lui avait envoyé par son ambassadeur manchot (M. de Camas [1]). Sans demeurer à poste fixe à Étioles, il y fit de fréquentes apparitions durant la campagne de 1745. « Je suis tantôt à Champs, tantôt à Étioles [2], » écrivait-il alors à M. d'Argenson. Il avait senti, sur-le-champ, tout le parti qu'il pouvait tirer, au moins pour sa sûreté, de l'amitié de madame d'Étioles, qui, à cet instant de premier enivrement, ne renia personne et témoigna la volonté de demeurer fidèle à ses amis. On a retrouvé des vers du poëte à cette dernière, à l'occasion de la journée de Fontenoi, et nous les enregistrons ici, parce qu'ils ne figurent qu'en partie et remaniés dans ses œuvres, et qu'ils sont les premiers qu'il fit, et, sans doute, que l'on fit pour la nouvelle maîtresse.

> Quand César, ce héros charmant,
> Dont tout Rome fut idolâtre,

---

1. Voltaire, *OEuvres complètes* (Beuchot), t. LV, p. 51. Lettre de Voltaire à madame la marquise de Pompadour (elle ne l'était pas encore alors, comme l'indiquent les vers en tête de cette même lettre).

2. *Ibid.*, t. LV, p. 47. Lettre de Voltaire au marquis d'Argenson ; Champs, 25 juin 1745.

> Gagnait quelque combat brillant,
>   On en faisait compliment
> A la divine Cléopâtre.
>
> Quand Louis, ce héros charmant,
> Dont tout Paris fait son idole,
> Gagne quelque combat brillant,
> On en doit faire compliment
> A la divine d'Étiole.

Le duc de Luynes, qui a conservé ces vers, les fait suivre de cinq autres sur le même patron, composés par une femme d'esprit, nous dit-il, mais qu'il ne nomme pas, sans que sa discrétion fasse infiniment de tort à l'auteur de cette très-innocente épigramme [1].

Mais les poëtes allaient bientôt accourir de toute part. En voici un qui ne s'attarda pas en route, qui sut arriver à temps, et, une fois introduit dans la place, mit en jeu tout ce qu'il avait d'esprit, d'art, de gentillesse, afin de conquérir les bonnes grâces de cette maîtresse, encore sous le manteau, mais trop bien établie dans le cœur de son royal amant pour redouter désormais d'en être délogée. Il a été question déjà de Bernis. Nous l'avons vu applaudissant à la *Mérope* de Voltaire, abbé plus que profane, vivant de l'air du temps, portant insoucieusement sa pauvreté, allant fort dans le monde et y recrutant, par ses qualités aimables autant que par ses bouquets poétiques, des amis et des amies qu'il retrouverait au bon moment, mais convaincu qu'un joli garçon comme lui ferait son chemin, lorsqu'il le voudrait bien; et c'est ce

---

1. Duc de Luynes, *Mémoires*, t. VI, p. 492, 493, 494; du samedi 19 juin 1745.

qu'il soutenait opiniâtrément à ses anciens camarades de séminaire, les Montazet, les la Rochefoucault, qui le querellaient sur son indolence et sa frivolité. « J'ignore, répondait-il, quand je prendrai la résolution de me mettre en chemin ; mais ce que je sais est que, dès que je l'aurai prise, et que je commencerai à marcher, je me trouverai devant vous [1] » ; et cela s'est vérifié, ajoute l'archevêque de Toulouse. La question est de savoir si ce voluptueux prenait ses prédictions très au sérieux, et si ces paroles prophétiques n'étaient pas bien plutôt un de ces propos fous, qui viennent couper court aux semonces et aux obsessions de l'amitié indiscrète. Toutefois, cette heure, qu'il appelait peut-être mais qu'il attendait sans impatience, avait sonné ; son habileté fut de le sentir et de la saisir.

Il en était là, raconte Marmontel, lorsqu'on apprit qu'aux rendez-vous de chasse de la forêt de Sénart, la belle madame d'Étioles avait été l'objet des attentions du roi. Aussitôt l'abbé sollicite la permission d'aller faire sa cour à la jeune dame ; et la comtesse d'Estrades (cousine de madame de Pompadour), dont il était connu, obtint pour lui cette faveur. Il arrive à Étioles par le coche d'eau, son petit paquet sous le bras ; on lui fait réciter ses vers ; il amuse, il met tous ses soins à se rendre agréable ; et, avec cette superficie d'esprit et ce vernis de poésie qui était son unique talent, il réussit au point qu'en l'absence du roi, il est admis dans le secret des lettres que s'écrivent les deux amants. Rien n'allait mieux à la tournure de son esprit et de son style que cette espèce de ministère. Aussi, dès que la nouvelle maîtresse fut installée à la cour [2] l'un des premiers effets de sa faveur fut-il de lui obtenir une

---

1. *Bibliothèque des Mémoires du XVIII° siècle* (Coll. Barrière, 1846), t. III, p. 197. Notice sur le cardinal de Bernis, par Loménie de Brienne, à la suite des *Mémoires de madame du Hausset*.

pension de cent louis sur la cassette, et un logement aux Tuileries, qu'elle fit meubler à ses frais. Je le vis dans ce logement, sous le toit du palais, le plus content des hommes, avec sa pension et son meuble de brocatelle [1]...

A partir de ce moment, l'abbé fut fort assidu, fort attentionné. Tout souriait, tout plaisait en lui. Ses bonnes joues roses et trop roses appelaient les caresses, et, la favorite, quand elle était de riante humeur, leur faisait l'inappréciable honneur d'un petit soufflet amical. C'est encore Marmontel qui raconte cela, à sa mode, en s'attribuant, comme de raison, une attitude plus digne, avec une sensible pointe d'amertume qui ferait croire que c'est au moins là de la vérité grossie. Disons, toutefois, qu'après les housses de M. de Ferriol, et les trois francs que chaque soir l'abbé se laissait mettre dans la main, tout semble croyable. Quelque temps après la concession d'un logement aux Tuileries, Louis XV le rencontrait dans l'escalier, ayant sous son bras une toile de Perse que la marquise venait de lui donner pour ses meubles. Il voulut voir ce que c'était, se fit montrer l'étoffe, et insista pour avoir le mot de l'énigme. « Eh bien, dit-il ensuite, en tirant un rouleau de louis de sa poche, elle vous a donné la tapisserie, voilà pour les clous [2]. » Notons, pourtant, que l'abbé n'avait pas loin alors de la trentaine, que ses vers lui avaient valu un nom et même un surnom, et que l'Académie française se l'était associé récemment (29 décembre 1744).

1. Marmontel, *Œuvres complètes* (Belin, 1819), t. 1, p. 157, 158. Mémoires. Liv. V.

2. La Harpe, *Correspondance littéraire* (Paris, 1804). t. III, p. 232.

Dès la première heure, Bernis avait la rare chance de devenir presque indispensable. Il fallait répondre aux messages galants de Louis XV, et, bien à tort, la marquise se méfiait de ses forces. Ce fut l'abbé qui eut la mission de répliquer de son mieux aux augustes poulets. Le fait n'était pas sans antécédent, et l'on avait vu Dangeau, chargé par Louis XIV et mademoiselle de la Vallière, de leur respective correspondance [1]. Bernis, auquel n'incombait qu'une moitié de la tâche, sortit de ce pas délicat au grand contentement de celle qu'il faisait parler, et de celui à qui allaient ces morceaux de rhétorique amoureuse. Louis XV, ravi, n'eût pas clos la journée sans dépêcher au moins un billet passionné. Le 9 juillet, Antoinette en avait déjà reçu quatre-vingts : quatre-vingts, en soixante-trois jours [2] ! Le cachet qui scellait ces poulets portait la devise significative : *Discret et fidèle* [3]. L'abbé, comme on en peut juger, n'était pas sans occupation, mais il se rendait indispensable par les services, et subjuguait par sa mine épanouie, son perpétuel sourire, les ressources d'une conversation constamment aimable, la jeune favorite qui, lui trouvant toutes les grâces, s'obstinera bientôt à lui croire tous les talents, et finira par l'accabler du poids de deux

---

1. L'abbé de Choisy, *Mémoires* (Michaud et Poujoulat), t. VI, p. 673, 674. — Fontenelle, qui raconte la même anecdote, substitue Madame Henriette à la duchesse de La Vallière. Ici le nom n'importe que peu à l'affaire. Fontenelle, *OEuvres complètes* (Belin, 1818), t. I, p. 306. Éloge du marquis de Dangeau.
2. Le roi partit le 6 mai pour l'armée.
3. *Mémoires du maréchal duc de Richelieu* (Paris, 1792), t. VIII, p. 162.

ministères, comme si un seul déjà n'eût été de trop. Quoi qu'il en soit, ses épîtres faisaient merveille. Un beau jour, le roi transporté, au lieu de mettre sa réponse à l'adresse de madame d'Étioles, substituera, à son nom bourgeois, le nom de marquise de Pompadour et glissera dans le même pli le brevet qui lui conférait ce titre [1]. Et l'abbé de chanter la nouvelle marquise dans de petits vers jolis, pomponnés, tous frais sortis de la boutique de Babet.

> Les Muses dans Cythère
> Faisaient un jour
> Un éloge sincère
> De Pompadour.
> Le trio des Grâces sourit,
> L'Amour applaudit
> Et Vénus bouda.
> O gué lan la lan laire,
> O gué lan la !

Voltaire était fort bien avec les puissances : fort bien avec la favorite qui n'allait demander qu'à le servir, fort bien avec M. de Richelieu qui lui fournissait la plus efficace occasion de plaire au maître, fort bien avec d'Argenson, fort bien enfin avec M. de La Vallière qui ne tarderait pas à avoir la haute main dans les plaisirs occultes des petits cabinets. Nous l'avons déjà vu faire une courte apparition à Champs ; il y passait en partie la dernière quinzaine de juin, avec madame du Châtelet qui n'aimait pas à lâcher trop la courroie, en compagnie de madame du Deffand (une de ces amies qui ne nous gâtent point et auxquelles il ne faut se

---

1. Duc de Luynes, *Mémoires*, t. VII, p. 5 ; 9 juillet 1745.

fier que de reste), et du très-aimable et très-frivolet abbé de Voisenon [1]. Mais force fut bien de s'arracher à cette existence excessive, à ces galas laborieux dont son estomac ne pouvait s'accommoder [2]. On a vu Voltaire s'écrier, en recevant le brevet d'historiographe : « Me voilà engagé d'honneur à écrire des anecdotes ; mais je n'écrirai rien, et je ne gagnerai pas mes gages. » C'était se calomnier, et bien du temps ne devait pas s'écouler sans qu'il se donnât lui-même le plus complet démenti. Il écrivait au marquis d'Argenson à la date du 17 août :

J'ai envie de ne point jouir du bénéfice d'historiographe sans le desservir ; voici une belle occasion. Les deux campagnes du roi méritent d'être chantées, mais encore plus d'être écrites... Mon idée ne serait pas que vous demandassiez pour moi la permission d'écrire les campagnes du roi ; peut-être sa modestie en serait alarmée, et d'ailleurs je présume que cette permission est attachée à mon brevet ; mais j'imagine que si vous disiez au roi que les impostures qu'on débite en Hollande doivent être réfutées, que je travaille à écrire ses campagnes, et qu'en cela je remplis mon devoir ; que mon ouvrage sera achevé sous vos yeux et sous votre protection ; enfin, si vous lui représentez ce que j'ai l'honneur de vous dire, avec la persuasion que je vous connais, le roi m'en saura quelque gré, et je me procurerai une occupation qui me plaira, et qui vous amusera. Je remets le tout à votre bonté. Mes fêtes pour le roi sont faites ; il ne tient qu'à vous d'employer mon loisir [3].

Mais M. d'Argenson l'enlève à cette besogne qui lui sourit fort, et le charge de rédiger une protestation

1. Voltaire, *OEuvres complètes* (Beuchot), t. LV, p. 50. Lettre de Voltaire au président Hénault ; mardi 6 juillet 1745.
2. *Ibid.*, t. LV, p. 63, 64. Lettre de Voltaire à l'abbé de Voisenon.
3. *Ibid.*, t. LV, p. 54, 55. Lettre de Voltaire au marquis d'Argenson ; le 17 août 1745.

du gouvernement français contre le procédé déloyal de la Hollande, après la capitulation de Tournay. Par les termes de cette capitulation, la garnison prenait l'engagement d'être dix-huit mois sans porter les armes, sans passer à aucun service étranger, sans faire, durant ce temps, aucun service militaire, de quelque nature qu'il pût être. Cela semblait tellement précis, qu'on ne concevait pas de prétexte à une interprétation félonne. Mais en matière diplomatique rien n'est tellement net, tellement clair que les intéressés ne trouvent quelque moyen plus ou moins spécieux d'éluder des clauses gênantes. Ces troupes hollandaises, qui ne devaient pas agir contre nous de dix-huit mois, il était question de les envoyer en Écosse au secours de l'Angleterre, alors aux prises avec Charles-Édouard. Les États généraux soutenaient qu'ils n'étaient point en contradiction avec leur traité ; les six mille Hollandais qu'ils prêtaient au roi d'Angleterre n'avaient d'autre mission que de lui venir en aide contre ses sujets révoltés, et ne marcheraient point contre la France. L'argument n'était que spécieux ; ils pouvaient même avoir à combattre contre nous, puisque nous nous disposions à appuyer la descente du prince. D'ailleurs, le roi d'Angleterre étant en guerre avec nous et ayant à faire face à cette diversion, ces six mille auxiliaires le dispensaient de rappeler un nombre équivalent d'hommes du continent [1].

1. Cette hypothèse n'était que trop dans la vraisemblance des événements. Nous dépêchâmes en effet, quoique bien chichement, des secours au prince Édouard, et nous allions nous trouver en présence de ces mêmes Hollandais, quand lord Drummond, qui était lieutenant géné-

L'abbé de La Ville, notre ministre en Hollande, avait adressé des représentations dont on n'avait pas tenu compte; il s'agissait de rédiger un mémoire très-catégorique, très-ferme, « d'un style serré, nerveux, digne de la majesté d'un conquérant. » M. d'Argenson s'adressa, pour la composition de cette pièce importante, au poëte, auquel il n'accordait pas deux jours pleins. « Je voudrais avoir ceci pour mercredi, lui mandait-il, avant neuf heures du matin [1]. » Voltaire ne recevait ces instructions du ministre que le lundi à dix heures du soir; dès le lendemain matin, 29, il dépêchait le travail, avec un petit billet où il se mettait complétement à la discrétion du marquis. « Je crois avoir suivi vos vues, lui disait-il; il ne faut point trop de menaces. M. de Louvois irritait par ses paroles; il faut adoucir les esprits par la douceur, et les soumettre par les armes [2]. » Ce document, publié par les éditeurs de Kehl, sur la minute même de Voltaire, est concluant, rempli de raison et d'équité; loin de briser les vitres, il laisse une porte ouverte pour le cas où l'on se sentirait ébranlé; il est tel enfin qu'on le lui

ral au service de France, envoya une ordonnance au commandant de ces troupes, pour lui faire observer que le drapeau français étant déployé dans le camp du prince, ses six mille hommes devaient retourner en Hollande, car c'étaient six mille prisonniers qui n'étaient libres qu'à condition de ne pas porter les armes contre nous; et la sommation eut son effet. Il est vrai que ces six mille Hollandais étaient remplacés par six mille Hessois que le prince Frédéric amenait à son beau-frère. Amédée Pichot, *Histoire de Charles-Edouard* (Amyot, 1845-1846), t. II, p. 180, 181.

1. Marquis d'Argenson, *Mémoires* (Janet), t. V, p. 11 à 14. Lettre du marquis d'Argenson à Voltaire; Versailles, septembre 1745.

2. Voltaire, *Œuvres complètes* (Beuchot), t. LV, p. 65. Lettre de Voltaire au marquis d'Argenson; du 29, mardi matin.

demandait et que le comprenait son esprit modéré et conciliant [1].

Voltaire avait décidé qu'il irait à Fontainebleau; madame du Châtelet, qui ne le quittait guère, avait fait demander à la reine d'avoir l'honneur de se mêler à sa cour; mais, très-souffrante alors, elle avait craint un instant d'être forcée d'y renoncer, et en avait prévenu la duchesse de Luynes. Toutefois, la veille du départ, se sentant mieux, elle fit savoir que rien ne l'empêchait plus d'être du voyage. La reine avait trois carrosses, celui qu'elle occupait avec mesdames de Luynes, de Villars, de Boufflers et de Bouzols, et deux autres qu'avaient à se partager mesdames de Montauban, de Fitz-James, de Flavacourt et du Châtelet. Deux carrosses pour quatre personnes, il semblerait qu'elles eussent dû s'y trouver à l'aise; et c'était sans doute là l'opinion de madame du Châtelet toute la première, au moment même où elle s'attirait le plus innocemment ou le plus étourdiment, comme on voudra, une très-grosse affaire. M. de Luynes a consigné dans son journal, et fort au long, ce petit incident, qui n'était pas petit alors, et qui peint toute l'importance que l'on donnait au cérémonial et aux questions de préséance.

... Elle arriva effectivement un quart d'heure avant que Sa Majesté montât en carrosse. On prétend que madame du Châtelet (Breteuil), toute remplie de la grandeur de la maison du Châtelet et des prérogatives qu'elle croit lui être dues, voudroit bien en toutes occasions passer la première et avoir la

1. Voltaire, *OEuvres complètes* (Beuchot), t. XXXVIII, p. 539 et suiv., Représentations aux États généraux de Hollande; septembre 1745.

première place. On ne peut pas avoir plus d'esprit qu'elle en a, ni plus de science; elle possède même les sciences les plus abstraites, et a composé un livre qui est imprimé; elle est si vive qu'elle a quelquefois des distractions, et la prévention que l'on a contre elle fait que ces distractions sont attribuées à la hauteur dont on l'accuse.

La reine partit immédiatement au sortir de la messe. Madame du Châtelet s'avança la première pour le second carrosse; elle y monta, et s'établit dans le fond, demandant aux trois autres dames si elles ne vouloient pas monter. Ces trois dames, choquées de ce procédé, la laissèrent seule dans le second carrosse et allèrent monter dans le troisième. Madame du Châtelet, un peu embarrassée, voulut descendre pour aller trouver ces dames, le valet de pied lui répondit que le troisième carrosse étoit plein. Elle fit donc tout le voyage seule...

Dès le lendemain de l'arrivée de la reine, M. de Richelieu, fort ami de madame du Châtelet et instruit de son aventure, pria madame de Luynes de vouloir bien faire recevoir ses excuses à la reine et de dire son sentiment à madame du Châtelet sur la manière dont elle s'étoit conduite. Madame du Châtelet vint voir aussi madame de Luynes; les excuses ont été bien reçues par la reine, et il n'est plus question de cette affaire[1].

Cela se passait le samedi 2 octobre. Voltaire, qui avait dû cheminer de son côté, vraisemblablement s'arrangea pour arriver à Fontainebleau en même temps que son amie; il était alors accablé de maux d'entrailles, ce qui ne l'empêcha point de reprendre ses *Campagnes du roi*. Le moyen d'écrire une histoire aussi actuelle, c'était d'en interroger les acteurs,

1. Duc de Luynes, *Mémoires*, t. VII, p. 78, 79; Fontainebleau, du vendredi 8 octobre 1745. Ce voyage dura du 2 octobre au 19 novembre. M. de Luynes, note au retour, à propos de la marquise : « Madame du Châtelet n'étoit pas seule dans un carrosse comme en allant; elle étoit avec les autres dames. » *Ibid.*, t. VI, p. 129; du samedi 20 novembre.

petits et grands, et de dépouiller, sans se lasser, le fatras des bureaux. « J'y travaille, mande-t-il à d'Argental, comme j'ai toujours travaillé, avec passion [1]. » En effet, cela l'absorbe ; il voudrait ne rien laisser dans l'ombre, et demande des mémoires jusqu'aux ennemis même. Une circonstance particulière pouvait aider singulièrement à cette enquête de contre-épreuve sans laquelle l'on ne voit qu'une face des choses. On ne l'a pas oublié, la plus grande partie de son séjour en Angleterre s'était passée à Wandswort, chez un riche marchand de Londres qui l'avait accueilli avec une bienveillance et une générosité dont le poëte garda toute sa vie le souvenir. C'est à ce riche marchand qu'il dédiait *Zaïre*, dans des termes qui honorent également et l'auteur et celui auquel est adressé cet hommage d'un cœur reconnaissant (1733). M. Falkener, ce qui n'a jamais été rare à Londres, était plus qu'un commerçant habile, c'était un esprit éclairé, une intelligence élevée, pratique, que le négoce avait été loin d'absorber exclusivement. « Son goût, écrivait Voltaire à Moncrif, se renferme dans les médailles grecques et dans les vieux auteurs : de sorte qu'excepté les draps et les soies, auxquels il s'entend parfaitement bien, je ne lui connais d'autre intelligence que celle d'Horace et de Virgile, et des vieilles monnaies du temps d'Alexandre [2] ». Le marquis d'Éguilles, qui ne devait qu'aux rigueurs de la guerre d'avoir fait sa rencontre, nous trace, lui aussi, le

---

1. Voltaire, *OEuvres complètes* (Beuchot), t. LV, p. 66. Lettre de Voltaire à d'Argental; à Fontainebleau, ce 5 octobre 1745.

2. *Ibid.*, t. LV, p. 473. Lettre de Voltaire à Moncrif, 1734.

portrait le plus flatteur de l'insulaire. « Il est très-ouvert, rempli de connaissances, d'esprit, et d'une conversation plus enjouée et plus soutenue que n'est communément celle des Anglois ; c'est un homme excellent à voir...[1]. » M. Falkener avait donc d'autres aptitudes que celles de sa profession ; et, après avoir fait ses propres affaires, il était très-capable de servir utilement son pays dans les négociations et la diplomatie. En 1735, le marchand de la Cité s'appelait le chevalier Falkener, et était choisi pour représenter son souverain à Constantinople. Voltaire se vante d'avoir annoncé ce dénoûment à son ami bien longtemps avant l'événement. « Dans le tourbillon d'affaires où vous êtes, rappelez-vous seulement que je vous ai parlé, il y a environ sept ans, de cette même ambassade. Rappelez-vous que je suis le premier qui vous ait prédit l'honneur dont vous jouissez.. Si vous

---

[1]. Bibliothèque de l'Arsenal. Manuscrits. H. F., 667, *Portefeuille de Bachaumont*. Correspondance du marquis d'Éguilles, f. 72, 100, 102, 103. Lettre du marquis à son père ; Invernesse, ce 15 may 1746. Le marquis d'Éguilles, envoyé auprès du prince Édouard, après s'être battu bravement à Culloden, dut se rendre prisonnier de guerre au duc de Cumberland. Il eut occasion, à ce titre, de voir M. Falkener dont il n'eut qu'à se louer. Il était naturel qu'il se remuât pour abréger une captivité qui ne laissait pas de lui paraître pénible. Ses amis de France agirent pour lui auprès du prince ; il fit prier Voltaire d'intervenir également auprès du secrétaire. Le poëte ne pouvait refuser un service de cette nature au frère du marquis d'Argens, à l'ami de tous ses amis ; il écrivit, en conséquence, à Falkener (13 juin 1746) une lettre très-pressante, et dont le marquis constate l'effet dans une épître datée de Carlisle, 28 octobre 1746. Cette lettre de Voltaire, écrite en anglais, a été retrouvée, comme beaucoup d'autres à l'adresse de Falkener. *Lettres inédites* (Didier, 1857), t. I, p. 166. — Amédée Pichot, *Histoire de Charles-Édouard* (Amyot, 1846), t. II, p. 59, 61, 207, 216.

passez par la France pour vous rendre à Constantinople, je vous avertis que je ne suis qu'à vingt lieues de Calais, presque sur la route de Paris... [1]. » Le nouvel ambassadeur, ayant pris une tout autre direction, ne put se rendre aux vœux de son ami, qui, deux ans après, renouvelait ses sollicitations et lui recommandait avec instance de ne pas l'oublier au retour [2].

Voltaire croyait toujours le chevalier à Constantinople. Cependant il apprend que le secrétaire dont s'était fait suivre le duc de Cumberland dans la dernière campagne portait ce même nom de Falkener. Cette coïncidence le frappe, il écrit aussitôt à ce M. Falkener que, depuis vingt ans, il avait l'honneur d'être l'ami de M. Évrard Falkener, et qu'il espérait que ce serait une recommandation et une introduction auprès de lui. Il préparait une histoire des derniers événements et tenait à ne rien négliger pour l'écrire avec équité et en toute connaissance de cause. Si la victoire s'était rangée de notre côté, l'héroïsme avait été égal des deux parts; et il ne demandait qu'à rendre pleine et éclatante justice au duc de Cumberland, dont l'intrépidité méritait une autre fortune. Il terminait sa lettre en réclamant quelques mémoires sur cette remarquable campagne, sans lesquels, à son grand regret, tout en ne cessant point d'être impartial, il demeurerait forcément incomplet [3]. Mais ce M. Falkener

---

1. Voltaire, *Lettres inédites* (Didier, 1857), t. I. p. 76. Lettre de Voltaire à M. le chevalier Falkener; de Cirey, le 18 septembre 1735.

2. *Ibid.*, t. I, p. 127. Lettre de Voltaire à M. Falkener; Bruxelles, ce 2 mars 1740.

3. *Ibid.*, t. I, p. 154, 155. Lettre de Voltaire à Falkener; Paris, ce 1er octobre 1745.

à qui il s'adressait à tout hasard, n'était autre que son hôte de Wandswort, placé en dernier lieu par le roi d'Angleterre, en qualité de premier secrétaire intime auprès de son fils. Le quartier général de l'armée anglaise était à Villevorde, et ce fut là que la lettre du poëte parvint au chevalier, qui s'empressa de répondre et dans les termes les plus pacifiques et les plus cordiaux [1]. Mais il y avait peut-être quelque parti autre à tirer de cette rencontre; et Voltaire, avec cette imagination ardente et cette envie, ce besoin de s'ouvrir la voie des affaires par des services signalés, s'empressa de proposer à d'Argenson d'aller en Flandre et, s'il était besoin, de s'aboucher avec le secrétaire du duc de Cumberland. Il ne pouvait être que bien accueilli par la plupart des anciens officiers de l'armée anglaise, dont il était connu.

Voici, monseigneur, ce qui m'a passé par la tête, à la réception de la lettre anglaise du secrétaire du duc de Cumberland. Il ne tient qu'à vous de me procurer un voyage agréable, et peut-être utile. Vous pouvez disposer les esprits du comité. Je crois que M. le maréchal de Noailles même me donnera sa voix. Vous liriez ensuite ma lettre en plein conseil; chacun dirait oui, et le roi aussi. Tout ceci est dans le secret. Madame *** n'en sait rien. Faites ce que vous jugerez à propos; mais j'ai plus d'envie encore de vous faire ma cour qu'au duc de Cumberland [2].

Après ce premier enthousiasme, Voltaire, éclairé par le passé, soupçonne qu'il en sera pour ses frais

---

1. Voltaire, *Lettres inédites* (Didier, 1857), t. I, p. 73. Lettre de M. Edward Mason à M. de La Harpe; Londres, octobre 1780.

2. Voltaire, *OEuvres complètes* (Beuchot), t. LV, p. 69. Lettre de Voltaire au marquis d'Argenson; à Paris, ce 20 octobre 1745.

d'éloquence. Il a peur de s'être fourvoyé, il a peur qu'on ne se moque de lui et de ses offres, et il prend ses mesures en conséquence. Trois jours après cette lettre il en écrivait une deuxième au même ministre, où, tout en demeurant à sa discrétion, il ne paraissait pas souhaiter autrement une mission qui l'éloignerait des gens auxquels il était attaché. « J'aimerais mieux d'ailleurs travailler paisiblement ici à mon *histoire* que de courir aux nouvelles [1]. » C'était, comme on dit, assurer ses derrières. Le même jour, il répondait à Falkener par une lettre pleine d'effusion et de caresse, dans laquelle il lui mandait que, s'il avait pensé que ce fût son cher monsieur Éverard qui fût secrétaire du duc de Cumberland, il eût certainement fait un voyage en Flandre, voyage auquel il ne renonçait point, pour peu que le séjour de ce dernier dût se prolonger au camp [2]. Il y avait là une réserve dont on pénètre l'intention, et ce voyage, présenté comme

1. Voltaire, *Œuvres complètes* (Beuchot), t. LV, p. 70. Lettre de Voltaire au marquis d'Argenson; à Champs, ce 23 octobre 1745.
2. Voltaire, *Lettres inédites* (Didier, 1857), t. I, p. 157, 158. Lettre de Voltaire à M. Falkener; Paris, 23 octobre. Nous ferons observer que cette lettre et une autre adressée au marquis d'Argenson, du même jour, sont datées de deux lieux différents; et quoique Champs, indiqué dans cette dernière, ne soit pas à une distance telle de Paris que Voltaire n'ait pu se trouver dans la même journée et à Paris et chez M. de La Vallière, la supposition d'une erreur est cependant ce qu'il y a de plus vraisemblable, et il nous semble plus probable que l'une des lettres soit du 25, au lieu du 23 octobre. Remarquons encore que Voltaire, qui était le 23 à Paris, selon sa lettre à Falkener, s'y retrouve le 25, comme cela ressort d'une lettre au cardinal Querini. Cela donnerait à penser peut-être que c'est par erreur que Champs est cité, et que Voltaire n'a pas quitté Paris. Mieux valait, en effet, après les ouvertures faites au ministre, ne pas s'éloigner pour être à même de recevoir plus promptement sa décision et celle du Conseil.

possible, dépendait sûrement de l'accueil que le Conseil ferait à ses ouvertures. Reste à savoir si même la proposition lui fut soumise, ce qui nous paraît douteux. Comme compensation à ce nouveau mécompte, Voltaire, s'il fallait en croire le duc de Luynes, obtenait les entrées de la chambre du roi, faveur d'autant plus honorable qu'elle était personnelle, car, la charge d'historiographe ne les donnant point, fort probablement il n'était redevable de cette distinction qu'à son propre mérite et à l'amitié effective de la marquise [1].

Le divertissement auquel il travaillait avec tant d'ardeur devait être donné après le voyage de Fontainebleau. Le roi était parti le 19 pour Choisy où il demeura jusqu'au 26, qu'il regagna Versailles. Le lendemain, on célébrait et son retour et ses conquêtes par la représentation du *Temple de la Gloire*. « Après une vic-

[1]. Duc de Luynes, *Mémoires*, t. VII, p. 114; lundi 1ᵉʳ novembre 1745. Sans être aussi ponctuel que Dangeau qui ne laissait point passer un jour sans en noter les événements grands ou petits, le duc de Luynes consignait le lendemain ou le surlendemain, rarement plus tard, les nouvelles qui lui parvenaient. Aussi se trouve-t-il dans les meilleures conditions d'exactitude et de certitude. Cela, toutefois, a son inconvénient : un bruit court, on se hâte de l'enregistrer, et il ne se confirme point; mais l'on en est quitte pour l'effacer et c'est à quoi, le cas échéant, M. de Luynes ne manque guère. Ici cependant, une erreur lui est échappée, et, quelque autorité qu'il ait sur nous, nous ne saurions en cette circonstance ne pas croire de préférence Voltaire, quand nous le voyons se plaindre avec amertume de n'avoir pu obtenir ce qu'on lui accorde si gratuitement. « La place d'historiographe, écrit ce dernier à Richelieu, n'était qu'un vain titre; je voulus la rendre réelle en travaillant à l'histoire de la guerre de 1741; mais malgré mes travaux, Moncrif eut ses entrées chez le roi, et moi je ne les eus pas. » Voltaire, *OEuvres complètes* (Beuchot), t. LV, p. 464. Lettre de Voltaire à Richelieu; août 1750.

toire signalée, après la prise de sept villes à la vue d'une armée ennemie, et la paix offerte par le vainqueur, le spectacle le plus convenable qu'on pût donner au souverain et à la nation qui ont fait ces grandes actions, était le *Temple de la Gloire*[1] ». C'est un concours de conquérants et de héros, c'est Bélus, c'est Bacchus le dominateur de l'Inde, c'est Trajan, qui se présentent tour à tour à la déesse, les deux premiers sanguinaires ou voluptueux, souillant leurs conquêtes par leurs cruautés ou leurs vices. Trajan, comme eux, a livré et remporté des batailles; mais les pleurs que ses triomphes ont fait verser sont effacés par ses bienfaits et ses vertus. C'était là le héros à l'approche duquel le temple devait s'ouvrir et devant lequel il s'ouvrit en effet. L'allégorie était transparente, et le poëte s'était flatté qu'elle serait saisie [2]. Ce ballet à grand spectacle fut joué dans la salle du Manége, où, quelques mois auparavant, avait été représentée la *Princesse de Navarre*, avec un luxe de mise en scène et une magnificence qu'on s'était efforcé

---

1. Voltaire, *OEuvres complètes* (Beuchot), t. V, p. 305. *Le Temple de la Gloire*. Préface.

2. Fréron dit, dans ses feuilles, que Voltaire avait emprunté son sujet à un opéra comique joué vingt ans auparavant (21 juillet 1725) sur le théâtre de la Foire, le *Temple de Mémoire*, où était attaqué le poëte, et avec lui Thiériot, que l'on désignait sous le nom de *Pronevers*. Ce n'était là que du persiflage. Il ajoutait malignement : « On sçait d'ailleurs qu'il n'a jamais été heureux dans la structure de ses *Temples*. Je lui en connois quatre : sçavoir, les temples du *Goût*, de la *Gloire*, du *Bonheur* et de l'*Amitié*... Si j'osois, je proposerois à l'auteur d'en construire un cinquième, le *Temple de l'Amour-propre*. » *Lettres de Madame la Comtesse de *** sur quelques Ecrits modernes* (Genève, 1746), t. I, p. 197, 198, 205; à Paris, ce 15 décembre 1745.

de rendre digne de celui pour lequel il avait été composé [1]. « Le spectacle et les décorations, nous dit le duc de Luynes, m'ont paru être approuvés. La musique est de Rameau, on a trouvé plusieurs morceaux qui ont plu; et le roi même, à son grand couvert le soir, en parla comme ayant été content. Les paroles sont de Voltaire; elles sont fort critiquées. Voltaire était le soir aussi au souper du roi, et le roi ne lui a dit mot [2]. »

On a raconté que Voltaire, après la représentation, s'étant approché de Louis XV, lui dit avec cette assurance du courtisan qui sait avoir bien mérité du maître : « Trajan est-il content ? » Mais le silence du roi, un regard glacé, le rappelèrent du ciel sur la terre. On a même prétendu qu'il s'était oublié au point de

---

1. Nous lisons, dans une lettre du graveur Le Bas : « L'on a joué le *Temple de la Gloire* à Versailles où on a fait des dépenses dignes d'un roi plein de goût comme le nostre; on a fait 400 abit à 800 (H) pièces et nombre d'autre dépense. C'est M. de Voltaire qui a composé les parol et Rameau la musique ; et à Paris à l'Opéra l'on dit que la musique est de Voltaire et les paroles de Rameau ; on l'a même retiré pour y faire quelque changement apparemment. » Chennevières, *Archives de l'art français* (1853-1855), t. III, p. 121. Le Bas ne se trompait point, et l'ouvrage n'avait pas été suspendu pour autre chose; seulement, comme cela arrive souvent, l'on échoua pour avoir voulu raffiner. « Nous aurions souhaité, nous dit le *Mercure*, que parmi les changements faits en petit nombre à l'acte de Trajan on n'eût point fait chanter à ce prince un ramage d'oiseau; c'est pousser trop loin le privilége qu'a la musique de ne pas toujours s'accorder avec les convenances ; elle peut les esquiver mais non les heurter de front, et l'on ne peut disconvenir que la plaisanterie qui a fait dire que désormais on appelleroit *Trajan*, *Trajan l'oiseleur* ne soit méritée. » *Mercure de France*, mai 1746, p. 144.

2. Duc de Luynes, *Mémoires*, t. VII, p. 132; Versailles, samedi 27 novembre 1745.

saisir le prince dans ses bras, et qu'à cette démonstration insensée, les gardes s'étaient emparés de lui, et l'eussent entraîné, si Louis XV n'avait ordonné de ne le pas inquiéter [1]. Cela est tout simplement absurde. Reste l'interjection du poëte, qui, il faut en convenir, est bien dans le ton et l'allure de son esprit. Admettons le mot comme authentique ; nous avouons franchement qu'il nous paraît ingénieux sans s'écarter de la limite du respect; et Louis XIV, qui était difficile en louanges, se fût laissé comparer à Trajan sans le trouver mauvais. Mais de toute cette anecdote, rien, nous en avons grand'peur, n'est à conserver. Voltaire n'y a jamais fait la moindre allusion [2], nous en avons vainement cherché la trace dans les écrits et les correspondances du temps, et ce n'est que trente ans après qu'on s'est avisé de la raconter, sans encore trop y croire, et sous une forme purement dubitative [3]. Tout en faisant justice des absurdités qui furent débitées plus tard, La Harpe la maintient: « La vérité est (et j'en suis parfaitement sûr) qu'il vint (Voltaire) après

---

1. *Vie privée de Louis XV* (Londres, 1785), t. II, p. 314. — *Le Journal de Monsieur*, publié par la présidente d'Ormoy. Janvier 1779, p. 100, 101. — Cette autre version n'est guère moins extravagante : « On a débité, raconte La Harpe, qu'en faisant cette question, il *tira le roi par la manche*, et que le maréchal de Richelieu avertissant Voltaire, par le même geste, de l'indiscrétion qu'il se permettait, celui-ci lui répondit : *Vous me tirez bien la mienne.* »

2. Nous ne sommes point de l'avis de Beuchot, et nous ne voyons pas que l'allusion qu'il trouve dans le *Plaidoyer de Ramponneau* soit aussi concluante qu'il le prétend. Voltaire, *OEuvres complètes* (Beuchot), t. LX, p. 142.

3. Condorcet, qui rapporte l'anecdote, la donne comme une historiette, sans en garantir l'authenticité. Voltaire, *OEuvres complètes* (Beuchot), t. I, p. 195. Vie de Voltaire.

le spectacle, à la loge du roi, qui était fort entourée, et que, se penchant jusqu'à l'oreille du maréchal, qui était derrière le roi, il lui dit assez haut pour que tout le monde l'entendît : *Trajan est-il content?* Le maréchal ne répondit rien, et Louis XV, qu'on embarrassait aisément, laissa voir sur son visage son mécontentement de cette saillie poétique... [1]. » Ainsi présentée, l'aventure est au moins vraisemblable. Ce n'est plus d'ailleurs au roi lui-même que l'auteur du *Temple de la Gloire* s'adresse, c'est à Richelieu; et, si le roi ne s'accommode point d'une aussi délicate flatterie, tant pis pour le roi. Mais La Harpe, au lieu de prendre ce ton d'oracle, qui n'a point de preuves à fournir, eût mieux fait d'indiquer ses sources. Un pareil soin n'est jamais inutile. Pour y avoir manqué, il nous laisse nos doutes que fortifie étrangement le silence du duc de Luynes. L'anecdote eût été réelle, que ce dernier l'eût connue dans tous ses détails, et n'eût pas manqué de la consigner dans ses Mémoires; certes, elle en valait bien la peine, et ce n'est pas la bienveillance que lui inspire le poëte qui l'eût arrêté. En disette d'autres témoignages contemporains, ce silence n'a-t-il pas plus d'autorité que des commérages de provenance plus qu'équivoque? Comment supposer d'ailleurs que Voltaire, après une pareille école, eût osé se montrer au grand couvert, ainsi qu'il le fit sans obtenir un mot du roi? Et voilà le seul fait vrai, apparemment : le mutisme de Louis XV à

---

1. La Harpe, *Cours de littérature* (Paris, Dupont, 1825), t. XIV, p. 89.

son égard. Encore peut-il être interprété de plus d'une façon.

Nature timide et farouche à certains moments, Louis XV, n'avait rien trouvé de mieux, pour échapper à l'obligation des répliques qui le mettaient au supplice, que de cacher sa contrainte sous un air hautain et glacé, et ce manque de politesse et d'aménité n'avait eu déjà que trop d'occasions de se manifester. Au voyage en Lorraine de 1744, le prince n'avait adressé la parole ni aux grands officiers ni aux dames les plus considérables de la cour de Lunéville, qui n'avaient pas été sans ressentir cet apparent mépris. « Ceux qui lui sont attachés, écrivait à ce propos M. de Luynes, voient avec douleur que le moindre discours de sa part seroit une récompense pour ainsi dire, au moins une attention capable de contenter ceux qui l'ont bien servi, et qu'il ne peut s'y déterminer. On voit quelquefois qu'il a envie de parler; la timidité le retient et les expressions semblent se refuser; on ne peut douter même qu'il n'ait dessein de dire quelque chose d'obligeant, et il finit quelquefois par une question frivole [1]. » Si, au grand couvert, le soir, il interpella Rameau et ne dit rien à Voltaire, peut-être cette différence de procédé ne se produisit que parce que le compliment qu'il avait à faire au premier lui parut plus facile que celui qu'il eût dû adresser au second.

---

1. Duc de Luynes, *Mémoires*, t. V, p, 94, 95 ; 26 juillet 1743. — t. VI, p. 101, 102 ; 2 octobre 1744. — Citons, comme preuves à l'appui, l'étrange contenance de Louis XV à sa première entrevue avec le roi de Danemark. *Souvenirs du baron de Gleichen* (Paris, Techener, 1868), p. xxxiv, xxxv.

Louis XV sentait son infirmité, et la conscience de sa faiblesse lui faisait faire même plus que des questions frivoles. On connaît sa question sur le Conseil des Dix, et la réponse assez osée de l'ambassadeur vénitien, qui s'était figuré que le roi voulait rire à ses dépens[1]. Cette timidité, qui se traduisait en incivilité, avait fait le désespoir de madame de Mailly, et elle avait réussi parfois, mais non sans peine, à l'en faire triompher. Ce devait être aussi la tâche de madame de Pompadour, dont l'ambition était de jouer le rôle d'Agnès Sorel et qui savait gré aux poëtes de la comparer à la gentille dame de Beauté. « Je fis son portrait, nous dit le président Hénault, dans ma pièce de François II, en faisant celui d'Agnès Sorel avec laquelle je lui trouvois alors beaucoup de conformité ; elle fut contente[2]. »

Quoi qu'il en soit, ce petit dégoût, auquel l'auteur du *Temple de la Gloire* dut être sensible, n'eut aucune conséquence fâcheuse pour le crédit du poëte. Voltaire était en pleine faveur, il se sentait soutenu

---

1. Louis XV ne manquait pas d'esprit et de trait, lorsqu'il était à l'aise. On sait sa repartie au comte de Lauraguais qui, interrogé sur ce qu'il était allé faire en Angleterre, répondait qu'il y était allé apprendre à penser. « Quoi? des chevaux? » Et ce joli mot quand, après la chute de Choiseul, il se trouva, sans premier ministre, présider son Conseil. Il venait de lire une dépêche rédigée entièrement par lui ; ce fut à qui renchérirait sur les éloges que méritait une telle pièce. « Bon, dit-il, voilà comme vous êtes : vous êtes toujours contents des nouveaux ministres. » Madame Suard, *Essais de mémoires sur M. Suard* (Paris, Didot, 1820), p. 108.

2. Président Hénault, *Mémoires* (Dentu, 1855), p. 198. — *Deux pièces de théâtre en prose* (Amsterdam, 1757), p. 5. *François II*, acte I, scène 1re. Hénault nous la représente bienfaisante, modeste, désintéressée, et bornant sa faveur à en jouir. Plus tard, le portrait ressembla moins.

par la favorite, il avait quelques motifs de penser que le premier fauteuil vacant lui serait accordé : c'étaient autant de raisons, sans parler de madame du Châtelet, pour le retenir en France et diminuer les espérances du roi de Prusse, qui levait chez nous ses recrues académiques avec la même fureur que son père y levait des grenadiers. Si ces tentatives n'étaient pas toutes heureuses, si Gresset avait préféré la patrie et son indépendance aux avantages qui lui étaient offerts, Frédéric ne se voyait pas toujours rebuté, et il allait pouvoir enfin donner un chef illustre à son Académie restaurée. Maupertuis lui était dès lors acquis. L'illustre géomètre, séduit par les avantages et les honneurs qu'on faisait briller à ses yeux, avait demandé un congé qui lui avait été octroyé dans les termes les meilleurs et les plus flatteurs [1]. Cette détermination d'un membre de notre Académie royale des

---

1. Voici les termes du brevet de sortie du royaume. « Aujourd'hui, 15 avril 1745, le roi étant à Versailles ayant permis au sr Pierre-Louis Moreau de Maupertuis, de l'Académie royale des sciences, d'aller en Prusse et même d'y former son établissement, Sa Mté a déclaré veut et entend que le d. s. Moreau de Maupertuis continue de jouir des biens et revenus patrimoniaux qu'il peut posséder dans le royaume, comme aussi qu'il puisse ainsi que les enfans qui pourroient naître de luy en légitime mariage recueillir les biens qui luy échoieroient à l'avenir dans le royaume par droit successif, ainsi et de la même manière que si luy ou ses enfants y faisoient leur résidence actuelle, sans qu'on puisse leur oposer la rigueur des ordonnances contre les sujets de Sa Mté sortis du royaume sans la permission de Sa Mté qu'elle a au contraire donnée et octroyée au d. s. de Maupertuis voulant à cet effet que toutes lettres nécessaires luy en soient expédiées, et cependant le présent brevet que par assurance de sa volonté, Sa Mté a signé, etc. » Archives impériales, O-89. *Registre du secrétariat de la maison du Roy* de l'année 1745. — La Beaumelle, *Vie de Maupertuis* (Paris, 1856), p. 96, 104.

sciences avait pourtant quelque chose de blessant et de peu national qui n'eût pas dû être encouragé. Cet exemple était de nature à frapper les esprits, et un gouvernement moins insoucieux de l'illustration du pays n'eût pas vu de pareilles émigrations d'un bon œil. En tous cas, cela donnait en France à Frédéric une grande popularité, un prestige qui se manifestaient autre part que dans les petits vers à sa louange, et dont on trouve notamment la révélation dans cette curieuse lettre de Crébillon au ministre. On venait de remettre les *Ennuis de Thalie* à la censure de ce dernier, qui ne croyait pas devoir donner son autorisation. Voici ses raisons :

Il y a un portrait du roy qui a pour pendant celui du roy de Prusse, et qui finit par ce vers :

Vivent Louis et Frédéric !

Je ne sais s'il convient que sur le Théâtre-François on célèbre d'autres louanges que celles de notre souverain; passe pour les odes. J'ai d'abord été tenté de faire main basse sur cet endroit, mais comme l'auteur paroît bassement gueuser quelque présent de Sa Majesté prussienne, j'ai craint qu'il n'allât faire quelque tracasserie à la police ou près de l'envoyé de ce prince. Au reste, il sera aisé de se tirer d'affaire en cherchant querelle à la pièce, qui est une satyre outrée... remplie de personnalités sous des enveloppes plus que transparentes... Cette comédie est de la façon du sieur Panard, cy-devant un des arcs-boutants de l'opéra comique [1].

Les *Ennuis de Thalie* furent joués le 19 juillet 1745. Reste à savoir si les louanges de Frédéric furent main-

---

1. Laverdet, *Catalogue d'autographes* du 7 décembre 1854, p. 30. N° 231. Lettre de Crébillon père à M...; 2 juillet 1745.

tenues, malgré les scrupules de l'auteur de *Rhadamiste;* car la pièce n'a point été imprimée [1].

On s'était imaginé de tirer deux moutures de la *Princesse de Navarre*, et M. de Richelieu avait demandé à l'auteur de coudre une nouvelle action à la musique. Voltaire sans doute n'osa point décliner cette tâche ingrate; il obéit, dit-il, avec la plus grande exactitude et fit « très-vite et très-mal » une petite et mauvaise esquisse de quelques scènes insipides et tronquées qui devaient s'ajuster à des divertissements nullement faits pour elle [2]. Comme les succès avaient mis en liesse la cour et la nation qui n'y étaient plus guère habituées, l'on avait voulu des plaisirs et des fêtes, un hiver très-mouvementé et très-brillant. Le poëte, absorbé par son *Temple de la Gloire*, dont le plan et l'idée lui semblaient grandioses, sans cesse occupé à des remaniements et des changements exigés par le musicien ou par la mise en scène, se trouvait dans l'impossibilité d'achever ce travail de transformation après lequel on attendait impatiemment. Une circonstance fortuite vint à son aide et le débarrassa d'une besogne maussade qui d'ailleurs lui souriait médiocrement.

Le duc de Richelieu, à cette époque, était fort assidu chez M. de La Popelinière. On ne sait que trop ce qui l'attirait dans ce salon, où se pressait une société charmante d'artistes, de gens d'esprit, de gens du monde dont le pêle-mêle avait valu à la maison du financier le

---

1. Leris, *Dictionnaire portatif des théâtres* (Paris, 1763), p. 168.
2. Voltaire, *OEuvres complètes* (Beuchot), t. LV, p. 75, 76. Lettre de Voltaire à Jean-Jacques Rousseau; 15 décembre 1745.

surnom de « Ménagerie [1]. » Les maîtres du logis ne négligeaient rien, l'un et l'autre, de ce qui pouvait consolider et accroître la renommée de ces réceptions et de ces fêtes, qu'un grand éclat, trois ans plus tard, devait scandaleusement interrompre (28 novembre 1748). La Popelinière n'était pas uniquement un des Plutus de la Ferme; c'était encore un bel esprit, poëte, auteur dramatique, romancier, musicien, dessinateur même, que les louanges sans doute n'avaient pas contribué à rendre modeste, mais, au demeurant, homme de goût et de savoir, d'un jugement sain, plein d'accueil, de bienveillance, de caresses pour le talent dont il se constituait volontiers le Mécène. Divisés sur tout le reste, c'était le seul point peut-être sur lequel le mari et la femme s'entendissent. Madame de La Popelinière, femme hautaine, impérieuse, intéressait sa vanité au succès de ses favoris, et il y eût eu, par contre, peu de sûreté à courir la même carrière que ceux qu'elle avait une fois pris sous son égide. Nous avons vu plus haut ses démarches pour sortir Rameau de son obscurité et lui ouvrir l'accès de l'Académie royale de musique. Ce fut à ses instances que Voltaire, qui ne songeait point à aller sur les brisées de l'abbé Pellegrin, avait composé cet infortuné *Samson* sur le compte duquel il gardait de si étranges illusions. Malgré ses brusqueries, ses airs fantasques, ses idées absolues, Rameau s'était maintenu auprès de ses patrons, qui affichaient pour lui le même enthousiasme. Il est vrai que, depuis lors, *Hippolyte et Aricie, les Indes galantes, Castor et*

---

[1]. Grimm, *Correspondance littéraire* (Paris, 1829), t. III, p. 185.

Pollux et *Dardanus* avaient donné triomphalement raison à leur obstination à le servir, et qu'ils recueillaient pleinement le fruit d'efforts dont l'art doit leur savoir gré ; car il s'est rencontré peu d'organisations musicales aussi puissantes et aussi bien douées. De son côté, Rameau, cet ours refrogné, si intraitable avec tout le monde, s'était laissé vaincre par tant de marques d'affection. L'influence de ses protecteurs était auprès de lui sans limites, il ne voyait que par leurs yeux. Nous avons dit que La Popelinière était musicien ; c'était, en effet, un compositeur agréable, dont deux mélodies gracieuses sont restées : *Petits oiseaux sous le feuillage*, et surtout cette jolie romance qui fit le charme de nos grand'mères : *O ma tendre musette!* Rameau écoutait docilement les avis et les conseils du fermier général ; il faisait plus, il acceptait sa collaboration et lui laissait glisser dans ses opéras des morceaux entiers ; ce qui, sans nul doute, est la démonstration la plus manifeste de son dévouement et de sa reconnaissance envers l'homme auquel il devait la révélation de son génie. Ainsi le menuet du ballet des *Talens lyriques* (1739), la seconde chanson d'Hébé dans *Castor*, et l'aimable récit : *Un roi qui veut être heureux*, du *Temple de la Gloire*, sont de La Popelinière, et ils déparent d'ailleurs si peu l'œuvre entière que, parmi les gens du métier qui s'avisent de déchiffrer le vieux maître, le nombre n'est pas grand de ceux qui se doutent de l'apport étranger.

Il était naturel que madame de La Popelinière professât pour son ancien maître de clavecin une admiration dont il était très-digne à tous les points de vue, et il n'y eût eu qu'à louer, si cette amitié et cette admiration eussent été moins exclusives. Jean-Jacques Rousseau venait de terminer son opéra des *Muses rivales*, enfantement pénible, qui avait coûté au musicien et au poëte plus d'une nuit d'insomnie et de fièvre. Il se trouvait précisément dans la situation où Rameau s'était vu trop longtemps. Pour être joué sur la première scène de Paris, il fallait être poussé, épaulé, avant tout connu. L'audition, sur un de ces théâtres particuliers qui faisaient loi, eût été pour lui un coup de partie, et il songea tout aussitôt à se produire sur le théâtre de celui que Voltaire appelait *Pollion*, et chez lequel son ami Gauffecourt l'avait introduit. Rousseau crut se faire bien venir de Rameau, en se disant son disciple. Mais ce dernier déclina la confidence de son œuvre, alléguant qu'il ne pouvait lire des partitions sans fatigue. La Popelinière, qui crut à la sincérité de l'objection, offrit tout aussitôt de rassembler des musiciens et d'exécuter les morceaux les plus saillants.

Rameau consentit en grommelant, et répétant sans cesse que ce devoit être une belle chose que de la composition d'un homme qui n'étoit pas enfant de la balle, et qui avoit appris la musique tout seul. Je me hâtai de tirer en parties cinq ou six morceaux choisis. On me donna une dizaine de symphonistes, et pour chanteurs Albert, Bérard et mademoiselle Bourbonnois. Rameau commença, dès l'ouverture, à faire entendre, par ses éloges outrés, qu'elle ne pouvoit être de moi. Il ne laissa passer aucun morceau sans donner des signes d'impatience ; mais à un air de haute-contre, dont le chant étoit mâle et sonore et l'accompagnement très-brillant, il ne put plus se contenir ; il m'apostropha avec une brutalité qui scandalisa tout le monde, soutenant qu'une partie de ce qu'il venoit d'entendre étoit d'un homme consommé dans l'art, et le reste d'un ignorant qui ne savoit pas même la musique. Et il est vrai que mon travail, inégal et sans règle, étoit tantôt sublime et tantôt très-plat, comme doit être celui de quiconque ne s'élève que par quelques élans de génie, et que la science ne soutient point. Rameau prétendit ne voir en moi qu'un petit pillard sans talent et sans goût. Les assistants, et surtout le maître de la maison, ne pensèrent pas de même [1].

M. de Richelieu, qui n'assistait pas à cette audition, sur le bien et le mal que l'on disait de l'ouvrage, voulut en juger par lui-même, avec le projet de le donner sur le théâtre de la Cour, s'il l'en trouvait digne. Il le fit exécuter à grand chœur et à grand orchestre, chez M. de Bonneval, intendant des Menus : Francœur, de l'Opéra, dirigeait l'exécution. L'expérience fut bonne pour Rousseau. Le duc déclara la musique charmante, et, à la fin du chœur de l'acte du *Tasse*, il vint au compositeur, et, lui serrant la main avec chaleur : « Monsieur Rousseau, lui dit-il, voilà de l'harmonie qui transporte ; je n'ai jamais rien entendu de plus beau : je veux faire donner cet ouvrage à Versailles. » Madame de La Popelinière ne dit mot, et garda ses réflexions pour sa toilette, où le pauvre Rousseau, le lendemain, reçut tout le contre-coup de sa mauvaise humeur : sa musique ne pouvait supporter un examen sérieux, et M. de Richelieu était bien revenu de son engouement de la veille. Mais le duc paraît, et ne confirme pas ces pronostics ; sauf l'acte du *Tasse*, tout lui convient, et ses intentions

---

1. J.-J. Rousseau, *OEuvres complètes* (Paris, Dupont, 1824), t. XV, p. 93, 94. *Confessions*, part. II, livr. VII.

sont les mêmes. Ces bonnes paroles étaient bien faites pour rendre le courage au compositeur, qui alla s'enfermer chez lui, très-résolu de n'en sortir que ces transformations accomplies.

Mais M. de Richelieu avait compris le parti qu'il pouvait tirer, dans la circonstance, de ce musicien, qui faisait aussi des poëmes. Voltaire et Rameau étaient tout au *Temple de la Gloire;* il songea dès lors à Rousseau pour les *Fêtes de Ramire,* et lui proposa de se charger des remaniements qu'il y avait à faire à ce scénario encore informe. Avant d'accepter et de se mettre à l'œuvre, le citoyen de Genève crut devoir en demander l'octroi au poëte par une lettre très-honnête et même très-respectueuse, « comme il convenoit, » et qui débutait ainsi: « Monsieur, il y a quinze ans que je travaille pour me rendre digne de vos regards [1]. » Pour un homme qui se vante de n'être pas flagorneur, voilà une phrase qui ne saurait guère être sur le ton d'une flatterie plus raffinée ; et si Voltaire répond à ces politesses par des politesses analogues [2], nous ne voyons pas pourquoi Rousseau entreverrait, dans cette urbanité, une « souplesse courtisane. » Il suppose que l'auteur de la *Princesse de Navarre* s'exagérait le crédit dont lui, Jean-Jacques, jouissait auprès de M. de Richelieu, et que c'était à cela qu'il devait attribuer l'extrême civilité de sa lettre. C'est encore là une rêverie de Rousseau. Voltaire n'avait

---

1. J.-J. Rousseau, *Œuvres complètes* (Paris, Dupont, 1824), t. XVIII, p. 117. Lettre de Rousseau à Voltaire; Paris, 11 décembre 1745.
2. Voltaire, *Œuvres complètes* (Beuchot), t. LV, p. 75. Lettre de Voltaire à J.-J. Rousseau ; le 15 décembre 1745.

besoin du crédit de personne auprès du duc, et il savait au juste comment s'étaient établis ces rapports récents entre le Genevois et le premier gentilhomme de la chambre. Quant à la chronologie des faits, Rousseau, déjà loin de ces temps, pèche par l'exactitude. Il nous dit qu'il ne fut chargé des retouches des *Fêtes de Ramire*, que parce que le poëte était en Lorraine, où ce dernier n'avait pas mis le pied depuis son départ, en septembre. S'il lui fallut deux mois pour accomplir cette besogne, il dut la commencer longtemps avant d'en demander la permission au principal intéressé, et elle eût été bien près d'être achevée, lorsqu'il s'avisa d'écrire à Voltaire, puisque sa lettre est du 15 décembre, et que les *Fêtes de Ramire* furent représentées sept jours après, le 22 du même mois. Le futur auteur du *Devin du Village* ne fut pas, en tout cas, fort arrêté par le poëme, et son apport, à ce qu'il nous apprend, se réduisit, quant aux vers, à très-peu de chose. On eût pu croire, par la lettre de Voltaire, que tout était à refaire. La musique lui demanda plus de mal et de travail. Rousseau respecta religieusement la partition de Rameau, et se borna à lier avec le plus d'art possible les symphonies et les chœurs, sans se permettre de transposer le moindre morceau. Mais il restait assez à faire pour qu'il pût donner sa mesure, et c'est à quoi tout naturellement il visa.

La pièce, dans l'état où je l'avois mise, fut répétée au grand théâtre de l'Opéra. Des trois auteurs je m'y trouvai seul. Voltaire étoit absent, et Rameau n'y vint pas ou se cacha...

... Durant la répétition, tout ce qui étoit de moi fut successivement improuvé par madame de La Popelinière, et justifié par

M. de Richelieu. Mais enfin j'avois affaire à trop forte partie, et il me fut signifié qu'il y avoit à refaire à mon travail plusieurs choses sur lesquelles il falloit consulter M. Rameau. Navré d'une conclusion pareille, au lieu des éloges que j'attendois et qui certainement m'étoient dus, je rentrai chez moi la mort dans le cœur. J'y tombai malade, épuisé de fatigue, dévoré de chagrin; et de six semaines je ne fus pas en état de sortir [1].

Jean-Jacques n'assista donc pas à la représentation des *Fêtes de Ramire*. Il accuse Rameau et madame de La Popelinière d'avoir tout fait pour qu'on ne soupçonnât pas même sa part de collaboration. Celui-ci préféra qu'il ne fût pas fait mention de lui que de voir son nom accolé au nom de son obscur coopérateur. Rousseau prétend qu'il n'y eut de cité que Voltaire; c'est une erreur. Le seul nom cité est celui de Laval, auteur du ballet [2].

Tels furent l'origine et le début des rapports entre l'auteur du *Dictionnaire philosophique* et celui du *Contrat social*. Si ces relations commencèrent avec courtoisie et déférence, elles n'étaient pas destinées à demeurer sur ce ton cordial et presque affectueux. Mais nous sommes loin encore de ces temps où tous deux dépenseront, dans de déplorables débats, tant d'esprit pétillant, de sarcasme, de passion et d'éloquence.

1. J.-J. Rousseau, *OEuvres complètes* (Paris, Dupont, 1824), t. XV, p. 99. *Les Confessions*, part. II, liv. VII.
2. Voir l'imprimé, brochure in-4° de 14 pages.

II

VOLTAIRE A L'ACADÉMIE. — DISCOURS DE RÉCEPTION.
LE POÈTE ROI. — LES TRAVENOL.

Voltaire passait son temps dans les bureaux de la guerre. « J'ai la bonté de faire pour rien ce que Boileau ne fesait pas étant bien payé [1]. » En tous cas, cette tâche ne lui coûtait point, il l'avait prise à gré, et pour son charme propre et pour les résultats qu'il en attendait. Il ne croyait pas qu'un tel travail pût déplaire et eût souhaité que l'on disposât favorablement le maître à la glorification duquel il l'avait entrepris. « Dites donc au roi, écrivait-il au marquis d'Argenson, dites à madame de Pompadour que vous êtes content de l'historiographe. Mettez cela, je vous prie, dans vos capitulaires... il paraît tant de mauvais livres sur la guerre présente, qu'en vérité mon *histoire* est nécessaire. Je vous demande en grâce de dire au roi un mot sur cet ouvrage, auquel sa gloire est intéressée [2]. » Il attachait un grand prix, et pour plus

---

1. Voltaire, *OEuvres complètes* (Beuchot), t. LV, p. 78. Lettre de Voltaire à Cideville ; Versailles, le 7 janvier 1746.
2. *Ibid.*, t. LV, p. 80, 81, 82. Lettre de Voltaire au marquis d'Argenson ; à Paris, le 14 janvier 1746.

d'une raison, à être bien en cour, et l'opinion publique à cet égard ne lui était pas chose indifférente. Aussi est-il alerte à démentir les bruits de disgrâce que l'on faisait courir sur son compte, à l'étranger comme en France. « J'ai ouï dire, mandait-il à M. de Crouzas, qu'on avait mis parmi les fausses nouvelles de la *Gazette de Berne* que j'étais disgrâcié à la cour. Ce n'est pas dans votre pays, monsieur, qu'on met le prix aux hommes suivant qu'ils sont bien ou mal auprès des rois... Mais je vous avouerai, monsieur, sans être flatteur comme Horace, que, sous le gouvernement heureux où nous vivons, un homme qui tomberait aux disgrâces du roi ne devrait sentir que des remords... Je ne comprends pas sur quel fondement le bruit a couru qu'il m'avait retiré ses bontés. Cette fausse nouvelle se débitait dans le temps même qu'il me comblait de bienfaits... [1]. » On le voit, présentement, tout est pour le mieux dans le meilleur des mondes possibles, comme ce sera plus tard le sentiment de Pangloss.

Cinq semaines après cette lettre, le 17 mars, le président Bouhier s'éteignait en Bourgogne, laissant vacant un fauteuil à l'Académie. Quel serait l'héritier du président ? Voltaire, malgré tant de tentatives infructueuses jusque-là, n'avait pas renoncé à toute espérance. Aussi ne perdra-t-il pas un moment et se mettra-t-il en campagne à la première nouvelle du décès du magistrat bourguignon. Il écrivait au ménage d'Argental ce billet, qui décèle, sous une réserve inspirée par ses

---

1. *Voltaire à Ferney* (Didier, 1860), p. 377. Lettre de Voltaire à M. de Crouzas; Paris, 27 février 1746.

précédents échecs, sa bonne envie de ne pas, cette fois, manquer le coche.

Voltaire sait d'hier la mort du président Bouhier, mais il oublie tous les présidents vivants et morts quand il voit M. et madame d'Argental. On a déjà parlé à V... de la succession dans la partie de fumée qu'avait à Paris ledit président commentateur. V... est malade; V... n'est guère en état de se donner du mouvement; V... grisonne, et ne peut pas honnêtement frapper aux portes, quoiqu'il compte sur l'agrément du roi. Il remercie tendrement ses adorables anges. Il sera très-flatté d'être désiré, mais il craindra toujours de faire des démarches [1].

Cela est clair. C'est aux amis à tâter le terrain et à désobstruer la voie. Aussi bien s'y emploieront-ils avec tout le zèle de l'amitié. Les circonstances, d'ailleurs, étaient tout autres qu'aux précédentes candidatures. Quel qu'eût été le succès de *Mérope*, Voltaire avait eu contre lui, à la dernière vacance, tout un parti alléguant pour raison de son ostracisme la tragédie de *Mahomet*. Désormais, le poëte pouvait s'abriter, lui et ce que Benoît XIV appelait son « admirable tragédie de *Mahomet*, » sous l'égide du saint-père. Il n'y avait sans doute qu'à s'incliner devant cette lettre du pape. Voltaire, néanmoins, croira devoir y ajouter une profession de foi, de catholicité et d'amour des jésuites, qui est bien le corollaire des deux circulaires à l'évêque de Mirepoix et à l'archevêque de Sens [2]. Cette

---

1. Voltaire, *OEuvres complètes* (Beuchot), t. LV, p. 99, 100. Lettre de Voltaire à monsieur et à madame d'Argental.
2. *Ibid.*, t. LV, p. 88, 89. Lettre de Voltaire au P. de Latour; à Paris, le 7 février 1746. « En conservant, nous dit Beuchot, la date du 7 février, qu'on trouve dans l'édition de Kehl, je crois devoir noter que si, selon l'opinion généralement reçue, cette lettre fut faite pour

lettre, adressée au P. de Latour, n'est pas la seule démarche qu'il tentera de ce côté ; il fera parler encore au confesseur du roi, le P. Pérusseau, à la bienveillance duquel il se recommandera expressément.

... Il est d'une compagnie à laquelle je dois mon éducation, et le peu que je sais. Il n'y a guère de jésuites qui ne sachent que je leur suis attaché dès mon enfance. Les jansénistes peuvent n'être pas mes amis ; mais assurément les jésuites doivent m'aimer, et ils manqueraient à ce qu'ils doivent à la mémoire du père Porée, qui me regardait comme son fils, s'ils n'avaient pas pour moi un peu d'amitié. Le pape, en dernier lieu, a chargé M. le Bailli de Tencin de me faire des compliments de la part de Sa Sainteté, et de m'assurer de sa protection et de sa bienveillance. Je me flatte que les bontés déclarées du père commun m'assurent de celles des principaux enfants[1]...

Lorsqu'on avait demandé à Louis XV qui ferait l'oraison funèbre du cardinal de Fleury, il avait bien répondu que ce serait Voltaire ; mais les remontrances de Boyer et les intrigues de Maurepas l'avaient emporté, en fin de compte, et sur cette première décision et sur le bon vouloir de madame de Châteauroux. Cette fois, le roi se prononcera ; il parlera et même fera écrire qu'il ne s'oppose point à l'élection[2].

pouvoir être admis à l'Académie, elle doit être de la fin de mars, puisque ce ne fut qu'alors qu'une place fut vacante. » Et nous sommes pleinement de son avis. Remarquons, en passant que si l'on se borna à indiquer le millésime dans les deux éditions, l'une in-8°, l'autre in-4°, qui parurent en 1746, deux ans après, nous trouvons cette date du 7, au bas de la lettre reproduite dans le *Voltairiana* (Paris, 1748), p. 179, 180 ; et sans doute est-ce là que sont allés la chercher les éditeurs de Kehl.

1. Voltaire, *Lettres inédites* (Didier, 1857), t. I, p. 162. Lettre de Voltaire à Moncrif ; à Paris, le 7 avril 1746.
2. Duc de Luynes, *Mémoires*, t. VII, p. 293 ; jeudi 28 avril 1746.

En dépit de la figure glacée du grand couvert, la soirée même du *Temple de la Gloire*, Voltaire avait tenu bon, il s'était obstiné et il avait eu raison. Il écrivait à Thiériot à la date du 18 mars : « J'ai donné aujourd'hui au roi le manuscrit de l'histoire présente depuis la mort de l'empereur *Charles VI* jusqu'à la prise de Gand : c'est pour sa petite bibliothèque. Le public n'aura pas sitôt cet ouvrage, auquel je veux travailler une année entière [1]. »

Ce n'était pas le tout d'être élu, on voulait accéder à l'Académie par la grande porte, être accueilli par l'assentiment unanime. « C'est peu de chose d'entrer dans une compagnie, il faut y être reçu comme on l'est chez des amis. » Aussi réchauffera-t-il les tièdes, s'adressera-t-il à tous ses partisans anciens et nouveaux, à l'abbé Alary, à Moncrif particulièrement, dont la position chez la reine faisait un personnage. « Je vous recommande M. Hardion (l'académicien). » Et plus loin, dans la même lettre : « J'ose croire que M. l'abbé de Saint-Cyr ira à l'Académie le jour de l'élection, et qu'il ne me refusera pas ce beau titre d'élu [2]. » Quoi qu'il en soit, et ceux qui l'aimaient et l'admiraient, et ceux bien plus nombreux qui l'avaient en aversion grande, sentaient qu'ils ne pouvaient le tenir plus longtemps à distance; et nous citerons un mot du président de Montesquieu qui, abstraction faite de ce qu'il a de rigoureux, indique bien cette obligation

---

[1]. Voltaire, *Pièces inédites* (Didot, 1820), p. 326. Lettre de Voltaire à Thiériot ; Versailles, 18 mars 1746.

[2]. Voltaire, *OEuvres complètes* (Beuchot), t. LV, p. 106, 107. Lettre de Voltaire à Moncrif ; avril 1746.

quand même d'ouvrir les portes du sanctuaire à cette remuante et agressive personnalité : « Voltaire n'est pas beau, il n'est que joli; il seroit honteux pour l'Académie que Voltaire en fût, et il lui sera quelque jour honteux qu'il n'en ait pas été [1]. »

Mais s'il ne négligeait rien pour s'assurer des protecteurs, les ennemis agissaient aussi, et s'efforçaient d'entraver son élection, en le déconsidérant par des pamphlets où tous les incidents de sa vie si troublée étaient évoqués de la façon la plus odieuse. On en ressuscita quelques-uns de date ancienne, le *Discours prononcé à la porte de l'Académie par M. le Directeur à M****, composé par Roi, en 1743, lorsque Voltaire s'était présenté, appuyé sur sa *Mérope;* et le *Triomphe poétique*, également de lui, qui remontait à 1736. Cette dernière pièce était une sorte d'odyssée burlesque où étaient relatées toutes les mésaventures d'Arouet, depuis son affaire avec le comédien Poisson jusqu'à la bastonnade de l'hôtel de Sulli. On y avait intercalé quelques variantes pour l'année de grâce 1746, qui n'étaient pas restrictives, tant s'en fallait [2]. Sans doute cela était misérable, et mieux eût valu mépriser de telles infamies. Disons, toutefois, que, quelque méprisables que soient de pareilles œuvres, elles font plus que prêter à rire et divertir les oisifs; elles ne sont pas sans action sur l'opinion, et, sans y songer, l'on en

---

1. Montesquieu, *OEuvres complètes* (Paris, de Bure, 1827), p. 697. Pensées diverses.

2. *Voltariana ou Eloges amphigouriques de François-Marie Arrouet* (à Paris, 1748), p. 263 à 268. Le *Triomphe poétique*, tel qu'il est venu à notre connaissance en 1739; avec les *variantes* pour l'an 1746, au bas des pages.

arrive à moins estimer un homme. Une nature plus calme, plus circonspecte eût senti la portée du coup et la nécessité peut-être de mettre fin par une répression énergique à cette guerre de broussailles où l'assaillant frappait dans l'ombre, sans se montrer et se nommer. Ici, toutefois, c'est un peu différent, l'assaillant n'a pas à dire son nom. Voltaire sait à qui s'en prendre, il n'hésite pas sur le coupable et le signale avec une amertume qu'il ne cherche pas à contenir.

... Comment me conduirai-je au sujet du libelle diffamatoire dans lequel l'Académie est outragée et moi si horriblement déchiré? Il n'est que trop prouvé aux yeux de tout Paris que le sieur Roi est l'auteur de ce libelle coupable. C'est la vingtième diffamation dont il est reconnu l'auteur, et il n'y a pas longtemps qu'il écrivit deux lettres anonymes à M. le duc de Richelieu. Il a comblé la mesure de ses crimes; mais je dois respecter la protection qu'il se vante d'avoir surprise auprès de la reine... Je vous supplie d'exposer à la reine mes sentiments, et de lui demander pour moi la permission de suivre cette affaire. Je ne ferai rien sans le conseil du directeur de l'Académie, et, surtout, sans que vous m'ayez mandé que la reine trouve bon que j'agisse [1]...

Le poëte Roi, parfaitement ignoré de la génération présente, n'était pas un poëte méprisable ; il avait un talent véritable et incontesté, que ses contemporains, ceux mêmes qui le jugent avec le plus de rigueur, ne font pas difficulté de reconnaître. Né à Paris, en 1683, fils d'un procureur au Châtelet, Roi, pour être quelque chose, acheta une charge de conseiller à la même juridiction, dont ses confrères le contraignirent de se dé-

---

1. Voltaire, *Œuvres complètes* (Beuchot), t. LV, p. 101, 102. Lettre de Voltaire à Moncrif; mars 1746.

faire, à ce que prétend une satire du temps, « parce qu'il ne faisait que des opéras[1] ». Que n'a-t-il fait que cela ! A part le caractère, qui n'est pas beau, Roi n'est pas un honnête homme. Il fut arrêté et transféré, le 9 décembre 1724, à la Bastille, d'où il ne sortit que le 22 mars de l'année suivante, pour avoir fait « des friponneries dans le public avec des papiers royaux[2]. » Il maniait habilement l'épigramme, et l'atrocité du trait ne l'eût ni effrayé ni arrêté. C'était alors l'époque et la grande fureur des calotines. Personne n'était à l'abri de ces lardons, moins recommandables à coup sûr par la finesse de la plaisanterie que par leur côté personnel et anecdotique; car les brevets du Régiment de la Calotte avaient toujours une origine scandaleuse ou ridicule. Ces satires, tolérées, presque respectées par le gouvernement (et elles prirent cours sous la rigide discipline de Louis XIV), s'attaquaient à tous, aux plus haut placés comme aux moins puissants, avec une liberté d'allure qui semblait compter sur l'impunité[3]. Le recueil publié de ces pauvretés n'a d'autre valeur présentement que sa rareté, et est, en résumé, d'une assez fastidieuse lecture. L'histoire doit en tenir compte pourtant, et telle note jointe au texte est parfois toute une révélation.

1. Bibliothèque de l'Arsenal. Manuscrits. *Recueil de pièces.* B. L. 135 (4ᵉ recueil), f. 157.
2. Archives de la police. *Bastille, notes sur les prisonniers.* B. 394, année 1724. — Archives de l'Empire 0-68 et 69. *Registre du secrétariat de la maison du Roy*; p. 631. Du 9 décembre 1724. Ordre pour arrêter et conduire à la Bastille le sʳ Roy, lettre pour l'y recevoir et garder jusqu'à nouvel ordre. — Du 22 mars 1725. Ordre de sortie.
3. Maurepas, *Mémoires* (Paris, 1792), t. III, p. 4, 5.

Roi fut un de ceux qui concoururent le plus à la fabrication de ces calotines [1], et c'est à lui qu'incombe, comme on l'a dit déjà, l'honneur du *Triomphe poétique* que l'on venait d'exhumer à propos de la candidature de Voltaire. Il ne fut pas, toutefois, le seul à lancer son javelot contre le trop sensible auteur de *Zaïre*. Le *Brevet pour agréger le Sr Arrouet de Voltaire au Régiment de la Calotte* est d'un poëte obscur nommé Camusat; et Piron serait le fauteur de la *Calotte de juré priseur des Brevets du Régiment, en faveur du public, pour M. de V****, en 1731 [2]. Toutes ces malices n'étaient pas des noirceurs; la plupart même se contentaient d'érailler la peau, et la victime finissait par rire la première de folies où se mêlaient bien des vérités qui avaient sans doute le tort de n'être pas bonnes à dire. Et c'est ce qui explique la tolérance, la quasi-protection dont elles furent l'objet de la part de l'autorité. Quant à Roi, ce n'était pas un de ces esprits joyeux que la verve emporte; sa vie entière se passa à rimer des épigrammes « au feu d'enfer, » selon l'expression de Collé [3], qui lui valurent plus d'une répression jusqu'à la dernière, la plus sévère de toutes [4].

---

1. Maurepas, *Mémoires* (Paris, 1792), t. III, p. 46 et suiv.
2. *Voltariana ou Eloges amphigouriques de François-Marie Arouet* (à Paris, 1748), p. 119, 124.
3. Collé, *Journal* (Paris, 1807), t. III, p. 140; octobre 1764.
4. On a dit que le comte de Clermont, outragé dans une épigramme de Roi, le fit si bien étriller par son nègre, que l'auteur des *Éléments* eut à peine la force de se traîner chez lui où il expirait quelques jours après. La bastonnade est on ne peut plus réelle et elle fut également des plus sévères; mais comme l'épigramme fut faite à l'occasion de l'élection du prince, en 1754, et que Roi ne mourut que le 23 octobre 1764, il lui resta, de compte fait, dix années pour se guérir

Ainsi il prendra à partie Rameau, qu'il désignera sous le nom de *Marsyas* et traitera de la plus sanglante façon, pour le punir de lui avoir préféré Cahusac [1]. Une autre fois, ce sera Moncrif, qui répondra à coups de canne. Voltaire et lui ne s'aimaient guère; quoi qu'en dise le dernier [2], ils s'étaient rencontrés chez madame de Mimeure, à laquelle l'auteur d'*Œdipe* reprochait de n'être prête à écrire qu'en faveur de Roi. Lorsque celui-ci change son nom d'Arouet pour le nom de Voltaire, on lui fait dire que « c'est pour n'être point confondu avec ce malheureux poëte Roi. » Dans son épître *sur la Calomnie*, à madame du Châtelet, où Jean-Baptiste est malmené si cruellement, Voltaire n'a garde encore de l'oublier. Il s'agit de la jeune Églé, mariée de la veille, et à laquelle, dès le lendemain, on donnait un amant :

... Roi la chansonne, et son nom par la ville
Court ajusté sur l'air d'un vaudeville [3].

et oublier. Voltaire disait de lui, en faisant allusion aux châtiments répétés qu'il s'attirait par sa verve railleuse : « C'est un homme qui a de l'esprit, mais ce n'est pas un auteur assez châtié. » Chamfort, *Œuvres* (Lecou, 1852), p. 138. Mais les plaisanteries de ce genre sont sans fin. Roi rencontre le président de Lubert, et lui propose de cheminer avec lui. « Nous ne pouvons faire route ensemble, répond le président, il est minuit, et c'est l'heure des coups de bâton. »

1. *Lettre philosophique par M. de V*** avec plusieurs pièces galantes et nouvelles* (Berlin, 1760), p. 36 à 40.

2. « A l'égard de sa personne, je ne la connois qu'avec le parterre et les loges, lorsqu'il s'est présenté à découvert aux acclamations des spectateurs; je ne crois pas avoir eu de ma vie aucun entretien avec lui, et je ne sçai par quel hasard je ne l'ai jamais rencontré dans les maisons où j'ai quelque accès. » *Lettres de madame la Comtesse de*** sur quelques écrits modernes* (Genève, 1746), t. I, p. 188. Lettre de M. Roy; ce 8 décembre 1745.

3. Voltaire, *Œuvres complètes* (Beuchot), t. XIII, p. 97. Épître à madame la marquise du Châtelet *sur la Calomnie*, 1733.

Il est vrai que Voltaire se récrie, avec ces bons airs hypocrites qui ne trompent personne : « Je vous prie, mon cher Thiériot, de fermer la bouche à ceux qui m'imputent une épigramme contre *Roy*, que je n'ai point vue et que probablement je ne verrai point. Je puis avoir sujet de me plaindre de lui, mais je ne veux faire de ma vie des vers contre personne ; c'est une vengeance indigne que je mépriserai toujours. On avait glissé le nom de *Roy* dans l'épître *sur la Calomnie*, dont il a couru tant de copies informes ; on avait mis : *Roy la chansonne*, au lieu de : *On la chansonne*. C'était apparemment dans le dessein de me brouiller avec lui. On dit qu'il a fait des vers contre moi pendant mon absence. Je ne veux pas croire qu'il ait eu la lâcheté d'outrager un homme qui était malheureux [1]... »

Roi était ambitieux. L'auteur de *Callirhoé* avait été décoré de l'ordre de Saint-Michel par le crédit de madame de Mailly [2] ; un fauteuil à l'Académie était

---

1. *Voltaire à Ferney* (Didier, 1860), p. 314. Lettre de Voltaire à Thiériot ; ce lundi 1732. Cette date n'est pas admissible. La lettre n'eût pu être écrite, en tous cas, qu'après la composition de l'épître *sur la Calomnie*, qui fut publiée bien plus tard, mais qui remonte à 1733. Voici quelque chose qui tranche la question : « Envoyez-moi, dit Voltaire en finissant, l'épître de mademoiselle Deseine à ses confrères de la Comédie française. » Eh bien, cette épître qui fit tant de bruit et dont l'actrice était parfaitement innocente, est à la date du 9 mars 1735 ; donc la lettre à Thiériot doit être, au plus tôt, de la moitié de mars de la même année. Voir Barbier, *Journal* (Charpentier), t. III, p. 9, 577 à 584.

2. « Le roi l'honora du cordon de Saint-Michel, raconte Favart ; il en étoit si glorieux, qu'il alloit dans toutes les promenades pour le montrer à tous ceux qu'il rencontroit. Messieurs, messieurs, disoit-il, voici le cordon de Saint-Michel ; c'est la critique de l'Académie,

l'objet de sa persistante convoitise. Il semblerait que ce n'était pas prendre le chemin du Louvre que de lancer contre le corps entier une satire sans ménagement, *le Coche*, pour laquelle les Quarante eurent le crédit de le faire enfermer à Saint-Lazare et ensuite exiler à Tours (octobre 1734), comme l'indique une *Épître du supérieur de Saint-Lazare au poëte Roy* attribuée à Moncrif, qui se fût vengé ainsi de la réponse de Roi à l'*Ode sur les généraux de l'armée d'Allemagne* [1]. Mais l'Académie ne s'est guère recrutée, à toutes les époques, que de ses contempteurs revenus à résipiscence, et il n'est pas jusqu'à Desfontaines qui n'ait songé, malgré ses précédents, à en forcer les portes, comme cela ressort d'une lettre de Fontenelle, à la date du 1er novembre 1744 : « Il n'étoit pas possible, écrivait l'auteur de *la Pluralité des Mondes*, que notre Académie adoptast l'abbé Desfontaines, car je ne crains point d'écrire son nom tout du long... Qui auroit voulu d'un tel confrère [2] ? »

voici le cordon. Quelqu'un lui répondit flegmatiquement un jour : Monsieur Roi, ce n'est pas encore ce que vous méritez. » Favart, *Mémoires et Correspondance* (Paris, 1808), t. II, p. 177, 178. Lettre de Favart au comte Durazzo; 21 décembre 1763.

1. Bibliothèque de l'Arsenal. Manuscrits. B. L. 135. *Recueil de pièces*, t. II (4e partie), f. 156. — Bibliothèque impériale. Manuscrits. Jamet jeune, *Stromates* ou *Miscellanæa*, t. I, f. 463, 466, 509, 619.

2. Charavay, *Catalogue d'autographes* du jeudi 7 avril 1864, p. 37, n° 251. Lettre de Fontenelle..., Paris, 1er novembre 1744. Si l'abbé Desfontaines rêva le fauteuil, au moins se borna-t-il à faire sonder le terrain, et ne se compromit-il point dans une démarche officielle, comme cela ressort d'un passage du *Voyage en l'autre monde ou Nouvelles littéraires de celui-cy* (Paris, Duchesne, 1752), 1re partie, p. 212, de son collaborateur et ami, l'abbé de Laporte.

Roi lorgnait donc l'Académie, et ce n'était pas sans douleur et sans rage qu'il assistait à chaque nouvelle élection [1]. Malheur à quiconque se mettait sur les rangs! Tout candidat était son ennemi propre et traité comme tel. Mais il avait d'autres griefs contre Voltaire. Il travaillait depuis longtemps à un poëme allégorique intitulé *la Félicité*, qu'il destinait aux fêtes du mariage du Dauphin, et le passe-droit dont l'auteur de la *Princesse de Navarre* fut l'objet ne dut qu'augmenter la somme de haine qu'il avait amassée contre ce dernier [2]. Sa rancune se traduisit alors par une satire sur le *Poëme de Fontenoi* « en style d'huissier priseur, » dont Voltaire se vengea en faisant figurer

1. « M. Roy, nous dit Trublet, a fait plusieurs petites pièces satyriques contre messieurs *de Fontenelle, de la Motte, de Voltaire*, etc. (il étoit très-lié avec l'abbé Desfontaines), surtout contre l'Académie dont il s'étoit fermé la porte par la malignité de leurs critiques. » L'abbé Trublet, *Mémoires pour servir à l'histoire de la vie et des ouvrages de MM. de Fontenelle et de la Motte* (2ᵉ édit. Amsterdam, 1759), p. 359.
2. Voltaire, *OEuvres complètes* (Beuchot), t. LV, p. 37. Lettre de Voltaire à Cideville; mercredi matin, 9 juin 1745. — Sa haine transpire dans ces quelques lignes d'une lettre insérée dans les feuilles de Fréron : « ..... Comme le zèle pour le roi nous a fait traiter les mêmes sujets, la convalescence, les triomphes, le mariage de M. le Dauphin, et que sur le théâtre de la Cour cet auteur remplit mon exercice quatriennal, je dois plus que jamais garder le silence sur ses heureuses productions. Vous lui attribuez l'ambition d'envahir tout le terrain du Parnasse, de n'en souffrir aucun coin exempt de ses incursions : c'est, dites-vous, l'Alexandre des poëtes. Un de ses plus affidés n'est pas aussi content que vous croyez de cette dénomination; il a lu Boileau, qui appelle le conquérant de l'Asie, l'écervelé, le fougueux *Langely* : or ce Langely étoit le fou de M. le Prince. » *Lettres de madame la Comtesse de* *** *sur quelques écrits modernes* (Genève, 1746), t. I, p. 187, 188. Lettre de M. Roy; ce 8 décembre 1745.

l'Envie, aux pieds de la déesse, avec le cordon de l'ordre de Saint-Michel, sur l'estampe mise en tête de l'opéra du *Temple de la Gloire*[1].

Les choses en étaient là à la mort du président Bouhier. Roi, sans avoir perdu tout espoir d'être de l'Académie, n'osa se présenter et se borna à contrecarrer et à chagriner par tous les moyens l'élection du poëte. L'exhumation du *Triomphe poétique* eut tout l'effet qu'il en pouvait attendre, et sa haine n'eut qu'à s'applaudir de cette manœuvre infernale. Voltaire, trop disposé à voir un attentat contre la société entière dans la moindre attaque contre sa personne, n'était pas homme à dévorer l'outrage. Il réclamera une vengeance éclatante, il fera tout pour l'obtenir. La reine, pour laquelle l'auteur de *Mariamne* et de l'*Indiscret* n'est plus, et depuis bien des années, « son pauvre Voltaire, » a des bontés, il est vrai, pour l'auteur de *Callirhoé* ; mais Moncrif, son lecteur, qui a eu à se plaindre de Roi, est là pour prendre le parti de son ami et mettre ses très-humbles hommages aux pieds de Sa Majesté. En outre, la favorite, le duc de Richelieu, M. d'Argenson couvrent Voltaire de leur protection, et ne feront pas difficulté de le défendre contre les attaques d'un ennemi de l'importance du chevalier de Saint-Michel. L'auteur du *Temple de la Gloire* ne s'endormait pas, il frappait à toutes les portes, et le poëte de ballet finit par avoir peur. Nous avons sous les yeux une lettre adressée sans doute au lieute-

---

[1]. *Journal de Monsieur*, par la présidente d'Ormoy. Décembre 1778, p. 479, 480. — Palissot, *le Génie de Voltaire apprécié dans tous ses ouvrages* (Paris, 1806), p. 181.

nant de police, où il s'efforce de démontrer sa parfaite innocence, non sans récriminer contre Voltaire, qu'il dépeint comme un esprit inquiet, soupçonneux et de tous points intraitable.

Au retour de la campagne, où j'étois allé ensevelir mon chagrin sur la mort de ma sœur, j'ay apris que ma réputation étoit violemment attaquée par le sieur Voltaire. Je ne puis en douter par les lettres qu'il a écrites à des académiciens [1]. S'ils me les eussent confiées, j'aurois en justice réglée la voye ouverte pour le forcer à prouver, ou à se retracter. Il ne me reste de recours que votre seule autorité et les perquisitions.

L'ouvrage que m'impute mon accusateur est imprimé, je n'ay jamais rien mis au jour que de l'aveu de la police ou de la chancellerie. Ayez la bonté, monsieur, de vous faire informer si les imprimeurs frauduleux m'ont jamais connu comme luy.

L'homme qui veut estre à toute force mon ennemy me choisit entre tous les siens pour m'imputer tout ce qui s'écrit contre luy : il a craint que je ne fusse son concurrent à l'Académie, moy dont l'indifférence ou la retenue sur ce vain titre est connue de toute la France.

Il est public que je ne me suis point mis à la traverse. Que je n'ay sollicité personne. Que je suis hors d'intérest dans ses rivalités et dans ses querelles [2].

---

1. Nous avons cité plus haut une lettre de Voltaire à Moncrif, datée de mars 1746, remplie de récriminations amères sur les manœuvres de Roi; joignons-y deux lettres au même, la première de février 1746 (mars ou avril), la seconde du 7 avril, ainsi qu'une dernière épître à l'abbé Alary (également académicien), du 7 encore. C'est à ces lettres notamment que Roi doit faire allusion. Voltaire, *Lettres inédites* (Didier, 1857), t. I, p. 160, 161, 162.

2. Roi, qui assure ne s'être pas mis à la traverse de la candidature de Voltaire, dès 1743 remuait des pieds et des mains pour empêcher une élection que de plus puissants que lui firent échouer; l'on en a la preuve dans cette note de police : « 6 février 1743. Le sieur Roy publie sur les toits qu'il n'en sera jamais (Voltaire); que le parlement s'y opposeroit; que M. l'archevêque, dans son dernier discours, lui a formellement et publiquement donné l'exclusion; qu'il seroit

C'est un personnage qui donne pour vrai tout ce qu'il imagine. Le ministre auquel je viens d'écrire le sçait bien.

Comme il est impossible de faire taire toutes les voix que Voltaire élève, je n'ay de ressource, monsieur, que de me justifier à vos yeux. Je vous dois compte de mes mœurs. Je vous les rends avec confiance. Je ne crains pas que mon fougueux ennemi vous prévienne ny que ses protecteurs ne cessent de me persécuter. Il prétexte sa calomnie, de l'envie que me doit causer son talent, et du chagrin qu'il me fait en donnant ses ouvrages lyriques à la cour et à la ville. En vérité, monsieur, ai-je perdu à la comparaison et dois-je estre bien mortifié? Je ne le serois que si vous doutiez de mon innocence et de ma sensibilité à votre estime [1].

Nous savons à quoi nous en tenir sur la sincérité de Roi. Il affiche une superbe indifférence des honneurs académiques et déclare n'avoir tenté aucune démarche. Ce qu'il y a de véritable, c'est qu'après avoir sondé le terrain, comme on l'a dit plus haut, il a jugé qu'il n'avait nulles chances et a cru devoir s'abstenir; cela est, du reste, confirmé par une note de M. de Luynes : « Roy, fameux poëte lyrique (on le voit, son talent n'était contesté de personne), désire depuis longtemps d'obtenir une de ces places; mais l'Académie n'oublie point qu'il a écrit contre elle, et d'ailleurs il n'a pas trouvé du côté de la cour la faveur qu'il auroit souhaité. Dans cette occasion-ci, il ne s'est point présenté [2]. » En somme, cette lettre témoigne de l'aplomb

---

honteux à l'Académie de recevoir dans son corps un sujet sans religion, et qui dans un poëme, autrefois, a déchiré plusieurs de ses membres (le Bourbier). En vomissant son venin, Roy proteste qu'il est le meilleur des amis de Voltaire, mais qu'il l'est encore plus de la vérité. » Barbier, *Journal*, t. VIII, p. 226. Journal de police.

1. Lettre autographe inédite du poëte Roi; ce 26 avril 1746.
2. Duc de Luynes, *Mémoires*, t. VII, p. 293; du jeudi 28 avril.

de son auteur, qui, au lieu de parler de ses mœurs, eût assurément mieux fait de glisser sur un tel chapitre ; car il passait pour avoir vendu sa femme à un financier du nom de Le Riche, ou du moins pour souffrir qu'elle fût ostensiblement entretenue par ce parvenu du Système [1]. Quant à la distance qu'il établit entre Voltaire et lui, si cela fait sourire, il ne faut pas, toutefois, perdre de vue qu'il n'est question ici que des ouvrages lyriques du premier, qui sont loin d'être des chefs-d'œuvre même opposés aux poëmes de Roi, auquel Collé accorde jusqu'à du génie, le traitant pour le reste comme le dernier et le plus vil des hommes.

Cette lettre de Roi ne venait que le lendemain de l'élection de l'auteur de la *Henriade*, qui avait eu lieu le lundi 25 avril. Enfin, Voltaire tenait ce fauteuil, l'objet de ses souhaits les plus ardents; il l'avait obtenu

---

1. Collé, *Journal* (Paris, 1807), t. III. p. 140. Il avait épousé la fille d'un marchand à laquelle il avait donné le carreau, ridicule qui fut l'objet de plaisanteries que se complaisent à reproduire les chroniqueurs du temps. Barbier, *Journal* (Charpentier), t. II, p. 73, 74 ; juillet 1729. — Marais, *Journal et mémoires*, t. IV, p. 41. Lettre de Marais à Barbier ; à Paris, ce 17 juillet 1729. Voltaire, qui n'était pas homme à laisser une attaque impunie, a lancé contre le chevalier de Saint-Michel une épigramme terrible, où il fait allusion entre autres aventures à ses malheurs conjugaux, commençant ainsi : « Connaissez-vous certain rimeur obscur... » Dans les *Voyages de Scarmentado*, il donne un rôle à l'auteur de *Callirhoé* qu'il appelle *Iro*, simple anagramme de son nom. Quant à cette accusation honteuse dont il est question plus haut, elle est confirmée par une note de police d'Hémery : « Il épousa la fille d'un marchand de la rue Saint-Honoré qui avait été longtemps la maîtresse de Le Riche, trésorier des Invalides. » Delort, *Histoire de la détention des philosophes et des gens de lettres à la Bastille et à Vincennes* (Paris, 1829), t. III, p. 125, 126.

tout d'une voix, prétendit-il, sans même que l'évêque de Mirepoix eût laissé percer la moindre velléité d'entraver sa candidature [1]. On eût pu le croire au comble du bonheur comme de la gloire. Mais quel homme s'est élevé impunément ? A mesure que vous affirmez votre valeur, les envieux, les ennemis de tout ce qui grandit, sortent de terre, pullulent et se mettent à l'œuvre. Est-il écrivain qui ait été plus attaqué que Voltaire, qui ait plus été le but des calomnies, des noirceurs de toute espèce? Son tort incontestable, c'est de n'avoir pas assez méprisé ces méprisables machinations ; c'est de ne s'être que trop abandonné à ces enivrements de colère aveugle qui étouffaient en lui tous sentiments de prudence, d'équité et de pitié. Encore est-il (et il est bon de le redire) qu'il ne fait que se défendre, et que c'est de l'ennemi que partent les premiers coups : Desfontaines, Saint-Hyacinthe, Fréron, La Beaumelle, Clément, auront pris l'initiative, et, par conséquent, assumé les responsabilités de l'agression. C'est tout ce qu'il y a à voir avec Voltaire. Le fer engagé, ce sera une guerre implacable, sauvage, impie, sans trêve, où tous les moyens seront bons, même les pires.

Son élection n'avait fait que surexciter les passions

---

1. Voltaire, *OEuvres complètes* (Beuchot), t. LV, p. 107. Lettre de Voltaire à Maupertuis ; Paris, ce 1er mai 1746. Comme les registres de l'Académie ne consignent jamais le nombre de voix obtenues par le candidat, nous n'avons pu nous assurer du chiffre des votes favorables. Il y avait vingt-neuf académiciens présents ; il est dit qu'il fut élu « à la pluralité des voix ». Nous devons ces renseignements, ainsi que certains autres que l'on trouvera plus loin, à la parfaite obligeance de M. A. Pingard.

hostiles, qui n'épargnèrent rien pour abreuver son succès d'amertume. Après le *Triomphe poétique* et le *Discours prononcé à la porte de l'Académie françoise par le directeur à M****, tous deux de Roi, parurent un *Discours prononcé à l'Académie par M. de Voltaire*, harangue ironique dont l'auteur était Baillet de Saint-Julien; une *Lettre d'un académicien de Villefranche à M. de Voltaire*; enfin, des *Réflexions sur le remerciement de M. V*** à l'Académie françoise*, analyse malveillante, pointilleuse, mais souvent spécieuse du discours du nouvel élu [1]. Baillet de Saint-Julien avait dépêché son chef-d'œuvre au poëte avec une lettre écrite de sa main et revêtue de sa propre signature. Au moins était-ce y aller franchement et impudemment. Voltaire, furieux, rend plainte contre lui, le 2 mai; mais il se ravise et abandonne presque aussitôt les poursuites. Dans l'impossibilité d'atteindre et de punir tout le monde, il voulait choisir. On l'avait traqué dans sa vie privée, on s'était efforcé d'humilier, d'abaisser, de déconsidérer l'homme; l'écrivain s'effaçait devant l'homme vilipendé à ce point. Il s'attacha avec rage à la recherche de ceux qui, dans l'ombre, s'étaient faits les propagateurs des libelles dont il était l'objet. Les colporteurs de métier étaient surveillés, les ordres les plus sévères étaient partis de la police; les perquisitions commencèrent [2]. Mais elles ne devaient pas se borner aux seuls libraires. Une descente eut lieu le 29 avril, rue des Petits-Augustins, au

---

1. Quérard, *Bibliographie Voltairienne*, p. 139, 140. Nos 844 à 848.

2. Barbier, *Journal* (Charpentier), t. IV, p. 145, 146; mai 1746.

domicile d'un homme de lettres appelé Mairault, fils d'un receveur des décimes du clergé, demeurant chez sa belle-mère, madame de Villiers, cette célèbre Fanchon Moreau, qui avait été vingt ans la maîtresse du grand-prieur de Vendôme [1]. Mairault, dont Voltaire ne parle qu'avec le dernier mépris, était une sorte d'épicurien doublé d'érudit, prenant de la vie et des lettres ce qu'elles avaient de savoureux. On a de lui une traduction des pastorales de *Nemesien* et de *Calpurnius*. [La plus grande partie du tome X et la totalité du XIe des *Jugements sur les écrits nouveaux*, de Burlon de la Busbaquerie, sont de lui [2]. Ses relations littéraires n'étaient pas de nature à le jeter dans les bras de Voltaire : c'étaient Desfontaines, aux feuilles de qui il travaillait également ; Fréron, son collaborateur à l'œuvre de Burlon, le poëte Roi, enfin, qui eût voulu communiquer à tous la haine que lui inspirait l'auteur de la *Princesse de Navarre* et du *Temple de la Gloire*. Mairault nous apparaît quelque peu inconsidéré de sa nature, sacrifiant parfois les convenances les plus sommaires au plaisir de révélations piquantes, comme le lui reprochera l'abbé Trublet [3], mais oubliant et son état et ses souffrances pour ne songer qu'à passer le plus gaiement possible le peu de jours qu'il avait à vivre. Il écrivait à Tra-

1. Bibliothèque impériale. *Catalogue raisonné de la Bibliothèque de l'abbé Goujet* (manuscrit Q), t. III, p. 317.—Gustave Desnoiresterres, *les Cours galantes* (Dentu, 1864), t. IV, p. 3.
2. *L'Esprit de l'abbé Desfontaines* (Londres, 1757), t. I, p. XLIX.
3. L'abbé Trublet, *Mémoires pour servir à l'histoire de la vie et des ouvrages de MM. de Fontenelle et de La Motte* (2e édit., Amsterdam, 1759), p. 178, 179.

venol, à propos précisément des satires de Roi : « Ma santé va de mal en pis : mais dans ces sortes de maladies, on conserve la tête : et on ne laisse pas de goûter la plaisanterie. Je crois que la malice est ce qui s'éteint le dernier dans l'homme. L'écrit est plein de sel, et va commencer à jeter un ridicule sur la fameuse réception [1]. » Cette visite de justice, dont le procès-verbal nous est parvenu, ne pouvait s'effectuer plus inopportunément ; car Mairault était dans son lit, atteint de la maladie dont il devait bientôt mourir [2], circonstance que Voltaire ignorait sans doute aussi bien que le lieutenant de police, mais que la défense ne manqua pas de signaler comme une dureté voisine de la barbarie. « Occupé de la pensée de sa dernière heure, il attendait des visites plus salutaires, » nous dit Rigoley, qui nous semble y mettre du sien, là comme dans le reste de son mémoire. Les recherches, auxquelles le malade se prêta même de bonne grâce, n'eurent pas grand résultat, et se bornèrent à la découverte d'une feuille manuscrite que Mairault déclara être de son écriture et qui avait trait à Voltaire [3].

On avait mis la main sur un colporteur du nom de Phélizot, qui se trouvait muni de huit cents exemplaires des deux pièces de Roi, et qui fit des aveux com-

---

1. Il expirait le 15 août, dans sa trente-huitième année. Il était veuf et laissait une fille qui fût mariée vers 1750.

2. François Ravaisson, *Archives de la Bastille* (Paris, Durand, 1867), p. 11, 12. Procès-verbal du commissaire La Vergée, chez le sieur Mairault.

3. *Mémoire signifié par Louis Travenol, de l'Académie royale de Musique* contre le sieur Arrouet *de Voltaire*, de l'Académie française (Joseph, Bullot, 1746), p. 5.

promettants; des perquisitions furent ordonnées chez Paulus Dumesnil, les veuves Kuapeu, Le Mesle, Bienvenu, Lormel, dont on inventoria les richesses avec le dernier scrupule. Cela amena plus d'une arrestation. La Bienvenu et la Lormel furent jetées en prison, cette dernière avec son fils et Josse son gendre. Rigoley nous présente Voltaire faisant la patrouille dans la rue Saint-Jacques, escortant les archers qu'il conduisait lui-même jusqu'à la porte de Mairault. Lors de la visite chez les veuves Bienvenu et Lormel, à la descente du Pont-Neuf, il nous peint le poëte se tenant à l'affût dans la boutique de Prault fils, et servant de mouche au commissaire et à l'inspecteur de police [1]. Disons que toutes ces arrestations, dans le récit de Juvigny, sont simultanées; elles s'opèrent le même jour, presque à la même heure. Par malheur, nous avons pu relever les différents ordres, et nous assurer que tout cela ne s'effectua pas entre un lever et un coucher de soleil. La visite chez Mairault est du 29 avril; l'ordre d'arrestation de la Bienvenu du 20 mai, et celui de la veuve Lormel et de Josse, du 3 juin [1].

---

1. Archives impériales, O-90. *Registre du secrétariat de la maison du Roy*, de l'année 1746, enregistrement des ordres du Roy. Citons un dossier des plus complets sur l'affaire Travenol dont nous ne saurions nous dispenser d'indiquer le contenu : huit pièces relatives à l'arrestation des libraires, notamment l'interrogatoire de la Bienvenu et le procès-verbal de perquisition chez Michel Lambert; lettre autographe de M. de Beaufrémont en faveur de Travenol; note de police sur Travenol; état des manuscrits et imprimés trouvés chez Travenol; exposé de l'affaire; requête du sieur Travenol au lieutenant de police Berrier; enfin lettre du commissaire de police de Lavergée. *Troisième Catalogue de la vente des livres de M. Techener*, 4 avril 1865, p. 120, 121. N° 1962.

D'après l'auteur du mémoire, cette apparition chez Mairault et l'envahissement du domicile de Travenol eurent lieu à la suite l'une de l'autre. Il s'écoula cependant, entre les deux descentes, plus d'un mois consacré par Voltaire à une enquête fiévreuse. « Ce misérable Roi, écrit-il à Vauvenargues, n'est né que pour faire du mal; mais je me flatte que cette aventure pourra faire discerner ceux qui méritent la protection du gouvernement de ceux qui méritent l'indignation du gouvernement et du public. C'est à quoi je vais travailler avec plus de chaleur qu'à mon discours de l'Académie[1]. »

Ce discours de l'Académie, auquel, quoi qu'il dise, il attachait autant d'importance qu'à sa vengeance, il le prononçait, le lundi 9 mai, devant une chambrée des plus illustres. A cette époque encore, lorsqu'un récipiendaire avait fait l'éloge du cardinal de Richelieu et du président Séguier, et qu'il y avait joint celui de son prédécesseur, il avait tout dit. Le discours de Voltaire, qui de notre temps semblerait laconique, était une nouveauté par ses proportions ainsi que par la variété des objets qu'il traitait. Après avoir fait un rapide historique de la formation de notre langue et de son génie, il était arrivé aux grands écrivains qui l'avaient successivement établie ou enrichie, et qui en avaient fait une langue universelle. Cette universalité de la langue française amenait indirectement l'orateur à faire l'éloge du roi de Prusse, qui la parlait et l'écrivait comme la sienne propre ; de sa sœur, la reine de

---

1. Voltaire, *Œuvres complètes* (Beuchot), t. LV, p. 109. Lettre de Voltaire à Vauvenargues; ce samedi, mai (plutôt avril).

Suède; de Benoît XIV et de l'impératrice de Russie. En somme, il y avait là un mot flatteur pour chacun, pour le président Hénault, Montesquieu, Fontenelle, l'abbé d'Olivet, le présent directeur de l'Académie, voire Crébillon, « ce génie véritablement tragique, qui m'a servi de maître, quand j'ai fait quelques pas dans la même carrière. » Auprès de l'éloge de Frédéric, le récipiendaire avait glissé celui de Maupertuis, « pour ne pas séparer le souverain et le philosophe ; » mais on lui fit, assure-t-il, rayer ce passage, lui imposant l'obligation de se renfermer dans les objets de littérature qui étaient du ressort de l'Académie [1]. Il ne laissa pas échapper davantage l'occasion de reproduire les paroles adressées par le roi, sur le champ de bataille de Fontenoi, au petit-neveu du fondateur de l'Académie : « Je n'oublierai jamais le service important que vous m'avez rendu [2]. » Comme on le pense, l'encens n'était pas ménagé à l'égard du maître, et le discours finissait par ces vœux, qui parviendraient bien jusqu'au trône : « Puissé-je voir dans nos places publiques ce monarque humain, sculpté des mains de nos Praxitèles, environné de tous les symboles de la félicité publique! Puissé-je lire au pied de sa statue ces mots qui sont dans nos cœurs : *Au père de la patrie* [3] ! »

1. Voltaire, *OEuvres complètes* (Beuchot), t. LV, p. 131. Lettre de Voltaire à Maupertuis; à Versailles, le 3 juillet 1746.
2. Un instant il avait été question d'éloigner le roi du champ de bataille ; Richelieu, qui du reste se conduisit héroïquement dans cette journée, s'opposa de tout son pouvoir à une telle mesure, et son avis écouté sauva à nos armées, jusque-là si malheureuses, une déroute inévitable ; c'est là le service auquel Voltaire semble faire allusion.
3. Voltaire, *OEuvres complètes* (Beuchot), t. XXXVIII, p. 564. Discours de Voltaire à sa réception à l'Académie française.

CRITIQUE PLAISANTE. 69

Cette œuvre d'éloquence devait être l'objet de plus d'une critique [1]. Était-ce bien un discours dans le sens rigoureux et logique du mot, ou une sorte d'habit d'arlequin composé de pièces et de morceaux cousus ceux-ci à ceux-là, sans autre raison que le hasard de l'assemblage? Quelqu'un, raconte-t-on, s'avisa d'en faire cinq ou six lectures dans des sociétés, commençant tantôt par un endroit, tantôt par un autre, sans qu'on s'aperçût jamais de cette petite malice [2]. Si l'anecdote est vraie, c'était, à coup sûr, la critique la plus fine et la meilleure qui pût être faite du discours de Voltaire.

Phélisot avait été transféré à l'hôpital le 29 avril [3]. Les exemplaires que l'on trouva chez lui, il déclara les tenir de Louis Travenol, violon de l'Opéra, qui de-

1. *Opuscules de M. F**** (Fréron) (Amsterdam, 1751), t. II, p. 328-356. Lettre XVII; à Paris, ce 12 juin 1746.
2. *Lettre de M. de V*** sur son Discours à l'Académie françoise* (1766), p. 1.
3. Archives de la police. *Registre des ordres du Roy* (1745-1747), p. 41. « Balthazar-Marie Félizot, 40 ans. De Fontenay proche Vincennes, diocèse de Paris, conduit par le S. d'Advenel, inspecteur de police, par ordre de M. de Marville en datte du d. (avril) anticipé à l'ordre du roy, l'ordre en forme apporté le 19 may 1746. — Sorty le 5 juillet 1746 de l'ordre de M. de Marville, en date du d. jour anticipé à l'ordre du Roy en forme aporté le 10 du d. » Ainsi, on ne saurait trop le répéter, il ne faut point confondre l'ordre du roi et son exécution sur l'ordre direct du lieutenant de police. On voit qu'il s'écoulait parfois quatre ou cinq jours entre l'envoi et la réalisation des rigueurs ou des grâces; faute de ne pas faire cette distinction, où tomberait à tout instant dans des méprises qui, en certains cas, pourraient avoir leur importance. Phélizot, qui fut envoyé en exil, après sa détention, en obtint la révocation, à la condition de n'approcher de Paris de cinquante lieues (6 novembre 1746), puis de six lieues (21 mars 1747). Archives impériales. O-90, 91. *Registre du secrétariat de la maison du Roy*, des années 1746 et 1747.

meurait rue du Bac, au coin de la rue de Grenelle ; et ce fut sur ses aveux que Voltaire se crut fondé à demander un ordre pour rechercher ces libelles attentatoires à son honneur et à l'honneur de l'Académie. Le voici textuellement :

3 juin 1746. — Ordre au S. de La Vergée, commissaire au Châtelet de Paris, accompagné du S. d'Advenel, inspecteur de police chez le S. Travenot (sic), m° à danser et chez son fils, violon de l'Opéra à l'effet d'y faire une exacte perquisition des imprimés prohibés et manuscrits qui pouroient s'y trouver, les saisir, laisser à la garde du d. S. d'Advenel et de tout dresser procès-verbal. Datté 31 may.

Le commissaire se transporta, en conséquence de cet ordre, chez les Travenol, et procéda aux recherches les plus minutieuses. Travenol fils était absent ; il était à la campagne, avec un congé de l'Opéra. Il est à croire qu'il avait eu vent de ce qui se tramait contre lui ; ce qui se passait depuis quelques jours avait dû lui donner à penser, et sans doute jugea-t-il à propos de disparaître momentanément. On ne trouva du reste que trois exemplaires des libelles, deux appartenant au fils, le troisième au père. « Quel est le crime de *Travenol?* s'écrie son défenseur, d'avoir eu chez lui ces deux ouvrages, et de ce qu'on en a trouvé trois exemplaires imprimés parmi ses autres papiers, lors de la visite du commissaire. Il faut donc faire le procès à tout curieux : car il n'est portefeuille, bibliothèque même, qui ne renferme ces critiques. Depuis quand n'est-il plus permis de garder chez soi de ces pièces plaisantes, lorsqu'elles n'intéressent ni la religion, ni l'État, ni les puissances? » Disons que trois exemplaires laissaient déjà soupçonner chez leurs détenteurs plus qu'une recherche de bibliomane, et venaient fortifier la prévention dont Travenol était l'objet. Mais cette prévention était autrement corroborée par les lettres de Roi et de Mairault, qui demandaient au musicien des exemplaires de ces pamphlets. Il était dès lors assez logique de conclure qu'il en tenait boutique occulte.

On se demande la cause de l'animosité très-active de Travenol contre Voltaire. Longchamp l'attribue à un passe-droit fait, à l'Opéra, au détriment d'un sujet féminin auquel il se fût intéressé particulièrement. Ce ne pourrait être à propos, comme il le dit, de *Samson*, qui ne fut jamais représenté [1]. En somme, tout ce qu'il rapporte de cette affaire est si confus, si inexact, on voit si bien que sa mémoire à tout instant le trahit, qu'il est impossible de rien établir de sérieux sur un récit écrit d'ailleurs bien des années après les événements. Faisons observer, à la décharge de Voltaire, que cette haine de Travenol dut être toute gratuite, et que sûrement rien de ce qui se passa ne fût arrivé si le poëte eût eu à l'aller chercher à l'orchestre de l'Opéra où celui-ci était simple symphoniste. Tout le chemin fut donc fait par Travenol qui, lié avec Roi et Mairault, ne pouvait échapper à l'influence de son milieu et se trouva tout préparé à épouser leurs ressentiments et à s'associer à des manœuvres dont il était loin de soupçonner les conséquences. En prenant la clef des champs, il avait sans doute encore moins prévu

---

1. Longchamp et Wagnière, *Mémoires sur Voltaire* (Paris, 1826) t. II, p. 128 à 132.

qu'à son défaut l'on arrêterait son père, un vieillard de quatre-vingts ans. Le maître de danse, appréhendé comme complice, fut écroué, en effet, le 7 juin, au For-l'Évêque, laissant derrière lui une femme et une fille infirme dont le désespoir fit impression. Lé fils n'était pas sans relations ; avant d'entrer à l'Opéra, il avait été longtemps premier violon de la musique du roi de Pologne [1], et il pouvait au besoin se recommander de plus d'un homme puissant. Le tableau de la désolation des deux femmes toucha quelques personnes haut placées, M. de Beaufremont, entre autres, dont on a retrouvé le billet au lieutenant de police. Mairault, qui avait peut-être à se reprocher d'être pour beaucoup dans le malheur de cette famille, tout malade qu'il fût, alla intercéder auprès de Voltaire, comme le prouvent des lettres de d'Olivet, quoique Voltaire affecte de dire qu'il n'a jamais connu Mairault. Cet abbé, pressé lui-même d'intervenir en faveur du prisonnier, décide le poëte à faire une démarche auprès de M. Berrier ; et le vieux Travenol sortait du For-l'Évêque, le 12 juin, après une détention de six jours, dont trois au secret [2].

Mais rien n'était changé à la situation du vrai coupable ; et, rassurée à l'égard du père, la famille avait

---

1. *Factum pour le sieur Travenol fils*, de l'Académie royale de musique, appelant et intimé (Vᵉ Lemesle, 1747), p. 28. — *Épître chagrine du chevalier Pompon à la babiole contre le bon goût* (1748), p. 5. Remarques.

2. Archives impériales. O-90. *Registres du secrétariat de la maison du roy* de l'année 1746. Enregistrement des ordres du Roy. « 12 juin 1746. Le S. Travenot mis en liberté des prisons où il est détenu, dattée 11 du d. »

à trembler sur le compte du fils. Travenol prend le parti d'aller trouver Voltaire et d'implorer sa pitié et son pardon. « Désarmé par ce procédé héroïque, il relève le généreux vieillard, l'embrasse, mêle ses larmes avec les siennes, se reproche la dure et trop longue captivité qu'il lui a fait souffrir, le rassure sur le sort de son fils, et ne le congédie enfin qu'après s'être engagé à lui servir, aussi bien qu'à ce fils, de protecteur et d'appui. » Non content de cela, il fait apporter à déjeuner, et les voilà les meilleurs amis. Voltaire avait cédé à un de ces mouvements d'attendrissement propres aux natures nerveuses; une fois seul, il se crut dupe; en tous cas, il n'était pas vengé et il voulait l'être. Travenol fils n'avait été que l'instrument, que l'agent de ses ennemis, peut-être espéra-t-il parvenir par lui jusqu'à eux. Le musicien ne convient-il pas que Mairault et Roi sont ses amis ? N'avait-on pas trouvé dans les poches d'un de ses habits des lettres de ce dernier, lui demandant douze exemplaires du *Rhétoricien Grassin*, des *Suppliques* et des *Complaintes*, autant de libelles contre le poëte [1] ? Durant l'absence de celui-ci et l'incarcération du maître de danse, un placet imprudent avait été présenté à la police, placet que Travenol se hâta de désavouer, ce qui était son droit. Mais, quoi qu'il fasse et quoi que fasse son défenseur, il est clair qu'il avait trempé dans tout cela [2];

---

1. *Mémoire instructif à nos seigneurs du parlement*, par F.-M. A*** de V*** avec *Réponse sommaire* pour Antoine et Louis Travenol.
2. Ainsi Travenol dit dans sa lettre à d'Olivet : « qu'un homme, qui venoit chez lui pour acheter des ouvrages de musique de sa composition, vit sur son bureau un exemplaire de l'ancienne édition des deux pièces dont il s'agit, qu'il les lui demanda pour les faire ré-

et il le sentait si bien qu'il n'osait quitter son refuge. La famille, qui n'ignorait pas les dispositions de Voltaire, va trouver de nouveau l'abbé d'Olivet et le supplie de reprendre auprès de l'irascible poëte son rôle de conciliateur. La retraite du violon lui est révélée, et l'académicien consent à se transporter près de lui afin de s'entendre sur les moyens propres à apaiser le ressentiment de M. de Voltaire.

J'y allai le lendemain. Travenol fils, prévenu par son père sur cette visite, commença par me dire, que toute sa défense étoit contenue dans un mémoire qu'il avoit présenté, non-seulement au chef de la police, mais encore à diverses personnes distinguées, qu'il me nomma ; et après m'avoir bien assuré que ce mémoire contenoit la vérité, il m'en remit une copie dont il me pria de faire auprès de M. de V*** le meilleur usage, et le plus prompt que je pourrois. Mais à peine M. de V*** eut-il parcouru quelques lignes de ce mémoire, qu'il crut y trouver un mensonge grossier. Car ce mémoire porte, que Travenol avoit reçu les satyres dont il est question, du feu abbé Desfontaines ; et ces satyres cependant font mention du temple de la Gloire, ballet qui n'a été connu qu'après la mort de l'abbé Desfontaines [1]...

Travenol père, à quelques jours de là, revint chez moi, savoir quel avoit été le succès de mes démarches. Je lui répondis que son fils étoit un étourdi, qui, loin de se justifier, avoit ruiné ses affaires par son placet. Ce bon vieillard, dont l'âge

---

imprimer, et lui en promit un certain nombre d'exemplaires... » Et pourquoi ce certain nombre d'exemplaires, si l'on ne songeait point à en tirer parti ? Un exemplaire, deux exemplaires se conservent ; mais ce nombre, qu'on ne limite pas, ne pouvait être accepté que dans un but de transmission malveillante.

1. L'abbé Desfontaines mourut le 16 décembre 1745, d'un mal de poitrine qui dégénéra en hydropisie, âgé de 65 ans. Le *Temple de la Gloire* fut joué à Versailles, comme on l'a vu, le 27 novembre 1745, et à Paris, sur le théâtre de l'Opéra, le 7 décembre de la même année, neuf jours avant la mort de l'abbé.

et les infirmités étoient bien capables d'émouvoir la pitié, me conjura, les larmes aux yeux, de ne point l'abandonner et d'avoir encore un entretien avec son fils, qui me raconta une longue histoire pour expliquer ce qui paroissoit mensonge dans son placet[1].

Mais cette histoire, vraie ou fausse, comment la faire passer jusqu'à M. de V***? Je ne pouvois pas lui dire, que je la tenois d'original, puisque ç'auroit été lui apprendre, que j'avois connoissance de l'azile, où se cachoit *Travenol*. Je proposai donc à *Travenol* de lui écrire tout naturellement à lui-même, et de lui faire rendre la lettre par son père, par ce pauvre vieillard, si propre à faire impression. *Travenol*, je ne sais pourquoi, aima mieux qu'elle me fût adressée, et moi, qui n'avois à cela nul intérêt, que le sien, j'y consentis, avec promesse de revenir incessamment prendre sa lettre.

Quand je revins, je trouvai la lettre parfaitement au net, déjà accompagnée de son enveloppe avec son adresse : il ne falloit plus que cacheter. En la lisant avec l'attention d'un homme, qui aime à rendre service, mais qui ne veut pas être porteur d'un second écrit, où il y ait un mensonge trop facile à démontrer, j'y remarquai une ligne, qui ne pouvoit que nuire à sa cause. Je lui conseillai de la supprimer. Il fit une autre copie de sa lettre, que j'envoyai prendre le lendemain[2].

Acceptons les explications que nous donne Mannory sur ce prétendu mensonge que découvre le poëte dans le placet à la police et qui redouble son exaspération ; nous ne nous retrouverons pas moins devant un autre mensonge « trop facile à démontrer » et que fait effacer d'Olivet. C'est l'abbé qui raconte cela, après

---

[1]. Mannory d'ailleurs s'efforce de prouver, quoique un peu subtilement, que Travenol n'avait point entendu parler, dans son Mémoire, du *Temple de la Gloire* de Voltaire, mais de l'Académie : « C'est l'Académie françoise que l'on a eu en vüe, et non pas un opéra malheureux... » *Factum pour le sieur Travenol fils*, de l'Académie royale de musique, appelant et intimé (Vᵉ Lemesle, 1747), p. 9.

[2]. *Lettre de M. l'abbé d'Olivet à son frère*, conseiller au parlement de Besançon ; Paris, 9 décembre 1746.

s'être vu impliqué dans un débat qui lui était étranger ; mais cette assertion a tout le cachet de la vraisemblance et de la vérité. Le traducteur de Cicéron ne semble pas soupçonner pourquoi Travenol aime mieux lui adresser sa lettre qu'écrire directement à Voltaire ; l'avocat de celui-ci répond que l'on estimait dangereux de se livrer, pieds et poings liés, par un écrit dont il n'était que trop facile d'abuser.

Jusqu'ici, mon cher frère, continue d'Olivet, vous ne voiez, je crois, dans ma conduite, qu'un dessein marqué, et bien suivi, d'être utile à des gens dignes de compassion. Voici enfin de quoi l'on me blâme, c'est d'avoir confié cette lettre à M. de V***. Je devois seulement, dit-on, lui en faire prendre la lecture. Plaisants raisonneurs, que ceux qui devinent après coup ! Une lettre faite non pour moi, mais pour un tiers, qu'on cherche à persuader ; sur quel fondement craindrois-je de la donner. Je n'ignore pas que M. de V*** roule plus d'une affaire dans sa tête ; et si je lui laisse cette lettre, c'est afin qu'il ne m'oublie pas. Plus j'y pense, moins je vois qu'il y ait faute de ma part.

Nous sommes de l'avis de d'Olivet qui, pour avoir consenti à s'entremettre, se trouvait très-sottement compromis dans un procès qui ne lui importait d'aucune sorte. Mais, disons-le, il y eut, de la part de Voltaire, un abus de confiance que rien n'excuse, même la culpabilité très-avérée de Travenol. L'abbé, en remettant la lettre du violon, ne comptait nullement livrer à l'ennemi une pièce à conviction ; et Voltaire n'avait pas le droit, en bonne équité, de se servir d'un document qui lui venait par cette voie. Mais la passion écoute-t-elle quelque chose ? L'auteur de *Zaïre* n'envisage dans tout cela que la confirmation de ses griefs ; nanti du mémoire donné à la police et de cette lettre à d'Olivet, il rend plainte à M. Berrier, le 18 août 1746, et, onze jours après, le 29, il présente requête au lieutenant-criminel, concluant à six mille livres de dommages et intérêts.

Cette longue procédure ne dura pas moins de seize mois ; et, bien qu'il nous faille anticiper d'autant sur les événements, nous croyons que mieux vaut, pour n'y plus revenir, achever l'historique de cette lamentable affaire. Voltaire semblait déterminé à poursuivre le violon à toute outrance. Les conseils de ce dernier estimèrent que le moyen de défense le plus effectif était une contre-attaque. Antoine Travenol avait été appréhendé, jeté à Bicêtre comme caution de son fils en fuite, et avait, six jours durant, vécu dans les angoisses d'une captivité non moins cruelle qu'immotivée. Il avait pu s'oublier lui-même dans l'intérêt du fugitif ; mais, aussitôt que leur commun persécuteur ne se lassait point de les frapper, il se rappelait ce qu'il avait souffert. Par une requête du 19 novembre, il introduisit en conséquence une demande reconventionnelle de six mille livres de dommages et intérêts pour l'emprisonnement qu'il avait subi. Cette demande était appuyée par un factum signé de l'avocat Lemarié [1]. Le mémoire du fils était l'œuvre de Rigoley de Juvigny, le futur éditeur et biographe de Piron. Cette autre pièce agressive, peu ménagère des termes, écrite bien plus en vue du scandale que d'une défense digne, devait, du reste, produire tout l'effet qu'on en attendait, irriter, exaspérer Voltaire au delà de toute

---

1. *Mémoire signifié par le sieur Antoine Travenol*, maître de danse (1746). Me Lemarié, avocat.

créance. Ce n'était qu'un premier pas, pourtant, dans cette voie douloureuse. Le plaidoyer avait été confié à l'avocat Mannory. Ce dernier avait, lui aussi, un vieux compte à régler avec l'auteur d'*OEdipe*, et il fut enchanté d'être à même de se venger d'un homme devant lequel il s'était humilié sans profit à un certain moment. Inspiré par la haine, un ressentiment profond, il ne fut que trop incisif.

J'avouerai, dit-il avec un regret hypocrite, que, s'il se fût agi d'attaquer le sieur de V***, si les rôles eussent été différents dans cette cause, si le sieur de V*** eût été accusé, si l'accusateur eût réclamé mon ministère, je le lui aurois refusé. La profonde admiration que j'ai toujours eue pour ce rare génie, unique peut-être par la multitude des talents qu'il rassemble, mon sincère attachement à ces talents ne m'eût laissé aucuns traits, dont j'eusse pu soutenir contre lui une accusation, de quelque nature qu'elle eût été; alors l'affection du cœur eût rendu l'esprit totalement impuissant. Mais c'est un innocent qu'il s'agit de défendre. C'est une famille entière, qui dépend du sort de cet homme innocent, que l'on veut accabler. Le sieur de V*** ne court aucun risque; la famille de *Travenol* est perdue, si on ne la défend pas. Dans cette position, nous devons notre ministère en tous temps, en tout lieu, contre toutes sortes de personnes; le crime peut quelquefois rester impuni : mais l'innocence ne doit jamais être opprimée [1].

Mannory se moque en parlant, sinon de sa profonde admiration, du moins du sincère attachement qu'il a toujours eu pour ce rare et unique génie. Mais ce qu'il y a de vrai et de très-réel, c'est que tout cela a existé,

---

1. *Plaidoyer pour le sieur Travenol fils*, de l'Académie royale de musique, deffendeur et demandeur contre le sieur Voltaire et M. l'abbé d'Olivet, demandeurs et deffendeurs (de l'Imprimerie de Joseph Bullot, 1746). *Mannory* avocat; Papot procureur, p. 3.

si ces sentiments n'ont que trop changé par la suite. Mannory fut un de ceux qui saluèrent avec le plus d'enthousiasme la gloire naissante du jeune Arouet. On n'a pas oublié le succès d'*OEdipe*, auquel ne manquèrent ni les détracteurs ni les envieux. Les brochures plurent pour et contre, entre autres, une critique malveillante, sous forme de lettre[1], à laquelle Mannory s'empressa de répondre par une chaleureuse défense de l'œuvre incriminée. « Il est juste, disait-il, que les amis de M. de Voltaire prennent en main sa cause qu'il paraît négliger : on veut bien faire l'honneur à cet anonyme de lui répondre, pendant que M. de Voltaire s'occupe à mériter sa jalousie par de nouveaux ouvrages [2]. » Il ne saurait être étranger à notre sujet de dire comment cet ardent panégyriste s'est métamorphosé en un adversaire acharné, n'attendant qu'une occasion propice pour faire sentir ce qu'il peut et ce qu'il vaut. Plus jeune que Voltaire de deux ans seulement, déjà avocat au parlement en 1719, Mannory était arrivé à l'âge de quarante-quatre ans sans position faite, luttant contre la gêne, la misère, une destinée impitoyable. Et pourtant il avait un père fort en état de lui venir en aide et qui devait laisser à sa mort plus de cent mille francs de biens. Mais c'était un avare, comme les a

---

1. *Lettre à M. de Voltaire sur la nouvelle tragédie d'OEdipe* (Paris, ch. Guillaume, 1719).

2. *Apologie de la nouvelle tragédie d'OEdipe*, par M. Mannory, avocat au parlement (Paris, Pierre Huet, 1719), p. 4. Cette apologie du poëte attira à Mannory une réplique de l'auteur de la *lettre*, intitulée : *Réponse à l'apologiste du nouvel OEdipe* par M. M*** (Paris, Jérosme Trabouillet, 1719).

peints Molière, sans oreilles et sans entrailles, et qu'il ne fallait point songer à attendrir. « Je ne tirerois pas un écu de mon père. Quand on a été dur toute sa vie, on ne devient pas bon et généreux à quatre-vingts ans. » Cependant on s'était endetté, on avait essuyé des maladies, et l'on avait une femme à nourrir, ce qui ne rendait que plus triste une détresse déjà si accablante. Que faire ? A qui s'adresser? A quel saint se vouer ? Mannory écrit à Voltaire qui avait déjà, il ne l'ignorait point, rendu des services d'argent à plus d'un homme de lettres dans le besoin. « M'abandonnerez-vous, monsieur, lui disait-il. Oublierez-vous l'ancienne amitié que vous avez eue pour moi ? Je suis un de vos plus vieux serviteurs, et l'apologiste d'*OEdipe* ne doit pas périr dans la misère au milieu de si belles espérances ; il ne s'agit que de l'aider un peu [1]. » Sans doute l'*Apologie d'OEdipe* était un titre ; mais Voltaire ne l'ignorait pas, et il était peu nécessaire et peu adroit de le rappeler. Cependant, le poëte, qui était alors à Cirey, lui répondit qu'il le verrait à son retour à Paris. Comme ce voyage n'eut lieu qu'au commencement de septembre, la lettre suivante, sans date, mais dans laquelle il est fait allusion au voisinage des vacances, doit être naturellement de cette époque. Elle a un accent de sincérité qui eût dû apitoyer Voltaire, que de pareilles missives, d'ordinaire, ne laissent pas d'attendrir et d'émouvoir.

... Vous m'avez permis, monsieur, de vous importuner en-

---

1. Voltaire, *OEuvres complètes* (Beuchot), t. LIV, p. 649. Lettre de l'avocat Mannory à Voltaire ; ce 10 mai 1744.

core, après votre retour à la campagne. Je suis honnête en robe, mais je manque totalement d'habit, et je ne puis me présenter devant personne. Cela dérange toutes mes affaires. Avez-vous pensé à M. Thiriot? Je vous prie, monsieur, de me le marquer. Je suis depuis six jours avec quatre sous dans ma poche. Vous m'avez promis quelques légers secours; ne me les refusez pas aujourd'hui, monsieur. Dès que je serai habillé, je serai en état de suivre mes affaires, et ma situation changera. On m'annonce beaucoup d'affaires au palais, mais elles ne sont pas encore arrivées. Nous touchons aux vacances; le temps n'est pas favorable. Souffrirez-vous, monsieur, que je meure de faim? Je n'ai mangé hier et avant-hier que du pain. C'étoit fête; je n'ai pu décemment sortir en robe, et mon habit n'est pas mettable. Je n'ai osé aller chez personne, et je n'avois pas d'argent pour avoir quelque chose chez moi. L'état est affreux. De grâce, monsieur, donnez au porteur de cette lettre ce que vous pouvez pour mon soulagement présent; il est sûr. Mandez-moi si M. Thiriot fait quelque chose. Laisserez-vous périr de misère un ancien serviteur, un homme qui, j'ose le dire, a quelques talents, et qui est actuellement à la vue du port[1]?... »

A en croire Voltaire, ces prières furent écoutées; il secourut le malheur et fit un ingrat de plus. « La bienséance, écrivait-il au marquis d'Argenson, à la date du 12 juin 1747, exige qu'on ferme la bouche à un plat bouffon qui déshonore l'audience, méprisé de ses confrères, et qui porte la bassesse de son ingratitude jusqu'à plaider de la manière la plus effrontée contre un homme qui lui a fait l'aumône[2]. » Hors de

1. Voltaire, Œuvres complètes (Beuchot), t. I, p. 339. Lettre de Mannory à Voltaire; ce jeudi matin.
2. Ibid., t. LV, p. 124. Lettre de Voltaire au marquis d'Argenson; Paris, le 12 juin 1746. C'est par erreur que cette lettre a été classée dans l'année 1746. Comme il y est question du parlement et de l'avocat-général Le Bret, il ne s'agit plus dès lors que de l'appel devant la chambre de la Tournelle où l'arrêt du Conseil du 25 mars 1747 renvoyait les deux parties. Pour ce qui est de

lui, Voltaire le dit à qui veut l'entendre, le crie par dessus les toits. Le misérable qui a vécu de ses bienfaits n'a pas craint de prêter son appui à ses plus cruels ennemis, et de le traiter dans son plaidoyer de la façon la plus horrible. Mais encore voudrait-on avoir la mesure de l'ingratitude de Mannory ; et nous serions dans l'impuissance absolue de l'apprécier, si ce dernier, auquel revinrent à la fin tous ces bruits, ne nous eût édifié, à sa manière, dans une lettre peu tendre adressée à l'auteur d'*OEdipe*.

J'apprens, monsieur, que vous débitez dans le monde, que je vous ai de grandes obligations, et que c'est vous qui me faites subsister depuis deux ans. Vous l'avez dit à plusieurs magistrats... Il est vrai, monsieur, qu'il y a plus de deux ans, que j'étois dans la peine ; et l'on ne me fait aucun chagrin de me rappeler ces faits... Quelques anciennes liaisons, l'idée que je m'étois faite des dispositions, où devoit être un homme tel que vous, sembloient m'autoriser à ne vous rien dissimuler. Vous partîtes pour la campagne. Vous m'aviez permis de vous écrire. Je profitai de la permission. Vous m'honorâtes même de quelques réponses. J'ai vos lettres. Vous me fîtes beaucoup espérer. Votre générosité est charmante sur le papier.

Il s'agissoit, monsieur, de secours, qui pussent me remettre dans mon état. Tout me fut promis pour votre retour. Vous arrivâtes enfin. Je vous vis. Ma situation continua à vous toucher. Vous conçûtes, qu'il étoit facile de la changer. Je vous trouvai un jour de bonne humeur. Vous m'annonçâtes de l'argent, qui devoit vous rentrer incessamment. Mon affaire étoit sûre. Vous voulûtes même, que je prisse des arrhes. Ils étoient foibles. Je

l'aumône faite à Mannory, Voltaire y tient fort, et, en marge de la lettre du 10 mai 1744, dont il a été parlé plus haut et dont l'autographe a été vendu en 1861, on trouve ces mots écrits de la main du poëte irrité : Lettre de l'avocat Mannory qui, ayant reçu de moi l'aumône, fit contre moi un libelle. » Laverdet, *Catalogue de lettres autographes*, du samedi 23 novembre 1861. (XXXe), p. 375. No 378.

n'osai les refuser de peur d'indisposer mon libérateur. Il ne faut pas être fier avec les Grands... Vous me demandâtes quinze jours. Je revins huit jours après le tems fixé. Il ne me fut plus possible d'arriver jusqu'à vous. Mon signalement étoit donné ; mais vous me fîtes l'honneur de m'écrire. J'ai aussi ces lettres. Vous ne me parlâtes alors, que misère, et banqueroute. Votre carrosse alloit être mis à bas. Vous voulûtes cependant me donner ce qui ne vous coûtoit rien. Ma garde-robe, sans doute, vous avoit paru mériter votre attention. Vous m'envoyâtes une espèce de billet pour M. Thiriot marchand de drap. J'ose dire, que ce n'étoit pas une lettre de crédit. C'étoit la recommandation la plus indécente, que l'on pût donner à un honnête homme. Je l'ai gardée sans en faire aucun usage. Elle n'y étoit pas propre. Vous parliez à M. Thiriot de mon père, que j'avois encore, et que vous assuriez être riche. Vous promettiez qu'il ne tarderoit pas à mourir, *et qu'alors je pourrois payer, quelque pauvre que je fusse dans le tems*. C'est l'extrait de votre billet que M. Thiriot n'a jamais vu, mais que j'ai encore, et qui servira, quand vous le voudrez, à faire une partie de l'histoire de nos liaisons. Vous n'avez donc pas payé l'habit : et vous ne vous y engagiez pas. Je ne l'ai pas même demandé à M. Thiriot... Mon père est mort en effet six mois après. Il y a un an qu'il est mort. Depuis ce billet, vous ne m'avez certainement pas vû. Vous n'avez pas même entendu parler de moi. Notre commerce n'est donc pas si récent, que vous le prétendez : et vos secours n'ont pas été si abondans. Si vos livres de dépenses, dont me parle votre secrétaire, sont chargés d'autres choses, je vous prie, monsieur, de m'en envoyer le relevé, je tâcherai d'y faire honneur dans l'instant : mais je pense que nos comptes seront courts. En attendant, je vous envoye mon plaidoyer contre vous. C'est, je crois, l'intérêt bien honnête des services que vous m'avez rendus [1].

Cette lettre, en définitive, que prouve-t-elle ? C'est que son auteur eut recours à Voltaire, qui ne se montra pas aussi généreux qu'on l'avait espéré et qu'il l'assure,

---

1. *Épître chagrine du chevalier Pompon à la babiole, contre le bon goût* (1748), p. 19 à 22. Lettre du second défenseur de Travenol à Voltaire ; ce 9 janvier 1747.

notamment dans une lettre à sa nièce, madame Denis, du 20 décembre 1753 [1]. L'on accepta, toutefois, de « faibles arrhes » qu'on n'osa point refuser de peur d'indisposer un libérateur. Si le poëte parla de banqueroute essuyée, de carrosse à mettre à bas, il usa d'un procédé commun à quiconque souhaite congédier avec des formes un visiteur importun. Allant au plus pressé, il dépêche l'avocat au frère de Thiériot, qui était marchand de drap ; c'est qu'il n'avait pas oublié que Mannory lui mandait dans sa seconde lettre que, manquant totalement d'habit, il ne pouvait se présenter décemment, et que, mieux nippé, il serait en état de suivre ses affaires et verrait à changer sa situation. En adressant son protégé à un marchand, Voltaire avait cru à propos d'énumérer les garanties ; mais, en cela, il ne faisait guère que copier les termes même dont s'était servi ce fils d'une susceptibilité un peu tardive : « Dans un an mon emploi peut être considérable, et mon père me laissera enfin ce qu'il ne pourra pas emporter. » Puisque Mannory a pris soin de mettre en avant et les quatre-vingts ans de son père et les cent mille francs de biens qu'il lui laissera, pourquoi Voltaire ne serait-il pas reçu à faire valoir les mêmes arguments afin de tranquilliser le fournisseur

1. Voltaire, *Œuvres complètes* (Beuchot), t. LVI, p. 376, 377. « Je ne puis m'empêcher de rire en relisant les lettres de Mannory. Voilà un plaisant avocat, c'est assurément l'avocat Patelin ; il me demande un habit. « Je suis honnête homme en robe, dit-il, mais je « manque d'habit ; je n'ai mangé hier et avant-hier que du pain. » Il fallut donc le nourrir et le vêtir. C'est le même qui, depuis, fit contre moi un factum ridicule, quand je voulus rendre au public le service de faire condamner les libelles de Roi et d'un nommé Travenol, son associé. »

auquel il l'adressait? Mannory comptait sur plus de
générosité ; mais, s'il fut déçu sur ce point, avec plus
de fierté, il eût compris que, quelque minime, quelque
illusoire qu'avait été le secours, il l'avait accepté, et cela
constituait dès lors une servitude de reconnaissance.
Sans doute, sa profession le constituait le défenseur de la veuve et de l'orphelin, et il se devait à tout
opprimé. Mais, quoiqu'il dise (et encore ne veut-il pas
qu'on se méprenne), il a ramassé cette cause des Travenol comme l'instrument d'une vengeance qu'il rendra aussi cruelle, aussi complète que possible.

On n'en regrette pas moins que Voltaire ne se soit
point montré plus pitoyable devant une gêne réelle,
qui était le tort des circonstances et non de celui qui
la subissait. Quatre ans auparavant (1740), il répondait
par des défaites pareilles à une demande d'argent que
lui adressait l'abbé Prévost [1]. Il est vrai que celui-ci
spécifiait un chiffre de douze cents livres, et que le désordre dans lequel il vivait n'était pas rassurant pour
un prêteur. Que dire, si ce n'est que les bons et les
mauvais sentiments, les élans généreux comme les réserves parcimonieuses, chez ces natures maladives et
impressionnables, dépendent souvent d'une tension ou
d'un relâchement de leurs fibres? C'est là une raison,
d'autres diront un prétexte, que nous aurons à faire
valoir à tout instant et que nous pourrons, le cas échéant
étayer de preuves plus ou moins décisives. A l'époque

---

[1]. Voltaire, OEuvres complètes (Beuchot), t. LIV, p. 15, 141 et
suiv. Lettre de l'abbé Prévost à Voltaire ; le 15 janvier 1740 ; — lettre
de Voltaire à l'abbé Prévost; Bruxelles. juin 1740. Si les dates sont
exactes, il mit six mois à répondre.

même où nous sommes, Voltaire refusait de toucher les honoraires d'usage pour le *Temple de la Gloire*, exécuté à l'Académie royale de musique, et il répondait à Berger, le directeur de l'Opéra, qui lui avait écrit à ce sujet, qu'il le priait d'en faire profiter son collaborateur. « M. Rameau, lui mandait-il, est si supérieur en son genre, et, de plus, sa fortune est si inférieure à ses talents, qu'il est juste que la rétribution soit pour lui tout entière [1]. »

L'affaire fut plaidée par les avocats des parties pendant cinq audiences; la sixième, M. Moreau, avocat du roi, donna ses conclusions, après lesquelles le lieutenant-criminel, M. Negre, rendit l'arrêt, le vendredi 30 décembre, 1746 [2]. Les conclusions de

1. Voltaire, *OEuvres complètes* (Beuchot), t. LV, p. 125. Lettre de Voltaire à Berger; du 13 juin 1746.
2. « Par sentence du Châtelet a été dit que Travenol père sera reçu partie intervenant; faisant droit sur la demande de Voltaire contre Travenol fils, il est fait deffenses au dit Travenol de récidiver et d'occasionner l'édition et la distribution d'aucuns libelles diffamatoires; pour l'avoir fait le condamne envers Voltaire à 300 ₶ de dommages et intérêts avec dépens; faisant droit sur la demande de Travenol père contre Voltaire, faisons deffenses à Voltaire de récidiver, le condamnons en 500 ₶ de dommages et aux dépens à cet égard. Faisant droit sur le réquisitoire des gens du roy, ordonnons que les édits, arrêts et règlemens concernant la librairie seront exécutés selon leur forme et teneur, en conséquence deffenses à toutes personnes de faire imprimer, ni débiter aucuns libelles diffamatoires sous quelque prétexte que ce soit. Ordonnons que les deux pièces intitulées, l'une le *Discours prononcé à la porte de l'Académie françoise*, l'autre le *Triomphe poétique*, seront déposées au greffe, supprimées et lacérées par le greffier de cette cour, ordonnons que le mémoire imprimé signé Louis Travenol en la page 8 et 9, et une lettre imprimée qui a pour titre : *Lettre de M. d'Olivet à M. son frère*, seront supprimées, à cet effet déposées au greffe, ordonnons que notre présente sentence sera publiée, etc.; à la requête et diligence du procureur du Roy.

M. Moreau ne furent pas aussi favorables, qu'il paraîtrait, par la reconnaissance outrée qu'affecte Voltaire à l'égard du magistrat. Son discours, d'ailleurs médiocre et déclamatoire, n'a pas été imprimé ; soit modestie, soit convenance, l'avocat du roi ne se laissa pas ébranler par les importunités des libraires qui eussent voulu joindre cette curiosité aux plaidoyers des parties [1]. Le manuscrit, toutefois, a été recueilli, et nous avons pu le parcourir. M. Moreau faisait la part de chacun, même celle de Rigoley de Juvigny, qu'il rappelait à plus de modération et de circonspection, lui enjoignant de ne point retomber à l'avenir dans ces excès de langage qui, chez lui, n'eussent pas été sans précédents. A cette réprimande se borna une satisfaction que Voltaire eût souhaité plus complète. Il existe huit lettres inédites adressées au magistrat (décembre 1746 et janvier 1747), et où le poëte déploie toute l'éloquence dont il est susceptible pour obtenir que Rigoley fût mis en demeure de rétracter certains termes injurieux et diffamatoires, qu'il devait regretter tout le premier. Rigoley était commis de M. de Saint-Jullien, et avait même son logement rue Vivienne, chez ce receveur-général du clergé. Il dépendait donc du clergé par sa position, et Voltaire

Sur le surplus des demandes, frais et conclusions, mettons les parties hors de cour. » Bibliothèque de l'Arsenal. Manuscrits. β. L. 365. *Recueil de pièces curieuses, tant en vers qu'en prose*, t. IV, f. 395, 396. Extrait de la sentence du Châtelet, du trente décembre 1746.

1. Il existe une lettre inédite de Boudet, imprimeur du Châtelet, à M. Moreau pour lui demander l'autorisation d'imprimer son plaidoyer. Elle fait partie de la collection d'autographes de M. Sohier, de Mantes.

donne à entendre au magistrat que le clergé s'intéressait à sa cause ; il cite notamment l'abbé de Nicolaï, aumônier de la dauphine, et l'abbé de Breteuil, agent de l'ordre, et insiste en leur nom. Rigoley, d'ailleurs, ne pouvait se refuser à semblable réparation : il avait écouté des rapports mensongers et les désavouait loyalement; quoi de plus naturel et de plus honorable? On allait jusqu'à donner le modèle du désaveu. Rien de plus pressant que ces lettres qui, pourtant, n'eurent pas d'effet sur l'avocat du roi, et encore moins sur l'auteur du *Mémoire pour Louis Travenol*[1].

L'arrêt du Châtelet ne fut du goût de nulle des parties. Voltaire, qui eût voulu un châtiment plus sérieux qu'une amende, moindre après tout que celle dont il était frappé lui-même, résolut d'en appeler pour sa part de la sentence du lieutenant-criminel à la chambre de l'Arsenal. La juridiction naturelle était le parlement, et les évocations au Conseil n'avaient lieu d'habitude que dans des affaires d'exception et d'une gravité que ne présentait certes point ce procès avec Travenol. Mais Voltaire, toujours disposé à ne voir qu'à travers des verres grossissants ses griefs personnels, n'était pas loin de considérer sa cause comme une question d'ordre public ; et, à la rigueur, il n'était pas impossible de faire de ces démêlés, au point de vue de la police et des garanties des particuliers, une affaire d'un caractère spécial. Sur son appel intervenait un arrêt du Conseil, du 1er février 1747, signifié le 16 du même

---

[1]. Ces huit lettres à M. Moreau, et le plaidoyer de cet avocat du roi au Châtelet de Paris font également partie de la collection de M. Solier.

mois, et auquel faisait tout aussitôt opposition Travenol fils, se fondant sur ce qu'il est de droit public de conserver aux citoyens leurs juges naturels et de maintenir ces magistrats dans la possession de décider de leur sort [1]. La requête était légitime, les arguments qu'il faisait valoir reposaient sur des considérations d'équité auxquelles il mêlait habilement d'autres considérations encore plus capables d'impressionner ses juges : toute évocation n'était-elle pas injurieuse à l'autorité des cours, autant qu'elle était contraire à l'ordre des juridictions? D'ailleurs M. de Voltaire n'avait pas plus de motifs que de titres à évoquer les débats à la chambre de l'Arsenal, à moins toutefois qu'il s'accommodât davantage du secret d'une commission que de la publicité d'une audience. L'opposition de Travenol fut écoutée; et une sentence du 25 mars ordonnait que les parties procéderaient à la Tournelle-criminelle. L'arrêt était signifié au poëte, le 22 avril suivant.

Cet échec de Voltaire fit perdre terre à son adversaire, qui, dans son enivrement, s'écriait en parodiant les vers d'*Armide*, que l'on venait de reprendre (4 mai 1747) à l'Académie royale de musique :

> Enfin, il est en ma puissance,
> Ce fatal ennemi, ce superbe rimeur,
> Un auguste sénat assure ma vengeance,
> Je ne crains plus chicane ni faveur.

Disons, à ce propos, que Travenol avait plus d'une corde à son arc, que son œuvre ne se borne pas à ses

---

[1]. *Nouveau Mémoire pour Travenol fils* (de l'imprimerie de Joseph Bullot, 1747), p. 2. Mannory avocat; Renaud proc.

douze sonates pour violon, et qu'il faisait de mauvais vers aussi facilement que bien d'autres, quand la fantaisie lui en prenait. Esprit remuant, tracassier, intelligent toutefois, loin de se laisser effrayer par la lutte, il se précipitait dans toutes les disputes, disputes littéraires ou musicales, comme dans son propre élément; et, non content d'avoir tenu juridiquement en suspens Voltaire pendant seize mois, on le verra, sept ou huit ans plus tard (1754), défendre avec emportement la musique française contre les paradoxes du citoyen de Genève[1]. Il existe de lui un petit recueil de vers et de prose, presque introuvable, dans lequel Travenol n'a pas cependant, et on lui en sait gré, mis tout ce qui lui est échappé de vers[2], plaquette de cent quatorze pages, recherchée par les bibliophiles et aussi par les curieux qui ont fait leur spécialité des livres ayant trait à la franc-maçonnerie; car notre violon s'est aussi attaqué à la franc-maçonnerie. C'était un faiseur de calotines, et une même tournure d'esprit l'avait sans doute lié avec Roi et Mairault. Tout cela était à dire. A y regarder de plus près, Travenol n'est rien moins qu'un pauvre étourneau qui se serait à l'étourdie jeté dans les griffes d'un chat-tigre; s'il y a inégalité de forces entre le

---

1. *Arrêt du conseil d'état d'Apollon, rendu en faveur de l'Orchestre de l'Opéra, contre le nommé J.-J. Rousseau, copiste de musique,* etc. (Paris, 1754, in-12). Et une autre brochure : *Galerie de l'Académie royale de Musique, contenant les portraits en vers des principaux sujets qui la composent,* en la présente année 1754, dédié à J.-J. Rousseau (Paris, 1754, in-8°).

2. *OEuvres mêlées du sieur ***,* ouvrage en vers et en prose, (à Amsterdam, 1775). Citons aussi une *Requeste* présentée le 4 octobre 1749 à M. de Bernage, prévost des marchands, par Louis Travenol, de l'Académie royale de musique.

poëte et lui, cette inégalité tourne tout à son avantage, parce qu'il est petit, parce qu'il est obscur, et que Voltaire est un grand homme plus haï encore qu'acclamé.

C'était une nouvelle procédure qui allait s'entreprendre, avec un acharnement de la part du musicien qu'expliquent l'encouragement et la faveur qu'il avait rencontrés auprès des ennemis de Voltaire. Ce dernier fit paraître un *Mémoire instructif à nos seigneurs du parlement* contre Travenol père et fils, lesquels publièrent une *Réponse sommaire*, à deux colonnes, où la réplique se trouvait en regard des attestations de l'auteur de la *Henriade*. Et nous sommes loin d'être au bout. Le vieux maître de danse lance séparément son javelot contre Voltaire et l'abbé d'Olivet qui, lui, n'avait point appelé de la sentence supprimant les pages huit et neuf de sa Lettre à son frère, et n'eût demandé qu'à rentrer dans le calme et la tranquillité de sa vie [1]. Quant à Travenol fils, à la suite de la *Réponse sommaire*, il décochera deux autres brochures écrites avec la même encre, la même colère, le même fiel, et par le même Mannory. Si tout cela est violent, l'emportement n'exclut pas l'habileté, et rien n'est omis de ce qui peut agir sur la religion des juges. En faisant évoquer la cause au grand conseil, Voltaire avait travaillé pour la partie adverse, qui ne marchande au parlement ni les flatteries ni les caresses. Celle-ci se compare à l'ennemi,

1. *Mémoire sur l'appel pour le sieur Antoine Travenol*, ancien maître de danse à Paris, contre le sieur Arouet de Voltaire et contre le sieur abbé d'Olivet. Cause du mercredi en la Tournelle-criminelle. Le Marié avocat; Voisin proc. (1747).

elle se fait petite et misérable et elle trouve dans cette opposition des raisons de se tranquilliser et de s'en reposer sur la justice de sa cause.

Quelle foule de moyens offre contre Travenol le crédit de son adversaire? Crédit de la puissance et des grands : c'est un homme placé avantageusement à la cour. Il y jouit de l'amitié de ce qu'elle a de plus éclairé et de plus puissant. Crédit du rang et des dignités : c'est un homme revêtu des honneurs les plus brillants pour son état. Ces honneurs lui garantissent une protection nécessaire. Crédit de l'opulence et des richesses : c'est un particulier parvenu par les routes, qui éloignent presque toujours de la fortune, à l'abondance la plus riante, et la mieux assûrée. Cette abondance le met au-dessus de tous ceux d'un état d'ailleurs égal au sien. Enfin crédit du mérite et des talents : c'est un des plus beaux-esprits, que nous connaissions. C'est l'émule des plus grands philosophes de notre siècle. C'est un des premiers poëtes de nos jours. En un mot, c'est le père d'un nombre infini d'ouvrages, qui font tant d'honneur à l'imagination. C'est le disciple de Newton. C'est l'auteur de la *Henriade*. N'est-ce pas dire que c'est l'homme le plus propre à subjuguer les sentiments, à saisir l'admiration, à enlever les suffrages? C'est cependant l'adversaire que l'on a à combattre. Oui, sans doute. Et il n'en paroît pas un ennemi plus redoutable, puisque c'est le parlement que l'on a pour juge[1].

Il y a tout un livre à écrire sur cette triste affaire qui ne nous a arrêté déjà que trop, et qui, seize mois durant, tint en éveil la malignité publique. La sentence de la Tournelle, rendue le 9 août 1747 [2], vint con-

---

1. *Factum pour le sieur Travenol fils*, de l'Académie royale de musique, appelant et intimé (de l'imprimerie de la veuve Lemesle, 1747). Mannory avocat; Renaud procureur, p. 2.

2. Cet arrêt vient préciser la date d'une lettre de d'Argens, qui ne peut être du 15 août, si sa lettre a été écrite deux jours après la conclusion de l'affaire. « ....On a jugé, dit-il, il y a deux jours, son affaire avec Thevenot (*sic*), violon de l'Opéra; les dépens ont été com-

firmer l'arrêt des premiers juges [1]. Nous en avons assez dit pour que l'on ne se méprenne point sur le véritable rôle de chacun. Si les provocations les plus gratuites n'autorisent pas les représailles, Voltaire eut sans doute les torts les plus réels et les plus graves. Cela admis, que les conseils de Travenol nient les manœuvres souterraines de leur client, affirment qu'il ne s'est fait ni l'éditeur ni le colporteur de ces libelles diffamatoires, c'est tout simple. Il n'en demeurera pas moins établi que le violon de l'Opéra, de concert avec Roi et Mairault, se soit complu à répandre des pamphlets de nature à déconsidérer l'homme dans l'écrivain ; et, n'était l'arrestation inqualifiable d'Antoine Travenol, on pourrait pardonner sans trop de peine à l'auteur de la *Henriade* et ses emportements furibonds et une soif de vengeance que des hécatombes n'apaiseraient point.

pensés, et les mémoires de Thevenot flétris et supprimés comme calomnieux. Voltaire n'est pas content de l'arrêt, et il a raison. » Mais nous aurons d'autres motifs encore de constater l'inexactitude de cette date. *OEuvres complètes de Frédéric-le-Grand* (Berlin, Preuss.), t. XIX, p. 18. Lettre du marquis d'Argens à Frédéric; Paris, 15 août 1747.

1. La dernière trace de l'affaire se trouve dans l'ordre du roi qui suit : « 8 octobre 1747. — Sa Majesté jugeant à propos que tous les papiers qui ont esté saisis sur le S. Travenol violon de l'Opéra lors de la perquisition qui a esté faite chez lui le 3 juin 1746, luy soient remis, a ordonné et ordonne au S. Lavergé commissaire au Châtelet de remettre au d. S. Travenol tous les papiers qui le concernent à l'exception de ceux qui appartiennent au S. de Voltaire et qui luy seront rendus. A l'égard des imprimez non revêtus du privilége et de permission le d. S. de Lavergé les mettra sous un scellé en présence du d. S. Travenol pour estre ensuite portez au château de la Bastille et mis au dépost, fait et datté 27 novembre. » Archives impériales. 0-91. *Registre du secrétariat de la maison du Roy*, de l'année 1747. Enregistrement des ordres du Roy.

Quoi qu'il en soit, chacun, selon sa condition, subit le châtiment de sa faute. Cette querelle nuisit beaucoup à Voltaire dans le public, et elle est une tache dans sa vie, pour parler comme La Harpe. Quant à Louis Travenol, on peut dire que le reste de son existence en fut atteint. On sait le mot de Figaro sur la justice, qui n'était pas à meilleur compte alors qu'aujourd'hui. Le violoniste, avec ses quatre cent cinquante livres de l'Opéra (car sa pension ne fut portée à cinq cents qu'en 1750 [1]), et ce qu'il pouvait retirer de ses leçons, avait à s'entretenir et à soutenir son vieux père et une sœur infirme. Ses économies sans nul doute étaient médiocres, et, en tous cas, peu en rapport avec les exigences d'un procès qui devait passer par toutes les juridictions. Son procureur, il est vrai (un procureur dont le nom mérite être conservé pour l'exemple), Me Regnaud, non-seulement se chargea de toutes les avances, mais lui prêta même de quoi subsister. Le caissier de l'Opéra, Neuville, s'établit aussi son créancier volontaire et lui vint en aide avec une égale générosité. Mais ces secours étaient loin de répondre à tous les besoins de l'artiste, qui contracta d'autres dettes, les unes pendant, les autres après ce ruineux procès. Traqué par ses fournisseurs, une veuve Martin, notamment, Travenol oppose un arrêt du Conseil déclarant non saisissables les appointements de tous les sujets de l'Académie

---

1. Bibliothèque de l'Hôtel-de-ville. Manuscrits de Beffara. *Histoire de l'Opéra, de l'Opéra-comique, Concerts et Acteurs*, dates de leurs appointements et gratifications. f. 651.

royale de musique. C'est encore Mannory qui se chargera de ses intérêts et de sa défense [1]. Les termes étaient formels et les prétentions de la femme Martin furent écartées [2]. Triomphant de ce côté, Travenol, cédant à sa nature taquine et querelleuse, se mettra à dos ses confrères, contre lesquels il brochera un pamphlet qui hâtera sa sortie de l'Opéra, en 1759 [3]. Malheureusement, son départ allait donner lieu à ses créanciers de soulever la question de savoir si, comme les appointements de l'artiste en exercice, les pensions de retraite étaient insaisissables. Un procès s'engage entre lui et les ayants droit, et Mannory, avec lequel il avait publié le *Voltariana*, compose un nouveau mémoire où il soutient l'inviolabilité des pensions. Pour le coup, le violon de l'Opéra et son défenseur furent battus. « Des circonstances particulières, un événement que l'on n'avait pas prévu, forment quelquefois les décisions, dit Mannory. Celle-ci ne nous fut pas favorable : et sans vouloir entrer dans un plus grand détail, je conviendrai que c'est de l'Opéra que nous vint cette disgrâce [4]. » Ces paroles ambiguës cessent de l'être à la lecture d'une brochure du musicien adressée à M. de Saint-Florentin contre

1. *Mémoire pour Louis Travenol, de l'Académie royale de musique* contre la Ve Martin (de l'imprimerie de la veuve Lemesle, 1750). Mannory, avocat.
2. « Le défaut de paiement de leurs appointements pourroit interrompre, disent les *Lettres patentes* du 8 janvier 1713, le service de l'Académie... »
3. *Les Entrepreneurs entrepris, ou complainte d'un musicien opprimé par ses camarades*, en vers et en prose, suivis d'un Mémoire pour le sieur Travenol, etc. (Paris, 1758, in-4º).
4. Mannory, *Plaidoyers et Mémoires* (Paris, 1764), t. XII, p. 393.

l'Académie royale [1]. Si Travenol eut le dessous, il le dut aux inimitiés qu'il s'était attirées; car, comme Mannory nous le dira ailleurs, le principe était indiscutable, et les pensions, dans la suite, furent regardées à l'Opéra comme non saisissables. « Il n'était pas possible sur cette matière, ajoute ce dernier, que les principes cédassent, longtemps, aux circonstances [2]. » Tout cela démasque l'adversaire avec lequel Voltaire s'était trouvé aux prises, sans l'avoir cherché; et la connaissance plus ample du personnage aura pour résultat nous l'espérons, au lieu d'accroître, de diminuer sensiblement l'indignation qu'avait dû soulever l'affaire des Travenol contre le trop irritable auteur de *Zaïre*.

---

1. *Observations du sieur Travenol, pensionnaire de l'Académie royale de musique, sur les frivoles motifs du refus que fait le sieur Joliveau caissier de la dite Académie, de lui payer sa pension, adressées à M. le comte de Saint-Florentin, ministre et secrétaire d'état* (Didot, 1761, in-8°).

2. Mannory, *Plaidoyers et Mémoires* (Paris, 1764), t. XIV, p. 410.

III

VAUVENARGUES ET MARMONTEL. — VOLTAIRE GENTIL-HOMME ORDINAIRE. — LE JEU DE LA REINE.

Montaigne a dit, dans son chapitre de l'*Inconstance de nos actions :* « Nous sommes tous des lopins, et d'une contexture si uniforme et si diverse, que chasque pièce, chasque moment fait son jeu ; et se treuve autant de différence de nous à nous mesmes que de nous à aultruy[1]. » Si cela est vrai de la généralité, combien plus est-ce applicable à cette nature nerveuse, impressionnable, qui, d'heure en heure, ne se ressemblait plus? A côté de l'homme irascible, implacable, presque féroce dans ses colères et ses ressentiments (nous n'avons eu déjà que trop occasion de le faire remarquer, mais il faut y revenir), il y a l'homme bon, le cœur honnête, l'esprit élevé, passionné, généreux, très-capable de flamme et d'élan. « Ce coquin-là, s'écriait Marivaux, qui ne l'aimait point, a un vice de plus que les autres : il a quelquefois des vertus[2]. »

[1]. Montaigne, *Essais* (Ménard, 1827), t. III, p. 256, liv. II, ch. I.
[2]. Bibliothèque impériale. Manuscrits. *Stromates* ou *Miscellanea*,

Voltaire n'eût demandé qu'à vivre au milieu d'amis éclairés, et dans l'intimité desquels il eût retrempé son âme troublée, meurtrie, ulcérée par la lutte. Délivrez-le de ses ennemis, débarrassez-le de tous ces sujets de haine, de toutes ces rivalités qui firent un enfer de son existence, et ce ne sera plus qu'une organisation merveilleusement douée et ouverte aux plus nobles aspirations. Quoi qu'on dise, il est sensible à toute grande idée, à tout beau sentiment. Qu'il rencontre un de ces personnages d'élite comme n'en offrait guère ce siècle, un de ces caractères antiques égaré et comme perdu dans cette société qui ne le méritait pas ; et, tout aussitôt, on le verra tendre les bras au philosophe ignoré et témoigner pour le penseur qu'il a deviné une tendresse, une estime, un respect que sa réputation, son âge, rendent plus extraordinaires et plus inattendus. Heureusement, cette vie si pleine de tempêtes et de troubles, a ses oasis où l'esprit se repose. Est-il en effet de spectacle plus touchant que l'amitié désintéressée de l'auteur de *Mérope* pour Vauvenargues ?

Vauvenargues ! voilà un nom qui, comme celui de Catinat, démontre aux plus sceptiques que la vertu n'est pas un vain mot dans la pensée et l'opinion des hommes. Mort sans l'espoir de se survivre, Vauvenargues vivra autant que La Rochefoucauld, ce terrible désenchanteur dont il est l'antithèse. Il vivra moins par sa valeur de penseur et d'écrivain, qui d'ailleurs est considérable, que par la beauté et l'élé-

---

t. II, p. 1030 (*bis*). « Je tiens ceci, nous dit Jamet jeune, de l'auteur du *Conservateur*. »

vation des sentiments et des idées. Le XIX° siècle lui a assuré sa place parmi nos classiques les plus recommandables ; mais n'oublions point que Voltaire n'a pas peu contribué à cette justice de la postérité. Né à Aix, le 6 août 1715, Vauvenargues avait vingt et un ans de moins que son ami. Il fit ses premières armes en Italie, en 1734, et se trouvait au siége de Prague, en 1741, comme capitaine au régiment du roi. Mais son tempérament délicat n'était pas propre à ces rudes labeurs de la guerre, et il ne se releva jamais des fatigues de cette campagne. Disons que les dégoûts l'éloignèrent tout autant d'une profession où il avait débuté brillamment, que l'altération de sa santé. Il n'avait pas les qualités d'intrigue sans lesquelles l'on n'arrivait point ; quelque temps, il crut que le zèle, l'assiduité du service, les actions d'éclat étaient des titres et des acheminements suffisants à l'avancement ; c'était une illusion qui ne devait durer guère. Mais cette découverte n'amena point l'amertume. Esprit moins profond, mais plus honnête, plus généreux que l'auteur des *Maximes*, il n'en arriva pas à la haine par la connaissance des hommes ; il se borna à régler sa conduite sur leur peu de solidité et à ne compter que sur sa conscience et les salutaires conforts de la philosophie. C'est vers 1743 qu'il faut faire remonter la liaison des deux amis, époque où Vauvenargues n'avait pas encore quitté le service et ne pouvait venir à Paris autant qu'il l'eût voulu. Aussi allaient-ils échanger un commerce de lettres que nous supposons, hélas ! avoir été plus actif que ne le démontrerait ce qui nous reste de leur correspondance.

Cruellement traité par la nature du côté du corps, nous apprend Marmontel, le jeune militaire, dans sa vie de garnison, avec sa délicatesse et sa fierté innées, devait peu trouver l'emploi de ces facultés tendres, si gênantes quand elles demeurent inactives. Mais, en dépit des déceptions et des mécomptes, ce fut un bien sans doute; les passions troublent toujours un peu le niveau et la limpidité de l'âme la plus sereine et la plus pure. Les affections manquant, l'esprit se chargea de consoler et de dérouter le cœur. Le bonheur eût fait un amoureux; l'isolement, la possession un peu sèche de soi fit un penseur, mais non un misanthrope, ce qui eût été à craindre avec une organisation plus personnelle. Vauvenargues vit moins qu'il n'observe; et ce qu'il observe, il le confie au papier. Mais quiconque note ses impressions est plus ou moins auteur et éprouve inévitablement le besoin d'un public, ce public se bornât-il à un ami, à un lecteur. Vauvenargues, qui avait passé de si douces heures à laisser courir la plume au gré de sa rêverie, eût pu trouver un pire confident que celui que la fortune lui offrait. Voltaire l'avait deviné, compris dès la première heure; il lui écrivait avec cette grâce enchanteresse dont il avait le secret: « Aimable créature, beau génie, j'ai lu votre premier manuscrit, et j'y ai admiré cette hauteur d'une grande âme qui s'élève si fort au-dessus des petits brillants des Isocrates. Si vous étiez né quelques années plus tôt, mes ouvrages en vaudraient mieux; mais, au moins, sur la fin de ma carrière, vous m'affermissez dans la route que vous suivez. Le grand, le pathétique, le sentiment, voilà mes premiers maîtres ; vous êtes le dernier [1]. » Déclamations, dira-t-on ; et pourquoi ? Ce penchant, cette tendresse que lui inspire le jeune officier sont fort sincères. Il est loin de se roidir contre l'espèce de domination qu'exerce sur lui la vertu de ce philosophe onctueux ; mais il n'eût pas été le plus fort, s'il eût songé à s'en défendre. Il aime, il respecte Vauvenargues ; il veut que tout le monde partage son admiration. « J'ai eu le plaisir de dire à M. Amelot tout ce que je pense de vous. Il sait son Démosthène par cœur ; il faudra qu'il sache son Vauvenargues [2]. » Et autre part : « J'eus l'honneur de dire hier à M. le duc de Duras que je venais de recevoir une lettre d'un philosophe plein d'esprit, qui d'ailleurs était capitaine au régiment du roi. Il devina aussitôt M. de Vauvenargues. Il serait en effet fort difficile, monsieur, qu'il y eût deux personnes capables d'écrire une telle lettre [3]..... » L'admiration est toujours expansive. Voltaire, détenteur si peu sûr de ses propres ouvrages, ne peut résister à l'envie de faire des lectures de ces belles pages inédites ; il a la faiblesse de s'en dessaisir un instant, et le manuscrit de passer de main en main, si bien que La Bruyère, enchanté de la trouvaille, l'insère dans son *Mercure*. « Il faut que vous lui pardonniez, écrit le poëte au jeune marquis, il n'aura pas toujours de pareils présents à faire au public. J'ai voulu en arrêter

1. Voltaire, *OEuvres complètes* (Beuchot), t. LIV, p. 527. Lettre de Voltaire à Vauvenargues ; jeudi 4 avril 1743.
2. *Ibid.*, t. LIV, p. 513. Lettre de Voltaire à Vauvenargues ; le dimanche 10 février 1743.
3. *Ibid.*, t. LIV, p. 529. Lettre de Voltaire à Vauvenargues ; Paris, le 15 avril 1743.

l'impression, mais on m'a dit qu'il n'en était plus temps. Avalez, je vous en prie, ce petit dégoût, si vous haïssez la gloire [1]. »

La mauvaise santé, une vue qui allait s'éteindre, devaient déterminer Vauvenargues à quitter une profession qu'il honorait ; il était venu s'installer à l'hôtel de Tours, petite rue du Paon, au faubourg Saint-Germain. Marmontel, introduit dans l'intimité de ces deux rares esprits, leur a consacré une page qui est trop à la gloire de l'un et de l'autre pour que nous hésitions à la reproduire ici.

> Les conversations de Voltaire et de Vauvenargues étaient ce que jamais on peut entendre de plus riche et de plus fécond. C'était, du côté de Voltaire, une abondance intarissable de faits intéressants et de traits de lumière. C'était, du côté de Vauvenargues, une éloquence pleine d'aménité, de grâce et de sagesse. Jamais dans la dispute on ne mit tant d'esprit, de douceur et de bonne foi, et, ce qui me charmait plus encore, c'était, d'un côté, le respect de Vauvenargues pour le génie de Voltaire, et de l'autre, la tendre vénération de Voltaire pour la vertu de Vauvenargues : l'un et l'autre, sans se flatter, ni par de vaines adulations, ni par de molles complaisances, s'honoraient à mes yeux par une liberté de pensée qui ne troublait jamais l'harmonie et l'accord de leurs sentiments mutuels [2]...

Ce que dit là Marmontel, dans un livre écrit en vue de ses enfants, bien qu'il s'y trouve d'étranges confidences de la part d'un père, nous le retrouvons dans une lettre inédite à madame d'Espagnac. « ...Tout ce que je puis ajouter, madame, c'est que M. de Voltaire,

---

1. Voltaire, *OEuvres complètes* (Beuchot), t. LV, p. 6. Lettre de Voltaire à Vauvenargues ; Versailles, le 7 janvier 1745.
2. Marmontel, *OEuvres complètes* (Belin), t. I, p. 84. *Mémoires*, liv. III.

bien plus âgé que M. de Vauvenargues, avait pour lui le plus tendre respect [1]. » Et, dans cette même lettre, il manifestait le regret que l'auteur de *Zaïre* n'eût pas fait pour Vauvenargues ce que Platon et Xénophon avaient fait pour Socrate. Avec cette âme d'élite, le poëte planait dans ces sphères sereines que les passions ne viennent pas troubler, il oubliait la terre et cédait docilement à la douce influence, à l'accent irrésistible de ce jeune sage qui ne prétendait à rien et s'insinuait sans le vouloir et sans le savoir. Dans leur correspondance, rien de plus caressant, de moins outré au fond, malgré l'hyperbole de la forme, que les louanges qu'il lui adresse. Ce ne sont pas de vains mots, des compliments sans sincérité ; c'est un besoin, un cri du cœur. Quoique Vauvenargues eût publié ses œuvres [2], il n'était connu que d'un petit nombre de délicats. Voltaire, dans son discours de réception à l'Académie française, lui rend toute la justice qui lui est due, non sans étonnement de la part du plus grand nombre de l'auditoire : « Un homme éloquent et profond s'est formé dans le tumulte des armes [3]…. » Et voilà ce cœur sec, ombrageux, que toute gloire offusquait et qui aurait été jaloux même d'un Helvétius [4] ! Son affection et son admiration pour

---

1. Charavay, *Catalogue d'autographes*, du lundi 6 novembre 1865, p. 32, n° 303. Lettre de Marmontel à madame d'Espagnac ; 6 octobre 1796.

2. *L'Introduction à la connaissance de l'esprit humain*, suivie de *Réflexions* et de *Maximes*, parut, sans nom d'auteur, en février 1746.

3. Voltaire, *OEuvres complètes* (Beuchot), t. XXXVIII, p. 557. Discours de Voltaire à l'Académie française ; 9 mai 1746.

4. *Réflexions sur la jalousie pour servir de commentaires aux derniers ouvrages de M. de Voltaire* (Amsterdam, 1772), p. 20, 21.

Vauvenargues étaient des sentiments durables qui survivront à celui-ci dans le cœur et les écrits du poëte-philosophe. Quel magnifique et généreux élan, dans l'*Éloge funèbre des officiers morts dans la guerre de 1741* !

> Je sentirai longtemps avec amertume le prix de ton amitié, dit-il en finissant; à peine en ai-je goûté les charmes; non pas de cette amitié vaine qui naît dans les vains plaisirs, qui s'envole avec eux, et dont on a toujours à se plaindre; mais de cette amitié solide et courageuse, la plus rare des vertus. C'est ta perte qui mit dans mon cœur ce dessein de rendre quelque honneur aux cendres de tant de défenseurs de l'État, pour élever aussi un monument à la tienne. Mon cœur rempli de toi a cherché cette consolation, sans prévoir à quel usage ce discours sera destiné, ni comment il sera reçu de la malignité humaine, qui à la vérité épargne d'ordinaire les morts, mais qui quelquefois aussi insulte à leurs cendres, quand c'est un prétexte de plus de déchirer les vivants[1].

Nous avons insisté sur ces relations de Voltaire avec Vauvenargues, parce qu'elles le produisent sous un jour inconnu et tout à son avantage. Encore une fois, Voltaire était fait pour avoir des amis; il avait pour eux toute la tendresse, toute la chaleur, tout le dévouement d'un sentiment très-vif et très-sincère. L'ami de Cideville, de La Faluère, de Maisons, de Vauvenargues savait aimer, quoi qu'on en dise. Et, pour être son ami, il ne fallait guère que le vouloir, car il se laissait aisément et trop aisément envahir. Nous avons emprunté à Marmontel un portrait contrastant de ces deux esprits si distingués, mais si peu

---

1. Voltaire, *OEuvres complètes* (Beuchot), t. XXXIX, p. 42 et suiv. Éloge funèbre des officiers morts dans la guerre de 1741; juin 1748.

semblablables. L'auteur de *Bélisaire* est encore un témoignage éclatant de la facilité et de la bienveillance charmante de Voltaire. Il nous raconte qu'étant boursier au collége de Sainte-Catherine de Toulouse, il s'imagina, un matin, qu'il pourrait bien être poëte tout comme un autre. Il ignorait jusqu'aux règles de la versification; mais il fut vite initié, et il se mit aussitôt à rimer une belle ode sur l'*Invention de la poudre à canon*, qu'il envoya aux Jeux floraux. Il pensait avoir fait un chef-d'œuvre, et son indignation fut grande en apprenant que le prix était allé trouver un plus favorisé. A coup sûr, il avait été sacrifié! Outré d'une aussi éclatante injustice, il écrit à Voltaire, joint l'ode à son épître, et vide son cœur. Voltaire ne recevait que trop de ces sortes de missives; et surtout après les mystifications de la fausse Malcrais, il eût été fort excusable de ne point répondre aux importunités poétiques qui lui venaient de tous les bouts de la France. Mais il aimait la jeunesse et se sentait plein d'indulgence pour ces premiers bégayements d'une muse inexpérimentée. On n'a pas oublié sa bienveillance remplie d'illusions pour Linant et Lefebvre, qui tous deux ne devaient réaliser que bien insuffisamment ses espérances et ses prédictions. L'élève de philosophie de Sainte-Catherine fut l'objet des mêmes caresses. Les louanges à l'adresse de l'ode évincée ne furent point épargnées, et Voltaire poussa la grâce jusqu'à envoyer au poëte limousin un exemplaire de ses œuvres, corrigé de sa main. « Je fus fou d'orgueil et de joie, s'écrie le futur auteur des *Incas*, et je courus la ville et les colléges avec ce présent dans les mains.

Ainsi commença ma correspondance avec cet homme illustre, et cette liaison d'amitié qui, durant trente-cinq ans, s'est soutenue jusqu'à sa mort, sans aucune altération [1]. »

Voltaire, en conseillant au jeune Limousin de jeter le froc aux orties et de venir courir dans la grande ville les périlleux hasards de la carrière des lettres, comptait bien aider celui-ci de ses avis et de sa bourse. Il avait fait plus, il avait cherché à lui trouver quelque emploi qui lui permît de mûrir son talent et de travailler sans cette nécessité de produire qui a tant atrophié de génies, depuis que le monde est monde. Vers la fin de 1745, Marmontel recevait ce billet laconique, mais fort de choses, comme disait Lamotte : « Venez, et venez sans inquiétude. M. Orri, à qui j'ai parlé, se charge de votre sort. » Il en fallait beaucoup moins pour mettre fin à ses incertitudes sur le choix d'un état. Il traita aussitôt pour tout le voyage avec un muletier, au prix de quarante écus, voiture et nourriture comprises, et alla descendre aux bains de Julien, plein de rêves et de chimères. Mais il avait, dès le lendemain, à décompter lourdement avec le présent, si l'avenir restait sauf. Son premier soin, on s'en doute, avait été de venir saluer Voltaire, qui lui tendit les bras. « Mon ami, je suis bien aise de vous voir, lui dit-il. J'ai cependant une mauvaise nouvelle à vous apprendre; M. Orri s'était chargé de votre fortune ; M. Orri est disgracié. » Le contrôleur général avait

---

[1]. Marmontel, OEuvres complètes (Belin), t. I, p. 51. *Mémoires*, liv. II.

été en effet remercié, le 4 décembre 1745 [1]. Le jeune homme, avec la vaillance de cet âge, repartit que l'adversité était sa plus vieille connaissance et qu'elle ne lui faisait pas peur. « J'aime à vous voir cette confiance en vos propres forces, poursuivit l'auteur de *Zaïre*. Oui, mon ami, la véritable et la plus digne ressource d'un homme de lettres est en lui-même et dans ses talents; mais, en attendant que les vôtres vous donnent de quoi vivre, je vous parle en ami et sans détour, je veux pourvoir à tout. Je ne vous ai pas fait venir ici pour vous abandonner. Si dès ce moment même il vous faut de l'argent, dites-le-moi. Je ne veux pas que vous ayez d'autre créancier que Voltaire [2]. » Marmontel n'accepta pas : il avait quelque peu d'argent, son existence était assurée pour plusieurs mois. Il fut décidé, séance tenante, que le jeune poëte tenterait les chances du théâtre et qu'il ferait des tragédies. Il alla se loger rue des Maçons, une rue où avait demeuré Racine, et se mit, en attendant qu'il eût trouvé un sujet, à traduire *La Boucle de cheveux enlevée*, de Pope, qui lui valut cent écus, et à écrire une *Etude de l'art du théâtre*, pour laquelle Voltaire lui avait ouvert sa bibliothèque. Ce dernier lui rendait un service plus essentiel en lui faisant obtenir ses entrées à la Comédie française. Marmontel était d'une autre trempe qu'un Linant; il était laborieux, tenace, il voulait arriver. Nous assisterons bientôt à ses débuts

1. Duc de Luynes, *Mémoires*, t. VII, p. 135; du lundi 6 décembre 1745.
2. Marmontel, *OEuvres complètes* (Belin), t. I, p. 66. *Mémoires*, livr. III.

qui eussent pu donner quelque humeur à Voltaire, si Voltaire eût eu une âme aussi étroite que l'ont prétendu ses ennemis. Pour le moment, il essaye de mériter l'affection des deux beaux-esprits dans l'intimité desquels il vivait sur le pied de la plus complète égalité, car dans une de ses lettres à Vauvenargues, celui-ci l'appelait : « notre ami Marmontel [1], » sans tenir compte de la distance que l'âge, le talent, la renommée mettaient entre eux.

La nécessité d'embrasser tout d'une fois le procès des Travenol nous a forcé de laisser derrière nous des faits non moins importants, auxquels notre tâche est de revenir. Le titre d'académicien ne devait pas être un motif pour Voltaire de s'endormir sur ses lauriers. Quoique sa santé ne fût pas meilleure que par le passé, son activité était infatigable et suffisait aux mille exigences de sa vie de poëte, de politique et de courtisan. Il passait, comme on l'a dit, une partie de son temps dans les bureaux de la guerre à examiner les lettres des généraux, à ramasser le plus de faits et d'anecdotes pour son histoire des campagnes du roi [2]; tout en suivant son procès, il préparait encore un grand ouvrage pour la cour, dont un deuil imprévu devait ajourner la représentation. « Figurez-vous qu'on m'avait ordonné une grande pièce de théâtre pour les relevailles de madame la Dauphine ; que j'en étais au

---

1. Voltaire, OEuvres complètes (Beuchot), t. LV, p. 112. Lettre de Voltaire à Vauvenargues; Versailles, mai 1746. « ... je vous supplie de dire à notre ami Marmontel, qu'il m'envoie sur-le-champ ce qu'il sait bien... »

2. Voltaire, Lettres inédites (Didier, 1857), t. I, p. 168. Lettre de Voltaire à d'Argental ; août 1746.

quatrième acte quand madame la Dauphine mourut, et que, moi chétif, j'ai été sur le point de mourir pour avoir voulu lui plaire. Voilà comme la destinée se joue des têtes couronnées, des premiers gentilshommes de la chambre, et de ceux qui font des vers pour la cour [1]. » Cette grande pièce de théâtre n'était autre que *Sémiramis*, comme Voltaire le dit expressément dans une lettre de cette époque à Frédéric [2].

Cependant, il nous faut signaler une étape de quelques jours chez la duchesse du Maine, dont Voltaire était le vieux courtisan. Il lui avait été présenté, encore enfant, et nous avons parlé, en son temps, d'une lecture d'*Œdipe* devant cet aréopage brillant présidé de fait par M. de Malezieux. Puis les persécutions, la captivité étaient venues pour l'Altesse sérénissime et pour le poëte. Et c'est à quoi Arouet fugitif, exilé, fera allusion dans une lettre à la princesse qu'on suppose écrite d'outre-mer. Il lui parle de Châlons et de la vie désolée qu'elle y avait menée alors, vie si dénuée qu'elle s'était vue réduite aux plus basses distractions.

> Dans ces murs malheureux, votre voix enchantée
> Ne put jamais charmer qu'un âne et les échos [3].

Madame du Maine, en effet, en disette d'amusements et d'affections, s'était prise dans sa prison

---

[1]. Voltaire, *OEuvres complètes* (Beuchot), t. LV, p. 134. Lettre de Voltaire à Cideville; à Paris, le 19 août 1746.

[2]. *Ibid.*, t. LV, p. 136, 139. Lettre de Voltaire à Frédéric; Paris, 22 septembre 1746.

[3]. *Ibid.*, t. LI, p. 177. Lettre de Voltaire à la duchesse du Maine; 1727.

d'une belle amitié pour un ânon qu'elle était parvenue à si bien façonner qu'elle avait voulu l'emmener à Sceaux [1]. Qu'on nous pardonne ce détail puéril ; il explique les vers de Voltaire, qui étaient demeurés une énigme. Quoi qu'il en soit, le poëte était resté le serviteur de Ludovise, sans se montrer à Sceaux. A un certain moment (1732) madame du Deffand lui avait proposé, non sans ordres apparemment, d'acheter une charge d'écuyer près de la princesse. Mais Voltaire se sentait déjà trop grand garçon pour s'engager dans la domesticité de cette petite cour, et il répondit qu'il n'était pas assez dispos pour un tel emploi [2]. Il tenait également trop peu en place pour accepter une pareille chaîne ; et, bientôt après, des liens d'une autre nature allaient l'attacher à une femme séduisante dont le dévouement et la tendresse méritaient bien qu'on lui appartînt absolument. Et puis, la condamnation des *Lettres philosophiques*, les rigueurs dont leur auteur fut l'objet, le forçaient coup sur coup de quitter Paris, de fuir à Cirey, d'où il ne devait guère plus s'éloigner que pour surveiller à Bruxelles cet éternel procès des du Châtelet avec la maison de Honsbrouck. Mais les choses avaient heureusement changé de face. Le persécuté, le fugitif s'était changé en courtisan, en favori ; il n'avait plus à se cacher, et c'était à qui fêterait le poëte et son amie. Ce premier voyage chez la princesse, qui eut lieu entre la fin d'août [3] et le

1. Président Hénault, *OEuvres inédites* (Paris, 1806), p. 240. Lettre du président à la duchesse du Maine ; 1720 (10 mai).
2. Voltaire, *OEuvres complètes* (Beuchot), t. LI, p. 320, 321. Lettre de Voltaire à madame du Deffand.
3. Ce voyage ne put avoir lieu qu'après la Saint-Louis (25 août) ; car

commencement de septembre, se trouve mentionné dans une lettre médiocrement bienveillante de l'abbé Le Blanc, datée d'Anet. Mais Voltaire était déjà reparti depuis quelques jours, quand celui-ci y faisait son apparition.

... J'ai beaucoup entendu parler ici de M. de Voltaire et de madame du Châtelet, et ne suis point du tout fâché de ne m'y être point rencontré avec eux. Ils ont fait à leur ordinaire les philosophes ou les fous, tout comme vous voudrez. Ils étoient toujours en tête-à-tête.

> L'un et l'autre ont toujours dédaigné le vulgaire :
> Du Châtelet avec Voltaire,
> Voltaire avec Du Châtelet,
> N'est-ce pas un charmant doublet?

Madame la duchesse du Mayne a rétabli Sorel, un ancien château que M. de Vendôme aimoit beaucoup[1] : elle les y mena tous deux; le lendemain M. de Voltaire lui présenta les vers que voici :

> Vous avez, de vos mains divines,
> De ces antiques murs relevé les ruines;
> Relevez donc les arts que vous daignez aimer;
> Plus leur éclat fut grand, plus leur chute est funeste,
> Et l'auguste du Mayne est tout ce qui nous reste
> *Pour confondre les arts* ou pour les ranimer.

Comment trouvez-vous ce dernier vers? Et le compliment n'est-il pas tout à fait ingénieux?

Voltaire assistait à la messe d'usage à la chapelle du Louvre, mêlé à ses confrères auxquels il lut ensuite une ode *sur la Félicité des temps*, dont on applaudit avec enthousiasme les trois derniers vers, fort beaux, il est vrai :

> La nature est inépuisable,
> Et le travail infatigable
> Est un Dieu qui la rajeunit.

Mercure de septembre 1746, p. 98, 99.

1. Le duc de Vendôme avait échangé la châtelenie de Vendeuil contre Sorel qui appartenait à Crozat chargé par Louis XIV des affaires du prince. Sorel ne fit que passer par les mains du financier, car, en 1702, il appartenait encore à un M. Diel. Archives impériales. O-69. *Registre du secrétariat de la maison du roy*, de l'année 1725, p. 471.

Le jour que l'on fut à Sorel est ce jour où le soleil, masqué par un brouillard fort élevé, parut si rouge. A ce sujet encore, M. de Voltaire a fait le madrigal suivant pour Son Altesse, et il est bon de vous dire que c'est un impromptu :

> Quoy, le soleil est aujourd'hui
> Privé de sa splendeur au haut de sa carrière !
> Votre esprit n'est pas comme lui,
> Il conserve en tout temps sa force et sa lumière [1].

Le reste de la lettre est plein des préoccupations académiques de l'abbé, qui se mourait d'envie d'être immortel, et qui, malgré la bienveillance de nombre de gens qui l'épauleront, à commencer par madame de Pompadour, ne sera pas plus heureux que son compatriote Piron. L'auteur d'*Abensaïd* n'avait pas d'autres visées, il y songeait le jour et y rêvait la nuit. Quelqu'un le rencontrant à l'inventaire de l'abbé Sallier, dont on vendait les souliers, l'engagea à en faire l'emplette « parce qu'ils l'avoient mené bien souvent à l'Académie [2]. » Cette épître, aigre-douce, comme il savait les faire, était adressée à La Chaussée, autre bonne langue qui ne demandait pas mieux de médire de son prochain. « La Chaussée étoit sournois, raconte Voisenon. Il ne disoit point de méchancetés, mais il en faisoit. L'abbé Le Blanc étoit son meilleur ami ; ce n'étoit pas assurément une sympathie d'agrément qui avoit formé cette liaison [3]. » Nous connaissons l'abbé

---

1. Lettre de l'abbé Le Blanc à M. de la Chaussée, l'un des Quarante de l'Académie françoise, rue des Quatre-Fils, vis-à-vis les murs des jardins de l'hôtel Soubise, à Paris, au Marais ; Danet, le 18 septembre 1746. L'autographe est la propriété de M. Rathery. Il a été reproduit par la *Correspondance littéraire*, 4ᵉ année, p. 51, 52.

2. *Bulletin du Bibliophile* (Techener, 1850), IXᵉ série, p. 878. Notes manuscrites du libraire Prault.

3. Voisenon, *OEuvres complètes* (Paris, 1781), t. IV, p. 69, 70.

Le Blanc. Quant à l'auteur du *Préjugé à la mode*, l'abbé, tout le premier (avant leur liaison, il est vrai), parle de La Chaussée au président Bouhier comme d'un esprit difficile et caustique [1], jugement dont nous aurons à apprécier la justesse à propos même de Voltaire. Mais revenons à ce dernier, qui nous échappe un peu à cette époque. Sa correspondance languit ou fait complétement défaut; l'on a une lettre de lui à Frédéric, du 22 septembre, et nous n'en connaissons point en octobre. Nous savons pourtant qu'il fit le voyage de Fontainebleau avec son amie et que leur départ ne s'effectua pas sans difficultés.

Madame du Châtelet avait le service dur; elle était hautaine, impérieuse, et ne rachetait pas l'exigence du commandement par la générosité. Au moment où elle se disposait à suivre la cour, elle apprend que ses domestiques se sont donné le mot pour la quitter, moins une femme de chambre qui s'était tenue en dehors du complot. Ils prétextaient la cherté des vivres plus grande à Fontainebleau qu'à Paris, et prétendaient d'ailleurs trouver aisément et un meilleur traitement et des gages meilleurs. Pour qu'il n'y eût pas deux poids et deux mesures, la marquise avait fait mettre les gens de Voltaire sur le même pied que les siens; aussi ceux-ci prirent-ils la clef des champs à l'exemple des autres, sans se soucier de l'embarras où ils jetaient leurs maîtres, s'ils ne s'étaient pas fait un diabolique plaisir de leur commune détresse. Pour comble d'infortune, le

---

1. Bibliothèque impériale. Manuscrits. *Correspondance du président Bouhier*, t. IV, f. 399. Lettre de l'abbé Le Blanc au président; 19 février 1732.

secrétaire du poëte venait d'être emporté par une maladie inflammatoire, et sa perte était pour Voltaire d'une bien autre importance que la défection de tout son personnel.

En quête d'un successeur à un emploi qui exigeait une certaine capacité, quoique de l'aveu même de l'auteur de *Zaïre* l'office n'eût pas toujours été desservi par de très-grands sires, Voltaire se souvient qu'il avait trouvé plusieurs fois le maître d'hôtel de la marquise aidant le défunt à copier les manuscrits dont ce dernier était surchargé. Le garçon semblait intelligent, son zèle était de bon augure, son écriture était nette et lisible; il y avait là plus de raison qu'il n'en fallait, dans la circonstance, pour engager à le mettre à l'essai. Malheureusement, avant cette défection générale, Longchamp (car c'était lui), dans un mouvement d'humeur, avait quitté la maison de madame du Châtelet où il avait été introduit par sa sœur, l'une des femmes de la marquise. Il avait été treize ans valet de chambre de la comtesse de Lannoy, épouse du gouverneur de Bruxelles, et, par conséquent, avait été initié aux mœurs, aux usages du grand monde. Il ne tarda pas toutefois à s'apercevoir qu'il y avait dans les allures de la bonne compagnie, en France, certaines différences qu'il ne soupçonnait point et qui le déconcertèrent presque, bien qu'il ne fût ni ingénu, ni manchot. Il passait au service de la divine Émilie, le 16 janvier 1746. Le surlendemain, comme il attendait dans l'antichambre le moment de son réveil, la sonnette s'agite tout à coup. Il entre avec sa sœur. La marquise ordonne de tirer les rideaux et se lève. La présence de Longchamp ne l'embarrassa point : elle laissa tomber sa chemise et « resta nue comme une statue de marbre. » Ce dernier fut quelque peu interdit ; à la cour de Lorraine, il avait été plus d'une fois dans le cas de voir des femmes changer de chemise, « mais, à la vérité, dit-il, pas tout à fait de cette façon. »

A une autre époque, les femmes souffraient à peine un accoucheur; elles eussent rougi de faire porter leurs robes à un grand laquais ; mais le siècle avait marché et introduit dans leurs chambres à coucher de grands valets qui les habillaient et les déshabillaient, et cela bien avant le duc d'Orléans, du temps de Louis XIV et de Molière qui en dit son mot [1]. Il est vrai que plus on alla, plus l'effronterie des femmes s'accrut. « C'est un valet qui donne la chemise, » remarque un recueil publié vers la fin de la Régence [2]. Quelques jours après ce qu'on vient de lire, la marquise faisait réchauffer à Longchamp l'eau de son bain, sans que le sentiment de sa nudité lui fît prendre les précautions les plus sommaires. Au moins, la duchesse d'Enville, en pareil cas, s'enfermait-elle dans un sac [3]. Disons, à la décharge de madame du Châtelet, que cette autre mode était fort ancienne, et que les dames romaines, aux étuves, se servaient d'un esclave ceint d'un tablier

---

1. « *Beauval.* Femme de chambre d'un commandeur! voici bien autre chose.— *Jeanne.* Et pourquoi non, madame, les dames ont bien des valets de chambre ! » Edouard Fournier, *La Valise de Molière* (Dentu, 1868), p. 39.

2. Gayot de Pitaval, *Bibliothèque des gens de cour* (Paris, 1724), t. II, p. 319; t. IV, p. 148.

3. Madame de Grafigny, *Vie privée de Voltaire et de madame du Châtelet* (Paris, 1826), p. 438, 439.

de peau noire pour les frotter et les oindre [1]. Une autre fois, Émilie, la duchesse de Boufflers, mesdames de Mailly, de Gouvernet [2], du Deffand et de La Popelinière s'avisent d'aller faire une partie fine au cabaret de la *Maison rouge*, à Chaillot. On y soupa, et, comme il faisait très-chaud, on se débarrassa de tout ce qui gênait, et l'on réduisit le vêtement au strict nécessaire, sans que la présence des laquais inspirât à ces belles dames plus de réserve. « C'était l'usage, dit Longchamp qui ne se méprend pas sur ces libertés, bien que l'homme chez lui en soit parfois fort troublé; et j'ai été à même de juger par mon propre exemple que leurs maîtresses ne les regardaient que comme des automates. Je suis du moins convaincu que madame du *Châtelet*, dans son bain, en m'ordonnant de la servir, ne voyait pas même en cela une ombre d'indécence, et que tout mon individu n'était alors à ses yeux ni plus ni moins que la bouilloire que j'avais à la main [3]. » Nous le voulons bien. Mais c'est donc là où conduit l'extrême civilisation : la perte du sens moral, un cynisme profond et même naïf qui n'a rien de bien différent de l'état de la brute !

Longchamp, lorsque le poëte songea à se l'attacher,

1. Montaigne, *Essais* (Ménard, 1727), t. III, p. 165, liv. I, ch. XLIX. Des Coustumes anciennes. — Martial, liv. VII, ép. 35.
2. On pourrait croire qu'il s'agit ici de cette ancienne amie de Voltaire, mademoiselle de Corsembleu de Livry. Mais on sait que Voltaire ne la revit qu'en 1778, quand ils étaient, l'un et l'autre, sur le bord de la tombe. La marquise de Gouvernet, dont il est question, était une des trois filles de madame de Mauconseil; les deux autres étaient la princesse d'Hénin et madame de Blot.
3. Longchamp et Wagnière, *Mémoires sur Voltaire* (Paris, 1826), t. II, p. 126.

au moins pour toute la durée du voyage de Fontainebleau, était dans une place où il ne se plaisait point ; il
accepta avec joie cette condition de secrétaire qui le
relevait à ses yeux, et il fut convenu qu'il suivrait son
nouveau maître à deux jours d'intervalle ; car il lui fallait ce temps pour rendre ses comptes à celui qu'il allait
quitter. Quant à madame du Châtelet, elle dut prendre à tout hasard les premiers domestiques qui s'of-
frirent. Marie Lezinska arrivait à Fontainebleau, le samedi 8 octobre, après s'être arrêtée à Choisy et à
Mousseaux [1]. Tout porte à croire que l'illustre couple
partit en même temps que la cour. Le duc de Richelieu avait mis à la disposition des deux amis son hôtel,
où ils s'installèrent sans plus de cérémonie. Le nouveau
secrétaire fut de parole, et Voltaire, en se réveillant, le
trouva à son poste, ce qui était d'autant plus opportun
qu'il n'avait pas encore pu se procurer de domestique.
Longchamp nous donne un récit caractéristique de
cette première matinée. Le début fut rude. Voltaire lui
dit de lui apporter un portefeuille ; et, comme celui-ci
le cherchait en vain dans la pièce, il le lui montra du
doigt sur une chaise en lui criant : « Il est là, ne le
voyez-vous pas ! » puis, il lui dit d'accommoder sa
perruque, tandis qu'il se lèverait.

Quand il voulut la mettre, il ne la trouva pas de son goût,
se moqua de son nouveau perruquier, prit la perruque, la se-
coua fortement pour en faire tomber la poudre, et me dit de
lui donner un peigne. Lui ayant présenté celui que j'avais à la
main, qui était petit, quoique à deux fins, il le jeta par terre,
disant que c'était un grand peigne qu'il lui fallait. Sur ce que

1. Duc de Luynes, *Mémoires*, t. VII, p. 433, 434.

je lui observai que je n'en avais pas d'autre pour le moment, il me dit de le ramasser ; je le pris et le lui présentai de nouveau. Il le passa à plusieurs reprises dans sa perruque, et après l'avoir ébouriffée, il la jeta sur sa tête. Je l'aidai à mettre son habit ; après quoi il sortit pour aller déjeuner avec madame du *Châtelet.* Ce début de mon service auprès de M. de *Voltaire* ne me parut pas d'un très-bon augure pour la suite, et je m'applaudissais de ne m'être engagé que pour le temps du voyage de Fontainebleau. Sa brusquerie m'avait déplu, et je la pris d'abord pour de la brutalité ; mais je ne tardai pas à m'apercevoir que ce n'était en lui qu'une extrême vivacité de caractère, qui éclatait par occasion et se calmait presque au même instant. Je vis de plus en plus dans la suite qu'autant ses vivacités étaient passagères, et, pour ainsi dire, superficielles, autant son indulgence et sa bonté étaient des qualités solides et durables [1]...

Tout cela serait très-frivole et complétement indigne de l'histoire, s'il n'y avait pas là de précieuses révélations sur cette nature fébrile jusqu'au malaise, dont le premier mouvement n'était pas toujours le meilleur, et qui avait souvent besoin de la réflexion pour dompter ces élans furibonds à propos d'un portefeuille qu'on était lent à lui remettre, d'une perruque qui ne lui agréait point, ou de toute autre chose de cette importance. Mais ne comprend-t-on pas que ces brusqueries, ces emportements sont à la décharge du poëte prompt à réparer ses torts aussitôt qu'il est rentré en lui-même, à la façon d'un enfant qui sent sa faute et essaye par des câlineries de la faire pardonner et oublier.

Longchamp ne s'est avisé que sur le tard d'écrire ses souvenirs dont les inexactitudes, répétons-le, ne témoipas forcément contre sa sincérité. A l'en croire, aussitôt

---

[1]. Longchamp et Wagnière, *Mémoires sur Voltaire* (Paris, 1826), t. II, p. 134, 135, 136.

arrivés, le poëte et la marquise repartaient en toute hâte pour des raisons que nous dirons plus tard.; car, s'il se trompe d'année, l'anecdote pour cela ne nous en paraît pas moins authentique. Venus à la cour, le 8 octobre probablement, ceux-ci s'y trouvaient encore un mois après, comme cela résulte d'une lettre de Voltaire à Cideville. « Me voici à Fontainebleau, écrivait-il, le 9 novembre, et je fais tous les soirs la ferme résolution d'aller au lever du roi ; mais tous les matins je reste en robe de chambre avec *Sémiramis*. » C'est, en définitive, tout ce que nous savons de ce voyage, durant lequel, nous le soupçonnons, il vit plus souvent le roi qu'il ne le dit, n'eût-ce été que chez madame de Pompadour, qu'il se fût bien gardé de négliger. Il quitta, toutefois, Fontainebleau avant la cour, qui en partait le 23 novembre, ce que l'on apprend par une lettre (en italien) à Algarotti, datée de Paris, dix jours auparavant (13 novembre).

Avec la nomination d'historiographe de France, Voltaire avait obtenu la promesse d'une charge de gentilhomme ordinaire du roi, pour la prochaine vacance. Après une attente de moins de deux années, l'auteur de *Zaïre* apprenait la mort du titulaire, et recevait, tout aussitôt, le brevet de sa nouvelle dignité.

Aujourd'hui, 22 décembre 1746, le roy étant à Versailles, désirant continuer au s^r François Arrouet de Voltaire, historiographe de France et l'un des 40 de l'Académie françoise, des marques de sa bienveillance, a voulu en même tems faire connoître son attention à récompenser ceux qui se dévouent à l'étude des lettres, qui contribuent à leur progrès, et qui joignent à cet avantage le zèle et l'attachement au service de Sa Mté. Toutes ces qualités se trouvant réunies en la personne du

d. S. de Voltaire, Sa Mté a jugé à propos de l'attacher près de sa personne; et à cet effet elle l'a retenu et retient dans la charge de l'un de ses gentilshommes ordinaires vacante par le décès du sr Dubois Daveluy, etc. [1].

Cette nouvelle grâce dut faire plisser la lèvre à plus d'un confrère en Apollon. Mais, à part ces jalousies de métier, à part le chagrin des ennemis, on ne voit pas trop qui cette récente élévation pouvait impressionner en bien ou en mal. Nous avons dit que les Arouet étaient originaires du Poitou, tous marchands de père en fils. Lorsque l'on apprit qu'un des derniers descendants de cette famille de bourgeois, qui d'ailleurs s'était décrassée dans les charges et figurait aussi dans l'*Armorial* [2], avait promesse d'une charge à la cour, ce fut parmi les hobereaux du pays une indignation qu'il faut renoncer à rendre. Où donc allait-on, si le roi recrutait ses serviteurs en dehors de sa noblesse et au sein de la petite roture? Évidemment la fin du monde n'était pas loin! Hélas! elle était plus voisine que ne le pensaient sans doute ceux qu'effrayaient et irritaient de pareils oublis du pouvoir! Voici une lettre curieuse, écrite par un gentillâtre de l'endroit à un

---

1. Archives impériales. O-90. *Registre du secrétariat de la maison du Roy*, de l'année 1746, p. 305. Brevet de Gentilhomme ordinaire pour le sr Arouet de Voltaire; à Versailles, ce 24 décembre 1746.

2. Bibliothèque impériale. Manuscrits. *Armorial*, t. I, p. 1226. Généralité de Paris. « François Arrouet, conseiller du roy, receveur des épices à la chambre des comptes, porte d'or à trois flammes de gueules. » Voltaire conserva les mêmes pièces, mais en changea les émaux et porta « d'azur à trois flammes d'or » comme l'indiquent ses cachets, où son blason est orné d'une couronne et de la décoration du Mérite de Prusse. L'*Intermédiaire des chercheurs et des curieux*. Ve année, 10 mars 1869, n° 101, col. 135.

sien parent, M. Ferrand de Méré, l'aïeul du comte Ferrand, ministre sous la Restauration, lettre caractéristique, où ces nouveautés dangereuses sont traitées comme elles méritent, aux risques même de manquer au respect dû au roi, dont à coup sûr on avait trompé la religion. Si tout cela est grotesque, c'est de l'histoire pourtant, cela appartient aux mœurs, et donne une mesure assez juste de l'étroitesse d'idées, de la morgue inepte de cette noblesse de clocher aussi ignorante, aussi inintelligente qu'elle était hautaine et arrogante.

On m'averti, mon respequetable oncle, que le roy, insité en .aireurs par des malentencionés, grattiffie du titre de gentilhomme de sa chambre un cuidam nomé Arouët, de Saint-Lou, fils d'une Domar, qui s'est fet conoitre du nom de Voltere. Le roy ne fera pas l'affront à la noblesse de dispancé ce cuidam de ses preuve, qui pour ce les procuré se vairat obligé de les cherché dans les parans de sa mère, pars qui lest de la rautur du cauté paternel; ce qui seroit un dezoneur pour des gentilshommes de nom et d'arme, nobles de pérenfils de temps imémorable. Je pri la décizion, mon cher oncle, apres avoir pri l'avi des gentilshommes nos parans, qui ne se soucie de dérogé, qui li a lieux de fermé nos titre et nos porte à ce Voltere, que la court maientencioné aux gentilhomme de sang, puisqui nen son pas, prétant elevé, pour nous abessé. Vous nous dirés vostre avi dimanche au diné de Vernay. Le cheval rouge est ronpu de la course dier; si le griset étoit à la maison, j'irois vous parlé au lieu de vous écrire[1].

On l'a dit, les premiers mois de l'année 1747 se pas-

1. Benjamin Fillon, *Lettres inédites de la Vendée* (Paris, 1861), p. 116, 117. Lettre du chevalier de L'Huillière à M. de Méré; à Vernay. M. Beaune a recueilli les autres noms du chevalier qu'il n'est pas inutile de joindre ici pour éviter toute confusion et toute méprise; il s'appelait Charles-Joseph Darrot, seigneur du Cerisier et de L'Huillière. *Voltaire au collége* (Amyot, 1867), p. xxxiii.

sèrent pour Voltaire à suivre son procès avec Travenol, à compléter l'*Histoire de la guerre de* 1741, à prendre des pilules de Stahl qu'il recommande chaleureusement à Frédéric, et aussi, lorsque sa santé le lui permettait, à faire sa cour à la favorite. Le billet suivant qui commence par un madrigal que l'on nous dispensera de reproduire[1], n'a pas été écrit précisément par un Caton :

> Je suis persuadé, madame, que du temps de César, il n'y avait point de frondeur janséniste qui osât censurer ce qui doit faire le charme de tous les honnêtes gens, et que les aumôniers de Rome n'étaient pas des imbécilles fanatiques. C'est de quoi je voudrais avoir l'honneur de vous entretenir avant d'aller à la campagne. Je m'intéresse à votre bonheur plus que vous ne pensez, et peut-être n'y a-t-il personne à Paris qui y prenne un intérêt plus sensible. Ce n'est point comme vieux galant flatteur de belles que je vous parle, c'est comme bon citoyen ; et je vous demande la permission de venir vous dire un petit mot à Étioles ou à Brumoi, ce mois de mai, ayez la bonté de me faire dire quand et où[2].

Des compliments, des fadeurs à celle qui dispense les grâces, quoi de plus excusable ; nous allions dire : quoi de plus légitime ? Voltaire a besoin d'un appui à la cour, la marquise est presque une vieille amie, elle lui a rendu plus d'un bon office, elle ne demande qu'à lui prouver sa bienveillance toutes les fois que s'en présentera l'occasion ; cela vaut bien que l'on compare Louis XV à César et madame d'Étioles à Cléopâtre. Et nous n'y trouverions rien, en somme, à repren-

---

1. Les cinq premiers vers de ce madrigal sont, à peu de chose près, les mêmes que ceux cités plus haut (p. 12, 13) et que nous a transmis le duc de Luynes ; mais les six autres sont complétement différents.
2. Voltaire, *OEuvres complètes* (Beuchot), t. LV, p. 162. Lettre de Voltaire à la marquise de Pompadour ; avril.

dre, si l'on ne prétendait, du même coup, faire acte de
« bon citoyen. » Voilà de ces mots qui ne coûtent
guère à Voltaire et qu'il considère comme une monnaie courante à l'usage des favorites. Ne lui avons-nous
pas vu dire à madame de Mailly, dans une circonstance où il avait besoin, il est vrai, d'être protégé et
défendu : « que la France lui était plus chère depuis
qu'il avait eu l'honneur de lui faire un instant sa
cour [1]. »

Sans doute la marquise donna son octroi pour cette
apparition à Étioles ou à Brumoi; mais nous n'en
trouvons nulle trace, ce qui, en somme, est assez indifférent. Voltaire travaille, se drogue, va dans le monde ;
car avec lui tout cela marche de front. Il ne se révèle
pas, en tous cas, par sa correspondance, nulle à cette
époque ou peu s'en faut ; mais il sort de son mutisme
pour féliciter le ministre de la guerre des prouesses
de Lawfeld (2 juillet) [2], qu'il célébrait bientôt après
dans une épître à la duchesse du Maine [3]. Cette épître,
que madame de Staal juge indigne de lui et qui, dans
le fait, est loin de valoir le *Poëme de Fontenoy* auquel
il est naturel de l'opposer, avait été composée à la prière
de la petite-fille du grand Condé. Cette condescendance était de nature à le bien mettre en cour auprès

---

1. Voltaire, *OEuvres complètes* (Beuchot), t. LIV, p. 452. Lettre de Voltaire à la comtesse de Mailli ; 13 juillet 1742.
2. *Ibid.*, t. LV, p. 163, 164. Lettre de Voltaire au comte d'Argenson ; à Paris, le 4 de la pleine lune.
3. *Ibid.*, t, XIII, p. 177. Épître à S. A. S. madame la duchesse du Maine sur la victoire remportée par le roi à Lawfeld. — Marquis d'Argenson, *Mémoires* (Jannet), t. V, p. 33. Lettre de madame du Châtelet au comte d'Argenson ; à Paris, ce 20 juillet 1747.

de la fantasque princesse, qui invita le poëte et son amie à venir passer quelques jours à Anet. « Je suis effrayée du long séjour qu'ils doivent faire ici [1] », s'écrie la spirituelle Delaunay, peu sympathique à tous les deux, sans que Voltaire, que nous sachions, eût rien fait pour s'attirer cette animadversion. Il est vrai que le plus fort de l'antipathie était encore pour la dame. Voici le récit de leur entrée dans ce palais de fées, qui s'effectua, le 14 août, la soirée déjà avancée [2].

Madame du Châtelet et Voltaire, qui s'étaient annoncés pour aujourd'hui et qu'on avait perdus de vue, parurent hier, sur le minuit, comme deux spectres avec une odeur de corps embaumés qu'ils semblaient avoir apportée de leurs tombeaux. On

[1]. Madame du Deffand, *Correspondance complète* (Plon, 1855), t. I, p. 87. Lettre de la baronne de Staal à madame du Deffand; 1747 (juillet).
[2]. Le marquis d'Argens dit dans une lettre, dont nous avons déjà cité un fragment à propos de l'arrêt du parlement relatif à l'affaire Travenol : « Je vis hier Voltaire; il m'a paru fort charmé de revoir son ami Isaac. Il a voulu me mener chez madame de Pompadour, qui est dans une maison de campagne aux portes de Paris; mais mes affaires me retenant à Paris, je l'ai prié de différer de quelques jours... » Cette lettre est datée du 15 août, c'eût donc été le 14 que d'Argens eût rencontré Voltaire. Mais le moyen que Voltaire ait pu se trouver avec lui, dans la journée, et à Anet dans la soirée? A tout instant, le peu de sûreté des dates se fait sentir et plonge l'historien dans des incertitudes dont il ne peut sortir que par l'indication de certaines circonstances qui sont des points de repère pour arriver à la vérité. Si d'Argens est exact au moins dans ce dernier fait, la question est de savoir quel jour au juste l'arrêt dans le procès de Voltaire et des Travenol fut rendu, puisque sa lettre fut écrite deux jours après. La sentence fut prononcée le 9, la lettre de d'Argens est donc du 11; et ce fut le 10 et non le 14 qu'il vit Voltaire, qui, ce jour-là, pouvait avoir l'idée de le mener à Choisy où se tenait alors la favorite. Duc de Luynes, *Mémoires*, t. VIII, p. 238; juin 1747.

sortait de table. C'étaient pourtant des spectres affamés : il leur fallut un souper, et qui plus est des lits qui n'étaient pas préparés. La concierge, déjà couchée, se leva à grande hâte. Gaya[1], qui avait offert son logement pour les cas pressants, fut forcé de le céder dans celui-ci, déménagea avec autant de précipitation et de déplaisir qu'une armée surprise dans son camp, laissant une partie de son bagage au pouvoir de l'ennemi. Voltaire s'est bien trouvé du gîte : cela n'a point du tout consolé Gaya. Pour la dame, son lit ne s'est pas trouvé bien fait; il a fallu la déloger aujourd'hui. Notez que ce lit, elle l'avait fait elle-même, faute de gens, et avait trouvé un défaut de.... dans les matelas, ce qui, je crois, a plus blessé son esprit exact que son corps peu délicat; elle a par intérim un appartement qui a été promis, qu'elle laissera vendredi ou samedi pour celui du maréchal de Maillebois, qui s'en va un de ces jours. Il est venu ici en même temps que nous avec sa fille et sa belle-fille : l'une est jolie, l'autre laide et triste. Il a chassé avec ses chiens un chevreuil et pris un faon de biche : voilà tout ce qui se peut tirer de là. Nos nouveaux hôtes fourniront plus abondamment : ils vont faire répéter leur comédie; c'est Vanture qui fait le comte de Boursouffle : on ne dira pas que ce soient des armes parlantes, non plus que madame du Châtelet faisant mademoiselle de la Cochonnière, qui devrait être grosse et courte. Voilà assez parlé d'eux pour aujourd'hui[2].

Tout cela est vivant, on y assiste. Madame du Châtelet ne figure pas là à son avantage, elle n'est pas traitée en amie. En définitive, et quelque prévention que l'on ait, Voltaire est toujours Voltaire; d'ailleurs, l'on a trop d'esprit soi-même, et du meilleur, pour ne point pardonner à celui-ci en faveur d'un esprit éblouissant, très-poli, très-caressant et tout aimable. Mais il en est différemment pour madame du Châtelet : elle a la

1. Le chevalier Gaya.
2. Madame du Deffand, *Correspondance complète* (Plon, 1865), t. I, p. 90, 91. Lettre de la baronne de Staal à madame du Deffand; mardi 15 août 1747.

maladresse d'être femme, elle a des talents, des connaissances, une réputation de bel esprit, elle a fait des mémoires dont l'Académie des sciences s'est occupée; le moyen d'excuser et d'oublier une supériorité qui ne songe pas à s'effacer, qui obéit purement à son naturel en sortant tous ses talents comme tous ses brillants de leur écrin, et se fait applaudir même de ceux auxquels elle ne plaît que modérément? Voltaire est représenté comme un bonhomme facile à contenter. Pour la marquise, il faut plus de cérémonies, et ce n'est point du premier coup qu'on la satisfait et qu'elle se satisfait elle-même.

Madame du Châtelet est d'hier à son troisième logement. Elle ne pouvait plus supporter celui qu'elle avait choisi; il y avait du bruit, de la fumée sans feu (il me semble que c'est son emblème). Le bruit, ce n'est pas la nuit qu'il l'incommode, à ce qu'elle m'a dit, mais le jour, au fort de son travail : cela dérange ses idées. Elle fait actuellement la revue de ses principes : c'est un exercice qu'elle réitère chaque année, sans quoi ils pourraient s'échapper, et peut-être s'en aller si loin qu'elle n'en retrouverait pas un seul. Je crois bien que sa tête est pour eux une maison de force, et non pas le lieu de leur naissance : c'est le cas de veiller soigneusement à leur garde. Elle préfère le bon air de cette occupation à tout amusement, et persiste à ne se montrer qu'à la nuit close. Voltaire a fait des vers galants, qui réparent un peu le mauvais effet de leur conduite inusitée [1].

Une fois chez elle, madame du Châtelet songe à s'installer, et dans ce but, elle met la maison littéralement au pillage, faisant rafle particulièrement de

---

[1]. Madame du Deffand, *Correspondance complète* (Plon, 1865), t. I, p. 93, 94. Lettre de la baronne de Staal à madame du Deffand; Anet, 20 août 1747.

six ou sept tables, sans lesquelles rien n'était possible.
« Il lui en faut de toutes les grandeurs, d'immenses
pour étaler ses papiers, de solides pour soutenir son
nécessaire, de plus légères pour les pompons, pour
les bijoux ; et cette belle ordonnance ne l'a pas ga-
rantie d'un accident pareil à celui qui arriva à
Philippe II, quand, après avoir passé la nuit à écrire,
on répandit une bouteille d'encre sur des dépêches.
La dame ne s'est pas piquée d'imiter la modération
de ce prince : aussi n'avait-il écrit que sur des affaires
d'État ; et ce qu'on lui a barbouillé, c'était de l'algèbre, bien plus difficile à remettre au net [1]. »
Peut-on mieux raconter, peut-on mieux peindre ?

La duchesse du Maine n'aimait pas les gens dont elle
ne tirait nul agrément, car elle reportait tout à elle, en
grande princesse qu'elle était, et voulait que ses hôtes
payassent son hospitalité en aidant à chasser un fléau,
l'ennui, qui n'était jamais dehors que pour un temps,
quoi qu'elle fît, quelque peine qu'elle se donnât. Il
ne fallait pas surtout que l'on pensât à s'isoler, à
réserver un coin et une heure de solitude et de liberté ;
madame de Staal écrivait précisément vers ce temps à
madame du Deffand, qui avait promis de venir, mais
qui négociait : « ...J'y ajoute, de vous à moi, que si
au grand château vous ne paraissez pas le soir, et que
vous soyez beaucoup à Paris, on vous en saura très-
mauvais gré, ne fût-ce que le mauvais exemple de

---

1. Madame du Deffand, *Correspondance complète* (Plon, 1865),
t. I, p. 97. Lettre de la baronne de Staal à madame du Deffand ;
Anet, mercredi, 30 août 1747.

faire sa volonté dans cette enceinte [1]. » Voltaire et la marquise n'en demeurèrent pas moins renfermés toute la journée, le lendemain de leur arrivée. « L'un est à décrire des hauts faits, l'autre à commenter Newton. Ils ne veulent ni jouer ni se promener : ce sont bien des non-valeurs dans une société, où leurs doctes écrits ne sont d'aucun rapport [2]. » Cette prétention à ne se montrer que la nuit tombée, devait produire un assez méchant effet. Mais avec une princesse qui aimait tant les vers qu'elle assurait que c'était, dans ses indispositions, le remède souverain, Voltaire n'était pas embarrassé de se faire pardonner.

Madame de Staal nous avait annoncé une comédie que l'on s'était mis à répéter au débotté. Le poëte et la divine Émilie avaient décidé qu'ils partiraient le 25, et il n'y eut pas eu à les retenir un jour de plus. « Vous saurez seulement que nos deux ombres, évoquées par M. de Richelieu, disparaîtront demain; il ne peut aller à Gênes sans les avoir consultées : rien n'est si pressant. La comédie qu'on ne devait voir que demain (vendredi), sera vue aujourd'hui, pour hâter le départ. Je vous rendrai compte du spectacle et des dernières circonstances du séjour. Mais, je vous prie, ne laissez pas traîner mes lettres sur votre cheminée [3]. »

---

1. Madame du Deffand, *Correspondance complète* (Plon, 1865), t. I, p. 105. Lettre de la baronne de Staal à madame du Deffand; Anet, dimanche, 24 septembre 1747.
2. *Ibid.*, t. I, p. 92. Lettre de la baronne de Staal à madame du Deffand; mercredi, 16 août 1747.
3. *Ibid.*, t. I, p. 95. Lettre de madame de Staal à madame du Deffand; Anet, jeudi, 24 août 1747.

La recommandation était-elle sérieuse, et la spirituelle et maligne Delaunay ne savait-elle pas que l'on se garderait bien de la prendre au mot? On va voir qu'elle travaillait, quoi qu'elle dise, pour le plus grand divertissement d'une société affolée d'esprit et qui goûtait fort le sien.

Je vous ai mandé jeudi que nos du Châtelet partaient le lendemain, et que la pièce se jouait le soir ; tout cela s'est fait. Je ne puis vous rendre Boursouffle que mincement. Mademoiselle de la Cochonnière a si parfaitement exécuté l'extravagance de son rôle, que j'y ai pris un vrai plaisir. Votre Vanture n'a mis que sa propre fatuité au personnage de Boursouffle, qui demandait au delà ; il a joué naturellement dans une pièce où tout doit être aussi forcé que le sujet[1]. Pâris[2] a joué en honnête homme le rôle de Maraudin, dont le nom exprime le caractère. Motel a bien fait le baron de la Cochonnière, D'Estissac un chevalier, Duplessis[3] un valet. Tout cela n'a pas mal été, et l'on peut dire que cette farce a été bien rendue ;

---

1. C'est sous le titre de *Comte de Boursouffle* que cette comédie fit son apparition pour la première fois à Cirey, en 1734. Le 26 janvier 1761, la même pièce fut représentée à la Comédie italienne, sous le titre de : *Quand est-ce qu'on me marie?* Ce titre est devenu le sous-titre, et ces trois actes portent définitivement le titre de *l'Échange*. Faite pour un public d'amis, aussitôt qu'on la mettait au théâtre, elle devait être soumise à plus d'un changement. Ainsi, le comte de Boursouffle dut s'appeler le comte de Falenville ; le baron de la Cochonnière, le baron de la Canardière ; Thérèse, Gothon ; Maraudin, Brigaudin ; Pasquin, Merlin ; madame Barbe, madame Michel, etc. On a eu la fantaisie de reprendre en 1862 cette farce au gros sel à l'Odéon, sur une version nouvelle, reproduite dans le *Dernier volume des œuvres de Voltaire* (Plon, 1862). Nous avons eu occasion déjà de nous occuper de ce séjour du poëte à Anet, et avec beaucoup de développement ; les deux récits se complètent l'un l'autre, et nous renverrons, en conséquence, à nos *Cours galantes* (Dentu, 1864), t. IV, p. 285-298.

2. Secrétaire de la duchesse d'Estrées.

3. Officier de la maison du duc du Maine.

l'auteur l'a ennoblie d'un prologue qu'il a joué lui-même et très-bien avec notre Dufour[1], qui, sans cette action brillante, ne pouvait digérer d'être madame Barbe ; elle n'a pu se soumettre à la simplicité d'habillement qu'exigeait son rôle, non plus que la principale actrice, qui, préférant les intérêts de sa figure à ceux de la pièce, a paru sur le théâtre avec tout l'éclat et l'élégante parure d'une dame de la cour : elle a eu sur ce point maille à partir avec Voltaire ; mais c'est la souveraine, et lui l'esclave. Je suis très-fâchée de leur départ, quoique excédée de ses diverses volontés, dont elle m'avait remis l'exécution.

Le plaisir de faire rire de si honnêtes gens que ceux que vous me marquez s'être divertis de mes lettres, me ferait encore supporter cette onéreuse charge ; mais voilà la scène finie et mes récits terminés. Il y a bien encore de leur part quelques ridicules éparpillés, que je pourrai vous ramasser au premier moment de loisir ; pour aujourd'hui, je ne peux aller plus loin[2].

Ce fut donc le vendredi 25 août que Voltaire et madame du Châtelet s'éloignèrent du château d'Anet où ils s'étaient doucement laissé retenir dix jours. Ils voulaient embrasser l'un et l'autre le duc de Richelieu, qui allait, à Gênes, recueillir la succession de M. de Boufflers, mort de la petite vérole après avoir forcé l'ennemi à rembarquer (6 juillet)[3]. Mais, dès le lendemain, mademoiselle Delaunay recevait une lettre effarée de Voltaire : il avait égaré *Boursouffle*, oublié de retirer les rôles, perdu le prologue, et il priait celle-ci, les mains jointes, de tout recouvrer et de lui renvoyer le prologue, par une autre voie que la poste,

1. Nourrice du Dauphin, et première femme de la Dauphine.
2. Madame du Deffand, *Correspondance complète* (Plon, 1865), t. I, p. 96. Lettre de la baronne de Staal à madame du Deffand ; Anet, dimanche, 27 août 1747.
3. Barbier. *Journal* (Charpentier), t. IV, p. 252, 253, août 1747.

parce qu'on le copierait. Quant aux rôles, crainte d'accident, il la conjurait de les enfermer *sous cent clefs.* « J'aurais cru, ajoute la maligne baronne, un loquet suffisant pour garder ce trésor [1] ! »

Six semaines s'écoulèrent, depuis ce retour à Paris, sans le moindre incident, que nous sachions. La Correspondance, à cette époque, fait défaut, et elle sera presque nulle tout le reste de cette année. Heureusement, les renseignements nous viennent-ils d'ailleurs, et sommes-nous à même d'enregistrer assez au long une succession d'aventures qui, tout infimes qu'elles puissent paraître, sont piquantes, parfois d'un comique précieux, et les peignent, en définitive, elle et lui, des pieds à la tête. Le roi était installé, le 14 octobre, à Fontainebleau, où la reine arriva, vers le soir. Le poëte et son amie comptaient bien, cela va sans dire, faire leur cour et employer leur temps de leur mieux, durant tout ce voyage. C'est ici qu'il nous faut placer un événement que Longchamp fait remonter au précédent Fontainebleau (1746), et dont il serait peu raisonnable de nier la réalité parce que certains détails en sont erronés. Au demeurant, les méprises de celui-ci portent bien plutôt sur les dates et la mesure du temps que sur les événements eux-mêmes, phénomène trop ordinaire des récits de faits lointains que la plume n'a point consignés et que la mémoire seule s'est chargée de recueillir.

1. Madame du Deffand, *Correspondance complète* (Plon, 1865), t. I, p. 97. Lettre de la baronne de Staal à madame du Deffand; Anet, mercredi, 30 août 1747.

Un soir, madame du Châtelet, au jeu de la reine, perd quatre cents louis qui faisaient toute sa bourse et qui étaient aussi tout ce qu'au départ, son intendant, M. de la Croix, avait pu réunir. Voltaire, qui n'en avait que deux cents, les lui donne, et ces derniers vont, le lendemain, rejoindre les autres. Le poëte hasarda quelques représentations que l'on n'écouta guère; un laquais, dépêché en toute hâte à l'homme d'affaires, rapportait encore deux cents louis, qu'on avait empruntés à gros intérêts, et cent quatre-vingts envoyés par mademoiselle du Thil, l'ancienne dame de compagnie de madame du Châtelet. C'était plus qu'il n'en fallait pour réparer les pertes et contraindre la fortune à faire volte-face. La divine Émilie se remet au jeu avec plus d'ardeur que jamais, et perd tout. Il semblerait qu'elle n'avait plus qu'à se retirer; mais elle n'en fera rien. La voix de la raison et de la prudence n'est point entendue ou est étouffée; la marquise cave sur parole, et se voit, à la fin de la soirée, débitrice d'une somme de quatre-vingt-quatre mille francs! Voltaire, qui n'avait pu rien entraver et qui était demeuré spectateur fiévreux de cette succession de désastres, trop ému lui-même pour veiller sur ses paroles, ne put s'empêcher de lui dire que ses distractions seules l'avaient empêchée de s'apercevoir qu'elle jouait avec des fripons. Bien qu'il eût, par un reste de réserve, formulé cette accusation grave en anglais, cela fut entendu et compris. La marquise même s'aperçut qu'on chuchotait, et n'envisagea pas sans un effroi très-fondé ce que ce propos pouvait avoir de dangereux pour son ami; elle l'en avertit aussitôt, et ils se retirèrent sans attendre que le grain fût devenu une tempête.

Traiter de fripons les plus grands seigneurs du royaume, l'inculpation semble un peu forte et par trop invraisemblable. Pour forte, nous en convenons; mais invraisemblable, pas tant qu'on se l'imaginerait. « On continue à voler beaucoup dans Versailles, lisons-nous dans les Mémoires de Luynes, moins de deux ans après cette aventure de madame du Châtelet. Il y a quelques jours, c'étoit jeudi dernier, 20 de ce mois, que l'on vola dans la salle de la comédie M. de Nugent, homme de condition d'Irlande, lieutenant-colonel du Régiment qu'a eu M. de Fitz-James; on lui prit sa bourse où il y avoit 78 louis[1]... » Ce dix-huitième siècle, qui eut d'ailleurs les éblouissements d'une corruption à sa dernière puissance, avait fini, à force de saper l'édifice chancelant de l'ancienne société, par se dégager de tout frein moral et remplacer le devoir par l'instinct. Il avait l'esprit et le paradoxe qui colorent et justifient tout; que lui faisait le reste? S'il n'était plus guère d'honnêtes femmes au point de vue de la chasteté et de la fidélité conjugale, il était tout aussi peu commun d'en rencontrer d'honnêtes au point de vue seule de la sûreté du commerce. Madame du Deffand raconte (vingt ans plus tard il est vrai), dans une lettre à Walpole, qu'une belle dame, dont elle tait le nom, durant un souper chez la comtesse de Beuvron, de concert avec son galant, força la serrure d'un secrétaire, par curiosité pure, s'il

---

[1]. Duc de Luynes, *Mémoires*, t. IX, p. 367; Versailles, mardi 25 mars 1749.

fallait l'en croire ; car, surprise par un valet, elle se vit dans l'obligation de prendre à part la comtesse et de lui avouer son indiscrétion [1]. Madame du Deffand, si réservée ici [2], l'est infiniment moins dans une autre lettre écrite le même jour et nomme les masques tout au long : le galant était M. de Thiars, la belle dame la princesse de Monaco [3] ! Le jeu de Marie-Antoinette ne sera pas plus sûr que celui de Marie Lezinska, il sera une vraie caverne où se passeront les plus étranges aventures. A Marly, on s'apercevait un jour qu'un rouleau de louis faux avait été substitué au véritable. Cette gentillesse était le fait d'un mousquetaire, que l'on se contenta d'arrêter et d'enfermer. « On vous friponne bien, messieurs, » disait Madame à messieurs Chalâbre et Poinçot. « Les banquiers du jeu de la reine, racontent les nouvelles à la main, pour obvier aux es-

---

1. Madame du Deffand, *Correspondance complète* (Plon, 1865), t. I, p, 364. Lettre de madame du Deffand à Horace Walpole ; Paris, mardi, 3 juin 1766.

2. Il faut équitablement en restituer le mérite à ses éditeurs ; car madame du Deffand nommait en toutes lettres les deux acteurs à son correspondant.

3. *Correspondance complète de madame du Deffand avec la duchesse de Choiseul* (Paris, Lévy, 1866), t. I, p. 36, 37. Lettre de madame du Deffand à Crawford ; Paris, mardi, 3 juin 1766. — Nous lisons ailleurs, à la date du 17 novembre 1763 : « ....Mais mon cœur, sais-tu ce qui est arrivé à la pauvre Mme de Vernége, chez qui nous avons été au bal ? Tout Paris dit que cette histoire est très-vraie. Elle a été arrêtée il y a quelques jours dans son carrosse : on l'accuse d'avoir été voler publiquement chez tous les marchands. Elle s'est réclamée du prince de Soubise ; on l'a conduite à l'hôtel ; le maréchal étoit à Fontainebleau. On a eu la complaisance de l'y mener ; il a été de la plus grande surprise en la voyant arriver, et l'on dit qu'il a répondu pour elle... » *Laurette de Malboissière*, lettres d'une jeune fille du temps de Louis XV (Paris, Didier, 1866), p. 50, 51.

croqueries et filouteries des femmes de la cour, qui les trompent journellement, ont obtenu de Sa Majesté qu'avant de commencer la table seroit bordée d'un ruban. Cette précaution préviendra quelques friponneries, mais non celles exercées envers les pontes crédules qui confient leur argent aux duchesses, et que plusieurs nient avoir reçu lorsque leur carte gagne [1]. »

Voilà qui excusera un peu l'exclamation de Voltaire. Mais il s'agissait bien que cette accusation fût plus ou moins fondée ! Voltaire comprit que, plus il eût eu raison, plus le danger eût été grand. Le seul moyen d'échapper aux suites de son inconséquence, c'était de quitter Fontainebleau au plus vite. Ce fut aussi l'avis de la marquise qui fit atteler et monta en chaise avec lui dans la même nuit, et si hâtivement,

---

1. *Mémoires secrets pour servir à l'histoire de la république des lettres* (Londres, 1780), t. IX, p. 166, 167 ; 18 novembre 1778. Mercier écrivait de son côté : « Les femmes du rang le plus distingué trichent quelquefois au jeu avec une tranquille audace : elles ont en même temps l'effronterie de dire à celui dont elles ont placé l'argent sur une carte qui gagne, qu'elles n'ont pas mis. Comme cela arrive au jeu des princes, on ne peut se venger d'elles, qu'en publiant le fait le lendemain dans tout Paris. Elles font semblant d'ignorer le bruit qui court. » Voir notre édition du *Tableau de Paris* (Pagnerre, 1853), p. 191. — On pourrait multiplier à l'infini les exemples. Tantôt c'est un homme de qualité, un maître des requêtes qui, chaque fois qu'il dîne chez M. de Miromesnil, garde des sceaux, dérobe des couverts d'argent. *Paris, Versailles et la Province au XVIIIe siècle* (Paris, 1817), t. II, p. 161, 192; tantôt c'est une dame de qualité qui vole trois louis au banquier en posant le doigt sur le milieu d'une des cartes et qui transforme ainsi un vingt-deux en un vingt-et-un triomphant ; tantôt, encore, c'est un abbé qui, dans une des meilleures maisons de Paris, jouant au piquet, reprend à sa convenance dans son écart et, grâce à ce procédé commode, arrive à des gains énormes. *Correspondance secrète, politique et littéraire* (Londres John Adamson, 1787), t. IV, p. 277, 278.

que ni l'un ni l'autre ne songèrent à emporter d'argent, et qu'ils faillirent rester en gage chez un charron d'Essonne, qui avait réparé la voiture. Ce dernier ne voulait pas les laisser partir sans être payé; et il ne leur fallut pas moins, pour sortir de ses mains, que l'intervention fortuite d'une personne de connaissance dont la chaise de poste croisait la leur [1].

1. Nous avons cité plus haut une lettre du marquis d'Argens d'une date embarrassante; voici un passage d'une autre de ses lettres à Frédéric qui ne nous embarrasse pas moins : « Voltaire est à Fontainebleau, dont il reviendra mercredi ; je souperai avec lui chez madame du Châtelet. » *Œuvres complètes de Frédéric le Grand* (Berlin, Preuss.), t. XIX, p. 33; Paris, 3 novembre 1747. Le 3 novembre était un vendredi : c'est jusqu'au mercredi une durée de cinq jours, pendant laquelle il faut inexorablement que se soit passée cette tragi-comédie, qui dut rendre impossible le souper projeté chez madame du Châtelet. Du reste, en partant le mercredi, selon ses projets, Voltaire eût quitté Fontainebleau le lendemain du départ de la reine, dont l'indisposition raccourcit le séjour. Avec ces chiffres, l'aventure, au lieu d'être survenue le quatrième jour de leur arrivée, se serait passée à la fin du voyage de Fontainebleau. Ainsi, voilà bien des méprises, sans compter celle de l'année, que Longchamp dit être 1746, comme on l'a vu plus haut.

IV

FUITE A SCEAUX. — LES PETITS CABINETS. — PREMIER
VOYAGE A LUNÉVILLE.

Voltaire pensa que pour quelque temps il devait faire le mort. Mais où se cacher pour échapper aux premières recherches? Madame du Maine était de retour d'Anet depuis le 19 octobre[1] ; Sceaux fut la retraite qu'il jugea la plus convenable et la plus sûre. Il s'arrêta à quelque distance de Paris, dans un village écarté de la route, où il écrivit sa requête à la princesse, et chargea de la missive un paysan qui rapportait bientôt un gracieux acquiescement auquel étaient jointes les instructions de Ludovise. Le fugitif trouverait, à la grille du château, M. Duplessis, le même Duplessis qui, trois mois auparavant, remplissait l'important rôle de valet dans la farce de *Boursouffle*, et à qui elle avait donné l'ordre de le conduire dans un appartement isolé qu'on laissait pleinement à sa disposition. Rassuré de ce côté, Voltaire partit sur-le-champ et, la nuit venue, il apercevait, en effet, à la grille du château, l'officier de confiance de

---

1. Madame du Deffand, *Correspondance complète* (Plon, 1865), t. I, p. 112. Lettre de madame de Staal à madame du Deffand ; Anet ; mardi 10 octobre 1747.

la duchesse, qui l'introduisit par un escalier dérobé. Longchamp ne tarda pas à arriver avec les bagages et le petit bureau portatif contenant les manuscrits inachevés. L'ensemble des pièces occupées par le poëte était au second étage, et avait vue sur les jardins et sur une cour. Mais pour ne pas compromettre son incognito, il devait demeurer les volets fermés, même le jour, et travailler aux bougies.

Toutes les nuits, vers deux heures, aussitôt que madame du Maine était couchée et qu'elle avait congédié son monde, il descendait dans sa chambre; un valet de pied dressait une petite table dans la ruelle du lit et apportait le souper de Voltaire. Ces heures étaient aussi délicieuses que rapides pour tous les deux. Madame du Maine, femme d'un esprit séduisant, quand elle voulait être aimable, racontait au futur historien de Louis XIV mille intrigues de cour qu'elle avait vues de bien près, lorsqu'elle n'y avait pas été mêlée, et exhumait ce passé d'hier avec ce bon sens exact que mademoiselle Delaunay signale comme l'une de ses plus saillantes qualités. Quant à Voltaire, il lui était plus facile encore de reconnaître une hospitalité si gracieusement accordée. Après le repas, il lisait le chapitre d'un conte, d'un roman qu'il n'avait écrit que pour distraire la princesse ; et il se trouva qu'à la fin de sa captivité, il avait composé une demi-douzaine de petits chefs-d'œuvre tels que *Babouc*, *Memnon*, *Scarmentado*, *Micromégas* et *Zadig*.

Cependant, il observait l'incognito le plus strict, n'ayant de rapports avec le dehors, comme avec le dedans, que par l'intermédiaire de Longchamp, devenu

tout à la fois son valet de chambre, son copiste, son
secrétaire, son messager, son chargé d'affaires. Et le
mystère fut si bien gardé que ceux qui étaient intéressés à sa recherche, après avoir vainement essayé de
dérober à la poste le secret de son asile, le supposèrent sur la route de Berlin. Il communiquait pourtant
avec madame du Châtelet et avec d'Argental, mais
d'une manière détournée et par exprès. Deux mois se
passèrent ainsi, affirme Longchamp, avant que M. de
Voltaire osât, de jour, mettre le pied hors de son appartement. Nous croyons qu'il allonge un peu la courroie, car, dès le 26 novembre, le poëte écrivait, de
Sceaux, une lettre de remercîments à un académicien
d'Angers, qui lui faisait part de sa récente élection à
l'académie angevine [1]. Longchamp devait être aussi
invisible que son maître; dans la journée, il mettait au
net les contes destinés à la lecture du soir, et, s'il était
envoyé à Paris, il sortait et rentrait de nuit. Ces absences de son seul domestique livraient Voltaire à un
complet isolement, dont il sentit vite la gêne. Pour
remédier à cet inconvénient grave, il dit à celui-ci
de lui chercher un petit Savoyard que l'on chargerait
des courses. Le hasard leur dépêcha un petit bon-

---

1. Voltaire, *Lettres inédites* (Didier, 1857), t. I, p. 169, 170.
Lettre de Voltaire à M***, académicien d'Angers; à Sceaux, ce 26
novembre 1747. Il existe, publiée dans le même recueil et à la même
page, une autre lettre, datée aussi du 26 novembre, et adressée à
M. de Laplace, auteur de *Venise sauvée* et d'*Adèle de Ponthieu*, en
réponse à une lettre de celui-ci dépêchée à Fontainebleau et qui avait
été retournée à Versailles où tout naturellement elle n'avait point
trouvé Voltaire. Les *Œuvres complètes* (Beuchot), t. LV, p. 171, en
contiennent également une, écrite de Sceaux, le 20 novembre, à
l'adresse de M. de Chamflour fils.

homme de dix à douze ans, intelligent, et d'une probité qu'une circonstance étrange mit en relief de la façon la moins équivoque. Voltaire avait voulu chausser des souliers neufs, et, le pied ayant trouvé une résistance, il jugea que le seul remède était de les porter chez le cordonnier pour qu'il les fît passer par la forme. On les donne à Antoine qui s'arrête à la première échoppe qu'il rencontre dans le bourg. Mais le soulier présente à la forme la même résistance; le cordonnier le secoue, et, au grand étonnement de tous les deux, il en fait tomber une bourse garnie de louis. Antoine la ramassa en pleurant : on doutait de lui, on avait voulu l'éprouver, il eût été perdu, pour peu que dans le trajet la bourse se fût échappée de la chaussure; car la terre était recouverte de neige, et il n'eût même pu s'apercevoir de sa chute ! Il s'alarmait et s'attristait à tort, et l'on n'avait pas eu ces machiavéliques intentions. La paire de souliers avait été reléguée dans une armoire où Voltaire serrait son argent. Distrait ou pressé, le poëte avait jeté à la hâte et sans y prendre garde la bourse dans le premier coin, et elle était allée tomber au fond de l'une de ses chaussures [1]. Ce fait seul réfuterait ces accusations d'avarice sordide dont on accable sa mémoire. Un avare n'a ni de ces distractions ni de ces méprises, quand il s'agit de renfermer son argent; il le met sous triple clef, et prend son temps pour le cacher de son mieux et avec le plus de sûreté.

Cette captivité commençait à peser à Voltaire,

---

1. Longchamp et Wagnière, *Mémoires sur Voltaire* (Paris, 1826), t. II. p. 146, 147.

mais elle touchait à son terme. Un beau jour l'apparition de madame du Châtelet venait lui rendre la liberté. Celle-ci ne s'était point endormie, elle avait tout fait pour amener l'ennemi à un arrangement. La première colère, d'ailleurs, était passée, et l'on convint qu'il ne serait plus question de rien. « Au reste, dit Longchamp, sans trop y entendre malice, le joueur qui avait fait le gros gain ayant touché, ne s'inquiétait plus guère de l'autre point. » Mais madame du Châtelet avait dû remuer ciel et terre pour faire honneur à sa dette. Elle vendit un bon de fermier général qu'elle avait obtenu dans le renouvellement du bail des fermes. « Celui qui avait gagné son argent sur parole, dit encore Longchamp, pressé de le toucher, entra en accommodement avec madame du Châtelet, et consentit à une réduction assez forte sur la somme pour en être payé de suite, ce qui fut effectué suivant son grand désir, car il craignait des lenteurs et des atermoiements, sachant que madame du Châtelet n'était pas riche. » Convenons que, vue de près, voilà une société qui, sous le poli de sa surface, cache des mœurs d'un cynisme et même d'une grossièreté inqualifiables. On est heureux de pouvoir se dire, qu'à l'endroit de la sûreté et de la loyauté du commerce, notre siècle au moins a des croyances, une conscience et des scrupules. Il est vrai que nous sommes loin de compte, en fait d'urbanité et d'élégance ; mais l'on ne peut tout avoir.

Il n'y avait plus lieu désormais de se tenir caché. Voltaire sortit de sa retraite, et, pour reconnaître une hospitalité qui l'avait sauvé d'embarras très-réels, il consentit de la meilleure grâce à prolonger son séjour à Sceaux. Sa présence ostensible et celle de la marquise furent l'occasion, pour cette ruche sans cesse bourdonnante, de nouvelles fêtes et de nouveaux plaisirs. Longchamp entre, à cet égard, dans des détails curieux qui trouvent naturellement leur place ici.

C'était la comédie, l'opéra, les bals, les concerts. Entre autres comédies, on joua la *Prude*, que madame du Maine avait déjà vu représenter sur son théâtre d'Anet[1]. Madame du Châtelet, madame de Staal et M. de Voltaire y prirent des rôles. Avant la représentation, il vint sur la scène et y prononça un nouveau prologue analogue à la circonstance[2]. Parmi les opéras, on vit quelques actes détachés de Rameau, la pastorale d'*Issé*, de M. de La Motte, mise en musique par Destouches, l'acte de *Zelindor, roi des Sylphes*, paroles de M. de Moncrif, musique de MM. Rebel et Francœur. Des seigneurs et des dames de la cour de madame du Maine y remplissaient les principaux rôles; madame du Châtelet, aussi bonne musicienne que bonne actrice, s'acquitta parfaitement du rôle d'Issé[3], et

---

1. Il y a là confusion. C'est *Boursouffle* qui avait été, comme on l'a vu, représenté à Anet. La *Prude*, dont il est question ici, imitation de la comédie de Wicherley (*Plain dealer*, l'Homme au franc procédé), fut représentée à Sceaux, pour la première fois, le 15 décembre 1747.
2. La *Prude* a un prologue en vers, et, très-vraisemblablement, n'en a jamais eu qu'un. Longchamp confond la *Prude* avec *Boursouffle* qui, lui aussi, est précédé d'un prologue, qui fut composé pour être récité devant la duchesse du Maine.
3. Le duc de Luynes parle de cette représentation où madame du Châtelet fit merveille, dans ses *Mémoires*, t. VIII, p. 455; février 1748. C'est à propos de cette représentation que Voltaire improvisa les vers suivants, sur la sarabande d'*Issé*.

> Charmante Issé, vous nous faites entendre,
> Dans ces beaux lieux, les sons les plus flatteurs;
> Ils vont droit à nos cœurs :
> Leibnitz n'a point de monade plus tendre;
> Newton n'a point d'XX plus enchanteurs.

de celui de Zirphé dans *Zelindor*[1]. Elle joua encore mieux, s'il est possible, le rôle de Fanchon dans les *Originaux*, comédie de M. de Voltaire, faite et jouée précédemment à Cirey. Ce rôle semblait avoir été fait exprès pour elle; sa vivacité, son enjouement, sa gaieté s'y montraient d'après nature. Ses talents dans toutes ces pièces étaient fort bien secondés par ceux de M. le vicomte de Chabot, de MM. le marquis d'Asfeld, le comte de Croix, le marquis de Courtanvaux, etc. D'autres seigneurs tenaient bien leur place dans l'orchestre avec quelques musiciens venus de Paris. Des ballets furent exécutés par les premiers sujets de l'Opéra, et M. de Courtanvaux, excellent danseur, se faisait encore remarquer à côté d'eux. On y vit, au nombre des danseuses, mademoiselle Guimard, à peine âgée de treize ans, et qui commençait à faire parler de ses grâces et de ses talents [2].

1. « Mon aimable sylphe, écrivait Voltaire à Moncrif, vous auriez été content; madame du Châtelet a chanté *Zirphé* avec justesse, l'a joué avec noblesse et avec grâce; mille diamants faisaient son moindre ornement. » *Lettres inédites* (Didier, 1857), t. I, p. 170. Lettre de Voltaire à Moncrif. On a mis le millésime 1748. Nous pensons que c'est une erreur; toutefois, madame du Châtelet, bientôt après, jouait *Issé* à la cour de Lunéville, et peut-être aussi *Zelindor*; et alors il se pourrait qu'il fût question des succès de la marquise en Lorraine.

2. Longchamp et Wagnière, *Mémoires sur Voltaire* (Paris, 1826), t. II, p. 150. Nous n'avons guère fait ici que copier, mot pour mot, le long récit de ce séjour forcé à Sceaux, dans nos *Cours galantes*, t. IV, p. 298-308. Nous avons, toutefois, à rectifier une assertion qu'autorisaient les plus fortes apparences. En fouillant dans les *Registres des Baptêmes de la paroisse de Bonne-Nouvelle*, année 1743, p. 29, nous avions rencontré à la date du 26 décembre, la naissance de « Marie-Madeleine Guimard fille de Fabien Guimard, inspecteur des manufactures de toile de Véron, en Dauphiné. » Nous pensâmes avoir mis la main sur l'acte de baptême de la moderne Terpsichore. Mais ce n'était point notre Guimard. Celle dont il est ici question naquit trois ans plus tard, en 1746. Elle était fille naturelle d'un Juif appelé Bernard et d'une femme Morelle. Guimard ou Guimarre n'était, d'ailleurs, qu'un nom de guerre, comme avaient l'habitude d'en prendre les demoiselles de l'Opéra. Bibliothèque impériale. Manuscrits. F. R. 11358. *Journal de police de Marais*, t. I, p. 240, 241, 242; du 16 octobre 1760. Mais que la Guimard fût née en 1743 ou 1746, on conviendra qu'elle s'y prenait un peu tôt, en 1747, pour faire parler

C'était madame de Malause qui avait fait à la princesse la galanterie de l'opéra. « Madame la duchesse du Maine a de tout temps aimé qu'on lui donnât des fêtes chez elle, » nous dit le duc de Luynes. Mais, si ce goût-là n'était point passé avec l'âge, elle avait pris en aversion la cohue, et ne vit pas d'un bon œil l'affluence de gens qui assiégea le château et la salle de spectacle. Ce ne fut pas sans se faire tirer l'oreille qu'elle consentit à une seconde représentation où la foule ne lui fut pas plus épargnée qu'à la première. Elle déclara alors que l'on ne jouerait plus que des comédies, sans que cette décision remédiât beaucoup à l'inconvénient qu'elle pensait éviter, ce qui la fâcha sérieusement. Les billets d'entrée, distribués sans la consulter, n'étaient pas faits pour restreindre un concours déjà trop énorme de curieux. Mais Voltaire voulait être entendu par le plus d'oreilles possible, et il ne s'était pas trop préoccupé du reste. Voici en quels termes ces circulaires étaient conçues :

> De nouveaux acteurs représenteront, vendredi 15 décembre, sur le théâtre de Sceaux, une comédie nouvelle en vers et en cinq actes.
> Entre qui veut, sans aucune cérémonie; il faut y être à six heures précises et donner ordre que son carrosse soit dans la cour à sept heures et demie, huit heures. Passé six heures, la porte ne s'ouvre à personne [1].

Madame du Maine, qui n'avait pas été consultée pour la rédaction, voulut voir les billets et les trouva

---

de ses grâces et de ses talents, comme l'avance Longchamp, dont c'est là une des nombreuses méprises.

1. Duc de Luynes, *Mémoires*, t. VIII, p. 353.

« indécents par rapport à elle. » Mais ces billets cavaliers sont des modèles de convenance auprès de ceux que la chronique prêtait trop gratuitement à Voltaire et à son amie. « Madame du Châtelet et Voltaire, nous dit d'Argenson, ont perdu les entrées de la cour de *Sceaux*, à cause des invitations qu'ils faisoient à leurs pièces. Il y a cinq cents billets d'invitation où *Voltaire* offroit à ses amis, pour plus agréable engagement, qu'on ne verroit pas la duchesse *du Maine*[1]. » Mais le moyen d'admettre que Voltaire, après le service que venait de lui rendre la princesse, pût avoir l'idée de l'insulter aussi grièvement ; ou, si c'était par pur badinage, comment eût-il pu se croire assuré du silence de cinq cents invités ? D'après cette note de d'Argenson, les deux amis eussent été mis à la porte de Sceaux, où l'on verra le poëte, après la mort de la marquise, venir faire sa cour comme devant. Chassé pour une telle offense, la porte pouvait-elle lui être rouverte ? Cela n'est pas soutenable. Ce qui est dans la vraisemblance, c'est un certain mécontentement de la part de la duchesse, qui le laissa bien un peu voir, car elle n'était pas femme à se trop contenir, mécontentement qui n'alla pas toutefois jusqu'à une rupture et encore moins à un éclat scandaleux. Loin de faire allusion à rien de pareil, Longchamp dit, au contraire, que l'on se quitta fort satisfaits les uns des autres.

Ce dernier rapporte ici un petit incident qui appelle notre contrôle. Voltaire avait dû, à la prière de la duchesse, lire aux hôtes de Sceaux qui se réunissaient

---

1. Marquis d'Argenson, *Mémoires* (Jannet), t. III, p. 190 ; 21 décembre 1747.

dans le grand salon du château, en attendant le dîner, les contes dont elle avait eu la première confidence. Ces chefs-d'œuvre mignons furent trouvés adorables : quelle rare flexibilité dans ce poëte, qui pouvait passer en se jouant de *Mérope* à *Babouc* et *Zadig*[1] ! On exigea de lui la promesse de les mettre au jour, à son retour à Paris, et ce fut aussi par quoi il débuta. Comme, avant tout, il cédait à une gracieuse importunité, il avait décidé de ne laisser jouir le public de cette nouveauté qu'après en avoir donné les prémices à la volière de Sceaux, ainsi que l'on appelait jadis la cour de madame du Maine. Mais cela n'était pas aussi facile qu'on pourrait le penser, avec l'avidité des libraires, même en faisant imprimer pour son compte propre et à ses frais. Voltaire convient avec Prault d'un tirage à mille exemplaires, et livre tout aussitôt la première moitié de *Zadig*, transcrite sur des cahiers détachés, dont le dernier se terminait avec la fin d'un chapitre ; durant la composition et la correction de ces cahiers, il trouverait largement le temps de revoir et de parfaire l'autre partie. Après avoir reçu les épreuves et apprécié ce que rendait le manuscrit, l'auteur appelle un libraire de Rouen,

---

1. Disons que Voltaire, dans *Zadig*, n'y est que pour sa forme spirituelle et charmante. Le fond est emprunté à l'anglais Thomas Parnell, qui l'a emprunté aux homélies d'Albert de Padoue, mort en 1713, lequel en a trouvé le germe dans nos fabliaux. Littré, *Etudes sur les Barbares et le Moyen âge* (Paris, Didier, 1867), p. 392. Même remarque pour le joli conte de *Micromégas* dont l'idée première appartient à l'auteur du *Voyage dans la lune*, Cyrano de Bergerac. Mais, avant Voltaire, Fontenelle dans ses *Mondes* et Swift dans ses *Voyages de Gulliver* s'étaient inspirés de l'œuvre de ce fou original. *Bulletin du Bibliophile* (Techener, novembre 1835), addition au 21º Bulletin, p. 39. Bibliographie des Fous, par Charles Nodier.

nommé Machuel, que ses affaires avaient amené à
Paris, et lui fait le même conte qu'à Prault; seulement,
prétextant le remaniement des premiers chapitres du
livre, il lui demande de commencer l'impression par
la dernière moitié, ce qui fut accepté et s'exécuta à la
lettre. Le poëte, ainsi nanti de tout l'ouvrage, l'envoya
immédiatement au brocheur, et en fit faire un petit ballot de deux cents exemplaires pour madame du Maine
et son monde. Les deux libraires apprirent vite l'apparition de *Zadig*, sur lequel ils avaient, chacun de leur
côté, leurs visées; ils allèrent trouver M. de Voltaire et
se plaignirent avec l'amertume de gens qu'on dévalise.
Celui-ci leur déclara tout net ses motifs; mais il ne
voulut pas non plus qu'ils eussent trop à regretter
d'avoir été devinés; il joignit à ce qu'il leur devait pour
frais d'impression une gratification de nature à les
consoler de ce petit échec et la permission désormais
d'imprimer et de publier respectivement les parties
qui leur manquaient, ce qu'ils firent en toute diligence. Beuchot, déclare ne connaître aucune édition de *Zadig* confirmant le récit de Longchamp[1]; et
notre sentiment est que cette historiette, si elle a quelque raison d'être, doit avoir trait à une tout autre publication. En tous cas, *Zadig* (pas plus que les autres
contes, qu'il fait remonter, d'après celui-ci, à 1746,
quand c'est en 1747 qu'ils durent être composés, s'ils
le furent à Sceaux), ne peut avoir été imprimé au plus
tôt avant le commencement de 1748, puisque Voltaire
ne quitta pas le château de madame du Maine avant

---

1. Voltaire, *Œuvres complètes* (Beuchot), t. XXXIII, p. vi.

les derniers jours de décembre. Et, s'il faut en croire Durival, ce ne fut point à Paris, mais à Nancy, chez Leseure, que parut, en juillet, ce conte charmant, l'une des plus ravissantes et spirituelles créations de ce génie universel auquel semblaient être ouvertes toutes les routes et toutes les carrières [1].

L'*Enfant prodigue* avait été désigné pour être joué dans les cabinets. Il fut représenté, le samedi 30 décembre, devant le roi, sinon par les premiers, du moins par les plus illustres acteurs du royaume. Madame de Pompadour faisait Lise. Le duc de Chartres jouait le rôle de Randon; M. de Croissy, de Fiérenfat; le duc de Lavallière, d'Euphémon le père; M. de Nivernais, d'Euphémon fils, et le marquis de Gontaut, de Jasmin. Madame de Brancas représentait la baronne de Croupillac et madame de Livry Marthe. Le duc de Chartres, le duc de Nivernais et M. de Gontaut s'en tirèrent en comédiens consommés. Les deux premiers, qui aimaient le théâtre avec passion, avaient plus que des talents d'amateurs, qu'ils développèrent encore par une constante pratique. Le duc d'Orléans passa, en effet, sa vie sur les planches de ses théâtres de Villers-Cotterets et de Bagnolet [2], où il tenait les rôles de Gilles avec un naturel et une bonhomie qui ne

---

1. Durival, *Description de la Lorraine et du Barrois* (Nancy, 1778), t. I, p. 196. Collé dit de son côté, en novembre 1748, qu'il vient de lire Zadig « Petit roman de M. de Voltaire qui *paroît depuis environ trois mois*, » ce qui nous ramènerait à l'édition de Nancy, manifestement la première. *Journal*, t. I, p. 26, novembre 1748.

2. Ils étaient loin d'être ses seuls théâtres; on jouait encore la comédie à sa petite maison de la rue Cadet, aux faubourgs Saint-Martin et du Roule, à Saint-Cloud et au Raincy.

sentaient nullement leur prince du sang. Quant à Nivernais, qui avait joué la comédie sur le théâtre de madame de Villemur, à Chantemerle, avec la jolie nièce de Tourneheim, il allait, dans le *Méchant*, faire preuve d'une supériorité telle que Gresset souhaita que Roséli, l'acteur chargé du rôle de Valère à la Comédie française, se modelât sur lui et s'assimilât les diverses nuances de son jeu [1]. L'*Enfant prodigue* eut un plein succès que le poëte ne connut qu'après ; car l'on n'appelait point aux répétitions les auteurs des ouvrages déjà joués sur les théâtres publics. Il eût été juste, pourtant, de fournir à ces derniers, en échange du plaisir dont on leur était redevable, l'occasion de recevoir du prince un mot d'éloge et d'encouragement. Madame de Pompadour, qui le sentit, leur obtint cette grâce légitime ; elle leur fit accorder en outre leurs entrées à ces représentations, qui eurent longtemps le roi pour unique spectateur, ce qu'elle se hâta d'apprendre à Voltaire par un billet charmant [2]. Celui-ci devait bien à une aussi chaleureuse amie un remercîment au niveau de ses bontés ; il lui adressa tout aussitôt les vers sui-

1. Laujon, *OEuvres choisies* (Paris, 1811), t. I, p. 70.
2. Laujon dit à tort que ce fut à la seconde représentation de l'*Enfant prodigue* que Voltaire eut ses entrées. L'*Enfant prodigue* ne fut joué qu'une fois dans toute la durée des représentations des petits appartements. Il allait l'être le 4 mars 1748, lorsque la mort tragique du comte de Coigny fit tout contremander. Duc de Luynes, *Mémoires*, t. VIII, p. 465. Le perruquier des menus plaisirs, Notrelle, s'exprime ainsi à ce propos, dans l'un de ses mémoires : « Ce jour-là, dans le moment qu'on étoit pret à jouer et que les acteurs étoient coéffés et préparés, il y a eu contre-ordre. Mais comme l'ouvrage a été fait et que Notrelle a été pour cela à Versailles, il espère passer en compte ce qui suit. » Bibliothèque de l'Arsenal. Manuscrits. B. L. F. 47, *Costumes des théâtres des petits appartements*, f. 11.

vants qui n'étaient pas, il le pensait du moins, de nature à déplaire :

> Ainsi donc vous réunissez
> Tous les arts, tous les goûts, tous les talents de plaire :
> Pompadour, vous embellissez
> La cour, le Parnasse et Cythère.
> Charme de tous les cœurs, trésor d'un seul mortel,
> Qu'un sort si beau soit éternel!
> Que vos jours précieux soient marqués par des fêtes!
> Que la paix dans nos champs revienne avec Louis!
> Soyez tous deux sans ennemis,
> Et tous deux, gardez vos conquêtes [1].

Madame de Pompadour devait être et fut très-flattée; et l'on conçoit qu'elle ne garda pas à l'auteur un secret qu'il ne lui demandait point et qui n'eût pas fait son affaire. Les vers étaient jolis; le poëte avait associé son royal amant aux éloges qu'il donnait à la maîtresse; qui l'eût put trouver mauvais? Voltaire était bien tranquille et n'avait pas le plus léger doute sur l'effet que produirait son madrigal.

Il avait cru de si bonne foi ne pas excéder les licences qu'autorise la poésie, que, pour laisser le temps d'examiner et mieux saisir tout le mérite de son hommage, il l'avait adressé un jour avant de venir s'assurer de la sensation qu'il avait produite. Il voulait par là se ménager la double jouissance et d'en recevoir des remercîments, et de profiter pour la première fois des entrées qu'il devait au succès de son *Enfant prodigue*. Il n'arriva de Paris que le même jour où le jugement qu'on avait fait de ses vers ne s'était pas encore répandu. J'étais à dîner chez M. de Tournehem, qui ne savait rien du motif qui lui amenait

---

1. Voltaire, *Œuvres complètes* (Beuchot), t. XIV, p. 390. A madame de Pompadour qui venait de jouer la comédie aux petits appartements. Nous donnons ces vers tels qu'ils se trouvent dans les *Œuvres complètes*. Mais ce n'est pas la première version, qu'il faut aller chercher dans les *Œuvres de Laujon* (Paris, 1811), t. I, p. 86.

ce nouveau convive. « Vite, dit notre Amphitrion, le dîner de M. de Voltaire! » On ne le fit pas attendre, et ce qui me parut singulier, son dîner se bornait à sept à huit tasses de café à l'eau et deux petits pains [1]. Cela ne l'empêcha pas de défrayer la société par nombre de saillies piquantes. Je me rappelle qu'on vint à parler de l'impôt qu'on venait d'établir sur les cartes [2], qu'il approuvait très-fort, et qui lui donna lieu de citer nombre de projets sur le luxe, tous, disait-il, plus importants l'un que l'autre, et faits pour fixer l'attention du gouvernement; ce qui annonçait une tête ardente et féconde, à laquelle nul objet et de politique et d'administration n'était étranger. Après être sorti de table, il était entouré de convives qui ne se lassaient pas de lui faire questions sur questions; je regrettai de ne pouvoir être du nombre, mais c'était le jour de la première représentation d'*Œglé* [3], j'étais obligé de rejoindre mon musicien [4] et de me rendre chez M. le duc de la Vallière, pour qu'il m'indiquât le moment où je remettrais au roi le manuscrit de mon ouvrage [5].

1. Voltaire prit toujours du café dans des proportions effrayantes. « Un homme disait à M. de Voltaire qu'il abusait du travail et du café, et qu'il se tuait. « Je suis né tué, » répondit-il. » Chamfort, *OEuvres* (Lecou, 1852), p. 144. Au reste, le café fut toujours la grande ressource des gens de lettres et des poëtes. Pour échapper aux horreurs de la migraine, l'abbé Delille en prenait jusqu'à vingt tasses par jour. Charles Brifaut, *OEuvres* (Paris, 1858), t. I, p. 220. *Récits d'un vieux parrain à son jeune filleul.*

2. Nous avons recherché la date de cet impôt que Laujon dit établi depuis peu de jours. Il faut remonter à plus de quatorze mois de là pour trouver cette ordonnance sur les cartes. « 21 octobre 1746. Déclaration qui ordonne ce qui doit être fait pour la perception du droit établi sur les cartes par celle du 16 février 1745. » Archives impériales. O-90. *Registre du secrétariat de la maison du Roy*, de l'année 1746, p. 262.

3. Comme *OEglé* fut représentée, pour la première fois, sur le théâtre des petits appartements, le 13 janvier 1748, la date précise de cette petite scène se trouve naturellement établie.

4. La Garde. Il avait alors, tout au plus, vingt ans. Le succès d'*OEglé* ne lui en valut pas moins la place de maître d'orchestre de l'Opéra, fonction que l'on détacha de celles de ses directeurs, Rebel et Francœur.

5. Laujon, *OEuvres choisies* (Paris, 1811), t. I, p. 89, 90.

Ce madrigal, dont bientôt chacun eut des copies, souleva l'indignation plus ou moins sincère de tout un parti. Voltaire ne pouvait être le protégé de madame de Pompadour sans avoir, du même coup, pour ennemis les serviteurs de la reine. Marie Leczinska, si peu reine, si peu influente qu'elle fût, réunissait autour d'elle un groupe respectueux de fidèles, groupe peu nombreux, mais avec lequel il fallait compter. Madame de Luynes et la duchesse de Tallard, la première dame d'honneur de la reine, la seconde gouvernante des enfants de France, étaient, et par leurs charges et par leur austérité, les deux personnages les plus considérables et les plus écoutés de la triste Majesté. Cette petite cour ne laissait pas de préoccuper Louis XV. Il savait que l'opinion lui était favorable et il saisissait avec empressement les occasions de l'apaiser par quelque grâce, quelque marque d'estime et de condescendance. Les vers à la marquise, où il était si incongrûment question de ses conquêtes, parurent aux gens de la reine le comble de l'audace et de l'insolence. En effet, que formulaient-ils, sinon des souhaits indécents, et une opposition plus indécente encore entre les conquêtes du roi en Flandre et la conquête de sa propre personne par sa maîtresse? S'était-il jamais rencontré pareille impudence et si monstrueuse effronterie? Le poëte Roi, que l'impunité de ses attaques enhardissait, répondit à ce madrigal, qui avait le tort de dévoiler les faiblesses royales, par une épigramme sentencieuse dont le sens, noyé dans dix vers des plus flasques, est complet dans les quatre suivants :

> Les amours des rois et des dieux
> Ne sont pas faits pour le vulgaire...
> Respecter leur goût et se taire,
> Est ce qu'on peut faire de mieux [1].

Dès la première heure, Marie Leczinska s'était renfermée dans une dignité sans emphase, sans grimaces, silencieuse et sereine, se soumettant à son sort avec une résignation qui n'était pas exempte de grandeur. Pour arriver à leurs fins, les ennemis de la marquise durent donc se faire d'autres auxiliaires. Louis XV aimait fort ses filles, qu'il allait voir chaque soir dans leur appartement. La favorite n'avait pas songé à détourner le père de cette douce habitude; sans doute n'y eût-elle point réussi, et la tentative, en tous cas, eût été périlleuse. C'était pourtant là le foyer le plus actif des petites manœuvres ourdies contre elle. La circonstance parut favorable. Mesdames, stimulées par leur entourage, laissèrent percer le ressentiment d'un outrage qui atteignait la majesté royale aussi bien que la dignité du mari et du père. «Elles l'entourèrent, redoublèrent de caresses, et profitèrent de ces épanchements mutuels pour l'amener à sentir la nécessité d'éloigner de lui un auteur qui venait d'ajouter aux premiers torts qu'elles lui connaissaient, en se permettant des vers scandaleux que S. M. ne pouvait laisser impunis, sans prouver que la gloire était moins intéressante pour sa personne que sa maîtresse [2]... »

1. Barbier, *Journal* (Charpentier), t. IV, p. 281, 282; janvier 1748. Cette épigramme, ainsi que la réplique de Voltaire, se trouve également dans un *Recueil de pièces curieuses, tant en vers qu'en prose* (Bibliothèque de l'Arsenal. Manuscrits. B. L. 365), t. V, f. 535 à 538.
2. Laujon, *OEuvres choisies* (Paris, 1811), t. I, p. 87.

On se demande en quels termes des filles purent faire entendre à leur père d'aussi dures, d'aussi inconcevables vérités dans leur bouche; et ce ne serait pas, à coup sûr, l'incident le moins caractéristique de cette étrange époque où le sens moral avait déserté chacun, les gens austères aussi bien que les libertins, une fille née sur les marches du trône aussi bien que la fille grossière dont les sentiments ne pouvaient être qu'au niveau des exemples et des conseils de son obscur milieu [1].

Mais, à ce premier grief, il faudrait joindre l'envoi à madame la Dauphine de vers dont la philosophie dégagée n'eût pas été prise en meilleure part :

> Souvent la plus belle princesse
> Languit dans l'âge du bonheur...

Nous parlons ici d'après la rumeur commune. Le bruit se répandit dans Paris de l'indignation du roi qui s'était attribué le premier vers de la deuxième stance :

> Souvent même un grand roi s'étonne,

et de la mesure de rigueur qui en fut la suite. L'avocat Barbier n'a garde de ne pas consigner cette aventure dans son journal; mais il n'est pas le seul à la recueillir, et on la trouve dans la plupart des mémoires du temps [2]. L'arrêt ne fut connu de la marquise qu'après

---

[1]. « M. le Dauphin et Mesdames, nous dit d'Argenson, n'appellent plus madame de Pompadour que maman p....., ce qui n'est pas d'enfants bien élevés. » 29 décembre 1748. *Mémoires* (Jannet), t. III, p. 234.

[2]. Barbier, *Journal* (Charpentier), t. IV, p. 279 (janvier 1748). — Bibliothèque de l'Arsenal. Manuscrits. B. L. 135. *Recueil de pièces*

sa signification, à ce que rapporte Laujon, qui, lui, ne fait aucune allusion à ces prétendus vers adressés à la Dauphine, et attribue pleinement la disgrâce du poëte au malencontreux madrigal que nous avons cité.

Le roi était faible; l'exil de Voltaire fut signé avant que madame de Pompadour pût le savoir. Elle l'apprit avec quelque surprise; mais elle avait trop d'esprit pour ne pas sentir le danger de s'opposer à cette disgrâce. Quoique sa faveur parût assurée, elle n'ignorait pas qu'elle lui avait fait beaucoup d'ennemies, et c'eût été le moyen sûr d'aigrir les plus dangereuses. Elle dissimula donc le chagrin qu'elle ressentait intérieurement de la disgrâce de son protégé; elle s'accusa même d'en être cause, par la publicité qu'elle avait donnée à des vers que leur auteur n'avait destinés qu'à être lus par elle; ce qui fit que la reine et la famille royale, qui craignaient qu'elle n'opposât son crédit au leur, lui surent gré de n'y avoir pas mis d'obstacle, et le dirent publiquement. Le roi avait paru trop flatté de l'empressement de sa favorite à s'entourer des talents célèbres, pour se dissimuler la peine qu'il venait de lui causer; et, pour consoler l'affligée, il la nomma, quelque temps après, surintendante de la maison de la reine, qui ne s'en plaignit pas [1].

Laujon écrivait ces lignes en 1811, plus de soixante ans après ces petits événements de palais, qu'il n'avait d'ailleurs connus, comme tout le monde, que par des commérages peu sûrs, bien que son titre de poëte des cabinets lui ouvrît parfois le sanctuaire. Ainsi, à l'en croire, la résignation de bonne grâce de la favorite lui valut, à quelque temps de là, la charge de surintendante. Laujon confond, c'est la charge de dame du

curieuses, tant en vers qu'en prose, f. 584 à 587. L'annotateur anonyme dit expressément : « Il (Voltaire) fut exilé pour cette pièce, dans laquelle le roi crut se reconnaître. » — *Journal de Monsieur* (janvier 1779), p. 105, 106.

1. Laujon, *OEuvres choisies* (Paris, 1811), t. I, p. 87, 88.

palais de la reine qu'il veut dire ; mais cette place, à laquelle elle ne parvint qu'au grand scandale de ceux qui n'avaient été déjà que trop choqués du tabouret et des honneurs de duchesse (1752), elle ne l'obtenait qu'en 1756 (7 février), huit ans après le petit dégoût qu'on lui fait subir, assez gratuitement peut-être. Il devait y avoir, il y eut sans doute quelque chose de vrai dans ces rumeurs, n'eussent été que le mécontentement, l'indignation de la coterie de la reine et de Mesdames ; mais tout cela, probablement, se borna-t-il à ce grondement sourd qui n'est pas encore la tempête, bien que le plus souvent elle le suive. Ce qui donna à ces bruits d'exil une certaine apparence, c'est que le poëte s'éloignait de Paris à cette même époque pour retourner à Cirey, comme nous l'apprend M. de Luynes : « Elle est partie (madame du Châtelet) au commencement de cette année pour aller dans ses terres de Champagne avec madame la marquise de Boufflers et M. de Voltaire, et de là elle est allée à la cour du roi de Pologne [1]. » Remarquons, en passant, que le duc de Luynes ne dit mot ni du mauvais effet du madrigal de Voltaire ni de la disgrâce qu'il lui mérita.

Quant à l'inculpé, il sait les propos qui courent sur son compte, et il s'en explique, à deux rencontres, en homme qui n'admet pas que ces sottises trouvent créance dans l'esprit de gens raisonnables. « Je ne peux donc, mes divins anges, sortir de Paris sans être exilé !... Moi, une lettre à madame la Dauphine ! Non, assurément. Il est bien vrai que j'ai écrit quelque

---

1. Duc de Luynes, *Mémoires*, t. VIII, p. 455 ; février 1748. — Barbier, *Journal* (Charpentier), t. IV, p. 281.

chose à une princesse qui, après la reine et madame
la Dauphine, est, dit-on, la plus aimable de l'Europe.
Il y a plus d'un an que cette lettre fut écrite, et je n'en
avais donné de copie à personne, pas même à vous [1]... »
D'Argental savait évidemment tout cela ; mais on n'écrivait pas à d'Argental pour qu'il gardât sa lettre en
poche, et cette petite explication était destinée à faire son
chemin à travers la ville. Mêmes détails, plus circonstanciés, dans ce billet au président Hénault : « J'ai
appris, monsieur, dans cette cour charmante, où tout
le monde vous regrette, que j'étais exilé ; vous m'avouerez qu'à votre absence près, l'exil serait doux. J'ai
voulu savoir pourquoi j'étais exilé. Des nouvellistes de
Paris, fort instruits, m'ont assuré que la reine était
très-fâchée contre moi. J'ai demandé pourquoi la reine
était fâchée, on m'a répondu que c'était parce que
j'avais écrit à madame la Dauphine que le Cavagnol
est ennuyeux. Je conçois bien que, si j'avais commis
un pareil crime, je mériterais le châtiment le plus sévère ; mais, en vérité, je n'ai pas l'honneur d'être en
commerce avec madame la Dauphine. Je me suis souvenu que j'avais envoyé, il y a plus d'un an, quelques
méchants vers à une autre princesse très-aimable, qui
tient sa cour à quelque quatre cents lieues d'ici [2]... »

Cette princesse très-aimable et la plus aimable de
l'Europe après la reine et la Dauphine, n'était autre
que la princesse Ulrique, à l'adresse de laquelle, en fin

1. Voltaire, OEuvres complètes (Beuchot), t. LV, p. 176. Lettre
de Voltaire à d'Argental ; Lunéville, 14 février 1748.
2. Ibid., t. LV, p. 178. Lettre de Voltaire au président Hénault ;
de Lunéville.

de compte, les stances sont restées parmi les œuvres du poëte [1]. Voltaire, dans sa lettre au président, fait allusion au bruit qui courait de la colère de la reine à son égard, pour avoir médit du Cavagnol; le madrigal à madame de Pompadour eût été pourtant un motif plus sérieux de lui en vouloir, bien qu'il ne semble pas soupçonner que l'on dût avoir contre lui la moindre cause de froideur. Mais dans les passes difficiles, telle fut, telle sera la tactique de toute sa vie : l'accuse-t-on d'être l'auteur du *Puero regnante*, aussitôt de répondre que c'est bien à tort qu'on lui attribue les *J'ai vu*, acceptant d'avance les plus terribles châtiments s'il est pris en flagrant délit de mensonge.

M. de Luynes semble dire que madame du Châtelet et Voltaire partirent pour la Champagne avec madame de Boufflers. Longchamp ne souffle mot de ce tiers aimable, et c'est bien en tête-à-tête que les deux amis comblèrent, non sans aventures, la notable distance qui les séparait de leur paradis de Cirey. La marquise n'aimait voyager que la nuit, et ce fut, vers les neuf heures du soir qu'ils s'installèrent dans un carrosse chargé à l'excès de malles et de boîtes. La terre était couverte de neige et il gelait très-fort; c'était tenter le ciel, surtout à une époque où les meilleures routes devenaient, avec l'hiver, impraticables. Longchamp avait été dépêché pour préparer les relais. Une poste avant Nangis, l'essieu vient à casser, et la lourde voiture de rouler sur le pavé avec un fracas horrible. Des cris aigus se font entendre; c'est Voltaire

---

[1]. Voltaire, *OEuvres complètes* (Beuchot), t. XII, p. 523.

qui n'est pas étouffé encore, mais qui étouffe sous le poids de madame du Châtelet, de la femme de chambre, de tout ce monde de paquets et de cartons. Enfin, on parvint à le débarrasser. Mais il fallait relever la voiture, et, comme les deux postillons et les deux laquais n'y suffisaient pas, un postillon fut envoyé vers le village le plus voisin; l'on ne pouvait verser plus mal à propos; un pied de neige dérobait le sol. La marquise et Voltaire s'établissent sur les coussins, et, faute de mieux, se mettent à contempler le firmament. Il était pur, les étoiles étincelaient, l'horizon était découvert; voilà nos deux philosophes qui oublient le critique de leur situation et s'évertuent à disserter, en grelottant, sur la nature et le cours des astres. Il y aurait sans doute un délicieux tableau à faire avec cela : le carrosse étendu sur le flanc, les bagages jonchant le chemin, les chevaux debout, se secouant piteusement, tandis que les hommes soufflent dans leurs doigts et tentent de se dégourdir en battant des jambes ; et, de l'autre côté, le couple scientifique, assis sur des carreaux de velours d'Utrecht, le nez au vent et ne regrettant au monde que des télescopes. Cette scène n'est-elle pas charmante? Mais le renfort arrive, la voiture est dégagée et raccommodée par quatre paysans que l'on avait arrachés de leur lit et auxquels on donna douze francs. Ceux-ci se retirèrent en murmurant. On les laissa dire et l'on ne songea plus qu'à continuer sa route. Mais à peine avait-on fait cinquante pas, que la machine se détraquait de nouveau; il fallut bien rappeler les ouvriers. Ils ne voulurent rien écouter et refusèrent de rebrousser chemin. Un instant les voyageurs craignirent d'être contraints de coucher là à la belle étoile, faute de secours. Enfin, l'on fit entendre raison aux récalcitrants, non pas sans leur promettre de les payer plus généreusement, ce qui eut lieu en effet. Mais la divine Émilie n'eût-elle pas bien mérité que ces rustres réalisassent leurs menaces et la missent à même de poursuivre tout à son aise et pour le reste de la nuit ses observations astronomiques?

A Nangis, on soumit le véhicule fortement endommagé à une révision moins sommaire. L'essieu fut réparé; mais la caisse était en mauvais état, et, pour éviter de nouveaux accidents, on se décida à gagner au pas la Chapelle, un château à trois lieues au-dessus de cette ville, appartenant à M. de Chauvelin. Ils trouvèrent sur la route, fort inquiet à leur sujet, Longchamp qui n'était pas non plus arrivé à destination sans encombre. Mais, présentement, tout était oublié. Les survenants, réchauffés par un de ces feux dont nos cheminées étroites ne sauraient donner l'idée, faisaient honneur à une table abondamment fournie, et gagnaient ensuite leurs lits, dont l'insomnie et les fatigues de cette nuit passée en plein air glacé leur fit apprécier les délices. Deux jours furent consacrés à consolider la caisse de la voiture, et l'on se remit en route le troisième, pour arriver sans autre émotion au château de Cirey.

Encore fallut-il s'accommoder, prendre pied, mettre toute chose en ordre, car le concierge n'avait pas été prévenu. Mais l'installation se fit vite. Madame de Champbonin, à laquelle on écrivit, accourut avec une nièce. Toute la noblesse du voisinage, bientôt informée, se piqua d'émulation; elle n'eut d'ailleurs qu'à se louer des châtelains qui, décidés à ne pas se morfondre dans la solitude, firent tout pour les retenir en les associant à leurs divertissements et à leurs plaisirs. Ces divertissements, on en sait la nature. C'était la comédie, et puis encore la comédie. Madame du Châtelet elle-même composait des farces, des proverbes, dans lesquels chacun jouait son personnage, et une partie des journées était employée à étudier et à répéter ses rôles. Madame de Grafigny nous a déjà initié à cette existence de Cirey qui n'était pas toujours si remplie et si dissipée. « Les soirées se passaient aussi d'une manière fort gaie et fort amusante, raconte Longchamp. Ce qui n'était pas le moins plaisant pour les spectateurs, c'est que les acteurs y jouaient parfois leurs propres ridicules sans s'en apercevoir. Madame *du Châtelet* arrangeait des rôles à ce dessein; elle ne s'épargnait pas elle-même, et se chargeait souvent de représenter les personnages les plus grotesques. Elle savait se prêter à tout, et réussissait toujours. Les gens de sa maison y étaient aussi employés, quand cela était nécessaire, et j'y ai quelquefois figuré comme les autres [1]... » C'est Longchamp qui nous donne ces détails; il nous dit que ce séjour à Cirey dura quatre mois. Il ne se trompe pas, au bas mot, de moins de trois grands mois; car Voltaire, que nous avons vu dîner, le 13 janvier, chez Tournehem, dès le 13 février, datait de Lunéville une lettre à Marmontel; et Long-

---

1. Longchamp et Wagnière, *Mémoires sur Voltaire* (Paris, 1826), t. II, p. 172.

champ prétend en outre que l'on passa quelque temps à Commercy.

Le bon Stanislas, quelque religieux qu'il fût, aimait le plaisir; il aimait autre chose encore, et, certaines petites faiblesses aidant, sa cour ne manquait pas d'être fort agréable. Le règne de ce débonnaire allié de l'héroïque et sauvage Charles XII, dont l'unique ambition fut de se substituer, dans le cœur reconnaissant de ses nouveaux sujets, à des souverains adorés, a laissé des traces durables dans les mémoires comme sur le sol qu'il couvrit de châteaux et d'embellissements, sans pressurer les peuples et avec ses seuls revenus, qui n'allaient pas au delà de deux millions quarante mille francs [1]. Il y aurait tout un livre charmant à écrire sur ce petit royaume que le prince polonais tenait en viager et d'une façon purement nominale, puisque la puissance effective était toute aux mains d'un intendant français, et où il ne s'était guère réservé que le droit de faire des heureux; sur cette cour microscopique (plutôt un salon qu'une cour), mais qui toutefois ne sera pas plus exempte que Versailles de chiffonneries et d'intrigues.

Lunéville, durant ces quelques années enchantées, sera un centre tout français, aussi français, aussi poli, aussi lettré que la société de Sceaux, entre autres; qui aura ses grands seigneurs, ses grandes dames spirituelles et galantes, son confesseur influent, sa maîtresse en titre, ses poëtes et ses artistes en renom. L'étape de Voltaire et de madame du Châtelet près de Stanislas

---

1. Duc de Luynes, *Mémoires*, t. VI, p. 100; t. X, p. 341.

sera l'époque la plus brillante, le moment éblouissant du règne de ce prince-philosophe, auquel on avait enlevé le souci de la politique ; et, dans la vie de l'écrivain, une date moins considérable sans doute mais infiniment plus souriante que ce séjour à Postdam et à Berlin qu'allait couronner la captivité de Francfort. Les premiers temps n'avaient été ni sans difficultés ni sans dégoûts pour le roi de Pologne. Il s'était trouvé en face d'un peuple gémissant sur la retraite de ses maîtres et l'indépendance du pays condamné dès lors à devenir une province française; circonstances peu propres à un accueil enthousiaste. On lui a reproché d'avoir tout fait pour dissiper ces regrets injurieux, jusqu'à anéantir systématiquement tout ce qui pouvait être un rappel glorieux du passé. Entra-t-il tant de machiavélisme dans ce noble désir d'être aimé ? C'est ce que nous nous refusons à croire ; et si les vieux édifices furent démolis pour être remplacés par des monuments splendides, n'en accusons que l'envie de faire de Nancy un petit Versailles, ce qui était alors l'idéal pour les souverains de tous grades qui rêvaient une capitale [1]. Mais enfin la bonhomie, la parfaite candeur, la bienveillance du nouveau duc, ses efforts incessants pour changer la

---

1. « Ces destructions et reconstructions firent tant d'impression sur certains Lorrains, raconte M. Noël, que la famille de Mouchette-Revaud, potier d'étain, qui avait une maison près de Bon-Secours, fit murer ses fenêtres, et ne prit plus de jour que de son jardin, le tout pour n'avoir pas continuellement sous les yeux cette profanation de notre gloire nationale. Cette maison passa ensuite à divers particuliers, qui n'ont point rétabli les jours. Dans mon enfance, elle subsistait encore dans cet état et on me l'a montrée. » Noël, *Mémoires pour servir à l'histoire de Lorraine* (Nancy, 1840-41), t. I, p. 225.

prévention, l'hostilité en reconnaissance et en affection, triomphèrent de l'indifférence ou de la malveillance de ses sujets. Lorsque le président Hénault, à son voyage de Plombières de 1746, alla lui rendre ses hommages, Stanislas avait pris racine; ce n'était plus un étranger pour les Lorrains, c'était déjà un ami, un protecteur, un père.

> Nous regrettons tous les jours de n'avoir pas vu Henri IV : Eh! il n'y a qu'à aller à Lunéville, à Einville [1], à la Malgrange, et on le trouvera là. Ce prince est d'une conversation raisonnable et gaie, dit à tous moments les choses les plus plaisantes, raconte juste, voit bien, et d'ailleurs a l'imagination la plus féconde et la plus agréable, comme vous en avez pu juger vous-même en voyant toutes ses maisons, en visitant toutes les singularités de la Malgrange, car elles ne finissent point, et cela est bien augmenté depuis que vous n'y avez été. Comme cela n'est point du tout bâti à notre mode, à la fin la peur m'a pris d'être en Turquie; mais je fus rassuré en voyant dans le bois une figure de saint François à la place de celle de Mahomet. Entre cent choses que l'on m'a racontées de ce prince, il faut que je vous en dise une qui est bien plaisante, et qui ressemble comme deux gouttes d'eau à Henri IV. Un homme qui avoit été à la cour du duc de Lorraine dans un emploi vint se présenter dans les commencements au roi de Pologne pour lui demander à être replacé. « Et quelle charge aviez-vous? dit le roi. — Sire, j'étois grand maître des cérémonies. — Eh! fi, fi, monsieur, je ne permets seulement pas que l'on me fasse la révérence [2]. »

---

1. Ou Ainville. Voir la description détaillée de cette maison de plaisance, dans les *Mémoires du duc de Luynes*, t. VI, p. 107, 108; octobre 1744.

2. Il avait, toutefois, sa maison montée sur le pied d'un véritable souverain, moins par ostentation que pour faire des positions à la noblesse de Lorraine plus illustre qu'opulente et aux grands seigneurs polonais qui s'étaient attachés à sa fortune. Au fond, c'était l'homme le plus simple et qui affectionnait le plus la simplicité. « Il y a quelques années, il avoit coutume de se promener par tout le pays dans une

Vous avez sans doute ouï parler d'un prodige qui est à cette cour : c'est un enfant de dix-neuf pouces, bien proportionné, d'un joli visage, âgé de cinq ans, qui passe sous une chaise comme Mme de Clermont passeroit sous la porte Saint-Denis. Il est méchant et veut tout briser. Apparemment que son âme s'impatiente d'être si à l'étroit, ou plutôt ce pourroit bien être celle de Goliath que l'on auroit mise en pénitence. Pour vous donner une idée de sa taille, on le met dans la boîte d'un tric-trac, assis et les jambes étendues, et il lui reste encore assez de place dans cette moitié de trictrac pour y jouer avec des dames qu'il met en pile. Que dites-vous de sa bête de mère qui fait dire des messes pour qu'il grandisse ? Le roi de Pologne l'a pris à lui, et lui a donné toutes sortes d'habits, mais celui où il m'a paru le mieux, c'est en hussard [1]...

On voit qu'il est question de Bébé [2], le nain du roi de Pologne, qui avait plus d'importance qu'il n'était gros à cette cour tant soit peu frivole, dont il faisait les délices, nous dit Fréron. Ce grand personnage, qui tenait dans une boîte de trictrac, n'eut d'autre berceau que l'intérieur d'un sabot. Sa mère était sans doute peu avisée dans les vœux qu'elle adressait au ciel ; elle recevait du roi une pension considérable qu'elle ne devait qu'à la très-petite taille de ce ciron, d'ailleurs très-bien proportionné, doué de

---

calèche : il n'avoit qu'un seul page avec lui dans ses courses, et il se plaisoit à fumer dans une grande pipe à la turque de six pieds de long. Comme on lui représentoit à ce sujet, qu'il exposoit sa personne « Eh ! qu'ai-je à craindre, dit-il, ne suis-je pas au milieu de mes « enfans ? » Lettre inédite de madame de Pompadour, 1762. Propriété de M. Noël, de Nancy.

1. Duc de Luynes, *Mémoires*, t. VII, p. 403. Lettre du président Hénault ; à Ilkirsch, ce 12 juillet 1746.

2. Nicolas Ferri, né le 14 octobre 1741, à Plaine, village de la principauté de Salm. Il pesait douze onces, quand il vint au monde. Durival, *Description de la Lorraine et du Barrois* (Nancy, 1778), t. I p. 249.

beaux yeux, d'une jolie bouche, d'un teint blanc, d'un ovale gracieux : « une petite miniature humaine très-agréable. » Mais était-ce bien une créature humaine, cette poupée que l'on servait parfois à table dans un pâté, et qui se perdait un jour au milieu d'un pré dont l'herbe avait pour lui les proportions d'une haute futaie [1] ? On en pouvait douter : en vain chercha-t-on à lui apprendre à lire et à écrire, et encore plus vainement son catéchisme. « Il a un nain, écrivait madame de Pompadour en parlant de Stanislas, qui est un prodige et fait mille espiègleries pleines d'esprit, quoiqu'on ne puisse lui faire comprendre qu'il y a un Dieu [2]. » Son cerveau trop exigu ne pouvait renfermer plus d'une idée à la fois ; une idée s'y trouvait même le plus souvent trop à l'étroit et, pour qu'il la contînt, il fallait qu'elle fût émondée de toute période incidente. Mais il dansait à ravir, sautillait sur la table comme un oiseau sans rien renverser, et allait caresser tout le

---

1. *Année littéraire* (1754), t. VI, p. 332, 333, 334; (1760), t. I, p. 208, 209. — Dutens, *Mémoires d'un voyageur qui se repose* (Paris, Bossange, 1806), t. I, p. 370, 371. — Bébé, servi à table dans un pâté, était une singularité bouffonne qui n'était pourtant pas sans antécédent. Nous lisons dans un recueil manuscrit, à la date du 30 octobre 1686 : « On a fait voir au roy un bout d'homme de 16 pouces de haut, la taille contrefaite et les jambes de travers, né en Basse-Bretagne et âgé de 36 ans. Personne ne s'estoit encore avisé de l'amener icy. Il estoit m⁶ d'école. Il fut présenté à S. M. dans un bassin d'argent couvert d'une serviette, et quand elle fut ôtée, il fit une profonde révérence, et dit au roy : Sire, V. M. voit le plus petit de ses sujets qui a l'honneur de lui faire la révérence. On le verra icy avant la foire St-Germain pour une petite pièce ; et les valets de pied ne l'ont point eu comme ils espéroient. » Bibliothèque impériale. Manuscrits. Supp. Fr. 10,265. *Lettres historiques et anecdotiques.*

2. Lettre inédite de madame de Pompadour, que nous venons de citer.

monde. Ç'aura été le dernier nain à titre d'office [1].

Quelle fut la cause déterminante de ce voyage de Voltaire et de la marquise à Lunéville? Les du Châtelet étaient une des plus anciennes maisons de Lorraine : Dom Calmet a fait un gros livre in-folio pour prouver leur illustration, d'ailleurs incontestée. Il est vrai que la situation financière du marquis était loin d'être en rapport avec une origine qui se perdait dans la nuit des temps, et rien n'est plus difficile que de porter un beau nom avec une fortune réduite. Voltaire était un bon pensionnaire, qui ne demandait pas mieux de reconnaître généreusement l'hospitalité des seigneurs de Cirey; on lui devait, en outre, l'arrangement d'un procès au succès duquel il s'était consacré avec une abnégation dont il faut bien lui savoir gré. Mais une charge et des pensions, même après ce résultat heureux, n'eussent eu rien de surabondant; et madame du Châtelet songeait à obtenir pour son mari quelque commandement en Lorraine. Longchamp raconte que, les sachant si près de lui, le roi de Pologne leur avait fait dire combien il serait heureux de les avoir, elle et le poëte, à sa cour. Ces avances faisaient trop le compte de madame du Châtelet pour qu'elle n'y répondît point. Quant à Voltaire, ses intérêts comme sa vanité s'arrangeaient à merveille d'un séjour à Luné-

---

[1]. Disons à ce propos, qu'à la cour même du roi Stanislas, en 1760, un jeune gentilhomme polonais, de vingt-huit pouces, du nom de Borwslaski, se produisait, à la suite de la comtesse Humiescka, parente du roi et grand porte-glaive de la couronne. Voir le *Mémoire envoyé à l'Académie des sciences* par le comte de Tressan (Leprieur, 1760). Bébé mourut à Nancy, le 9 mai 1764, à l'âge de vingt-trois ans.

ville : il passait pour être chassé de Versailles par l'influence de la reine et de son entourage ; quel plus concluant démenti qu'un voyage et une ovation à la cour du père de Marie Leczinska ! Et puis, n'allait-il pas partout où allait la divine Emilie ? « Pour moi, je ne suis qu'une petite planète de son tourbillon. » A en croire l'auteur de la *Henriade*, des démarches d'une tout autre nature eussent été faites auprès de la marquise, pour la décider à venir à Lunéville.

Cirey est sur les confins de la Lorraine ; le roi Stanislas tenait alors sa petite et agréable cour à Lunéville. Tout vieux et tout dévot qu'il était, il avait une maîtresse : c'était madame la marquise de Boufflers. Il partageait son âme entre elle et un jésuite nommé Menou, le plus intrigant et le plus hardi prêtre que j'aie jamais connu. Cet homme avait attrapé au roi Stanislas, par les importunités de sa femme, qu'il avait gouvernée, environ un million, dont partie fut employée à bâtir une magnifique maison pour lui et pour quelques jésuites dans la ville de Nancy. Cette maison était dotée de vingt-quatre mille livres de rente, dont douze pour la table de Menou, et douze pour donner à qui il voudrait.

La maîtresse n'était pas, à beaucoup près, si bien traitée. Elle tirait à peine alors du roi de Pologne de quoi avoir des jupes ; et cependant le jésuite enviait sa portion, et était furieusement jaloux de la marquise. Ils étaient ouvertement brouillés. Le pauvre roi avait tous les jours bien de la peine, au sortir de la messe, à rapatrier sa maîtresse et son confesseur.

Enfin notre jésuite ayant entendu parler de madame du Châtelet, qui était très-bien faite, et encore assez belle, imagina de la substituer à madame de Boufflers. Stanislas se mêlait quelquefois de faire d'assez mauvais petits ouvrages : Menou crut qu'une femme auteur réussirait mieux qu'une autre auprès de lui. Et le voilà qui vient à Cirey pour ourdir cette belle trame : il cajole madame du Châtelet, et nous dit que le roi Stanislas sera enchanté de nous voir : il retourne dire au roi que nous brûlons d'envie de venir lui faire notre cour. Stanislas recommande à madame de Boufflers de nous amener.

Et en effet, nous allâmes passer à Lunéville toute l'année 1749[1]. Il arriva tout le contraire de ce que voulait le révérend père. Nous nous attachâmes à madame de Boufflers; et le jésuite eut deux femmes à combattre[2].

Tout cela n'est pas sérieux, et cette fable ne tient pas debout. Ce qui est croyable, c'est l'envie sans doute du confesseur d'éloigner la favorite. Mais songer à chasser madame de Boufflers, aimable et excellente femme, d'un commerce doux et facile, pour lui substituer une femme hautaine, impérieuse, qui n'eût eu rien de plus pressé que de se servir de ses qualités supérieures pour écarter, annihiler tout ce qui eût essayé de rivaliser d'omnipotence avec elle! Aussitôt qu'il fallait subir une maîtresse, si mal que fût avec elle le P. Menoux, mieux valait cent fois madame de Boufflers que madame du Châtelet et que toute autre. Et vraiment le père, que l'on nous dit si adroit, si rusé, serait allé faire à Cirey une école par trop étrange, convenons-en, et sur laquelle, pour l'admettre, on souhaiterait d'autres témoignages que ceux qui nous viennent de Voltaire.

Fille du prince de Craon, mère du spirituel abbé, chevalier, puis marquis de Boufflers (l'auteur du charmant conte d'*Aline*), madame de Boufflers avait succédé à la comtesse de Limanges, dame d'honneur

---

1. Voltaire confond l'année 1749 avec l'année 1748. Ce qu'il raconte là dut, en tous cas, précéder le premier voyage à Lunéville, qui eut lieu en février 1748.

2. Voltaire, *OEuvres complètes* (Beuchot), t. XL, p. 82, 83. Mémoires pour servir à l'histoire de M. de Voltaire, écrits par lui-même.

de la reine de Pologne. Après la mort de Catherine Opalinska, quoique sans titres désormais, elle demeura à la cour du roi qui, malgré ses soixante-six ans et sa dévotion, avait bien quelques faiblesses et des retours terrestres. La jeune femme, avant d'entrer si intimement dans l'affection du prince, avait été au mieux avec son chancelier, et ces nouveaux liens n'avaient point, disait-on, amené de changement notable dans les relations de la marquise et de M. de la Galaizière. Stanislas ne l'ignorait pas ; mais la société de madame de Boufflers lui était douce, et la peur d'une rupture, la peur du ridicule l'empêchèrent sans doute d'en témoigner son chagrin trop vivement. Cependant une allusion, un mot piquant avertissaient parfois les deux complices que l'on n'était pas leur dupe.

Il y a quelques années, raconte Collé, que ce gros roi, allant à la toilette de cette dame, la louoit tant qu'il pouvoit sur la beauté de ses bras, la couleur de ses cheveux, la blancheur de sa gorge, etc. La dame, excédée de ces fadeurs royales, lui dit : *Eh bien! mon prince, ne m'épargnerez-vous pas? ne me ferez-vous pas grâce du moindre compliment; est-ce là tout? — Non, madame*, répondit le roi, *ce n'est pas tout, mais mon chancelier vous dira le reste*. M. de la Galaizière, qui étoit présent, eut la hardiesse et la fatuité de dire : *Je m'en charge, mon prince*[1].

1. Collé, *Journal* (Paris, 1805), t. I, p. 44; décembre 1748. Chamfort qui, lui aussi, n'est pas un chroniqueur très-sûr, substitue à madame de Boufflers sa sœur, madame de Bassompierre. « Madame de Bassompierre, vivant à la cour du roi Stanislas, était la maîtresse connue de M. de la Galaizière, chancelier du roi de Pologne. Le roi alla un jour chez elle, et prit avec elle quelques libertés qui ne réussirent pas : « Je me tais, dit Stanislas ; mon chancelier vous dira le reste. » Chamfort, *Œuvres* (Lecou, 1852), p. 35. Au moins, de cette façon, est-ce vraisemblable et charmant; et Chamfort se tromperait

Le mot du roi est plaisant; celui de M. de la Galaizière serait grossier, si l'on ne sentait trop l'apport malheureux du chroniqueur.

M. de Tressan (est-ce bien lui?) nous a laissé un portrait de la marquise qui rend encore moins vraisemblable la prétendue démarche de Menoux auprès de madame du Châtelet.

> Elle parloit peu, lisoit beaucoup, non pour s'instruire, non pour former de plus en plus son goût; mais elle lisoit comme elle jouoit, pour s'exempter de parler. Ses lectures s'étoient bornées à peu de livres qu'elle relisoit souvent. Elle ne retenoit pas tout; mais il en résultoit néanmoins pour elle, à la longue, une source de connoissances d'autant plus précieuses, qu'elles prenoient la forme de ses idées. Ce qui en transpiroit ressembloit en quelque sorte à un livre décousu, si l'on veut, mais partout amusant, auquel il ne manquoit que les pages inutiles [1].

Madame de Boufflers, à laquelle on avait donné le surnom de « Dame de Volupté, » qui convenait si bien à sa nonchalance, à son sybarisme, était une épicurienne dans la large acception du mot. Aimer, se laisser vivre, tel était pour elle le double secret de la vie. Elle s'est peinte dans cette épitaphe :

Ci-gît, dans une paix profonde,

sur la femme, que nous parierions pour lui, quant au fond. Le mot, en tous cas, avait fait proverbe, et Louis XV, recommandant à madame du Hausset, une de ces maîtresses obscures comme il en eut plus d'une sous le règne de madame de Pompadour, lui disait, en finissant : « Vous aurez bien soin de l'accouchée, n'est-ce pas?... c'est une très-bonne enfant, qui n'a point inventé la poudre, et je m'en fie à vous pour la discrétion; mon chancelier vous dira le reste. » Madame du Hausset, *Mémoires* (Collection Barrière), t. III, p. 79.

1. Comte d'Haussonville, *Histoire de la réunion de la Lorraine à la France* (Paris, Lévy, 1859), t. IV, p. 517.

> Cette dame de Volupté,
> Qui, pour plus grande sûreté,
> Fit son paradis dans ce monde [1].

Quelle raison autre qu'un motif de conscience eût pu pousser un confesseur à chasser une maîtresse indolente, que la moindre intrigue eût effrayée, et qui ne demandait qu'à jouir le plus doucement possible des années que le ciel lui réservait? Encore une fois, Voltaire a voulu nous en donner à garder.

Ce dernier et madame du Châtelet furent reçus à bras ouverts par cette petite cour oisive, avide de plaisirs et de fêtes, dont ils allaient devenir la providence. Le poëte, toujours souffrant, languissant, fut l'objet des attentions de son royal hôte. La marquise eut aussi sa part et sa grande part de caresses, de prévenances et de distinctions flatteuses. Elle devint tout d'abord l'amie de madame de Boufflers, aisée à conquérir, et qui ne négligea rien pour lui rendre ce séjour agréable. « Madame du Châtelet se trouve si bien ici, écrit Voltaire à d'Argental, que je crois qu'elle n'en sortira plus [2]. » Le bruit des triomphes lyriques de la divine Émilie à Sceaux avait transpiré jusqu'en Lorraine ; elle joua sur le théâtre de Luné-

---

1. Aimer fut en effet son unique souci. Vers ses soixante ans, elle disait à son fils, qu'elle avait beau faire, qu'elle ne pouvait devenir dévote, qu'elle ne concevait pas même comment on pouvait aimer Dieu, aimer un être que l'on ne connaissait point. « Oh! non, disoit-elle, je n'aimerai jamais Dieu. — Ne répondez de rien, lui répliqua le chevalier ; si Dieu se faisoit homme une seconde fois, vous l'aimeriez sûrement. » Collé, *Journal* (Paris, 1807), t. III, p. 41 ; mai 1763.

2. Voltaire, *OEuvres complètes* (Beuchot), t. LV, p. 177. Lettre de Voltaire à d'Argental ; à Lunéville, le 14 février 1748.

ville, avec la comtesse de Lutzelbourg, l'opéra d'*Issé*, qui obtint un tel succès que Stanislas le voulut entendre deux fois encore [1]. Puis, vint le tour de *Mérope*, où l'on pleura « tout comme à Paris, » et où lui, Voltaire, s'oublia au point « d'y pleurer comme un autre. » Partout et constamment des fêtes. Mais le charme de cette vie, c'était la liberté, le sans-façon, le peu de souci de l'étiquette. On se contraignait médiocrement, même sur les choses que n'eût point approuvées la débonnaire Majesté. Les jours se passaient en grande partie dans un kiosque (une vraie curiosité) à jouer ou à deviser, le lansquenet et l'amour étant une des principales occupations de la cour de Lorraine [2].

Au nombre des gentilshommes au service de Stanislas, se faisait remarquer, et par son amabilité et par sa bonne mine, un jeune officier à qui M. de Beauvau venait de donner une compagnie dans son régiment des gardes lorraines ; on a nommé M. de Saint-Lambert. Peu favorisé de la fortune, le marquis avait, en revanche, tous les avantages extérieurs qui attirent les succès, et les qualités d'esprit qui les fixent. Il faisait déjà de jolis vers de société ; par la suite, le mal empirera, et ce ne seront plus des bouquets à Chloris, mais des poëmes descriptifs. Disons, en tous cas, qu'il dut moins aux uns et aux autres les bonnes grâces des dames qu'à la séduction de sa personne et de ses ma-

---

1. Duc de Luynes, Mémoires, t. VIII, p. 455 ; février 1748. — Voltaire, *OEuvres complètes* (Beuchot), t. LV, p. 182. Lettre de Voltaire à madame d'Argental ; à Lunéville, le 25 février 1748.

2. *Ibid.*, t. LV, p. 184. Lettre de Voltaire à madame de Chambonin ; Lunéville.

nières. La postérité, qui a peine à lui pardonner son triomphe sur les deux plus beaux génies de leur temps, s'obstine à ne pas comprendre cet engouement des femmes pour ce poëte à la glace. Les contemporains, plus justes, ont laissé de lui un portrait avantageux et qui rend excusables les préférences dont il fut l'objet. « Saint-Lambert, nous dit Marmontel, avec une politesse délicate, quoique un peu froide, avait dans la conversation le tour élégant et fin qu'on remarque dans ses ouvrages. Sans être naturellement gai, il s'animait de la gaieté des autres; et dans un entretien philosophique et littéraire, personne ne causait avec une raison plus saine, ni avec un goût plus exquis [1]... » Madame Suard, qui le connut plus tard, constate ce charme extérieur, ces qualités brillantes, tout en convenant qu'il ne se mettait en dépense qu'à bon escient : « M. de Saint-Lambert ne plaisoit dans la société qu'à ceux qui lui plaisoient à lui-même. Il avoit, pour tout ce qui lui étoit indifférent, une politesse froide qu'on pouvoit quelquefois confondre avec le dédain ; mais quand il recevoit ses amis dans sa jolie solitude d'Aubonne, près de Sanois, on ne pouvoit être plus animé et plus aimable [2]... » Pour ce qui est de sa causerie et de son esprit, il nous en est resté un échantillon, grâce à madame d'Épinay qui, dans ses Mémoires, a recueilli une étrange conversation entre lui, Duclos, un prince (qu'on ne désigne pas autre-

---

1. Marmontel, *OEuvres complètes* (Belin), t. I, p. 178. Mémoires, liv. VI.
2. *Essais de Mémoires sur M. Suard* (Paris, Didot, 1820), p. 63. — Garât, *Mémoires* (Paris, 1829), t. I, p. 351, 352.

ment, mais qui pourrait bien être le prince de Beauvau) et mademoiselle Quinault, à la table de laquelle on se trouvait. La jeune femme ne lui est pas moins favorable que Marmontel; elle lui trouve infiniment d'esprit et autant de goût que de délicatesse et de force dans les idées [1]. Il n'est pas jusqu'à Jean-Jacques, qui ne reconnaisse à son rival « de l'esprit, des vertus, des talents [2]. » Le revers de la médaille sera beaucoup de sécheresse et de personnalité, mais sous des dehors affectueux, une apparente sensibilité dont, sans doute, comme on verra, il faudra bien rabattre dans l'intimité, sans que le charme cesse, sans que celle qui en souffre veuille rompre sa chaîne.

Lorsque Voltaire et la marquise arrivèrent à Lunéville, le brillant officier semblait fort assidu auprès de madame de Boufflers, assez, en somme, pour inquiéter le roi qui l'avait pris en grippe. Il n'est pas probable, toutefois, quoi qu'en dise Longchamp [3], que cette petite bergerie fût très-avancée, même suffisamment engagée pour intéresser le cœur, tout au moins l'amour-propre de madame de Boufflers. Autrement on ne comprendrait guère que les bonnes relations des deux amies ne se fussent pas ressenties d'un changement de front que toute femme pardonne malaisément.

Cet homme, qui allait entrer si despotiquement dans

---

1. Madame d'Épinay, *Mémoires* (Charpentier, 1865), t. I, p. 216 à 227.

2. Rousseau, *OEuvres complètes* (Paris, Dupont, 1824), t. XV, p. 267. *Confessions*, part. II, liv. IX var. « ... des vertus et des plus rares talents. »

3. Longchamp et Wagnière, *Mémoires sur Voltaire* (Paris, 1826), t. II, p. 174, 175.

la vie de madame du Châtelet avait, très-jeune alors, supplié madame de Grafigny, dans le temps du voyage de celle-ci à Cirey, de lui en ouvrir les portes. La négociation n'était pas sans difficulté. Les gens frivoles effrayaient fort et l'on avait peur d'avoir à charmer leur inutilité. On avait donné tout cela à entendre à l'excellente femme, qui avait parlé de manière à dissiper toute inquiétude et à faire succéder la curiosité à l'appréhension. « C'est beaucoup que la *dame* vous souhaite, mande-t-elle au *petit saint* dans une lettre à son cher Panpan, d'autant qu'elle craint les visites; mais dès que je lui ai eu assuré que vous sauriez lire et rester dans votre chambre, elle n'a plus fait que vous désirer : elle veut avoir le temps de travailler; mais le soir elle est charmante [1]. » Elle joignait à ses instructions la recommandation de repasser les *Ménechmes*, un des rôles de Saint-Lambert, et aussi d'apprendre le rôle de Guzman : « Vous ferez grand plaisir pour *Alzire*. » Ainsi, on le voit, l'accès était ouvert, et les mesures prises pour plaire et être agréé. Qui empêcha ce voyage? Peut-être bien la brouille et le départ de madame de Grafigny. Et ce ne fut que dix ans après que le hasard le mit en présence de la belle Émilie.

1. Madame de Grafigny, *Vie privée de Voltaire et de madame du Châtelet* (Paris, 1820), p. 116. Cette lettre doit être du 20 décembre 1738, comme l'indique la mention d'une lettre à Maupertuis de ce jour.

V

MADAME DU CHATELET ET SAINT-LAMBERT. — LA COUR DE LORRAINE — LUNÉVILLE ET COMMERCY.

Qui pourrait décider quelles conséquences eut dans les destinées de chacun ce voyage avorté? Voltaire, alors encore, était aimé, et madame du Châtelet, protégée par sa tendresse, n'eût vu sans doute dans le futur auteur des *Saisons* qu'un enfant aimable, bien élevé, un jeune nourrisson des Muses qu'il n'y avait pas à comparer à l'auteur de la *Henriade* et de *Zaïre* [1]. Mais tout était bien changé, et il s'en fallait, hélas! que la marquise ressentît pour ce dernier cette affection passionnée des premières années. Était-ce bien sa faute à elle seule? Elle en convient elle-même avec une rare franchise, elle avait un tempérament de feu qui devait mal s'accommoder de la nature très et trop calme du poëte-philosophe. Elle aima Voltaire avec toute la fougue et tous les élans de son organisation emportée, et on doit lui tenir compte de son opiniâtreté, malgré le peu de retour et la tiédeur de

1. Né à Nancy, le 26 décembre 1716, Saint-Lambert n'avait guère que vingt et un ans, en 1738.

cet amant transi. Frédéric écrivait à celui-ci : « Vous vous formalisez de ce que je vous crois de la passion pour la marquise du Châtelet; je pensais mériter des remerciements de votre part de ce que je présumais si bien de vous. La marquise est belle, aimable; vous êtes sensible, elle a un cœur; vous avez des sentiments, elle n'est pas de marbre; vous habitez ensemble depuis dix années. Voudriez-vous me faire croire que pendant tout ce temps-là vous n'avez parlé que de philosophie à la plus aimable femme de France? Ne vous en déplaise, mon cher ami, vous auriez joué un bien pauvre personnage [1]. » Mais c'était le personnage que l'on jouait, depuis longtemps déjà. Voltaire était un singulier successeur au duc de Richelieu. C'était le triomphe de l'esprit sur les sens; mais on a tort de croire morts ceux qui ne sont qu'endormis; et Voltaire, si perspicace, semblait par trop oublier que, pour être savante et géomètre, l'on n'en était pas moins femme. En un mot, madame du Châtelet donna plus d'amour qu'on ne lui en rendit, et fut loin de trouver dans son amant un foyer aussi ardent. Longtemps, cette faute, cet oubli demeurèrent impunis, et la victime souffrit, sans songer à chercher autour d'elle un consolateur.

J'ai reçu de Dieu, il est vrai, une de ces âmes tendres et immuables qui ne savent ni déguiser, ni modérer leurs passions, qui ne connoissent ni l'affaiblissement ni le dégoût, et dont la ténacité sait résister à tout, même à la certitude de

---

1. Voltaire, *OEuvres complètes* (Beuchot), t. LIV, p. 458, 459. Lettre de Frédéric à Voltaire; à Postdam, le 7 auguste 1742, en réponse à la lettre de celui-ci, de juillet.

n'être pas aimée; mais j'ai été heureuse pendant dix ans par l'amour de celui qui avoit subjugué mon âme, et ces dix ans, je les ai passés tête à tête avec lui, sans aucun moment de dégoût et de langueur; quand l'âge, les maladies, peut-être aussi la satiété de la jouissance, ont diminué son goût, j'ai été longtemps sans m'en apercevoir : j'aimois pour deux; je passois ma vie entière avec lui; et mon cœur, exempt de soupçons, jouissoit du plaisir d'aimer et de se croire aimé. Il est vrai que j'ai perdu cet état si heureux, et que ça n'a pas été sans qu'il m'en ait coûté bien des larmes.

Il faut de terribles secousses pour briser de telles chaînes : la plaie de mon cœur a saigné longtemps. J'ai eu lieu de me plaindre, et j'ai tout pardonné; j'ai été assez juste pour sentir qu'il n'y avoit peut-être au monde que mon cœur qui eût cette immuabilité qui anéantit le pouvoir du temps; que si l'âge et les maladies n'avoient pas entièrement éteint ses désirs, ils auroient peut-être encore été pour moi, et que l'amour me l'auroit ramené enfin; que son cœur, incapable d'amour, m'aimoit de l'amitié la plus tendre, et m'auroit consacré sa vie. La certitude de l'impossibilité du retour de son goût et de sa passion, que je sais bien qui n'est pas dans la nature, a amené insensiblement mon cœur au sentiment paisible de l'amitié, et ce sentiment, joint à la passion de l'étude, me rendoit assez heureuse.

Mais un cœur si tendre peut-il être rempli par un sentiment aussi paisible et aussi faible que celui de l'amitié! Je ne sais si on doit espérer, si on doit souhaiter même de tenir toujours cette sensibilité dans l'espèce d'apathie à laquelle il a été difficile de l'amener [1]...

On sent là une âme qui vibre, qui souffre, qui s'indigne de ne pas trouver une affection égale à la sienne. Voltaire était sans doute le dernier amant qui convînt à cette nature ardente, dont les sens voulaient être aimés, eux aussi, car il faut bien dire les choses telles qu'elles sont; et nous verrons la marquise elle-même

---

[1]. *Lettres inédites de madame du Châtelet à d'Argental* (Paris, 1806), p. 369, 370, 371. Réflexions sur le Bonheur.

s'en expliquer très-nettement dans une situation décisive. Le poëte était sincèrement attaché à madame du Châtelet, dont l'empire sur lui était excessif, bien qu'il se cabrât à tout instant et pour des vétilles. Mais, si l'amie n'avait pas trop à se plaindre, il en était tout différemment de l'amante. Ce qu'il est juste de reconnaître, ce qui ressort manifestement des confidences de la pauvre femme, c'est qu'elle se cramponna en désespérée à une affection insuffisante, et que si elle accepta d'ailleurs ce qu'elle avait vainement cherché en lui, ce ne fut qu'après un violent combat, une lutte acharnée et des années de constance.

On n'imagineroit pas, dit l'abbé de Voisenon, que dans des ettres d'amour on s'occupât d'une autre divinité que de celle dont on a le cœur plein, et qu'on fît plus d'épigrammes contre la religion que de madrigaux pour sa maîtresse [1]. Voilà cependant ce qui arrivoit à Voltaire. Mme du Châtelet n'avoit rien de caché pour moi; je restois souvent tête à tête avec elle jusqu'à cinq heures du matin, et il n'y avoit que l'amitié la plus vraie qui faisoit les frais de nos veilles. Elle me disoit quelquefois qu'elle étoit entièrement détachée de Voltaire. Je ne répondois rien; je tirois un des huit volumes (des lettres manuscrites de Voltaire à la marquise, lettres qu'elle avoit divisées en huit beaux volumes in-quarto), et je lisois quelques lettres. Je remarquois des yeux humides de larmes : je renfermois le livre promptement, en lui disant : vous n'êtes pas guérie. La dernière année de sa vie, je fis la même épreuve : elle les critiquoit;

---

[1]. On a cité l'échantillon suivant comme donnant la mesure des billets galants de Voltaire : « Voici le 42e jour que je n'ai rien de toi : multiplie les minutes par les 42, et tu auras le nombre de mes supplices. » Michel, *Biographie historique et généalogique des hommes marquants de l'ancienne province de Lorraine*, p. 142. Mais il faudrait bien des billets pareils pour former les huit gros volumes in-quarto dont parle Voisenon.

je fus convaincu que la cure étoit faite. Elle me confia que Saint-Lambert avoit été le médecin [1].

Longchamp, qui nous dit que ce fut à ce voyage que la marquise vit Saint-Lambert pour la première fois, ne semble pas se douter qu'ils n'eussent plus rien à s'apprendre, quand ils se séparèrent.

Il existe une lettre d'Emilie, sans date, qu'on a crue de la fin de 1748, probablement écrite du mois de mai, car il y est question de la Saint-Stanislas qui, cette année, se célébrait le mercredi 8. Cette épître diffuse, incohérente, où la défiance se mêle à l'ivresse, est curieuse; elle précise, sans y songer, le point de départ de cet amour impétueux qui n'a pas eu d'enfance et qui déjà la consume. « Ie ne puis me repentir de rien, puisque vs m'aimez; c'est à moi que ie le dois; si ie ne vs avois parlé chés M. de la Galaizière, vs ne m'aimeriez point. Ie ne sais si ie dois m'applaudir d'un amour qui tenoit à si peu de chose; ie ne sais si ie n'eusse pas bien fait de laisser à votre amour-propre le plaisir qu'il trouvoit à ne plus m'aimer. C'est à vs à décider toutes ces questions... »

Ainsi, c'est chez le chancelier de Lorraine, qu'un mot, une interpellation, ont fait éclater, du moins elle le croit, une passion qui, faute de cette occasion, en eût sans doute trouvé mille autres. Madame du Châtelet se contraignit plus que sa nature et un tel entraînement semblaient le lui permettre, puisque Longchamp ne soupçonna rien. Mais l'abandon, dans le tête-à-tête, la tendresse, les élans, et aussi les appréhensions, la peur,

---

1. Voisenon, *OEuvres complètes* (Paris, 1781), t. IV, p. 181, 182.

les refroidissements, le dépit de ne pas toujours sentir celui qu'on aime à la hauteur de sa propre exaltation, emplissent ces moments privilégiés et trop courts. Saint-Lambert est parfois quelque peu embarrassé devant cette affection impérieuse, prête à tout donner, mais qui trouve naturel et équitable de passer avant et par dessus tout. Il songeait à faire un voyage en Italie, comme plus tard il songera à un voyage en Angleterre, et aura certaines visées pour sa carrière, autant de choses auxquelles il faudra renoncer. « Sauf cette preuve d'amour, que vs m'avés fort reproché d'exiger, lui dit-elle, à propos de cette excursion projetée au-delà des monts, ie ne croirois pas que vous m'aimés; i'attache à ce mot bien d'autres idées que vous, i'ay bien peur qu'en disant les mêmes choses ns ne ns entendions pas. Cependant, quand ie pense à la conduite que vs avés eue avec moi à Nanci, à tout ce que vs m'avez sacrifié, à tout l'amour que vs m'avés marqué, ie me trouve injuste de vs dire autre chose sinon que ie vs aime; ce sentiment efface tous les autres [1]. »

L'on est réduit, cela se conçoit, aux conjectures. Au moins cette lettre détermine-t-elle et le point de départ de leur liaison et l'abandon sans réserve avec le-

---

1. Cabinet de M. Feuillet de Conches. *Lettres autographes de madame du Châtelet à Saint-Lambert.* Lettre 43 ; à Bar-le-Duc, jeudi matin. Nous devons la communication de cette précieuse correspondance à la parfaite obligeance du savant et brillant auteur des *Causeries d'un Curieux*, qui, tout en se réservant de la publier un jour, nous a permis, avec une rare bonne grâce, d'en détacher quelques citations qui pussent préciser des dates ou des faits douteux et éclairer ces deux physionomies si importantes dans nos études. Qu'il veuille bien en recevoir ici tous nos remercîments, et croire que notre reconnaissance n'est point au-dessous d'une telle bienveillance et d'une telle générosité.

quel la marquise se livrait. Le cœur de la femme qui aime a toujours dix-huit ans, et celui de madame du Châtelet, pour sa part, avait retrouvé cette jeunesse, cette verdeur du premier âge. Nous avons vu ses billets à Saint-Lambert, à bordure dentelée de rose ou de bleu ; leur boîte aux lettres était la harpe de madame de Boufflers dans les trous de laquelle on les glissait, et où le marquis venait les chercher, lorsque tout le monde avait quitté le salon. L'on n'était pas d'ailleurs embarrassé pour faire naître les occasions d'être ensemble. « Il fait un temps charmant, écrit la marquise, ie ne peux iouïr de rien sans vs, ie vs attens pour aller doner du pain à mes cignes et me promener. Venés chez moi des que vs serés habilé. Vs monterés ensuite à cheval si vs voulés. » Une autre fois, c'est Émilie qui rend visite à Saint-Lambert, à la dérobée, en prenant par les bosquets. « Ie volerai chés vs des que i'aurai soupé. M⁰ B (madame de Boufflers) se couche, elle est charmante, et ie suis bien coupable de ne lui avoir pas parlé, mais ie vs adore et il me semble que quand on aime, on n'a aucun tort. » Tous ces microscopiques poulets respirent la passion la plus vraie, la plus emportée, la plus folle, une passion qui ne laissera pas de paraître souvent excessive au futur chantre des *Saisons*.

La correspondance de Voltaire est pauvre à cette époque, et il était assez difficile d'établir combien de temps celui-ci et la docte Émilie restèrent à la cour de Lorraine. Cependant les renseignements ne font pas complétement défaut ; cette lettre, entre autres, de la marquise à dom Calmet, datée du 4 mars, dans laquelle elle témoigne au savant père le regret de ne l'avoir pas vu, à son passage à Lunéville : « Nous allons demain à la Malgrange. M. de Voltaire compte vous aller voir au retour et le roy compte qu'il vous ramènera[1]... » Voltaire, qui traitera un peu gaillardement l'érudition du père, est plein de politesse pour lui; il a la bonne envie de l'aller relancer dans son abbaye de Senones, si le savant religieux veut bien le lui permettre, et d'y passer quelques semaines avec lui et ses livres; et pour peu qu'il eût cellule chaude, un potage gras, une tranche de mouton et des œufs, il serait le plus heureux homme de la terre. « Je serai un de vos moines, ce sera Paul qui ira visiter Antoine[2]. » Vraisemblablement, cette petite retraite scientifique demeura à l'état de projet, Antoine ne reçut point la visite de Paul; mais ce n'était que projet ajourné, comme on le verra plus tard.

L'illustre couple dut faire merveille durant cette recrudescence de fêtes qu'amène le carnaval, et il n'y eut qu'à se louer sans doute de la verve, de l'entrain, de l'esprit inventif des deux amis. Mais le carême, la semaine sainte, en chassant les plaisirs, faisaient de ceux-ci des non-valeurs, pour parler comme madame de Staal. Ils étaient, en outre, gens bien plutôt à scandaliser qu'à édifier leur prochain; et, s'il fallait prendre au sérieux un commérage que d'Argenson enregistre

---

1. Charavay, *Catalogue d'autographes*, du jeudi 7 décembre 1865; p. 56, n° 299. Lettre de madame du Châtelet au rév. père Calmet; Lunéville, 4 mars 1748.

2. Voltaire, *OEuvres complètes* (Beuchot). t. LV, p. 174. Lettre de Voltaire à dom Calmet; de Lunéville, 13 février 1748.

sans plus d'examen, leur abstention de tous devoirs religieux eût été très-mal vue par le roi de Pologne : « On annonce que le roi Stanislas a exigé à sa cour que Voltaire et madame du Châtelet fissent à l'avenir leurs pâques. Ce sera, dit-on, de la besogne bien faite[1]. » Stanislas aimait à ce qu'on fît son devoir, et, doucement, à l'occasion, il savait semoncer son monde. Un jour, l'abbé Porquet, dont l'esprit l'amusait, lui reprochait de n'avoir encore rien fait pour lui. « Mais, mon cher abbé, lui répondit le roi, il y a beaucoup de votre faute; vous tenez des discours très-libres; on prétend que vous ne croyez pas en Dieu; il faut vous modérer; tâchez d'y croire; je vous donne un an pour cela[2]. » Cette anecdote peut être vraie, moins le tour, que nous soupçonnons appartenir en totalité à Chamfort. Stanislas était l'indulgence même, et tolérant comme un philosophe qu'il était. L'abbé Porquet en est bien la preuve. Ce dernier suivit-il le conseil du roi et s'amenda-t-il? Il faut le croire, puisque Stanislas finit par le nommer son aumônier, sur les instances réitérées de madame de Boufflers. Mais, la première fois que l'abbé en dut remplir les fonctions à table, il ne put arriver à dire le *Benedicite*[3]. Quant à Voltaire, quant à madame du Châtelet, à coup sûr, rien ne leur

---

1. Marquis d'Argenson, *Mémoires* (Jannet), t. II, p. 177, 178; 6 juillet 1740. Il y a là une erreur manifeste; Voltaire et madame du Châtelet étant allés pour la première fois à la cour de Stanislas, en 1748, seule année qui puisse être attribuée à cette douteuse anecdote, car ils se trouvaient l'un et l'autre à Paris, à Pâques 1749.
2. Chamfort, *OEuvres* (Lecou, 1852), p. 98.
3. La Harpe, *Correspondance littéraire* (Paris, 1804), t. III, p. 281, 282.

fut demandé, et les pâques ne furent point mises comme condition obligatoire d'un prochain séjour à Lunéville.

Pâques, en 1748, nous mène au 14 avril. Se passa-t-il, pour la petite cour, à Nancy ou à Lunéville? On voit, par la lettre de madame du Châtelet à Saint-Lambert, qu'elle dut faire vers ce temps au moins une apparition à Nancy. Émilie, à son grand regret, avait pris congé du roi pour retourner à Cirey un peu avant la Saint-Stanislas, et quittait la capitale du duché fin avril. Elle était de retour chez elle, dès le 1ᵉʳ mai, comme nous l'apprend un billet de ce jour adressé au jeune marquis [1]. Elle était partie seule, laissant derrière elle Voltaire, qui était moins nécessaire à son cœur; car celui-ci mandait de Lunéville à madame de Champbonin, qu'il n'attendait qu'un mot de sa divine amie pour aller la rejoindre. Sa lettre est sans date; mais il y parle d'une bataille imminente [2], et cette bataille ne saurait être, de ce côté, qu'un engagement sous les murs de Maëstricht, que nous assiégions. L'armée des alliés devait, en effet, songer à secourir la place, et le maréchal de Saxe avait pris ses mesures dans cette prévision. Mais, malgré l'insistance du duc de Cumberland qui voulait qu'on attaquât, le stathouder répondit qu'il ne fallait pas à la fois perdre hommes et ville [3], et Maëstricht capitulait dans les pre-

---

1. Cabinet de M. Feuillet de Conches. *Lettres autographes de madame du Châtelet à Saint-Lambert*. Lettre 46; de Cirey, 1ᵉʳ mai.
2. Voltaire, *OEuvres complètes* (Beuchot), t. LV, p. 183, 184. Lettre de Voltaire à madame de Champbonin; Lunéville.
3. Barbier, *Journal* (Charpentier), t. IV, p. 295; avril 1748.

miers jours de mai. La lettre de Voltaire à *gros chat* pourrait bien être du 4 ou du 5 ; et, comme il annonce son départ prochain, il ne dut guère prolonger son séjour au delà. Longchamp semble dire que l'on retourna directement à Paris ; cette lettre indique, au contraire, assez nettement, un temps d'arrêt à Cirey, qui, du reste, ne put être que fort court. La marquise eût bien voulu mettre à profit cette complète solitude et passer ces quelques jours en tête-à-tête avec Saint-Lambert, qu'elle supplie à deux reprises d'accourir, ne fût-ce que pour la convaincre qu'elle a tort de trembler, de s'alarmer sur la solidité de son affection.

Toutes mes défiances de votre caractère, toutes mes résolutions contre l'amour n'ont pu me garantir de celuy que vs m'avés inspiré. Ie ne cherche plus à le combattre, ien sens l'inutilité ; le tems que iai passé avec vs à Nanci l'a augmenté à un point dont ie suis étonnée moi-même. Mais loin de me le reprocher, ie sens un plaisir extrême à vs aimer, et c'est le seul qui puisse adoucir votre absence. Ie suis bien contente de vs quand nous sommes tête à tête ; mais ie ne le suis point de l'effet que vs a fait mon départ. Vs connoissés les goûts vifs, mais vs ne connoissés pas encore l'amour. Ie suis sûre que vs serés aujourd'hui plus gai et plus spirituel que iamais à Lunéville, et cette idée m'afflige indépendamment de toute inquiétude...

Cette lettre est pleine d'inconséquences, elle ne se ressent que trop du trouble que vs avés mis dans mon âme ; il n'est plus tems de le calmer. I'attends votre première lettre avec une impatience qu'elle ne remplira peut-être point ; i'ai bien peur de l'attendre encore après l'avoir reçue. Mandés-moi surtout comment vous vous portés. Ie me reproche cette nuit que vs avés passée sans vs coucher. Si vs en êtes malade, vs ne me le manderés point. Ie voudrois savoir si vs avés essuyé bien des plaisanteries, et cependant ie voudrois que vs ne me parlassiés que de vs ; mais surtout parlés moi de vos arrangemens, ie vs attendrai à Cirey, n'en doutés pas...

Une lettre de madame du Châtelet à son amant semblerait indiquer qu'il se rendit à son appel. Quoi qu'il en soit, Voltaire et son amie étaient installés à Versailles, dès le 15 mai. Émilie, de loin comme de près, n'a qu'une idée, qu'une préoccupation ; les lettres ne lui coûtent pas, elle en accable Saint-Lambert. Dans ces billets, tour à tour tendres, amers, passionnés, éplorés, n'allez chercher autre chose qu'elle et lui ; et, s'il y est question du prochain, comptez bien que ce n'est que par rapport à eux. Ainsi la marquise parle d'un poëme des *Saisons*, auquel l'abbé de Bernis travaillait et que l'on disait fort avancé, tout comme si Saint-Lambert ne se fût pas attelé au même sujet. Il a été fait mention plus haut d'un voyage projeté en Italie, auquel on avait renoncé à cause d'elle ; elle sent la grandeur du sacrifice et en remercie son amant avec effusion : « Vs n'allés point en Toscane et n'y allés point pr moi, non je ne puis trop vs aimer mais aussi je vs jure qu'il est impossible de vs aimer davantage[1]. » Mais ces ivresses, ces éclairs de bonheur font place à plus d'un souci. Ce n'est pas assez des querelles, des bouderies, de reproches qui vont à l'aigre, de toutes ces chiffonneries qu'une bonne parole sait ensuite effacer ; des ennuis d'une autre nature, et tout aussi menaçants pour eux, viennent se mêler à ces factices agitations. M. du Châtelet ambitionnait depuis longtemps un emploi auprès du roi de Pologne ; il croyait y avoir tous les droits, et sa femme, encore moins que lui,

---

1. Cabinet de M. Feuillet de Conches. *Lettres autographes de madame du Châtelet à Saint-Lambert*. Lettre 48 ; du 23 mai 1748.

n'eût admis ni refus ni faux-fuyant. Malgré l'accueil et la réelle bienveillance du prince, la négociation était épineuse et le succès n'était rien moins qu'assuré. M. du Châtelet avait un concurrent redoutable, et par son mérite et par l'affection que lui portait Stanislas. Mais la marquise n'était pas d'humeur à capituler devant de telles considérations : « Si M. de Berchini a le commandement, s'écrie-t-elle, il est impossible que M. du Chatelet ni moi remettions le pied en Lorraine, tant qu'il durera, il n'y a ni charge ni bienfaits qui puisse effacer le dégoût de voir un Hongrois son cadet comander à sa placé et rien ne le doit faire suporter. Mon amitié pour M. de V. sufiroit seule pour me rendre cette idée insuportable, jugés ce qu'elle doit faire sur moi quand ie songe que i'y aurois passé ma vie avec vs et que ns aurions encore eu des voïages de Cirey par dessus le marché[1]. »

M. de Bercheny[2], ce Hongrois, sur le compte duquel on s'exprime sans plus de façons, était le fils de ce Bercheny, si fameux dans les troubles de la Hongrie et la résistance arméé de ce peuple contre les entreprises de Léopold. Les hussards de Bercheny, dont il était colonel, ont laissé une réputation de bravoure qui subsiste encore, et le nom de leur chef vivra autant que nos fastes militaires. Le roi de Pologne connaissait le comte de vieille date, il l'honorait d'une amitié particulière, et

---

1. Cabinet de M. Feuillet de Conches. *Lettres autographes de madame du Châtelet à Saint-Lambert.* Lettre 49 ; 5 juin 1748. Il est encore question de cette affaire du commandement dans les lettres 50 (bis) et 53 du recueil.

2. Berkeny ou Berchény (Ladislas-Ignace, comte de *Bercsény*), magnat de Hongrie, né à Eperies, en Hongrie.

désirait fort lui en donner des marques. M. du Châtelet avait pour lui l'ancienneté, et la hautaine Émilie ne comprenait point les hésitations du prince; il y a traces de ces perplexités dans la correspondance de Voltaire. « Madame du Chatelet, écrit le poëte à d'Argental, a essuyé mille contre-temps horribles sur ce commandement de Lorraine. Il a fallu livrer des combats, et j'ai fait cette campagne avec elle. Elle a gagné la bataille, mais la guerre dure encore [1]. » Les choses, en effet, s'apaiseront et s'arrangeront. Stanislas ne voulait que contenter tout le monde, et s'il tenait fort à Bercheny, il ne tenait pas moins à ne pas s'aliéner des gens qui apportaient tant d'agrément dans sa petite cour et qu'il espérait y fixer. L'expédient dont il usera pour se tirer d'affaires était le plus efficace, s'il n'était pas le moins coûteux, et la marquise dut lui en savoir gré, car c'était un triomphe signalé qu'elle remportait sur les idées d'économie du bon roi. Il créa pour le marquis une charge de grand maréchal des logis de sa maison, avec deux mille écus d'appointements. Mais cette nomination ne fut publiée qu'en novembre [2]. Quant à Berchegny, Stanislas l'attachera également à sa personne [3];

1. Voltaire, *OEuvres complètes* (Beuchot), t. LV, p. 187. Lettre de Voltaire à d'Argental; le 10 juin 1748.

2. Duc de Luynes, *Mémoires*, t. IX, p. 128; du dimanche 24 novembre 1748. « Vous savez bien que mon sort est décidé, écrivait la marquise à d'Argental, à la date du 17 novembre 1748 : on réforme le commandement de Lorraine. Je ne puis trop me louer des bontés du roi de Pologne à cette occasion, et assurément je lui serai attachée toute ma vie. » *Lettres inédites de madame du Châtelet à d'Argental* (Paris, 1806), p. 285; Lunéville, 17 octobre 1748.

3. Il était grand écuyer de Lorraine, conseiller-chevalier d'honneur de la cour souveraine du duché, gouverneur de Commercy, seigneur de Luzancy, Courcelles, etc., etc., *Moréri* (Paris, 1759), t. II, p. 373.

et, plus tard, lorsque celui-ci aura conquis par l'éclat
des services le bâton de maréchal (1758), son maître
ne fera pas un voyage à Versailles sans aller loger chez
cet ancien ami, à sa terre de Lusancy, dans le diocèse
de Meaux[1]. Revenons à Voltaire.

C'est à cette date qu'il faut placer une anecdote
plaisante, qui allait mettre l'auteur profane en bonne
odeur dans le couvent d'une ville où, par contre, Piron
avait peu d'amis. Dans les communautés de filles aussi
bien que dans les colléges, les solennités théâtrales
étaient alors fort à la mode, et il n'y avait point de
distribution de prix ou de fêtes de mère-abbesse, sans
que l'on ne jouât ou *Polyeucte*, ou *Esther*, ou *Athalie*,
ou *Absalon*, corrigés, émondés et transformés pour les
besoins de la cause et à la taille des interprètes. La
fête de la supérieure de la visitation de Saint-Martin,
à Beaune, était proche ; il fallait faire un choix. Dans
l'impossibilité de tomber d'accord, on convint que le
sort en déciderait: Ce fut la *Mort de César* qui sortit
la première du cornet. Si le sujet était sombre, en
revanche, il n'y avait là que des rôles d'hommes, et,
conséquemment, point d'intrigue amoureuse. On
eût souhaité, toutefois, quelque chose comme un compliment à la vénérable héroïne de la fête, où l'on eût
rappelé avec ses vertus le pieux amour qu'elle inspirait
à tous les cœurs. Mais Beaune n'avait que ses ânes et
pas de poëtes, et l'on ne savait à quel saint se vouer,
quand une religieuse sortit tout le petit troupeau de
peine. Cette nonne, en son nom madame de Truchis

---

1. Duc de Luynes, *Mémoires*, t. XVI, p. 387, 388 ; jeudi 16 mars 1748.

de la Grange, proche parente de madame du Châtelet, n'ignorait pas que sa cousine était en grande intimité littéraire avec l'auteur de *Jules César :* que ne s'adressaient-elles au poëte lui-même ? à coup sûr il n'aurait pas le courage de les refuser. Une belle lettre, pleine de caresses et d'innocentes flagorneries, fut écrite, séance tenante, et couverte de vingt-trois signatures. Elle fut adressée tout aussitôt à Voltaire, qui trouva, avec raison, la démarche ridicule et ne se préoccupa pas davantage de la requête des saintes filles. Mais la marquise les prit en pitié et insista tant auprès de Voltaire, qu'il dut céder. On lui apporte du papier, une plume, et il se met à l'œuvre, debout, à l'angle d'une cheminée. Les vingt vers de ce prologue ne lui coûtèrent pas dix minutes, ainsi que le petit mot de lettre qu'il y joignit. Ce qui distingue cela, à part l'aisance, c'est l'orthodoxie. Il s'agissait de faire tenir à de jeunes nonnes le langage qui leur convenait, et Voltaire s'y prêta avec une bonne grâce et une bonhomie charmantes ; il finissait même son épître à madame de Truchis, en la priant de vouloir bien intercéder pour lui « auprès du maître de nos pensées [1] ! »

---

[1]. Longchamp et Wagnière, *Mémoires sur Voltaire* (Paris, 1826), t. II, p. 191-194. — Voltaire, *OEuvres complètes* (Beuchot), t. LV, p. 185, 186. Lettre de Voltaire à madame de Truchis de la Grange; à Paris, 7 juin 1748. Longchamp, comme toujours, fait confusion quant aux époques ; il dit que ces vers furent faits au moment où on allait partir pour le second voyage de Lunéville. La lettre de Voltaire est à la date du 7, le poëte ne dut quitter que le 28 ; il y a, de compte fait, entre la composition de ces vers et le départ pour la Lorraine, vingt et un jours d'intervalle. Tout cela ne fait rien sans doute au fond des choses, mais indique la nécessité d'être en règle avec un annaliste dont la mémoire n'est ni des plus sûres ni des plus fidèles.

Sémiramis, depuis longtemps déjà, était aux mains des comédiens, les rôles distribués. Mais les *deux anges* n'étaient pas à Paris, ils étaient à Plombières. Madame d'Argental avait eu besoin des eaux, son mari l'y avait accompagnée, et *Sémiramis* ne s'en était pas mieux trouvée, car d'Argental était un oracle à la Comédie française. Cependant les répétitions se suivaient, et le poëte sortit de l'une d'elles dans l'enchantement. « M. l'abbé de Chauvelin, mandait-il au comte, peut vous dire des nouvelles d'une répétition de *Sémiramis*, les rôles à la main. Tout ce que je désire, c'est que la première représentation aille aussi bien. Ils ne répétèrent pas *Mérope* avec tant de chaleur, ils m'ont fait pleurer ; ils m'ont fait frissonner [1]. » Cet abbé de Chauvelin, dont il est question ici, était un amoureux frénétique de théâtre ; il ne bougeait pas des foyers de la Comédie, et avait, comme d'Argental, sa haute voix au chapitre. Aussi Voltaire lui écrivait-il de Commercy, quelques jours avant la bataille : «Voici, je crois, mes deux anges gardiens de retour à Paris : vous avez donc la bonté de faire le troisième. Je vous rends de très-humbles actions de grâces ; cela est bien beau de protéger les orphelins. Le père de *Sémiramis* mourrait de peur sans vous [2]. »

Voltaire et madame du Châtelet quittèrent Paris le 28 juin [3] pour se rendre directement à Commercy où

---

1. Voltaire, *OEuvres complètes* (Beuchot), t. LV, p. 191. Lettre de Voltaire à d'Argental ; le 27 juin 1748.
2. *Ibid.*, t. LV, p. 197. Lettre de Voltaire à l'abbé Chauvelin ; à Commerci, ce 12 août 1748.
3. *Ibid.*, t. LV, p. 191. Lettre de Voltaire à d'Argental ; le 27

se trouvait alors le roi de Pologne. Stanislas avait témoigné le désir de les y avoir, et la marquise, qui avait obtenu ce qu'elle sollicitait, se croyait engagée d'honneur à donner au prince cette marque de reconnaissance et d'attachement [1]. Quant au poëte, qu'était-il autre que le satellite de cet astre pérégrinant? « Il faut qu'elle aille, dans quelque temps, à Commerci, je vais donc aussi à Commerci. » L'on s'était muni de vivres pour éviter toute halte; mais, arrivée à Châlons-sur-Marne, Émilie, se sentant légèrement indisposée, fit arrêter devant l'auberge de la Cloche et demanda un bouillon. En apprenant que c'était pour la marquise du Châtelet, l'hôtesse vint elle-même, une serviette sous le bras, une assiette de porcelaine à la main, avec un couvert d'argent et une écuelle également d'argent contenant le consommé, et tout cela avec des respects, des démonstrations à n'en plus finir. Le bouillon pris, Longchamp demande ce qu'il est dû. « Un louis, » répond la trop honnête femme. On jeta les hauts cris. Mais celle-ci répondit qu'on ne marchandait jamais chez elle et que c'était un prix à ne rien rabattre. Grand débat entre elle et madame du Châtelet. Mais rien ne fait. Jusque-là Voltaire s'é-

---

juin 1748. Le départ fut avancé d'un jour; car madame du Châtelet l'annonçait à Saint-Lambert pour le samedi 29 dans une lettre datée du 19 du même mois. Cabinet de M. Feuillet de Conches. *Lettres autographes de madame du Châtelet à Saint-Lambert.* Lettre 56; du mercredi 19 juin 1748.

1. Voltaire, *OEuvres complètes* (Beuchot), t. LV, p. 187. Lettre de Voltaire à d'Argental; le 10 juin 1748. — *Lettres inédites de madame du Châtelet à d'Argental* (Paris, 1806), p. 275; Nancy, 19 juin 1749. Cette date est fautive, comme le prouve la seule indication de Nancy. C'est 29 au lieu de 19, qu'il faut lire.

tait tu ; il prit alors la parole et essaya de faire comprendre à l'ogresse ce que ses exigences avaient d'exorbitant. Mais celle-ci, probablement parce qu'elle sentait toute la force de son argumentation, au lieu de discuter, commença à se fâcher et à élever la voix. En un clin d'œil, la voiture de la marquise était entourée d'un populaire nombreux qui, sans trop être renseigné, se rangeait du côté de l'aubergiste de la Cloche. Le rassemblement, à la longue, avait pris les proportions d'une émeute ; Voltaire vit bien qu'il ne serait pas le plus fort et qu'il fallait se résigner. C'était dur, pourtant. Longchamp paya, et l'on partit, non sans être quelque peu hué. « Madame du Châtelet, ajoute le narrateur, jura bien que, telle fatigue qu'elle eût à essuyer dans la suite, en voyageant sur la route de Paris en Lorraine, jamais elle ne s'arrêterait dans cette maudite ville, et le bouillon de Châlons-sur-Marne ne fut point oublié sur ses tablettes [1]. »

Voltaire, qui était arrivé une première fois malade, ne débarquait pas, cette fois encore, dans un état de santé meilleur ; aussi se proclame-t-il l'un des plus malheureux êtres pensants qui soient dans la nature : on l'a empaqueté pour Commercy, et il y est agonisant comme à Paris [2]. Mais c'est l'antienne éternelle, et cette agonie-là, qui le mènera si loin, n'entrave heureusement ni ses travaux ni ses plaisirs. L'appartement destiné à la marquise, composé de plusieurs pièces,

---

1. Longchamp et Wagnière, *Mémoires sur Voltaire* (Paris, 1826), t. II, p. 195, 196, 197.

2. Voltaire, *OEuvres complètes* (Beuchot), t. LV, p. 193. Lettre de Voltaire au comte d'Argenson, à Commercí, ce 19 juillet 1748.

se trouvait dans l'aile gauche, au rez-de-chaussée, les
croisées donnant sur la grande cour. Celui du poëte,
plus petit, était situé dans la même aile, au second
étage, et avait vue sur les jardins. Les deux amis étaient
venus avec l'idée d'un séjour d'un mois ou deux,
après quoi ils comptaient bien regagner leur Eldorado
de Cirey. Madame du Châtelet se faisait fête d'y recevoir les *deux anges*, au mois d'août, à leur retour de
Plombières, qui n'était qu'à dix-sept lieues de là [1].
Mais le prince ne l'entendit pas ainsi; il tenait ses
hôtes et il les garderait. Il y avait un moyen de tout
arranger, et Voltaire fut chargé de transmettre au
ménage d'Argental les souhaits de la débonnaire Majesté.

Plus de Cirey, mes chers anges; madame du Châtelet joue
le Double veuvage[2] et l'opéra. On ne peut se soustraire un moment à ces importantes occupations. Nous avons représenté
au roi de Pologne, comme de raison, qu'il faut tout quitter pour
monsieur et madame d'Argental. Il a bien été obligé d'en convenir; mais il est jaloux et il veut que vous préfériez Commerci à Cirey. Il m'ordonne de vous prier de sa part de venir le
voir. Vous serez bien à votre aise, il vous fera bonne chère;
c'est le seigneur de château qui fait assurément le mieux les
honneurs de chez lui. Vous verrez son pavillon avec des colonnes d'eau, vous aurez l'opéra ou la comédie, le jour que
vous voudrez[3]...

Mais tout cela ne put avoir lieu, et la santé de la
comtesse ne lui permit pas de se mêler à cette cour

1. *Lettres inédites de madame du Châtelet à d'Argental* (Paris,
1806), p. 275. Lettre déjà citée.
2. Comédie de Dufrény.
3. Voltaire, *OEuvres complètes* (Beuchot), t. LV, p. 195, 196.
Lettre de Voltaire à d'Argental; à Commerci, le 2 août 1748.

trop avide de divertissements et de fêtes pour une convalescente. « Je vous assure, écrivait madame du Châtelet au mari, que ç'a été une grande privation pour moi. Le plaisir de jouer le *Sylphe* et une très-jolie comédie ne m'en a point consolée, surtout quand j'ai pensé que vous auriez pu être témoin de tout cela [1]... » Mais ce retour direct servait au moins les intérêts de *Sémiramis*, dont les répétitions se continuaient, et qui avait bon besoin de la présence et des conseils de ce tuteur officieux et expérimenté.

Comme Voltaire et madame du Châtelet nous l'apprennent, les divertissements se succédaient avec une sorte d'emportement, à la cour de Commercy. « On a de tout ici, hors du temps; il est vrai que les vingt-quatre heures ne sont pas de trop pour répéter deux ou trois opéras et autant de comédies [2]. » Pour le poëte, c'était à qui en tirerait le plus; madame de Boufflers lui commandait des petits vers qui ne se faisaient pas attendre. Le portrait de dom Calmet était sans légende; il troussait un madrigal pour mettre au bas. Autres vers adressés au roi, en lui offrant un exemplaire de la *Henriade*. Devant tant d'aisance, on ne pouvait être importun; Stanislas prie Voltaire de lui paraphraser le *fiat lux*, et celui-ci, au lieu d'improviser, se contentant pour cette fois de se souvenir, de ressusciter, à deux mots près, les quatre vers du P. Lemoine [2]. Tout ce monde, qui touchait à peine la terre, ne pouvait être indiffé-

---

1. *Lettres inédites de madame du Châtelet à d'Argental* (Paris, 1806), p. 276 ; Lunéville, 20 août 1748.
2. Durival, *Description de la Lorraine et du Barrois* (Nancy, 1779), t. IV, p. 35, 38.

rent à ce qui se passait au ciel. Nous avons vu, il y a bien des années, Voltaire et la société de Vaux-Villars prendre le soleil en flagrant délit d'étrangeté et suivre le phénomène avec des lunettes d'opéra [1]. Le 25 juillet, au matin, toute la cour observait une superbe éclipse de soleil, de neuf doigts, qui devait être centrale à Berlin [2]. Au reste, Louis XV, à Compiègne, employait toute sa matinée à pareille contemplation, avec l'appui de MM. de Thury et de la Condamine, qu'on avait mandés pour la circonstance [3].

Mais les plaisirs de la petite cour devaient être forcément suspendus par le voyage du roi de Pologne qui songeait à passer quelques jours à Trianon. N'était-ce pas le cas de profiter de cet intervalle de liberté pour aller surveiller les dernières répétitions et assister à la représentation de *Sémiramis?* Dès le 20 août, madame du Châtelet annonçait le voyage de son ami à d'Argental comme chose arrêtée. Durival dit que Voltaire partit de Lunéville le 26 avec Stanislas, qui arrivait le 29 à Trianon, le jour même de la représentation de *Sémiramis.* Longchamp, au contraire, le fait se diriger vers Paris, en chaise de poste, sans autre suite que son secrétaire, et bien avant le prince, puisqu'il trouva le temps de s'arrêter trois jours à la maison

---

1. Voltaire, *OEuvres complètes* (Beuchot), t. LI, p. 64, 65. Lettre de Voltaire à Fontenelle; à Villars, juin 1721. — Fontenelle, *OEuvres complètes* (éd. Belin), t. III, p. 203. Réponse de Fontenelle à Voltaire.

2. Durival, *Description de la Lorraine et du Barrois* (Nancy, 1779), t. I, p. 196.

3. Duc de Luynes, *Mémoires*, t. IX, p. 69; Compiègne, vendredi 26 juillet 1748.

de campagne de l'évêque de Châlons, Choiseul-Beaupré, et deux autres jours à Reims, chez M. de Pouilli, où il ne parvint qu'après avoir essuyé, à mi-chemin, le plus terrible orage[1].

Voltaire, irrité d'entendre appeler l'auteur d'*Atrée et Thyeste* le Sophocle du siècle, sachant d'ailleurs que certaines gens, et parmi eux Marivaux, disaient que, devant le génie de Crébillon, devait pâlir et s'éclipser tout son bel esprit[2], avait juré de ne pas laisser debout une de ses pièces et de démontrer, jusqu'à l'évidence la plus brutale, la distance qui les séparait l'un de l'autre, en refaisant successivement toutes les tragédies du vieux poëte. On a reproché à Voltaire, comme une mauvaise action, un procédé odieux, cette guerre acharnée où il fut le plus fort de beaucoup, mais où, malgré une supériorité manifeste, il se vit discuté, déchiré, avec une mauvaise foi dont le mobile était moins l'admiration que l'on éprouvait pour son rival que la haine implacable que lui avaient vouée ses ennemis. En réalité, rien de plus permis, rien de plus légitime que ces luttes qu'on retrouve avant lui, et dont l'histoire de notre théâtre est remplie[3]. Corneille et Racine, pour

---

1. Stanislas ne fut pas, non plus, sans s'arrêter en chemin ; il fit, sur sa route, trois ou quatre visites, entre autres à M. de Meuse, dans sa terre de Sorrey, et passa toute une journée à Commercy. Duc de Luynes, *Mémoires*, t. IX, p. 86.

2. Marmontel, *OEuvres complètes* (Belin, 1819), t. I, p. 133. Mémoires, liv. IV. — La Harpe, *Cours de littérature* (Paris, Dupont, 1825), t. X, p. 93 ; t. XII, p. 63.

3. Avant les *Sémiramis* de Crébillon et de Voltaire, notre théâtre en avait déjà représenté trois avec des fortunes diverses : la première de Desfontaines (1637 ou 1647) ; la seconde de Gilbert (1646) ; la troisième de madame de Gomez (1716).

souscrire au caprice d'une grande princesse, traiteront tous deux le sujet de *Tite et Bérénice;* et l'on sait quel fut le victorieux. Racine verra à son tour opposer une *Iphigénie* à son *Iphigénie,* une *Phèdre* à sa *Phèdre.* Et il n'aura pas été le seul à s'attaquer au génie de Corneille. Voltaire fera un *OEdipe* après l'auteur de *Cinna,* Longepierre une *Médée.* Dans le procédé de Voltaire, il entre sans doute autre chose que de l'émulation ; il prétend se venger et il se venge tout à la fois de ceux que ses succès désespèrent et de Crébillon, dont il n'a pas eu à se louer. Si cet antagonisme date de loin, les deux rivaux, jusqu'à la fin, se verront et se feront amitié. « Je menai, hier, M. de Crébillon chez M. le duc de Richelieu, écrit Voltaire à son ancien camarade Cideville en août 1731 : il nous récita des morceaux de son *Catilina,* qui m'ont paru très-beaux. Il est honteux qu'on le laisse dans la misère [1]... » Et ce *Catilina* est le même que Voltaire refera plus tard, et qu'on allait jouer en décembre! Une année après, l'auteur de la *Henriade* écrivait à Moncrif : « Si vous rencontrez dans votre palais (le palais du comte de Clermont, dont Moncrif était alors secrétaire de commandements), *Rhadamiste* et *Palamède,* ayez la bonté, je vous prie, de lui dire des choses bien tendres de la part de son admirateur [2]. » On sait ce qu'il faut croire de cette tendresse, et quel cas Voltaire faisait de ce génie sauvage, abrupte, inégal. Le refus d'approbation de *Mahomet* est son grand grief contre Crébillon, qui dé-

---

1. Voltaire, *OEuvres complètes* (Beuchot), t. LI, p. 234. Lettre de Voltaire à Cideville ; 19 août 1731.
2. *Ibid.*, t. LI, p. 264. Lettre de Voltaire à Moncrif; mars 1732.

clara, en qualité de censeur, la pièce inacceptable ; et il ne le lui pardonna point. Ce qu'il ne lui pardonna pas davantage, ce fut d'avoir à partager avec lui les faveurs de madame de Pompadour, qui bientôt même inclinera du côté de l'auteur de *Catilina*, plus par politique peut-être que par entraînement. On lui opposait ce poëte rocailleux, incorrect, barbare, que l'on affectait de considérer comme notre troisième tragique ; il saurait démasquer l'envie et prouver qu'entre l'auteur d'*Électre* et lui il y avait des abîmes !

Encore fallait-il être joué. Il prendra d'abord ses sûretés contre les chicanes de l'auteur de la première *Sémiramis*, qui n'avait que trop de facilités pour entraver le représentation de la seconde. Au-dessus de l'approbation des censeurs, il y avait celle du lieutenant de police ; Voltaire adresse à celui-ci une belle lettre où il manifeste confidentiellement ses appréhensions. Il peut s'alarmer à tort ; mais, à tout événement, il en appelle à l'équité, à la haute bienveillance du magistrat. « Permettez, lui écrivait-il, qu'en partant pour Commerci, je remette la tragédie de *Sémiramis* entre vos mains et que je vous demande votre protection pour elle. On la représentera pendant mon absence (il ignorait alors qu'il assisterait à la première soirée). Je commence par la soumettre à votre décision, non-seulement comme à celle du magistrat de la police, mais comme aux lumières d'un juge très-éclairé. M. Crébillon, commis par vous à l'examen des ouvrages du théâtre, a fait autrefois une tragédie de *Sémiramis*, et peut-être ai-je le malheur qu'il soit mécontent que j'aie travaillé sur le même sujet. Je lui en ai pourtant demandé la permission, et je vous demande à vous, monsieur, votre protection, m'en remettant à vos bontés et à votre prudence [1]. » M. Berrier répondit le plus obligeamment du monde, et l'action de Crébillon se borna à la suppression de quelques vers. Voltaire estima que c'était encore trop, et n'eut de repos, comme on le verra, qu'après avoir fait restituer les passages retranchés.

Pour l'instant, la favorite ne faisait point pencher la balance d'un côté plus que de l'autre ; et, si Crébillon devait avoir les honneurs d'une impression au Louvre, Voltaire n'eut à se plaindre, à l'égard de *Sémiramis*, ni du roi ni de sa maîtresse. Il est vrai que ce dernier n'est pas homme à se laisser oublier et à ne point réchauffer au besoin le zèle de ses amis. « J'ai écrit à M. le duc de Fleury, à madame de Pompadour. Il nous faut les secours du roi ; mais, mon ange, il nous faut le vôtre. Écrivez bien fortement à M. le duc d'Aumont [2]... » Mais de quoi s'agit-il donc ? On trouve le mot de l'énigme, notamment dans ces quelques lignes d'une lettre à La Noue : « J'apprends que M. le duc d'Aumont nous fait donner une décoration digne des bontés dont il honore les arts, et digne de vos talents. Cette distinction, que les acteurs méritent, me rend encore plus timide et plus méfiant sur mon ouvrage. Il serait bien triste de faire dire que le roi a placé sa magnificence et ses bontés sur un ouvrage qui ne le méritait

---

1. Léouzon Leduc, *Etudes sur la Russie* (Amyot), p. 445, 446.
2. Voltaire, *OEuvres complètes* (Beuchot), t. LV, p. 191. Lettre de Voltaire à d'Argental ; le 27 juin 1748.

pas¹. » Effectivement, Louis XV avait déclaré qu'il se chargeait de la dépense du spectacle, en considération de feu madame la Dauphine, pour qui la pièce avait été faite², et il avait donné cinq mille francs pour une décoration qui ne devait pas être du goût de cette foule chamarrée encombrant le théâtre. Voltaire eût voulu aux grands mouvements scéniques marier les splendeurs du spectacle, et il s'exprime avec amertume sur les entraves qu'il rencontra et dont il ne put que bien insuffisamment triompher.

Un des plus grands obstacles qui s'opposent, sur notre théâtre, à toute action grande et pathétique, est la foule des spectateurs confondue sur la scène avec les acteurs : cette indécence se fit sentir particulièrement à la première représentation de *Sémiramis*. La principale actrice de Londres, qui était présente à ce spectacle, ne revenait point de son étonnement ; elle ne pouvait concevoir comment il y avait des hommes assez ennemis de leurs plaisirs pour gâter ainsi le spectacle sans en jouir. Cet abus a été corrigé dans la suite aux représentations de *Sémiramis*, et il pourrait aisément être supprimé pour jamais³.

Ces plaintes n'étaient que trop fondées, et l'on se demande en effet comment, chez un peuple qui se choque plus d'un ridicule, qu'il ne jouit d'une beauté de sentiment, on souffrit si longtemps la révoltante absurdité de spectateurs étagés sur la scène qu'ils

---

1. Voltaire, *Œuvres complètes* (Beuchot), t. LV, p. 194, 195. Lettre de Voltaire à Lanoue ; à Commerci, ce 27 juillet 1748.
2. Clément, *Les Cinq années littéraires* ou nouvelles littéraires des années 1748-1752 (La Haye, 1754), t. I, p. 128. Paris 15 août et 10 septembre 1748. Au lieu de cinq mille francs, Clément élève à huit ou dix mille le chiffre alloué par le roi.
3. Voltaire, *Œuvres complètes* (Beuchot), t. V, p. 485. Dissertation sur la tragédie ancienne et moderne, seconde partie.

étranglaient, les uns assis sur des gradins, les autres debout au fond du théâtre et le long des coulisses, entravant le jeu des acteurs par leur seule présence, quand ce n'était point par des familiarités qui les distrayaient de leur rôle, ou même des brutalités et d'inqualifiables violences. N'avait-on pas vu le marquis de Sablé, aux trois quarts ivre, s'élancer sur Dancourt et le rouer de coups, pour un couplet de l'*Opéra de village* qu'il s'était stupidement appliqué[1] ? Des scandales de cette force étaient rares sans doute ; mais que d'ouvrages compromis par le contact des acteurs et des actrices avec cet essaim de petits-maîtres, dont la galanterie était la grande affaire et qui se souciaient médiocrement de l'œuvre que l'on jouait !

Ne parlons que de *Sémiramis*. Le premier soir, le théâtre se trouvait tellement obstrué, qu'à peine les comédiens pouvaient se mouvoir. A la scène du tombeau de Ninus, la sentinelle, qui ne voyait de passage suffisant même pour un fantôme, se mit à crier tout haut : « Messieurs, place à l'ombre, s'il vous plaît, place à l'ombre[2] ! » Toujours est-il que, pour être naïve, la recommandation n'en avait pas moins sa raison d'être, et que l'on ne pouvait blâmer le brave grenadier que d'un excès de zèle, bien que cet excès de zèle faillît perdre la pièce. Voltaire, qui, lui, n'avait pas trouvé la chose si plaisante, se hâta dès le len-

---

1. *Biographie générale* (Didot), t. XII, p. 902. Voir notre article sur *Dancourt*.

2. Paris, *Versailles et les provinces au XVIIIe siècle* (Paris, 1817), t. I, p. 9. Cela rappelle aussi le mot de Mithridate, mourant, apporté à grand'peine, à travers la scène envahie : « Pardon, messieurs ! »

demain de prier le lieutenant de police de vouloir bien ordonner qu'on plaçât deux exempts sur le théâtre, « pour faire ranger une foule de jeunes Français qui ne sont guère faits pour se rencontrer avec des Babyloniens. »

J'ai été instruit, monsieur, lui répondait aussitôt le magistrat, de la grande foule qu'il y a eu sur le théâtre jeudi, et qui a pu gêner la représentation. Mais quel remède apporter au moment même! Lorsque les spectateurs sont entrés et placés, peut-on les faire sortir, et par qui commencer? L'abus provient du trop grand nombre de billets que les comédiens distribuent. D'ailleurs, les billets de théâtre n'étant pas différents des places principales, tout le monde préfère le théâtre et veut y être, parce qu'on se communique plus facilement que dans les loges. Je viens de charger l'exempt de parler, de ma part, aux comédiens, et de se concerter avec eux pour prendre, de très-bonne heure, de justes précautions pour ne point laisser entrer plus de monde qu'il ne faut au théâtre [1].

Le remède à tout cela, c'eût été de débarrasser la scène. Mais, avec les années, l'abus s'était changé en droit; si le jeu des acteurs souffrait de cet encombrement, leur bourse s'en accommodait, et, pour faire place nette, il eût fallu antérieurement les indemniser. Ce fut le spirituel et frivole Lauraguais, le dernier des Brancas, qui eut le mérite d'une transformation que l'on aura à attendre onze ans encore (1759) : elle devait coûter douze mille livres au comte, dont les dépenses n'eurent pas toujours un aussi digne emploi. « Je suis le marguillier de cette paroisse, » avait-il coutume de dire. Cette action, en tout cas, valait à elle seule bien des tragédies, au moins comme les

---

1. Léouzon Leduc, *Etudes sur la Russie* (Amyot), p. 452, 453.

siennes; et son nom vivra dans l'histoire de notre théâtre plus sûrement par cette générosité intelligente que par une *Clytemnestre*, qui n'est pas à ressusciter pour son honneur.

La représentation de *Sémiramis* devait offrir toutes les émotions d'une véritable bataille. Chacun avait pris ses mesures : l'auteur pour faire réussir, les ennemis pour faire tomber la pièce. Ces derniers, en tête desquels marchait Piron, qui ne pardonnait pas à Voltaire ses succès[1], mêlés aux « soldats de Corbulon, » comme Voltaire appelait les partisans de Crébillon, étaient bien déterminés à ne laisser rien passer, à profiter du moindre prétexte pour couler à fond l'esquif du poëte[2]. Mais ils avaient affaire à un homme qui ne s'endormait pas et était de vieille date rompu à ces luttes. Voltaire avait accaparé la majeure partie du parterre; il pouvait disposer de quatre cents billets, et il les avait distribués à ses féaux, aussi disciplinés que le camp ennemi et commandés par des capitaines dévoués, tels que Thiériot, Dumolard, Lambert, de Mouhi, et le chevalier de

---

[1]. « ...Vous voiés que Mr Piron n'est point trop ami de Mr de Voltaire; je le soupçonnerois même tant soit peu de s'imaginer être son rival. » Clément, *Les Cinq années littéraires* (Lahaye, 1754), t. I, p. 133. Paris, 20 septembre 1748.

[2]. Dès le mois de mai, Vauvenargues écrivait à Voltaire : « Vos ennemis répandent dans le monde qu'il n'y a que votre premier acte qui soit supportable, et que le reste est mal conduit et mal écrit. On n'a jamais été si horriblement déchaîné contre vous qu'on l'est depuis quatre mois. Vous devez vous attendre que la plupart des gens de lettres de Paris feront les derniers efforts pour faire tomber votre pièce. Le succès médiocre de la *Princesse de Navarre* et du *Temple de la Gloire* leur fait déjà dire que vous n'avez plus de génie... » Voltaire, *OEuvres complètes* (Beuchot), t. LV, p. 115. Lettre de Vauvenargues à Voltaire; à Paris, lundi matin, mai.

La Morlière, que nous eussions dû citer le premier, vu son importance et la terreur de son nom [1].

Il est difficile, à l'heure qu'il est, de se rendre compte de l'influence que ce La Morlière eut longtemps à la Comédie française. C'était une puissance contre laquelle il n'y avait point à lutter : il n'était de succès que ceux qu'il permettait. Toute pièce condamnée par lui était une pièce morte. « Il s'était fait, nous dit Suard, un jargon hardi et singulier, qui avait une sorte d'éclat. Avec une physionomie commune, il avait dans le maintien et les manières je ne sais quoi qui ne l'était pas. Ce qui frappait particulièrement dans son air et dans son ton, c'était l'audace. Toute sa littérature se bornait à la connaissance du théâtre et des romans... » A part la passion, à part l'intérêt (car il mettait tous les auteurs à contribution, et celui qui essayait de s'y soustraire pouvait compter sur une chute inévitable [2]), c'était un bon juge : la terreur en avait fait un juge sans appel.

Dès qu'il paraissait, ajoute Suard, un cercle de néophytes se formait autour de lui; affable avec dignité, il accueillait l'un d'un coup d'œil, faisait rougir d'une vanité modeste celui à qui il adressait la parole, les endoctrinait tous... Un ton moitié d'homme du monde, moitié d'homme de lettres, donnait un certain poids à ses paroles; et je ne sais quel ordre étranger dont il cachait avec soin la croix et étalait avec le même soin le cordon [3] complétait le charme... Le jour d'une première représentation était un jour de bataille; le café [4] était le quar-

1. Longchamp nomme aussi Delamarre, mort dès 1742.
2. Favart, *Mémoires et Correspondances* (Paris, 1808), t. II, p. 21, 22. Lettre de Favart au comte de Durazzo. 1762, 15 août.
3. Le cordon de l'ordre du Christ.
4. Le café Procope.

tier général ; on s'y réunissait pour concerter le plan des manœuvres. La troupe du chevalier de La Morlière était composée de volontaires et de soudoyés ; il commandait ceux-ci et dirigeait ceux-là [1], mais les premiers étaient ceux sur qui il comptait le plus...

Au moment de la représentation, il ralliait sa troupe au café, se rendait de bonne heure au parterre avec elle, attirait l'attention de tout ce qui l'environnait, en parlant haut, en citant des vers, en contant des anecdotes scandaleuses, en répandant des préventions pour ou contre la pièce et l'auteur. Il flattait certains auditeurs par des remarques obligeantes, prenait pour juges ceux qui paraissaient plus difficiles à manier, intimidait les faibles par des sarcasmes. S'il protégeait la pièce, il était bien sûr qu'elle serait critiquée par les pédans, mais qu'elle plairait aux gens de goût, comme ceux à qui il avait l'honneur de parler : en voulait-il à l'auteur, tout le monde savait que les études de procureurs et de notaires étaient désertes, et que toute la bazoche était soudoyée pour applaudir. Le clerc de procureur qui était près de lui rougissait et n'avait garde d'applaudir, de crainte d'être reconnu. Pendant la pièce, il donnait haut le signal d'applaudir ou de murmurer ; et les échos qu'il avait répandus avec art aux différents coins de la salle, y répondaient fidèlement. Il avertissait ses voisins d'un beau vers qui allait partir, ou tenait une épigramme prête pour atténuer l'effet d'un trait applaudi.

Comme on était un peu contrarié sur la liberté de huer et de siffler ce qui déplaisait, il s'était fait une manière de bâiller éclatante et prolongée, qui produisait le double effet de faire rire et de communiquer le même mouvement au diaphragme de ses voisins. Un jour, la sentinelle l'avertit de ne pas faire tant de bruit : « Comment, mon ami, lui dit-il, vous qui paraissez un homme de sens et qui avez l'habitude du spectacle, est-ce que vous trouvez cela beau ? — Je ne dis pas cela, lui répondit le soldat un peu adouci, mais ayez la bonté de bâiller plus bas [2]. »

Voltaire avait déjà sur les bras trop d'ennemis pour

---

1. Favart prétend qu'il avait à sa solde plus de cent cinquante conspirateurs.
2. Suard, *Mélange de littérature* (Paris, 1804), t. I, p. 347 à 350.

dédaigner l'aide de ce condottière, qu'il fallait avoir pour soi ou contre soi ; La Morlière, qui d'ailleurs était loin encore de ce despotisme souverain qu'il fit peser si longtemps sur les auteurs, les comédiens et le public même [1], se mit de la meilleure grâce au service de l'auteur de *Sémiramis*, et il prit le commandement de son camp volant. Tout cela sans doute ne fait pas honneur à Voltaire, même si on lui tient compte des inimitiés, des basses jalousies avec lesquelles il était aux prises. On lui voudrait un autre entourage et d'autres prôneurs, en admettant que le mérite ne puisse se passer de pareils soutiens. Longchamp, parfois terrible dans ses indiscrétions, avoue qu'il eut sa part de billets à distribuer et qu'il les plaça en bonnes mains, « c'est-à-dire capables de bien claquer et à propos. » Malgré cela, de faux frères avaient réussi à se glisser dans le troupeau, et leurs bâillements caractéristiques durent détonner avec l'enthousiasme bruyant des amis. En somme, cette première représentation fut loin d'obtenir un succès décisif. La décoration, pour laquelle on s'était mis en frais, fit peu d'effet. Les trois premiers actes semblèrent froids, le tonnerre que l'on prodiguait au troisième et au cinquième parut une nouveauté d'un médiocre bonheur ; le quatrième acte, le plus fort de la pièce, et sur lequel l'auteur avait fondé les plus grandes espérances, échouait, comme on l'a vu, devant la naïveté du grenadier de faction et les éclats de rire de la salle. Si les applau-

---

[1]. *Les Sottises du temps ou Mémoires pour servir à l'histoire générale et particulière du genre humain* (Lahaye, 1754), t. I, p. 154, 155, 156. Paris, ce 8 mars 1754.

dissements du parterre empêchèrent la chute de l'ouvrage, au moins n'y eut-il pas lieu de chanter victoire. « J'ai trouvé la pièce mauvaise, nous dit Collé ; mais *c'est du mauvais Voltaire*. Je n'en ferais pas autant, ni M. l'abbé Le Blanc non plus. » Voltaire était à son poste ; il y était si bien, que Collé nous raconte un dialogue entre le poëte et M. de Wirtemberg, qu'il tenait, il est vrai, de seconde main, précieux comme impertinence, si l'on avait toutes les mêmes raisons que l'auteur de *Dupuis et Desronais* de ne pas révoquer en doute la véracité de son ami Dutartre.

Après la pièce, Dutartre passa dans le foyer, et vit Voltaire qui se débattoit avec le prince de Wirtemberg, pour ne pas aller dîner chez lui à Versailles, quelques jours après. Mais, lui disoit le prince, « ne venez-vous pas souvent à Versailles, « n'allez-vous pas quelque fois faire votre cour au roi ? — Ma foi, « mon prince, répondit Voltaire, voulez-vous que je vous dise, « je n'y vais plus ; on ne peut le voir qu'à son petit lever. *Cet « homme* (ce sont ses termes en parlant du roi dans un foyer) « se lève tantôt à dix heures, tantôt à deux heures, une autre « fois à midi ; on ne peut compter sur rien ; moi je lui ai dit : « *Sire, quand Votre Majesté voudra de moi, elle aura la bonté « de me donner ses ordres.* » Si c'étoit un autre que Dutartre[1] qui m'eût dit ce fait, que l'on lui eût conté, et qu'il ne l'eût pas entendu lui-même, je ne le croirois pas vrai, parce qu'il n'est pas vraisemblable. Peut-on être aussi bête avec autant d'esprit[2] !

1. Quel était ce Dutartre ? Nous trouvons un M. Dutartre « ancien notaire » servant au poëte une rente de deux mille trois cents livres, dans une énumération de rentes dont Voltaire cédait à sa nièce le revenu durant quatre années, pour l'indemniser de ce qu'elle avait apporté en plus dans l'acquisition des terres de Ferney, Prégny, Chambrési. Serait-ce notre Dutartre ? L'acte dans lequel nous avons puisé ce détail est à la date du 8 février 1776, et passé à l'étude de Me Nicod, notaire royal au bailliage de Gex et domicilié à Versoix.
2. Collé. *Journal* (Paris, 1805), t. I, p. 3 ; septembre 1748.

Voltaire, qui savait bien que *Sémiramis* n'avait point obtenu, comme *Mérope*, un de ces succès devant lesquels il n'y a qu'à s'incliner, toujours disposé à se corriger, et voulant à tout prix connaître ce que l'on pensait de sa pièce, s'avisa, à la seconde représentation, d'un étrange expédient pour surprendre dans toute sa bonne foi et sa malice l'opinion du public. Il emprunte à l'abbé de Villevieille toute sa défroque, se coiffe d'une énorme perruque sans poudre, sous laquelle sa grêle et maigre figure disparaissait presque en totalité, et que surmontait un chapeau à trois cornes à demi rabattues. Ainsi attifé, il prend le chemin du café Procope, s'installe dans un coin, demande une bavaroise, un petit pain et la gazette, et attend la fin de la représentation, qui fut le signal de l'envahissement de « l'antre » par un flot de poëtes, d'auteurs dramatiques, de journalistes et d'amateurs. De quoi se fût-on entretenu, si ce n'eût été de la pièce nouvelle, si ce n'eût été de *Sémiramis?* La discussion commence, la pauvre tragédie est attaquée, défendue, reprise à nouveau, épluchée, retournée sur tous les sens, rudement parfois. « Pendant ce temps-là, M. de *Voltaire*, nous dit Longchamp, les lunettes sur le nez, la tête penchée sur la gazette, qu'il feignait de lire, écoutait les débats, profitait des observations raisonnables, souffrait beaucoup d'en entendre de fort absurdes sans pouvoir les relever, ce qui lui donnait de l'humeur. C'est ainsi que, pendant une heure et demie, il eut le courage et la patience d'entendre raisonner et bavarder de *Sémiramis* sans dire un mot. Enfin, tous ces prétendus arbitres de la renommée des

auteurs s'étant retirés sans s'être convertis les uns les autres, M. de *Voltaire* sortit aussi, prit un fiacre dans la rue Mazarine et rentra chez lui à onze heures[1]...»
Ce qui ferait douter de l'aventure, c'est le silence, la modération, la longanimité de Voltaire rongeant son frein, une heure et demie durant, sans qu'il y parût; car l'on s'attend, à tout instant, à le voir s'élancer de sous l'immense perruque du bon abbé.

La vie littéraire n'est pas la plus douce des vies, si elle est la plus brillante. Voltaire l'éprouvait bien. Il avait mis toutes ses complaisances dans ce dernier-né; le succès de *Sémiramis* eût été pour lui plus qu'un succès, il eût affirmé d'une manière irrévocable sa supériorité sur l'auteur de la première *Sémiramis*[2], puisque cette supériorité était encore à établir aux yeux de certaines gens. Mais il était fort loin d'un pareil résultat; et, aux troisième et quatrième représentations, le public n'était pas vaincu. L'ouvrage prit enfin le dessus et obtint quinze représentations fort courues, qu'interrompit seul le voyage de Fontainebleau. Piron s'avisa de composer en chanson une sorte de compte rendu de la pièce, dont il faisait ressortir toutes les imperfections et les inhabiletés[3]. Il ne pou-

1. Longchamp et Wagnière, *Mémoires sur Voltaire* (Paris, 1826), t. II, p. 213, 214.
2. *Sémiramis*, de Crébillon, fut jouée, pour la première fois, le 10 avril 1717.
3. *Mémoires pour servir à l'histoire de M. de Voltaire* (Amsterdam, 1785), II° part. p. 207. C'est à propos de *Sémiramis*, que les anas ont reproduit ce petit dialogue entre Voltaire et Piron; le premier demande au second ce qu'il pense de sa pièce : « Vous voudriez bien que je l'eusse faite, lui dit Piron. — Je vous aime assez pour cela, eût répondu Voltaire. » Les deux poëtes, à cette date, ne se parlaient

vait plus articuler le nom de Voltaire de sang-froid. Collé le rencontre dans l'amphithéâtre à la quatrième représentation (le mercredi 4); l'auteur de *Gustave* l'aborde en déclamant ces deux vers d'une signification transparente :

> Catilina s'avance, on va le voir paraître.
> Tyran, descends du trône, et fais place à ton maître!

Effectivement, le même jour, Crébillon était allé, à Choisy, lire son *Catilina* à madame de Pompadour. Le roi, sans se montrer, l'entendit tout du long et en fut enchanté : on pressa l'indolent poëte d'achever ce chef-d'œuvre depuis vingt ans sur le métier, et dont le triomphe ne semblait pas douteux. Tant qu'elle l'avait pu, la marquise avait dispensé en toute égalité ses faveurs ; mais elle devait être débordée par les ennemis de Voltaire qui, d'ailleurs, n'avait dans le roi qu'un protecteur contraint et forcé, auquel son esprit, ses saillies, sa familiarité, ses airs dégagés étaient odieux. *Catilina* réaliserait-il les espérances qu'il laissait concevoir? C'est ce qu'un avenir prochain allait décider. Voltaire avait donc plus d'un motif d'être soucieux. Joignez à ces dégoûts ceux qui lui vinrent des comédiens. Pour un conseil qu'un poëte est toujours en droit de donner à qui se charge de l'interpréter, Sarrazin lui avait répondu avec la dernière insolence. Quatre ou cinq comédiens, peu satisfaits de leur rôle, lui refusaient le salut. La Noue, qui avait joué avec tant de zèle *Mahomet*, à Lille, ne se gênait pas pour

guère, et Voltaire, en tout cas, n'était pas assez naïf pour attendre un compliment de l'auteur de *Gustave*.

dire le plus de mal de *Sémiramis*. « En un mot, je n'ai essuyé d'eux que de l'ingratitude et de l'insolence. Permettez, je vous en prie, que je ne sacrifie rien de mes droits pour des gens qui ne m'en sauraient aucun gré, et qui en sont indignes de toutes façons [1]. »
Il ressort de là ce qu'on savait déjà, qu'à moins de mécontentements, Voltaire abandonnait ses droits d'auteur aux comédiens, comme les bénéfices qui pouvaient lui revenir de ses livres aux libraires et aux gens de lettres nécessiteux. Et, s'il tient à faire sentir qu'il est blessé, l'argent passera cette fois encore en petits cadeaux à l'adresse de mesdemoiselles Dumesnil et Clairon, et de l'acteur Grandval.

Le duc de Luynes cite un fait qui à lui seul eût suffi pour brouiller le poëte avec ses interprètes. « Tout le monde, dit-il, convient qu'il y a de très-beaux vers. On ne convient pas de même sur le succès de cette pièce ; et l'on parle surtout de deux vers que les acteurs mêmes vouloient retrancher ; Voltaire a obtenu qu'on les laissât dans la pièce [2]. » Mais, s'ils se prêtèrent à cette tracasserie du vieux tragique, l'obstacle, comme on l'a constaté plus haut, vint de Crébillon. Il

---

1. Voltaire, *Œuvres complètes* (Beuchot), t. LV, p. 201. Lettre de Voltaire à d'Argental ; à la Malgrange, le 4 octobre 1748. On peut être curieux de savoir quel cadeau il eût fait en leur abandonnant ses droits d'auteur. Nous avons relevé avec soin sa part sur chaque recette, et nous avons trouvé que les quinze premières représentations et les six de la reprise formaient un total de 3067 livres. La première représentation de *Sémiramis*, la plus forte, lui rapporta 296 livres ; la neuvième, la plus faible, n'arriva qu'à 78 livres. Archives de la Comédie française. Registre de l'année 1748.
2. Duc de Luynes, *Mémoires*, t. IX, p. 94 ; du dimanche, 15 septembre 1748.

s'agit de la scène entre Assur et Sémiramis, au second acte. Et le distique incriminé, dont l'extraction avait nécessité la suppression d'un assez bon nombre d'autres, est sans doute celui-ci :

> Ah! ne vous formez plus de craintes inutiles[1],
> C'est par la fermeté qu'on rend les dieux faciles.

Mais Voltaire n'était pas homme à passer sous ces fourches caudines. La crainte d'importuner ne l'arrêtait guère, lorsque de tels intérêts étaient en jeu, et il ne recula point devant de nouvelles démarches auprès du bienveillant M. Berrier. « Je vous prie, monsieur, lui écrivait-il aussitôt, de vouloir bien permettre qu'on récite quelques vers que M. de Crébillon a retranchés et qui sont absolument nécessaires. Je vous en fais juge. Si le personnage chargé de ces vers ne les débite pas, Sémiramis, qui lui réplique, ne répond plus convenablement; et ce disparate gâte un endroit essentiel à l'ouvrage. Vous trouverez ci-joint les vers en question; je vous prie de me les renvoyer approuvés de votre main, afin que l'acteur puisse les réciter. Je vous demande bien pardon de ces bagatelles, mais vous entrez dans les petites choses comme dans les grandes. » Voltaire obtint la réintégration des disgraciés, comme cela ressort d'un billet du lieutenant de police en réponse à sa lettre. « Quant à l'endroit de votre pièce où la censure a retranché quelques vers, je parlerai aux comédiens, pour tâcher d'arranger les

---

[1]. Ce vers est une première version, le voici tel que le poète l'a refondu, en dernier lieu, moins faible et aussi plus scabreux, vu la date :

> Ah ! ne consultez point d'oracles inutiles...

choses à votre satisfaction. Au surplus, elle doit être remplie par le succès qu'elle a eue. Recevez-en mon compliment que je vous fais de tout cœur. Il y a longtemps que vous êtes accoutumé aux applaudissements, et je me suis toujours fait un plaisir de les prévenir dans le public [1]. » On ne pouvait mieux dire et mieux faire, et Voltaire eût eu, certes, mauvaise grâce à ne se pas trouver satisfait.

1. Léouzon Leduc, *Etudes sur la Russie* (Amyot), p. 446, 447.

VI

SÉMIRAMIS. — LES SOLDATS DE CORBULON. — VOLTAIRE
MALADE A CHALONS. — LETTRE A LA REINE.

Tout en mesurant son voyage au voyage du roi de
Pologne, Voltaire était parti seul, il retourna seul.
Stanislas prenait congé de son gendre et de sa fille,
le mardi 10 septembre ; ainsi fit le poëte, que nous trouvons le 12, à Châlons, dans un état à faire pitié. Les
courses, les émotions du théâtre lui avaient donné la
fièvre ; il eût eu besoin de repos et de soins ; mais le
moyen, dans cette fournaise où les fatigues corporelles étaient sans doute les moindres, pour cette âme qui
usait le fourreau ? Ses amis eussent voulu le retenir ;
il résista à tout ce qu'on put lui dire, laissant ceux-ci
dans une inquiétude que l'événement allait justifier.
L'on chemina sans encombre jusqu'à Château-Thierry,
où la fièvre le reprit de plus belle et le mit dans un
état de prostration alarmant. Cependant, on poursuivit
jusqu'à Châlons. Voltaire, à bout de forces, pouvait à
peine parler. On dut le porter à la poste et le mettre
au lit. Longchamp, qui se demandait si ce n'était pas
le début d'une maladie grave, effrayé de la responsabilité qui pesait sur lui, fit avertir l'évêque et l'inten-

dant (Lepeletier de Beaupré), avec lesquels son maître était dans les meilleurs termes. Ceux-ci accoururent et le pressèrent d'accepter une hospitalité moins sommaire chez l'un ou chez l'autre. Mais il répondit qu'il était déjà mieux et qu'un peu de calme et de sommeil suffirait pour le tirer d'affaire. Malgré cette assurance l'intendant lui envoya son médecin; le malade le reçut avec politesse et le laissa formuler son ordonnance, bien déterminé à ne rien faire de ce qu'elle prescrirait. Il n'avait touché à aucun aliment depuis Paris. Vers la nuit, Longchamp lui offrit un bouillon qu'il accepta; mais à peine le porta-t-il à ses lèvres. Il lui dit alors d'une voix mourante « de ne le point abandonner et de rester près de lui pour jeter un peu de terre sur son corps quand il serait expiré. » La nuit fut très-mauvaise, il eut le transport, et, lorsque lendemain le prélat et l'intendant vinrent le voir, il leur parut au plus mal. Il continuait à ne vouloir prendre quoi que ce fût, sauf de légères infusions de thé et de l'eau panée. Il devint si faible, nous dit encore Longchamp, qu'il ne s'aidait plus en rien et pouvait à peine remuer ses membres. Six jours s'écoulèrent ainsi, à la poste de Châlons, entre la vie et la mort. Tout affaissé qu'il fût, Voltaire se préoccupait encore de sa *Sémiramis*, du *Catilina* de Crébillon, du *Denys* de Marmontel, du libraire Prault et de *Zadig*. Soit qu'il ne veuille pas effrayer son monde, soit que Longchamp exagère (ce qui lui arrive bien quelquefois) le poëte ne semble pas se croire en danger. Il est malade, il est épuisé, il n'en laisse point soupçonner davantage. « Je ne peux pas vous écrire de ma main, mes divins anges, dictait-il, le 12, à l'adresse du ménage d'Argental ; j'ai la fièvre bien serrée à Châlons ; je ne sais plus quand je pourrai partir. » Et, après avoir parlé de ses affaires et de celles de ses amis avec cette présence d'esprit qu'on n'a guère à deux doigts de la mort, il finissait, comme il avait commencé, en manifestant la crainte de se voir retenu quelques jours par la maladie. « Je vais mettre un V au bas de cette lettre, c'est tout ce que je puis faire, car je n'en peux plus [1]. »

Le soir du sixième jour, Voltaire dit à son secrétaire de faire tous les préparatifs pour partir de Châlons, où il ne voulait pas mourir. En effet, le lendemain matin celui-ci le portait dans sa chaise et l'y installait de son mieux ; et ils arrivèrent ainsi, sans autre accident, à Nancy, à la fermeture des portes. L'on arrêta à la poste de la ville, et le malade, épuisé, fut étendu dans un bon lit, où son fidèle serviteur lui fit apprêter un excellent bouillon qu'il parut prendre avec plaisir. Ce dernier, à peu près à jeun, commanda pour son compte un copieux souper. La verve avec laquelle il expédiait les morceaux frappa le moribond, qui ne put s'empêcher de murmurer : « Que vous êtes heureux d'avoir un estomac et de digérer ! » En effet, après avoir dépêché la moitié d'une éclanche de mouton et une entrée, Longchamp allait se trouver aux prises avec deux grives et une douzaine de rouges-gorges qui ne semblaient pas l'épouvanter. Il s'avisa de demander à son maître s'il ne sentait pas l'envie de l'imiter. Celui-ci se laissa tenter, et mangea deux de ces petites bêtes

---

1. Voltaire, *OEuvres complètes* (Beuchot), t. LV, p. 199. Lettre de Voltaire à d'Argental ; à Châlons, ce 12 septembre 1748.

avec appétit; il but d'un trait un verre de vin coupé d'un tiers d'eau, après quoi il décida que l'on se remettrait en route le lendemain matin pour Lunéville, et s'arrangea pour dormir de son mieux. Ce sommeil, contrairement à ses plans, se prolongea jusqu'à trois heures d'après-midi; mais quand il se réveilla il se trouva beaucoup plus dispos. Deux heures après, ils remontaient en voiture et arrivaient le soir à Lunéville, où la vue et les soins de madame du Châtelet et quelques jours de calme vinrent aisément à bout d'une maladie avortée causée par l'agitation, les tracasseries, les inquiétudes de toute espèce qui l'avaient assailli durant son court séjour à Paris.

Le départ de Stanislas avait dispersé la petite cour. Madame du Châtelet et madame de Boufflers étaient allées prendre les eaux de Plombières, où le besoin seul d'un traitement les pouvait appeler, car rien n'était moins agréable, moins réjouissant qu'un pareil séjour. « Ns sommes ici logés come des chiens, mande Émilie à Saint-Lambert, mais ie ne sais pas quand ns en partirons, i'ay toujours espérance que ce sera lundi... ie me suis levée à 6 heures auiourd'hui pr la fontaine, mais cela ne m'arrivera plus[1]. » Nous n'avons pas oublié la maussade description que nous a fait Voltaire de cet antre pierreux qu'il visita deux années de suite (1729-1730); et l'endroit ne s'était pas sensiblement embelli et amandé depuis. « Ie crains que le travail, écrit encore la marquise, ne me manque, car ie travaille 10 heures par

---

1. Cabinet de M. Feuillet de Conches. *Lettres autographes de madame du Châtelet à Saint-Lambert.* Lettre 56 (bis); vendredi, au matin, à Plombières.

iour et ie n'avois pas compté etre si longtems. Dieu sait quand cela finira, il eût été impossible que vs y vinssiés ; premièrement tout y est d'une chereté affreuse, et cela vous auroit ruiné, de plus on est logé cinquante dans une maison. J'ai un fermier général qui couche à côté de moi, ns ne sommes séparés que par une tapiserie, et quelque bas qu'on parle, on entend tout ce qu'on dit, et quand quelqu'un vient vs voir tout le monde le sait, et vs voit jusque dans le fond de votre chambre [1]. » Le lieu était peu propice aux amoureux, qui ne devaient pas être les derniers à en reconnaître les désagréments et les ennuis ; et madame du Châtelet eut raison de se refuser à ce que le marquis la suivît, s'il se trouva dans le cas de le lui offrir, car son service ne lui permettait pas de se transporter toujours où il eût le mieux aimé être. Nous pensons aussi, quelque besoin qu'elle pût avoir des eaux, que madame du Châtelet ne se résigna à ce voyage que par condescendance et pour accompagner madame de Boufflers. Cette dernière était à ménager, et Émilie le sentait si bien, qu'elle se faisait avec elle souple et conciliante, malgré certains dégoûts qu'elle n'eût pas supportés en toute autre situation. Elle ne dut donc pas s'éloigner volontairement, et sa passion lui eût fait, à coup sûr, négliger le soin de sa santé, si c'eût été l'unique considération qui l'eût appelée à Plombières.

Elle se soulageait de l'absence en écrivant à son amant des lettres d'amour où la tendresse faisait place à tout instant aux reproches, aux récriminations cha-

1. Collection Feuillet de Conches, *Lettres autographes de madame du Châtelet à Saint-Lambert*. Lettre 58 ; samedi matin.

grines. « En verité ie relis votre lettre, la troisième page est bien ridicule, bien offensante pr moi, bien peu tendre, ie ne sais pas s'il ne faudroit pas mieux n'être point aimée que de l'être par quelqu'un qui se reproche de vs aimer [1]... » Encore une fois Saint-Lambert, qui voulait et prenait ses aises en amour comme ailleurs, tout en sentant une véritable affection pour la marquise, était souvent excédé de ces emportements, et, dans ces moments-là, il ne dissimulait, lui non plus, ni sa lassitude ni son aigreur. Nous n'avons aucune de ses réponses, mais les lettres de la marquise nous en donnent parfois la substance. La dernière phrase de celle que nous venons de citer suffirait pour nous édifier sur ces petits moments de crise où l'amant mettait, comme on dit, le marché à la main. Mais ces indications se retrouvent à plus d'un endroit. Dans une lettre de date antérieure, elle lui reproche de lui avoir fait entendre très-clairement qu'il ne l'aimait plus, qu'il ne voulait plus l'aimer, qu'il se repentait de l'avoir aimée [2]. La menace d'une rupture, la perspective d'une séparation irrévocable, tels semblent avoir été les grands moyens de Saint-Lambert pour dompter son monde. Le séduisant marquis n'en usera pas autrement, dans la suite, avec madame d'Houdetot, qui, elle aussi, tout en s'humiliant, tout en implorant, ne cachera pas sa pensée et reprochera à son amant de n'avoir payé un

---

1. Cabinet de M. Feuillet de Conches. *Lettres autographes de madame du Châtelet à Saint-Lambert.* Lettre 57; le vendredi, à 7 heures du soir, à Plombières.

2. *Ibid.*, *Lettres autographes de madame du Châtelet à Saint-Lambert.* Lettre 51; de Paris, le 16 juin 1748.

attachement sans bornes que par une tendresse insuffisante et essentiellement personnelle. Elle lui écrivait, en proie à un désespoir où se révèlent encore la douceur et la grâce de cette nature exquise :

> La dernière foi que je vous vis, je vous prié de ne plus me voir, je sentois que votre vüe entretiendroit en moi des sentimens qu'il m'est important d'éteindre, mais dans le cruel estat où vous m'avez réduit, le plus affreux de mon malheur est de ne vous voir pas. Ne craignez point que je vous fasse des reproche, je scai combien ils seroient inutil, je me plains plus de moi que de vous. Si mes yeux n'avoient pas été si cruellement fermée, si ma passion moins folle m'avoit permis de réfléchir sur vos démarches, de voir combien vous étiez insensible à ce que je faisois pour vous, vous n'auriez pas eu besoin de m'annoncer votre inconstance. Mais tel étoit mon aveuglement que je ne vous voyois que comme je désirois que vous fusiez. Je ne vous demande plus de la tendresse, mais pour avoir cessé d'être amans avons-nous renoncé au plaisir d'être amis? Ayez pitié de l'état où je suis, je ne veux que vous voir avant de partir. Cette complaisance ne vous engage à rien, puisque mon absence vous délivre de l'embarras d'en avoir davantage [1].

Mais ces nuages, pour madame d'Houdetot comme pour madame du Châtelet, se dissipaient vite, et la réconciliation suivait de très-près la crise. Quoi qu'il en soit, le voyage à Plombières ne devait être originairement que de quatre jours; une légère indisposition de madame de Boufflers les retint dix jours dans cet « infernal séjour, » qu'elles quittèrent le 6 septembre [2]. Elles étaient donc de retour depuis une semaine, ou peu s'en fallait, lorsque Voltaire reparut à Lunéville.

---

1. Cabinet de M. Feuillet de Conches. *Lettres autographes de Saint-Lambert à madame d'Houdetot*. Lettre 21.
2. *Lettres inédites de madame du Châtelet à d'Argental* (Paris, 1806), p. 283 ; Plombières, 5 septembre 1748.

Ce calme, cette parfaite quiétude qu'il retrouvait à la cour d'un prince débonnaire n'exigeant de ses hôtes que de se mettre à leur aise, ne devait pas être de longue durée. La nouvelle arrive que les Italiens préparaient une parodie de *Sémiramis.* Voltaire gardait la chambre ; il fait demander aussitôt une audience particulière à Stanislas qui le vient trouver, écoute ses doléances, donne son assentiment à une lettre des plus pathétiques adressée à la reine sa fille, et se charge même de la faire parvenir et de l'appuyer fortement. C'est sur la pitié de la princesse, son inépuisable bonté et même sa piété (ce qui était assez plaisant en semblables cas), que l'on s'en repose du soin d'empêcher une telle infamie.

Daignez considérer, madame, que je suis domestique du roi et par conséquent le vôtre ; mes camarades les gentilshommes du roi, dont plusieurs sont employés dans les cours étrangères, et d'autres dans des places très-honorables, m'obligeront à me défaire de ma charge, si j'essuie devant eux et devant toute la famille royale un avilissement aussi cruel. Je conjure Votre Majesté, par la bonté et par la grandeur de son âme, et par sa piété, de ne pas me livrer ainsi à mes ennemis ouverts et cachés, qui, après m'avoir poursuivi par les calomnies les plus atroces, veulent me perdre dans une flétrissure publique. Daignez envisager, madame, que ces parodies satiriques ont été défendues à Paris pendant plusieurs années.

Faut-il qu'on les renouvelle pour moi seul, sous les yeux de Votre Majesté ! Elle ne souffre pas la médisance dans son cabinet ; l'autorisera-t-elle devant toute sa cour ? Non, madame ; votre cœur est trop juste pour ne pas se laisser toucher par mes prières et par ma douleur, et pour faire mourir de douleur et de honte un ancien serviteur, et le premier sur qui sont tombées vos bontés [1]...

---

1. Voltaire, *OEuvres complètes* (Beuchot), t. LV, p. 204. Lettre de Voltaire à Marie Leczinska ; 10 octobre 1748.

Voltaire évoquait là des souvenirs bien anciens, et ils étaient loin ces temps où la jeune reine pleurait à *Marianne*, riait à l'*Indiscret* et l'appelait : « Mon pauvre Voltaire[1]. » Ils étaient passés et bien passés ces jours de bienveillance ; et la pieuse Marie ne voyait plus, dans ce dernier, qu'un écrivain irréligieux, indigne en tout point de sa protection, l'auteur récent d'un conte abominable, *Zadig*, dont, au reste, on repoussait opiniâtrément la paternité[2]. Voltaire comptait, toutefois, beaucoup sur les recommandations du roi de Pologne, et il fut fort désappointé du refus de la reine, qui fit répondre qu'elle ne se mêlait ni du choix ni de l'exclusion des pièces de théâtre, que c'était une loi qu'elle s'était faite, même pour les opéras que l'on jouait dans ses concerts, et qu'en aucun cas elle ne s'en était départie[3]. Voltaire eût pu opposer à cette fin de non-recevoir la conduite toute différente de Sa Majesté dans une circonstance identique. Au Fontainebleau de 1732, le duc de Mortemart, ayant voulu faire jouer

---

1. Voltaire, *OEuvres complètes* (Beuchot), t. LI, p. 158, 159. Lettre de Voltaire à Thiériot ; à Fontainebleau, ce 17 octobre 1725.
2. *Ibid.*, t. LV, p. 208. Lettre de Voltaire à d'Argental ; à Commerci, le 10 octobre. — *Lettres inédites de madame du Châtelet à d'Argental* (Paris, 1806), p. 285 ; Lunéville, 17 octobre 1748. — Ce qui rendait abominable ce conte si charmant, c'était l'intention sournoise, l'allusion perfide. « Peu de personnes, dit Duvernet, s'aperçurent que dans ce roman, sous le nom de *Yébor*, le plus sot, le plus fanatique et le plus dangereux des archimages, se trouve le portrait du théatin *Boyer*, son persécuteur. Par ce portrait odieux et ressemblant, le philosophe se vengeoit de six ans de tribulations, que ce moine lui avoit fait éprouver. » Duvernet, *la Vie de Voltaire* (Genève, 1786), p. 135.
3. Duc de Luynes, *Mémoires*, t. IX, p. 116 ; vendredi 1er novembre 1748.

la critique de *Marianne* par les comédiens italiens, au moment où ceux-ci allaient entrer en scène, la reine s'était levée et avait quitté le spectacle au grand ébahissement de toute la cour et au grand triomphe de l'auteur, que ce dénoûment ne devait pas, contribuer à rendre modeste [1].

Ce serait bien peu connaître le poëte que de penser qu'il s'en tint à cette unique démarche. En même temps qu'il s'adressait à la reine, il écrivait à madame de Pompadour et faisait parler à celle-ci par Montmartel. « J'écris à madame d'Aiguillon, et j'offre une chandelle à M. de Maurepas. J'intéresse la piété de madame la duchesse de Villars (la piété ! il y tient), la bonté de madame de Luynes, la facilité bienfaisante du président Hénault, que je vous prie d'encourager. Je presse M. le duc de Fleuri ; je représente fortement, et sans me commettre, à M. le duc de Gèvres, des raisons sans réplique, et je ne crains pas qu'il montre ma lettre, qu'il montrera [2]... » Est-ce bien tout ? Il y a encore le duc d'Aumont, auprès duquel d'Argental est supplié d'agir ;

---

[1]. Bibliothèque impériale. Manuscrits. F. R. 24,415. *Correspondance du président Bouhier*, t. VII, f. 613. Lettre de Marais au président ; à Paris, ce 28 octobre 1732. Voltaire fait allusion à des tracasseries qu'il a eu à essuyer « au sujet d'une mauvaise comédie que j'ai empêché, dit-il, d'être représentée, » dans sa lettre à mademoiselle de Lubert, datée du 29 octobre, et, conséquemment, écrite le lendemain même de l'épître de Marais à Bouhier. Il en est aussi question dans une autre lettre à Formont, de novembre, mais sans quantième. S'il constate son triomphe, il ne spécifie rien, et ses sous-entendus, tout en indiquant qu'il se passa quelque chose, ne suffisent pas pour nous assurer de l'exactitude parfaite d'une anecdote que Marais ne sut que par le bruit public.

[2]. Voltaire, *OEuvres complètes* (Beuchot), t. LV, p. 205, 206. Lettre de Voltaire à d'Argental ; à Commerci, le 10 octobre 1748.

il y a Bernis dont on attend les instances chaleureuses devers sa protectrice ; il y a M. Berrier, il y a toute la terre.

Les démarches auprès de Berrier sont des plus pressantes. D'Argental écrit à celui-ci, comme mandataire de son ami absent, une lettre d'une argumentation serrée, à laquelle il n'est pas bien sûr qu'il ait prêté autre chose que son nom[1]. Berrier, de répondre que l'on prêche un converti et qu'il est plein de bon vouloir, mais que ses bonnes intentions peuvent être annihilées par des ordres supérieurs[2]. Voltaire, que ces assurances inquiétaient plus qu'elles ne le tranquillisaient, s'adresse directement au magistrat et invoque son appui au nom des intérêts les plus sacrés, au nom de son honneur, au nom de tout un corps qu'on humiliait dans sa personne et dont il n'aurait plus qu'à se séparer. Ce sont là de très-spécieux arguments, et il n'était pas besoin qu'on leur en adjoignît d'autres qui n'avaient rien de fondé et de réel, du moins a-t-on tout lieu de le penser.

Les bontés dont vous m'honorez, monsieur, poursuivait-il, m'enhardissent à ne vous rien cacher, et je vous avouerai que je traite actuellement d'une charge honorable que je n'aurai certainement pas, si je suis aussi avili aux yeux du roi, dont je suis le domestique et pour qui j'avais fait *Sémiramis*. Une de mes nièces est prête à se marier à un homme de condition qui ne voudra point un oncle vilipendé. Vous savez comme

---

[1]. Léouzon Leduc, *Etudes sur la Russie* (Amyot), p. 457, 458. Lettre de d'Argental à M. Berrier ; à Paris, ce mercredi 27 septembre 1748.

[2]. *Ibid.*, p. 459, 460. Réponse du lieutenant de police à d'Argental ; Paris, le 27 septembre 1748.

tous les hommes pensent, et quelles suites ont toutes les choses auxquelles on attache du mépris et du ridicule. Il est très-probable que cette niaiserie aurait un effet funeste pour ma fortune et pour ma famille[1]...

Cette nièce, du prochain mariage de laquelle il est ici question, ne saurait être que madame Denis, car madame de Fontaine ne perdra son mari que plus tard, en 1756. Nous croirons aisément aux aspirations matrimoniales de l'aînée des demoiselles Mignot, qui eût convolé sans trop de répugnances à de nouvelles noces, malgré les regrets sincères que lui avait laissés la perte de M. Denis. Disons, toutefois, que nous n'avons trouvé, à cette date nulle trace de pareils projets. Mais, quant à cette « charge honorable » dont Voltaire prétend traiter, qu'il ne nomme pas, dont il ne traitera point, nous avouons que rien ne nous paraît moins sérieux. C'était là une petite finesse, une rouerie innocente, qui ne faisait de tort à personne et qu'on pouvait se permettre sans trop de remords. Dix ans auparavant, il usait de la même machine de guerre, « un établissement assez avantageux, » pour apitoyer un prédécesseur de Berrier, M. Hérault, que le poëte eût souhaité plus chaud à le servir[2]. Le magistrat répondait, quatre jours après, qu'il ferait de son mieux et que, quand il serait vrai qu'on voulût se relâcher sur le fait des parodies, le théâtre et même la patrie devaient trop à M. de Voltaire pour que l'on commençât par lui « à se déranger des maximes qu'on

---

1. Léouzon Leduc, *Etudes sur la Russie* (Amyot), p. 461. Lettre de Voltaire à Berrier; à Commerci, ce 20 octobre 1748.

2. *Ibid.*, p. 402. Lettre de Voltaire à M. Hérault; ce 27 octobre 1738.

s'était proposé de garder[1]. » C'était parler comme Voltaire ; restait à savoir si le bienveillant lieutenant de police serait écouté. La question fut tranchée par la favorite, qui manda à l'auteur par Montmartel « que le roi était bien éloigné de vouloir lui faire la moindre peine. » Et M. de Fleuri donna l'ordre de retirer la parodie qui ne fut point jouée à la cour.

La tragédie *Sémiramis* fut représentée, le jeudi 24 octobre, sur le théâtre de Fontainebleau et y fut assez bien reçue, nous dit le duc de Luynes, qui, tout circonspect qu'il est, témoigne d'une médiocre bienveillance pour le poëte. Ce dernier se flattait que la défense s'étendrait à la ville, et que les parodistes en seraient pour leurs frais. On se demande pourquoi tant de mouvement, d'inquiétudes, de ténacité, de démarches désespérées ? *OEdipe*, *Zaïre*, *Alzire* n'avaient-ils pas été, avant *Sémiramis*, justiciables des traiteaux de la Foire ? et n'était-ce pas une prétention exorbitante et presque inhumaine de vouloir empêcher ces petites scènes de vivre en paix de leur innocente industrie ? Sans doute Voltaire, et nous le savons de reste, a l'épiderme singulièrement sensible ; mais il n'était pas le premier qui eût fait intervenir l'autorité en semblable occurrence. Boileau, si agressif, ne s'était pas montré en son temps plus disposé à se laisser bafouer, et avait usé de son crédit pour empêcher la représentation de la *Satyre des Satyres*, de Boursault, qui n'était pourtant qu'une réplique à ses attaques[2].

---

1. Léouzon Leduc, *Etudes sur la Russie* (Amyot), p. 462, 463. Lettre de M. Berrier à Voltaire ; Paris, le 24 octobre 1748.
2. Ed. Fournier, *La Valise de Molière* (Dentu, 1868), p. 80, 81, 82.

Pour revenir à Voltaire, il n'avait gagné qu'une première manche. La parodie de *Sémiramis* avait été écartée à la cour, mais on la donnerait à Paris, et la malignité n'y perdrait rien. Le poëte, dans sa détresse, avait écrit la lettre « la plus respectueuse, la plus soumise, la plus tendre » à M. de Maurepas, malgré le peu de faveur qu'il devait attendre de celui-ci ; il lui fut répliqué sèchement et durement que la parodie serait jouée [1]. Les ducs de Fleuri et d'Aumont, débordés, ne répondirent que par des faux-fuyants. Voltaire en devait néanmoins être quitte pour la peur. Au demeurant, l'influence de M. de Richelieu [2] et un mot de madame de Pompadour sauvèrent à l'impressionnable écrivain un chagrin qui n'avait de sérieuses conséquences que dans son imagination surexcitée [3]. Que devaient lui importer, en somme, tous ces bourdonnements d'insectes, et n'était-ce pas avoir de la sensibilité à revendre que de s'attrister de quelques critiques au gros sel fondées parfois, et dont il finissait par tenir compte, tout en enrageant ?

1. Voltaire, *OEuvres complètes* (Beuchot), t. LV, p. 215. Lettre de Voltaire à d'Argental ; Lunéville, le 30 octobre 1748.
2. *Lettres inédites de madame du Châtelet à d'Argental* (Paris, 1806), p. 288. « Je suis sûre, lui mande-t-elle, de M. de Richelieu, et que la parodie ne sera pas jouée. » Cirey, 13 janvier 1749.
3. Cette farce, qui fut imprimée à Amsterdam (Pierre Marteau, 1749), était de Montigny. L'indication des personnages donnera l'idée de ce qu'elle pouvait être. Ce sont Sémiramis, l'Exposition, le Dénouement, l'Intérêt, la Pitié, la Cabale, le Remords, la Décoration, l'ombre du grand Corneille ; plusieurs Beautés, troupe de Défauts. Le marquis de Luchet prétend que la foire eut aussi sa parodie sous le titre de *Zoramis*. Cela n'a été ni joué ni imprimé ; il faut bien croire pourtant à l'existence de cette petite pièce dont Luchet cite quelques vers qui ne sont pas trop mal tournés, eu égard au genre et au lieu.

Le moment est venu d'entrer plus particulièrement dans l'intimité de la cour de Lorraine où Voltaire et son amie passèrent, sans désemparer, la seconde quinzaine de septembre, les mois d'octobre et de novembre, et la première moitié de décembre. Sauf une apparition d'un jour ou deux à la Malgrange, au commencement d'octobre, l'on ne quitta point Lunéville, où les plaisirs, les fêtes se succédèrent avec une continuité implacable. « Depuis que je suis ici, écrivait madame du Châtelet, je n'ai fait que jouer l'opéra et la comédie. Votre ami nous a fait une comédie en vers et en un acte qui est très-jolie, et que nous avons jouée pour notre clôture[1]. J'ai joué aussi l'acte du feu des *Éléments*, et je voudrois que vous y eussiez été ; car, en vérité, il a été exécuté comme à l'Opéra[2]. »

La pauvre marquise avait pourtant plus d'un souci. Il fallait dissimuler, cacher sa joie, son bonheur, ses emportements, ses angoisses. Madame de Boufflers avait des moments de bouderie et de mauvaise humeur que cette dernière était bien forcée de subir, à moins de casser les vitres. Nous avons déjà indiqué ces nuages, dont il est plus d'une fois question dans les lettres à Saint-Lambert. Il y avait entre elles deux comme un malentendu qui les empêchait l'une et l'autre de se livrer au penchant de leur cœur. « I'aime vs injustices, écrivait Émilie à son amant, car i'aime tout de vs, mais ie n'aime point celles de M. B. (madame de Bouf-

---

1. Probablement *La Femme qui a raison*, que Voltaire mit ensuite en trois actes.
2. *Lettres inédites de madame du Châtelet à d'Argental* (Paris, 1806), p. 286, 287 ; Lunéville, 30 novembre 1748.

flers); ie fais ce que ie puis pr les détruire, ie lui ai fait répéter son role ce matin i'ay été ches elle ie la crains parce quelle peut ns séparer [1]... » A quoi attribuer cette sorte d'hostilité de la part d'une femme qui était toute indolence et toute bienveillance ? Craignait-elle pour son influence auprès du vieux roi, qui en était arrivé à ne plus se passer de Voltaire ni de la docte Uranie ? Ces moments d'humeur, quelle qu'en fût la raison, n'étaient que passagers, et l'on en venait aisément à bout avec de la patience, de la douceur, de l'adresse et une obstination affectueuse. Hélas ! lorsqu'elle se plaignait des petites injustices de la favorite, la marquise ne soupçonnait pas quel terrible orage son imprudence allait provoquer, et quelle étrange situation elle allait faire à chacun. On pressent où il nous va falloir en venir, et de quelle aventure scabreuse notre maligne étoile nous constitue l'historien.

Un soir, à Commercy, durant le bref séjour qu'y fit la cour, dans la première moitié d'octobre, Voltaire, qui ne soupçonnait rien, entre chez son amie sans être annoncé. Il aperçoit M. de Saint-Lambert et la marquise dans une posture abandonnée qui dénotait par trop d'intimité. A cette vue, il ne se possède plus, il éclate, il accable d'injures l'infidèle. Mais il est interrompu par Saint-Lambert qui, loin de se déconcerter, se met tout à la disposition de l'outragé. Si Voltaire s'était jadis montré très-décidé à jouer sa vie avec le

---

[1]. Cabinet de M. Feuillet de Conches, *Lettres autographes de madame du Châtelet à Saint-Lambert*. Lettre 65.

chevalier de Rohan, il était jeune alors et il avait subi une de ces offenses qui donneraient du cœur au moins intrépide. Mais, à l'époque où nous sommes, il avait cinquante-quatre ans, et, à cet âge-là, ce serait un ridicule de plus de se battre pour la trahison d'une maîtresse. Quant au marquis, il abusait un peu, ce nous semble, de ses trente et un ans. Quoi qu'il en soit, Voltaire quitte la place, rentre chez lui furieux, et commande à Longchamp de tout préparer pour son départ. Longchamp, ne comprenant rien à cette fuite, va prendre sous main les ordres de madame du Châtelet, qui lui dit de gagner du temps sous un prétexte ou sous un autre. Mais le poëte semblait résolu à déloger, quels que fussent les obstacles. La marquise, épouvantée d'une pareille détermination et voulant l'empêcher à tout prix, se rendit près de lui. Il était couché. Elle alla s'asseoir sur le pied de son lit; et, comme Longchamp n'était pas encore sorti, elle adressa la parole au poëte en anglais, répétant un nom d'amitié « qu'elle lui donnait ordinairement en cette langue. »

Mais ils sont seuls, et les deux interlocuteurs vont reprendre leur idiome naturel, sans se douter que l'indiscret serviteur écoutât leur entretien à travers un mur très-mince. Madame du Châtelet, en vraie femme qu'elle était, commença par soutenir à Voltaire qu'il avait la berlue. Mais il était comme M. Orgon : il avait vu, et bien vu, et trop vu. Alors madame du Châtelet avoua tout sans sourciller : leurs tempéraments à tous deux étaient fort différents ; mais, puisque la santé de Voltaire le condamnait au repos, ne valait-il pas mieux qu'il fût remplacé par un ami que par tout autre?

« Ah! madame, répliqua Voltaire, vous aurez toujours raison ; mais, puisqu'il faut que les choses soient ainsi, du moins qu'elles ne se passent point devant mes yeux[1]. » Madame du Châtelet n'avait pas, on en conviendra, l'argumentation timide ; elle arrivait au fait sans s'embarrasser dans les broussailles des circonlocutions, des adoucissements et des atténuants. Et que l'on ne prenne pas cela pour une impudence en dehors du possible ; c'est tout bonnement de l'ingénuité cynique, cette absence totale de sens moral qui, comme on l'a déjà indiqué, fut la lèpre de cette époque que la satiété et l'abus avaient amenée à la négation de tout. A moins d'être la dernière des misérables, il n'est pas une femme tombée qui osât alléguer les excuses que donne tout naturellement, tout naïvement à Voltaire madame du Châtelet. Autre temps, autres mœurs. Et il faut bien qu'il en soit ainsi, pour que l'outragé, au lieu d'écraser la coupable sous son infamie, se sente ébranlé, convaincu par cette logique étrange. Pour demeurer équitable envers madame du Châtelet, on a bon besoin de se reporter à ce siècle déjà inintelligible pour la génération qui l'a suivi. Il y a eu des

---

1. Cela rappelle un dialogue de même nature entre Fontenelle et une maîtresse infidèle. Averti de la trahison de la dame, le galant auteur de la *Pluralité des Mondes* se transporte chez elle plein de fureur et l'accable des plus violents reproches. « Fontenelle, répond celle-ci après l'avoir laissé dire, lorsque je vous pris, c'était le plaisir que je cherchais ; j'en trouve plus avec un autre, est-ce au moindre plaisir que je dois donner la préférence ? Soyez juste et répondez-moi. — Ma foi, repartit le philosophe, vous avez raison ; et si je ne suis plus votre amant, je peux du moins rester votre ami. » Delort, *Histoire de la détention des philosophes à la Bastille et à Vincennes* (Paris, 1829), t. II, p. 139.

femmes galantes en tous les temps ; disons plus, les mauvaises mœurs ont toujours été le caractère distinctif des classes désœuvrées, et les pages les plus osées de Brantôme et de Bussy-Rabutin sont bien plus des indiscrétions que des calomnies sans fondement aucun ; mais, à nulle époque, l'on ne manifesta ce suprême dédain de toute retenue et de toute pudeur.

Madame du Châtelet, après avoir calmé Voltaire, l'embrasse, lui dit de n'y plus songer, et se retire. Elle n'avait accompli que la moitié de sa tâche : il lui fallait apaiser M. de Saint-Lambert, qui se considérait comme insulté, et elle n'y parvint pas sans quelque peine. L'ombrageux marquis se laissa fléchir, il finit par reconnaître que l'âge de M. de Voltaire commandait des égards, et sa maîtresse obtint qu'il ferait une démarche conciliatrice. Le lendemain soir, l'auteur des *Saisons* se présente chez son rival ; il est reçu : il balbutie avec embarras quelques phrases d'excuse, mettant les expressions un peu vives qui lui étaient échappées sur le compte d'une émotion, d'un trouble très-concevable. Voltaire ne lui en laisse pas dire davantage, il lui serre les mains, l'embrasse avec une touchante bonhomie : « Mon enfant, lui dit-il, j'ai tout oublié, et c'est moi qui ai eu tort. Vous êtes dans l'âge heureux où l'on aime, où l'on plaît ; jouissez de ces instants trop courts : un vieillard, un malade comme je suis, n'est plus fait pour les plaisirs. »

Voltaire a, de temps à autre, dans sa vie de ces moments-là. En dehors de ses irritations et de ses haines littéraires, il est plein de mansuétude ; il pardonne aisément, et des rechutes ne lassent ni sa générosité ni sa miséricorde. Le lendemain, on soupa en commun chez madame de Boufflers, et l'on parut ne plus songer des deux parts à cet orage qui s'était dissipé sans catastrophe. Le poëte-philosophe, bien qu'il jouât dans tout cela le rôle sacrifié, trouva qu'il y avait là matière à comédie. Il se mit à rimer un petit acte dont il supprima plus tard le manuscrit. Il paraîtrait, toutefois, que quelques vers ont été transportés dans *Nanine*, qu'il composa peu de temps après à Commercy : il est à regretter que cet étrange morceau ait été anéanti. Pas le moindre ressentiment n'était resté dans sa pensée. Il s'était résigné, il avait pardonné, il s'était accommodé de la félonie. Pouvait-il se montrer plus sensible, plus impitoyable que dans sa jeunesse; et sa longanimité passée à l'égard de mademoiselle de Livry et du petit Génonville ne lui faisait-elle pas une obligation de l'indulgence et de la mansuétude? A quelques jours de là, en une élégante épître au président Hénault, il proclame sa vie la plus agréable et la plus enviable des vies, au sein de cette cour sans courtisans, entre Boufflers et Émilie[1]. Quant à Saint-Lambert, il lui adresse, comme à La Faluère, une de ces pièces charmantes, d'un tour inimitable, anacréontique sans cynisme, aussi facile et plus châtiée que les meilleures de l'abbé de Chaulieu.

> Tandis qu'au-dessus de la terre,
> Des aquilons et du tonnerre,

---

1. Voltaire, *OEuvres complètes* (Beuchot), t. XIII, p. 192, 193, 194 ; Épître au président Hénault; Lunéville, novembre 1748.

La belle amante de Newton,
Dans les routes de la lumière
Conduit le char de Phaéton,
Sans verser dans cette carrière,
Nous attendons paisiblement,
Près de l'onde castalienne,
Que notre héroïne revienne
De son voyage au firmament;
Et nous assemblons pour lui plaire,
Dans ces vallons et dans ces bois,
Les fleurs dont Horace autrefois
Faisait des bouquets pour Glycère.
Saint-Lambert, ce n'est que pour toi
Que ces belles fleurs sont écloses :
C'est ta main qui cueille les roses,
Et les épines sont pour moi...
Dans l'heureux printemps de tes jours
Du dieu du Pinde et des amours
Saisis la faveur passagère :
C'est le temps de l'illusion ;
Je n'ai plus que de la raison :
Encore, hélas! n'en ai-je guère.
Mais je vois venir sur le soir [1],
Du plus haut de son asphélie,
Notre astronomique Émilie,
Avec un vieux tablier noir [2]
Et la main d'encre encor salie.
Elle a laissé là son compas,
Et ses calculs, et sa lunette;
Elle reprend tous ses appas :
Porte-lui vite à sa toilette
Ces fleurs qui naissent sous tes pas,

---

1. Cette transition rappelle un peu celle de l'Épître de l'abbé de Chaulieu au chevalier de Bouillon, qui est un modèle du genre. 1704. Chaulieu, OEuvres (Lahaye, 1777), t. II, p. 7.

2. Madame de Grafigny écrivait à Panpan, à propos de madame du Châtelet : « ...elle est plus négligée que moi, c'est beaucoup dire, et plus mal tenue... » Elle parle ailleurs de son grand tablier de taffetas noir. *Vie privée de Voltaire et de madame du Châtelet* (Paris, 1820), p. 4, 91.

> Et chante-lui sur ta musette
> Ces beaux airs que l'amour répète,
> Et que Newton ne connut pas.

A part ce que ce morceau a de grâce aisée, il y règne un désintéressement, une absence de toute prétention, un renoncement aux droits les mieux acquis, qui ne sont pas communs et que l'âge n'explique point ; car le vieillard (et l'est-on à cet âge?) ne se désintéresse guère, tant s'en faut, des biens dont il ne saurait jouir. Mais Voltaire, dans l'amour, ne vit jamais que l'union de deux cœurs, quelque chose non pas de différent mais de plus chaud que l'amitié. La première ardeur passée, son bon sens, son égoïsme peut-être, parlait plus haut que la vanité blessée. Rompre c'était tout perdre, une intimité de quinze années basée sur la supériorité de l'esprit et du caractère, sur un attachement réciproque qui, quoique ayant changé de nature, n'en était pas moins très-sincère et très-profond. Est-ce que lui, tout le premier, l'aimait de la même façon qu'autrefois? Et, s'il était forcé de reconnaître, sinon un affaiblissement, au moins une transformation dans ses sentiments, serait-il bien reçu à blâmer chez elle ce qu'il constatait en lui? En perdant une maîtresse, Voltaire ne perdait rien, s'il conservait l'amie. Il se conquérait, de plus, un ami avec lequel les relations seront des plus courtoises, même un prôneur qui ne marchandera point la louange et l'enthousiasme, et ira jusqu'à proclamer l'auteur de *Zaïre* et de *Mérope* :

> Vainqueur des deux rivaux qui régnaient sur la scène ;

ce qui devait attirer au chantre des *Saisons* cette boutade de Gilbert :

Saint-Lambert, noble auteur, dont la muse pédante
Fait des vers trop vantés par Voltaire qu'il vante.

Voltaire, en effet, écrivait, de son côté, à Frédéric, à la date du 17 mars 1749 :

> Je me porte trop mal pour envoyer des vers à Votre Majesté, mais en voici qui valent mieux que les miens. Ils sont d'un capitaine dans les gardes du roi Stanislas ; ils sont adressés au prince de Beauvau. L'auteur, nommé Saint-Lambert, prend un peu ma tournure, et l'embellit. Il est comme vous, sire, il écrit dans mon goût. Vous êtes tous deux mes élèves en poésie ; mais les élèves sont bien supérieurs par l'esprit au pauvre vieux maître poëte[1].

Tout cela n'était-il pas préférable, encore une fois, à une rupture qui eût plongé l'amant trahi dans l'abandon le plus absolu ? Mais, pour aussi sainement raisonner, il fallait un tempérament à part, il fallait avoir médiocrement à compter avec cette partie de nous, la plus exigeante comme la moins estimable, et que Xavier de Maistre appelle si expressivement mais si incongrûment « la bête. » Madame de Tencin disait à Fontenelle, qui ne s'en formalisait point, en lui posant la main sur la poitrine : « Ce n'est pas un cœur que vous avez là, c'est de la cervelle comme dans la tête. » Tout n'était pas cervelle dans le cœur de Voltaire, mais la cervelle y entrait pour un bon tiers, sinon plus. En

---

1. Son enthousiasme ne se bornait pas à si peu, et allait, à l'occasion, jusqu'aux voies de fait. « Il voulait terminer militairement avec M. Clément, qui n'a pas ménagé le poëte, la querelle que le zèle de sa défense avait engagée, » lisons-nous dans une note relative à une demande de pension à laquelle il fut répondu négativement. Techener, *Bulletin du Bibliophile* (1861), XVe série, p. 534. État des gens de lettres demandant des pensions (vers 1786).

matière aussi scabreuse, c'est déjà beaucoup d'indiquer, ne fût-ce que du doigt. Il était, toutefois, indispensable que l'on ne se méprît point sur cet étrange compromis, que les mœurs n'eussent pas seules expliqué.

Cette étape à Commercy ne fut que de quelques jours, et, dès le 17 octobre (peut-être plus tôt), l'on était de retour à Lunéville. Là, comme à Sceaux, Voltaire, toujours facile, malgré le danger de pareilles confidences, donnait les prémices de ses travaux à son royal hôte et aux grands seigneurs de sa cour. Il poursuivait avec ardeur son histoire de la guerre de 1741. L'épisode relatif aux dernières infortunes de la maison de Stuart était terminé[1]; il le lut avec une profonde émotion qui gagna l'assemblée : les propres infortunes de Stanislas, le souvenir des dangers qu'il avait courus, prêtaient à ce tableau, déjà si pathétique, un intérêt indicible. L'auteur avait à peine achevé, qu'on apporte des lettres de Paris. Par une étrange coïncidence, ces papiers annonçaient au prince l'arrestation du Prétendant à la sortie de l'Opéra, sur l'ordre du roi, et en conséquence du traité conclu avec l'Angleterre (10 décembre 1748). On avait cédé en cela à la rigueur des temps, et le prince Édouard eût peut-être dû reconnaître notre hospitalité passée en sauvant au pays, qui avait été si longtemps le refuge de sa famille et de lui, la honte d'une mesure imposée par une nécessité implacable. Ce service, le ministère l'avait imploré; mais

---

1. Voltaire, *OEuvres complètes* (Beuchot), t. XXI, p. 199 à 236. *Précis du siècle de Louis XV*, chapitres XXIV, XXV.

le proscrit, en dépit des ordres du roi son père, déclara qu'il ne céderait qu'à la violence, et il fallut se résoudre à le faire arrêter et conduire de force à Vincennes, puis hors des limites du royaume [1].

Stanislas, raconte Longchamp, ayant fait part de cette nouvelle aux personnes qui étaient près de lui : ô ciel ! s'écria aussitôt M. *de Voltaire, est-il possible que le roi souffre cet affront; et que sa gloire subisse une tache que toute l'eau de la Seine ne saurait laver!* La compagnie entière parut affectée d'une profonde douleur. M. *de Voltaire*, en rentrant chez lui, jeta de dépit ses cahiers dans un coin, renonçant à continuer cette histoire. Je l'ai vu rarement affecté d'une impression aussi forte qu'en ce moment. Il oublia ce travail pendant plusieurs années, et ne le reprit qu'à Berlin, à la demande du roi de Prusse ; et ce fut plus tard encore, quand il se fut établi à Ferney, qu'il en fit entrer une partie dans *le précis du siècle de Louis XV* [2].

Quoi qu'il en soit, cette exécution indigna. De telles rigueurs envers un prince dans l'infortune, un descendant d'ailleurs de Henri IV à un plus proche degré même que Louis XV, parut un acte aussi révoltant que lâche. L'opinion publique ne se gêna pas pour s'affirmer de la façon la plus catégorique ; et le poëte Desforges, l'auteur d'une *Lettre critique sur la tragédie de Sémiramis*, ne craignait pas de faire courir cette sanglante satire qu'il allait expier par six années de captivité (juin 1750 à juin 1756) dans la cage de fer du Mont Saint-Michel.

1. Duc de Luynes, *Mémoires*, t. IX, p. 147 à 152 ; mercredi 11 décembre 1748. — Barbier, *Journal* (Charpentier), t. IV, p. 329 ; décembre 1748. — Amédée Pichot, *Histoire de Charles-Édouard* (Paris, Amyot, 1845-1846), t. II, p. 349-354.
2. Longchamp et Wagnière, *Mémoires sur Voltaire* (Paris, 1826), t. II, p. 225.

> Peuple jadis si fier, aujourd'hui si servile,
> Des princes malheureux vous n'êtes plus l'asile [1]...

A Lunéville, cette nouvelle devait impressionner douloureusement. Le prince Édouard avait des amis près du roi de Pologne, notamment la princesse de Talmond (une Jablonowska), « extrêmement amie du prince [2], » nous dit le duc de Luynes, qui, quoique fixée en France, avait conservé d'étroites relations à la cour de Lorraine. Quant à ce petit récit arrangé et trop bien arrangé par Longchamp, le soin de la mise en scène nous semble avoir quelque peu nui à une vérité très-judaïque des faits. Cette nouvelle de l'arrestation de Charles-Édouard succédant à la lecture émouvante des infortunes légendaires de cette maison poursuivie par une destinée implacable, est une de ces rencontres fortuites dont le roman s'accommode plus que l'histoire. Il nous est plus difficile encore d'admettre cette brusque détermination de ne plus travailler à des annales désormais souillées par une lâcheté déshonorante pour le pays comme pour le souverain qui y avait consenti. La petite scène que rapporte Longchamp

---

1. Cette pièce est généralement attribuée à Desforges. Cependant Morellet nous dit que l'abbé Sigorgne, accusé d'en être l'auteur, fut arrêté et dut expier à la Bastille un crime dont le vrai coupable était l'abbé Bon, maître de quartier à Sainte-Barbe. Morellet, *Mémoires* (Paris, 1821), t. I, p. 13, 14. D'après les recherches qu'il nous a été donné de faire, la pièce reste à Desforges. Quant à Sigorgne, arrêté à la même occasion, avec quatorze autres, il est accusé d'avoir dicté à un abbé Guyard des vers qui commencent ainsi : « Quel est le triste sort des malheureux François!... » *Archives de la police. Notes sur les prisonniers de la Bastille*, année 1749. B. 620, 644. Voir aussi la *Bastille dévoilée* (Paris, 1789), 1re livraison, p. 108.

2. Duc de Luynes, *Mémoires*, t. IX, p. 36 ; 14 mai 1748.

devait se passer le 12 ou le 13 décembre; et, le 24 du même mois, Voltaire mandait à Cideville : « J'ai presque achevé l'histoire de cette maudite *guerre* qui vient enfin de finir par une paix que je trouve très-glorieuse, puisqu'elle assure la tranquillité publique... Je vous attends à Paris pour vous montrer tout cela[1]. » Comme on le voit, le travail était achevé ou peu s'en fallait ; encore quelques coups de pinceau et il était terminé. Mais nulle allusion à une interruption dictée par un sentiment d'humiliation patriotique.

Madame du Châtelet avait des intérêts qui la rappelaient à Cirey : un maître de forges sortant, un autre prenant possession, des bois à visiter, des contestations à terminer et qui nécessiteraient, avec d'autres petits soins, l'emploi de tout le mois de janvier[2]. Il était convenu que l'on passerait les fêtes de Noël chez elle, et l'on dut prendre congé de Stanislas et de sa cour, vers le 20 décembre. Voltaire et la marquise montent en chaise et arrivent à Châlons, à huit heures du matin. Ils se souvenaient trop bien de l'hospitalité de la Cloche pour s'y exposer désormais, et ils se firent conduire à la maison de plaisance de l'évêque, leur ami commun, pour lui dire un simple bonjour ; car ordre fut transmis aux postillons d'amener au plus tard les relais à neuf heures et demie. Un fermier s'étant présenté, le règlement ne fut ni difficile ni long, et, pour tuer le temps, Émilie propose à la compagnie de faire une partie

---

[1]. Voltaire, *OEuvres complètes* (Beuchot), t. LV, p. 227. Lettre de Voltaire à Cideville ; à Loisci, le 24 décembre 1748.

[2]. *Lettres inédites de madame du Châtelet à d'Argental* (Paris, 1806), p. 288. Cirey, 13 janvier 1749.

de comète ou de cavagnole. L'offre est acceptée. A neuf heures et demie, on vient la prévenir que la voiture est attelée, elle n'en tient compte. Après une attente indéfinie, les postillons à bout de patience menacent de remmener leurs chevaux. Ils sont pris au mot, et l'on convient que l'on ne remontera en chaise qu'après le dîner, à deux heures. Le jeu avait recommencé de plus belle, et il n'y avait guère d'apparence que madame du Châtelet fût plus disposée que le matin à s'arracher aux délices de la comète. Le temps était horrible, la pluie cinglait au nez des postillons faisant tapage avec leur fouet dans l'espérance d'être entendus ; mais la divine Émilie, qui était en perte, n'était pas femme à se retirer sans avoir obtenu sa revanche, et une autre partie s'engagea. Pour apaiser ceux-ci, on leur dit de dételer et de mener leurs bêtes dans les écuries de Monseigneur, et qu'ils n'auraient rien perdu à être complaisants. Madame du Châtelet était encore au jeu à huit heures ! Toutefois, il fallut bien interrompre ; ils prirent congé de l'évêque et continuèrent leur route, Voltaire peu content de cette halte démesurée, la marquise regrettant que les heures passassent si vite et que la journée fût sitôt achevée [1].

Ils étaient à Cirey le 24 décembre [2]. L'intention des

1. Longchamp et Wagnière. *Mémoires sur Voltaire* (Paris, 1826), t. II, p. 226, 227.

2. Les *OEuvres complètes* (Beuchot), t. LV, p. 227, renferment une lettre de Voltaire à Cideville, datée de Loséi, près de Bar, le 24 décembre ; et les *Lettres inédites* (Didier, 1857), t. I, p. 176, en contiennent une autre à d'Argental, datée de Cirey, même jour. Cela inspirerait des soupçons sur l'exactitude de la date de l'une ou l'autre des deux épîtres, si l'on ne savait Voltaire homme à écrire à toutes les étapes et dans l'intervalle d'un relai de poste. Loisei se

deux amis était bien de passer l'hiver à Paris ; mais la nécessité qui devait les retenir tout un grand mois dans cette solitude enchantée était de celles auxquelles on se résigne sans trop de mérite. Lors même qu'elle n'eût pas eu quelques raisons de compter sur la visite de Saint-Lambert, la marquise n'était nullement embarrassée de l'emploi du temps. Son retour à la foi newtonienne ne s'était pas effectué sans componction et sans remords, et elle n'avait pas cru pouvoir mieux expier et réparer ses erreurs qu'en se vouant à la traduction du livre des *Principes* de Newton, dont Voltaire nous paraît enthousiasmé. « Elle vient d'achever, mande-t-il à d'Argental, une préface de son *Newton*, qui est un chef-d'œuvre [1]. » Il en écrit autant, et dans les mêmes termes, au président Hénault [2]. L'ouvrage, toutefois, n'était pas tellement terminé, quoi qu'il en dise, que l'auteur n'eût encore à y revenir, à éplucher et à remanier, durant de longues journées, sous l'aile d'un savant qui ne marchandera pas les séances.

Mais cette paix, cette sérénité sont inopinément troublées par la menace d'un événement auquel on ne songeait guère et qui fut un véritable coup de foudre. Depuis quelques jours, Voltaire remarquait l'air soucieux, sombre de la marquise; il l'interroge, la presse, lui arrache son secret : madame du Châtelet était en-

---

trouve à deux lieues et demie de Bar-le-Duc ; le comte de Lomont, frère puîné du marquis du Châtelet y avait un château, ce qui explique la station des deux voyageurs dans ce village.

1. Voltaire, *Œuvres complètes* (Beuchot), t. LV, p. 236. Lettre de Voltaire à d'Argental ; à Cirey, le 21 janvier 1749.

2. *Ibid.*, t. LV, p. 238. Lettre de Voltaire au président Hénault.

ceinte¹. Le poëte, à cette nouvelle, dissimule son propre chagrin pour reconforter son amie, dont on comprend aisément les angoisses et même le désespoir. Il était naturel que l'auteur de tout le mal fût appelé à y porter remède, encore bien qu'il n'y pût guère. On écrit à Saint-Lambert de venir en toute hâte, et, trois jours après, il accourait à Cirey. Que faire? Quel parti prendre? Cela était assez grave, ce nous semble, quoique le concours de Voltaire, en pareille circonstance, eût bien aussi son côté comique. Au reste, ce côté-là n'échappa point aux trois amis, qui oublièrent un instant les autres faces de la situation pour en rire de leur mieux. Il n'y avait pas lieu de songer à tenir la grossesse de la marquise cachée; toute la question était donc de savoir comment elle s'avouerait, et à quel père on donnerait l'enfant : « Qu'à cela ne tienne, eût dit Voltaire, nous le mettrons au nombre des œuvres mêlées de madame du Châtelet. » Le mot est joli²; mais il ne tranchait pas la difficulté. Au surplus, n'y avait-il point deux issues : l'enfant ne pouvait être qu'à M. du Châtelet; restait à le lui faire accepter. Depuis une quinzaine d'années et plus, les époux avaient cessé d'habiter ensemble; et, tout accommodant que fût le

1. D'après une lettre que nous citerons plus loin, elle devait l'être des premiers jours de décembre; et, par conséquent, elle dut s'apercevoir de son état presque aussitôt après son arrivée à Cirey.

2. Disons que nous croyons médiocrement à cette saillie qui appartiendrait tout autant à Frédéric, comme cela ressort d'une lettre de lui à Algarotti, datée de Postdam, le 12 septembre 1748. « La du Châtelet est accouchée d'un livre, et l'on attend encore l'enfant; peut-être que, par distraction, elle oubliera d'accoucher, ou, si l'embryon paraît, ce sera des *œuvres mêlées.* » *OEuvres complètes de Frédéric le Grand* (Berlin, Preuss.), t. XVIII, p. 66.

marquis, il était douteux qu'il ne parût pas au moins surpris de ce surcroît de famille. Ce dernier était alors à Dijon ; il fut convenu qu'on lui écrirait de venir. On mettait en avant la menace d'un procès que sa présence pouvait empêcher ; on lui parlait aussi d'une somme d'argent qui l'attendait, et destinée à subvenir aux dépenses de la campagne prochaine. M. du Châtelet fait diligence ; il est reçu par Voltaire, Saint-Lambert et la marquise, à bras ouverts, fêté, caressé comme il ne l'avait jamais été. On pressent quelle comédie va se jouer, comédie fort peu édifiante, et que, moins courageux que Longchamp, nous ne ferons qu'indiquer. Qu'il suffise de savoir que M. du Châtelet donna pleinement dans le piége et prit au sérieux ces grandes démonstrations de tendresse, ce retour conjugal qui avait lieu un peu sur le tard.

Trois semaines et plus s'étaient ainsi écoulées dans une sorte d'enchantement, lorsque madame *du Châtelet* déclara à son mari que, d'après certains signes, elle avait lieu de se croire enceinte. A cette nouvelle, M. *du Châtelet* pensa s'évanouir de joie ; puis se ranimant, il saute au cou de son épouse, l'embrasse et va conter ce qu'il vient d'apprendre, à tous ses amis qui étaient dans le château. Chacun l'en félicita, et alla faire part à madame la marquise de l'intérêt qu'il prenait à leur satisfaction mutuelle. La nouvelle se répandit bientôt dans les villages circonvoisins. Des gentilshommes, des gens de loi, de gros fermiers vinrent en faire compliment à M. *du Châtelet*. Il les recevait tous à merveille. Peut-être était-il flatté en secret de leur faire voir qu'il pouvait être encore de service ailleurs qu'à la guerre. Cela donna lieu à de nouvelles réjouissances à Cirey[1]...

Ces précautions prises, rien n'obligeait plus M. du

---

1. Longchamp et Wagnière, *Mémoires sur Voltaire* (Paris, 1826), t. II, p. 234, 235.

Châtelet, qui regagna son corps[1]. M. de Saint-Lambert, rappelé par son service, retourna de son côté à Lunéville, tandis que Voltaire et la marquise se dirigeaient vers Paris, où nous les trouvons installés, dès le 17 février[2]. Le poëte y débarquait fort souffrant, aux trois quarts agonisant, s'il faut l'en croire, et n'attendant son salut que d'une livre de vraies pilules de Stahl, qu'il priait sans façon le roi de Prusse de lui envoyer, sous l'enveloppe de M. de La Reynière, ou, comme jadis, par les sieurs Mettra.

Sire, ce n'est pas le tout d'être roi, et d'être un grand homme dans une douzaine de genres, il faut secourir les malheureux qui vous sont attachés. Je suis arrivé à Paris paralytique, et je suis encore dans mon lit. Vespasien guérit bien un aveugle; vous valez mieux que lui. Pourquoi ne me guérissez-vous pas? Je n'ai encore trouvé rien qui me fît plus de bien que les vraies pilules de Stahl, et nous n'en avons à Paris que de mal contrefaites. Je vois bien que tout mon salut est à Berlin. Votre Majesté me dira peut-être que le roi Stanislas est mon médecin, et elle me renverra à lui. Eh bien! sire, je prends le roi Stanislas pour mon médecin, et le roi de Prusse pour mon sauveur[3].

Quoique moins suivie, leur correspondance allait toujours son train, Frédéric s'obstinant à l'attirer en

---

1. Collé cite à ce propos une facétie qui caractérise bien l'esprit de cette époque sans principes, riant et s'amusant de tout, et dansant au besoin sur une tombe même, comme on en pourra juger à la mort de la pauvre marquise. « ... sur cela quelqu'un disoit : *Mais quelle diable d'envie a donc pris à madame du Châtelet de coucher avec son mari ? — Vous verrez*, répondit-on, *que c'est une envie de femme grosse.* » *Journal* (Paris, 1805), t. I, p. 81. Avril 1749.

2. Le roi de Pologne, dans une lettre dont il va être question plus loin, l'y croit établi dès le 13 janvier 1749.

3. Voltaire, OEuvres complètes (Beuchot), t. LV, p. 252, 253. Lettre de Voltaire à Frédéric ; Paris, 17 février 1749.

Prusse, Voltaire, peu pressé au fond de se rendre à ce désir, mais entretenant le feu sacré et payant le prince en belles paroles. Si le poëte n'est pas à Berlin et s'il est à Lunéville, c'est que Lunéville est près des eaux de Plombières et que l'on ne laisse pas de profiter de ce voisinage pour faire durer encore quelques jours une malheureuse machine dans laquelle il y a une âme qui est toute à lui [1]. A beau mentir qui écrit de loin, et Voltaire n'est pas en peine pour exagérer sa faiblesse et ses infirmités. « J'ai une maladie qui m'a rendu sourd d'une oreille, et qui m'a fait perdre mes dents. Les eaux de Plombières m'ont laissé languissant. Voilà un plaisant cadavre à transporter à Postdam [2]. » Notez que Voltaire n'est pas allé à Plombières depuis des années, et qu'il était, comme on l'a vu, à Paris, lorsque madame du Châtelet y fit en septembre une apparition de quelques jours. Avec Frédéric, l'on fait bon marché de Stanislas, quoique, au fond, l'on soit enchanté de la jalousie et du dépit que causent ces étapes à Commercy et à Lunéville. Il faut que Frédéric sache qu'il est au mieux avec le roi son maître et ce bon roi de Pologne, dont la cour est un séjour enchanté. Mais de quoi ne s'avise-t-il pas ? Il s'imaginera d'établir des relations polies, sinon des liens d'amitié, entre les deux souverains, comme cela ressort notamment de cette lettre de Stanislas à l'auteur de *Sémiramis* : « Je vous suis redevable, mon

---

1. Voltaire, *OEuvres complètes* (Beuchot), t. LV, p. 232. Lettre de Voltaire à Frédéric ; Cirey, janvier 1749.

2. *Ibid.*, t. LV, p. 243. Lettre de Voltaire à Frédéric ; à Cirey, le 26 janvier 1749.

cher Voltaire, des compliments du roi de Prusse, et de ceux que vous lui avez fait de ma part. Notre goût est d'accord sur votre sujet, et je suis bien flatté d'avoir les mêmes sentiments qu'un prince que j'aime et estime beaucoup. C'est à vous à partager les vôtres entre nous, sans exciter notre jalousie [1]. »

On voit que Stanislas sait prendre le ton qu'affectent avec le poëte les têtes couronnées, au moins celles qui ont la faiblesse de se croire philosophes et de mettre au jour leurs rêveries. Philosophes tous deux, Frédéric et Stanislas ne seront pas de la même école ; le second est aussi religieux et aussi croyant que le premier est demeuré sceptique, comme l'indique surabondamment le titre seul de son livre : *Le Philosophe chrétien.* Voltaire avait confié le manuscrit du conte de *Memnon* au duc de Lorraine, qui lui envoyait en échange la suite de son *Philosophe,* dont l'auteur de *Zaïre,* avant son départ, avait lu le début. « *Memnon* dira bien qu'il y a de la folie à vouloir être sage ; mais, du moins, il est permis de se l'imaginer. Ce *Philosophe* ne mérite pas un moment de votre temps perdu pour le parcourir, mais il connaît votre indulgence pour se présenter devant vous. Faites-lui donc grâce en faveur du bonheur qu'il cherche et que vous lui procurerez, si vous le jugez digne de vous occuper un moment [2]. » Ainsi les rois de tout grade et de toute fortune s'inclinent devant cette puissance de l'intelligence qui, en

---

1. Voltaire, *OEuvres complètes* (Beuchot), t. LV, p. 246. Lettre de Stanislas à Voltaire ; à Lunéville, le 31 janvier 1749.
2. *Ibid.*, t. LV, p. 247. Lettre de Stanislas à Voltaire; le 5 janvier.

fin de compte, vient à bout des bataillons et va bouleverser le vieux monde ; bien plus, ils sont ses coopérateurs et ses complices. Ils font et soutiennent des thèses, selon leurs préjugés et leur humeur, s'en rapportant, quant à la forme, à des serviteurs discrets, dont, toutefois, la collaboration n'est pas restée un mystère. Frédéric faisait dégrossir sa prose et ses vers par Jordan, avant de les soumettre à Voltaire; il y aurait de la mauvaise grâce à refuser ce droit à Stanislas. Rousseau veut que ce soit au P. Menoux que celui-ci confie cette mission délicate [1]; il est désormais démontré qu'elle était le lot de son secrétaire, le chevalier de Solignac, et c'est à lui qu'est due la révision des manuscrits du roi de Pologne, recueillis à la Bibliothèque de Nancy [2]. S'il faut en croire l'auteur de *Zadig*, on persuada à la reine que Voltaire et madame du Châtelet n'avaient que trop de part au *Philosophe chrétien ;* et ce soupçon seul suffit pour établir dans l'esprit de la dévote Marie la prévention la plus forte contre le très-innocent traité.

Lorsque j'étais à Lunéville, écrivait plus tard Voltaire au maréchal de Richelieu, le roi Stanislas s'avisa de composer un assez médiocre ouvrage, intitulé *le Philosophe chrétien*. Il en fit corriger les fautes de français par son secrétaire Solignac, et envoya le manuscrit à la reine sa fille, la priant de lui en dire son avis. Je soupçonne fort celui que la reine consulta; mais n'ayant pas de certitude, je me contenterai de vous dire que la reine manda au roi son père que le manuscrit était l'ouvrage d'un athée; qu'on voyait bien que j'en étais l'auteur et que

---

1. J.-J. Rousseau, *OEuvres complètes* (Paris, Dupont, 1824), t. I, p. 147. *Confessions*, part. II, liv. VIII.

2. Comte d'Haussonville, *Histoire de la réunion de la Lorraine à la France* (Paris, Lévy, 1860). t. IV, p. 282.

madame du Châtelet et moi nous le pervertissions. La reine s'imagina que nous étions les confidents du goût du roi Stanislas pour madame de Boufflers ; que nous l'entraînions dans l'irréligion pour lui ôter ses remords. Jugez de là quelles impressions elle a données de moi à Monsieur le Dauphin et à ses filles [1]...

Un seul était resté indifférent aux avances et aux agaceries du poëte ; le roi de France, même en accordant faveurs et pensions, avait gardé sa froideur et ses airs glacés. Ce n'avait pas été faute d'efforts de la part de l'auteur du *Temple de la Gloire*, qui, malgré le peu de succès jusque-là de ses tentatives, avait juré de triompher d'une antipathie inexplicable. Voltaire avait écrit le *Panégyrique de Louis XV*, qu'il s'obstinait à assimiler à Trajan ; il imagina de le faire traduire en quatre langues, latin, anglais, italien et espagnol, avec l'intention de mettre aux pieds du roi Très-Chrétien « ce petit monument de sa gloire, » le jour où l'Académie irait en corps le complimenter au sujet de la paix [2]. En de telles occasions, les grands corps de l'État avaient pour habitude de haranguer le monarque ; et l'Académie, depuis longtemps, était en possession des mêmes priviléges [3]. Ce fut le maréchal de Richelieu [4] qu'elle choisit pour l'interprète de ses sentiments. Il y avait là goût et convenance. Le duc ne trouva rien de mieux, à son tour, que de charger Voltaire

---

1. Voltaire, *OEuvres complètes* (Beuchot), t. LV, p. 463. Lettre de Voltaire à Richelieu ; août 1750.
2. Voltaire, *Lettres inédites* (Didier, 1857), t. I, p. 179. Lettre de Voltaire à M. Berrier ; Paris, 4 février, 1749.
3. D'Alembert, *OEuvres complètes* (Belin, 1818), t. II, p. 62. Éloge du président Rose.
4. Richelieu avait été créé maréchal, le 11 octobre 1748.

de lui composer un discours, pas trop long, qu'il pût apprendre et réciter sans peine. Celui-ci s'exécuta avec d'autant plus de zèle qu'il comptait bien que Richelieu, à la suite de sa harangue, ne refuserait pas de présenter la polyglotte de son *Panégyrique*, reliée en maroquin bleu aux armes royales, avec dentelles, filets et autres magnificences.

L'Académie informée par une lettre de M. de Maurepas, en date du 10 février, qu'elle serait reçue par le roi, le vendredi 21 du même mois [1], se rendait à l'heure désignée, à Versailles, dans la galerie du château. Fût-ce sa sciatique qui le retint, ou simplement la circonstance de son *Panégyrique?* Voltaire, quel qu'en soit le motif, ne figure pas dans le chiffre des académiciens présents, tous considérables soit par leur notoriété, soit par le rang et les charges [2]. La députation des Quarante dut attendre avec le grand Conseil et l'Université, que ce fût son tour d'être reçue. La galerie était remplie de courtisans. M. de Richelieu, qui peut-être repassait mentalement son discours, l'entend tout à coup réciter à ses côtés : il avait été trahi, joué par Voltaire, qui voulait apparemment, en le prenant au dépourvu, mettre à nu ce que pouvait un duc et pair livré à ses seules res-

---

1. Et non le 25 février comme l'indiquent la *Gazette de France* du 1er mars 1749, p. 108, et le *Mercure de France*, de mars, p. 203, qui la copie.

2. Voici la liste des membres de la députation qui s'élève au chiffre de vingt-trois : le maréchal de Richelieu, le duc de Saint-Aignan, Mirabaud, l'abbé d'Olivet, le président Hénault, l'abbé Alary, Cardion, Crébillon, Moncrif, l'évêque de Mirepoix, La Chaussée, Foncemagne, le cardinal de Soubise, l'abbé Duresnel, Marivaux, l'évêque de Bayeux, Bignon, l'abbé de Bernis, l'abbé de la Ville, Duclos, Paulmy, Gresset.

sources ! Le tour était sanglant. M. des Granges, maître des cérémonies, venait chercher les trois corps, un peu avant cinq heures, pour les conduire à la chambre du roi où se tenait M. de Maurepas. La figure narquoise de ce dernier, si alerte à saisir le moindre ridicule, eût inquiété un orateur plus rompu aux secrets de la rhétorique que ne l'était le maréchal, qui d'ailleurs ne se démontait pas aisément. Force fut bien d'improviser un compliment qui ne dût rien à Voltaire ; et la rage, faute d'autre stimulant, l'y aida apparemment, car nous en sommes à cet égard réduit aux conjectures. Après la harangue, le directeur, selon l'usage, nomma au roi les académiciens présents[1]. C'eût été le moment d'offrir le *Panégyrique de Louis XV*. Mais le petit-neveu du grand cardinal n'était pas d'humeur, plus que son oncle, à pratiquer le pardon des injures, et il n'eut rien de plus pressé, lorsqu'on se fut séparé, que de retourner à l'auteur l'exemplaire royal, avec un mot acerbe où il lui mandait qu'il s'était sans trop de peine passé de sa besogne. On se met à la place du trop irritable poëte : il avait dans son cabinet une sorte d'apothéose de Richelieu peinte à la gouache, œuvre de Beaudouin ; il l'arracha de son cadre, piétina dessus, et la livra aux flammes avec une vraie furie. Ce malentendu, car c'en était un, ne pouvait toujours durer : les deux confrères se rencontrèrent dans une maison tierce, une explication eut lieu.

---

1. Secrétariat de l'Institut. Copie de la lettre de M. de Maurepas et procès-verbal de la réception de l'Académie par Sa Majesté. Du vendredi, 21 février 1749. Il faut remarquer que cette scène, dans les *Mémoires de Longchamp*, se trouve placée à l'année 1748.

Madame du Châtelet avait eu naturellement communication du discours. La marquise de Boufflers était présente, quand on l'apporta à la divine Émilie qui achevait sa toilette, avant l'heure de l'Opéra, où elles devaient aller ensemble; elle eut l'indiscrétion d'en vouloir prendre copie, et l'indiscrétion non moins grande, de retour chez elle, de permettre la même licence à ses propres amis. Dès le lendemain, on en faisait des lectures dans vingt salons ; nous savons le reste. Ces éclaircissements donnés, il n'y avait plus lieu de se garder rancune, l'on s'embrassa, et la paix fut faite. Mais le discours n'avait point été prononcé, et le *Panégyrique* remis.

Longchamp, toutefois, nous a conservé ce morceau d'éloquence, dont le début semble annoncer la sincérité d'un stoïcien [1]. « Une voix faible et inconnue s'élève, mais elle sera l'interprète de tous les cœurs. Si elle ne l'est pas, elle est téméraire : si elle flatte, elle est coupable ; car c'est outrager le trône et la patrie que de louer son prince de vertus qu'il n'a pas. » Et ces pré-

---

[1]. Voici ce qu'il est dit du *Panégyrique*, dans le *Commentaire historique* : « Une chose, à mon avis, singulière, c'est qu'il ne donna point sous son nom le *Panégyrique de Louis XV*, imprimé en 1749, et traduit en latin, en italien, en espagnol et en anglais...; l'auteur ne loue que par les faits, et on y trouve un ton de philosophie qui caractérise tout ce qui est sorti de sa main. Ce panégyrique était celui des officiers autant que de Louis XV : cependant il ne le présenta à personne, pas même au roi. Il savait bien qu'il ne vivait pas dans le siècle de Pélisson. Aussi écrivait-il à M. de Formont, l'un de ses amis :

> Cet éloge a très-peu d'effet ;
> Nul mortel ne m'en remercie :
> Celui qui le moins s'en soucie
> Est celui pour qui je l'ai fait.

cautions oratoires prises, c'est, on le pense bien, tout le contraire qui aura lieu. Non-seulement le successeur de Louis XIV sera loué à l'égal des grands hommes de l'antiquité, mais encore tout le monde, dans ce discours, aura sa part et sa très-large part d'encens. Il n'est pas jusqu'aux deux frères Pâris, qui ne soient traités en héros. « Ceux qui ont fait ainsi subsister nos armées, s'écrie le panégyriste, étaient des hommes dignes de seconder ceux qui nous ont fait vaincre. » Et c'est ainsi que, le cas échéant, Voltaire sait prêter sur l'avenir ou payer ses dettes de reconnaissance [1].

1. Longchamp et Wagnière, *Mémoires sur Voltaire* (Paris, 1826), t. II, p. 180 à 184. — *OEuvres complètes* (Beuchot), t. XLVIII, p. 349.

VII

CATILINA. — NEWTON ET SAINT-LAMBERT. — NANINE. —
UN SERMON DE VOLTAIRE.

Voltaire n'avait pas cessé de retoucher, de refondre *Sémiramis*, qui reparut, le 10 mars, et obtint six représentations fructueuses[1]. Cette reprise, à laquelle la foule se pressa, avait sa signification, à la suite des dernières représentations fort peu courues de *Catilina*. Ce ne fut point la faute de madame de Pompadour si le succès ne fut pas plus grand, car elle servit chaudement le vieux tragique, et avec un zèle presque filial. Aussi celui-ci s'empressa-t-il de dédier sa tragédie à celle qui l'avait si puissamment aidé dans cette dernière bataille. « Il y a longtemps, lui disait-il, que le public vous a dédié de lui-même un ouvrage qui ne doit le jour qu'à vos bontés : heureux si on l'eût jugé digne de sa protectrice ! Et qui ne sait pas les soins que vous avez daigné vous donner pour retirer des ténèbres un homme absolument oublié ? Soins généreux, qui ont plus touché que surpris. Que ne

---

1. Elles produisirent 14475 livres. Registre de la Comédie.

doit-on pas attendre d'une âme telle que la vôtre[1]?... »
C'avait été, en effet, un événement de cour, que cette première représentation. *Sémiramis* avait obtenu de la munificence royale une allocation de fonds affectée à l'achat des costumes et à la splendeur de la mise en scène. *Catilina* ne pouvait être moins bien traité, et jamais jusque-là sénat romain n'avait été aussi richement, aussi superbement attifé : des toges de toile d'argent avec des bandes de pourpre et des vestes de toile d'or, avec profusion de festons et de diamants faux. « On a trouvé ce sénat-là un peu pomponné, nous dit Collé auquel nous empruntons ces détails, mais cela vaut mieux que s'il eût été mal vêtu, et en vieil oripeau. » Toutes les loges et une partie des places étaient louées depuis trois mois. Madame de Pompadour avait voulu assister à la première représentation ; et le roi, qui avait pris Crébillon en grande affection, disait à la marquise, du plus loin qu'il l'apercevait : « Eh bien ! avons-nous gagné notre procès ? avons-nous réussi ? »

Tout censeur royal qu'il fût, l'auteur de *Rhadamiste* n'entendait pas malice quant à ses propres vers ; et la favorite avait dû réclamer amicalement la suppression de douze alexandrins dans lesquels elle eût la modestie de se reconnaître, bien qu'il ne fût question que de Fulvie. La parole est à Probus (acte II, scène première) :

C'est ainsi que toujours, en proie à leur délire,
Vos pareilles ont su soutenir leur empire ;

---

1. *Catilina* de Crébillon. 20 décembre 1748. Dédicace à madame de Pompadour.

Car vous n'aimez jamais. Votre cœur insolent
Tend bien moins à l'amour qu'à subjuguer l'amant!
Qu'on vous laisse régner, tout vous paraîtra juste.
Et vous mépriseriez l'amant le plus auguste,
S'il ne sacrifiait au pouvoir de vos yeux
La justice, les lois, sa patrie et ses dieux [1] !

cela, en effet, eût pu prêter à la malignité et à l'équivoque, et mieux valait en demander le sacrifice.

Quoi qu'il en soit, Crébillon avait ses admirateurs, ses admirateurs passionnés, qui l'aimaient avec ses défauts, peut-être pour ses défauts, très-coulants sur l'incorrection, le mauvais goût, les accents sauvages de ce poëte tragique auquel on savait gré de n'être pas un bel esprit. Sans doute, au fond de cet enthousiasme, qu'on s'en rendît compte ou non, il y avait cette antipathie, cette aversion que Voltaire n'inspirait qu'à trop de gens.

Je suis admirateur sincère de *Catilina*, écrivait l'auteur des *Lettres persanes* à Helvétius, et je ne sais comment cette pièce m'inspire du respect. La lecture m'a tellement ravi, que j'ai été jusqu'au cinquième acte sans y trouver un seul défaut, ou du moins sans le sentir. Je crois bien qu'il y en a beaucoup, puisque le public lui en trouve beaucoup; et de plus, je n'ai pas de grandes connoissances sur les choses du théâtre. De plus, il y a des cœurs qui sont faits pour certains genres de dramatique; le mien, en particulier, est fait pour celui de Crébillon : et comme, dans ma jeunesse, je devins fou de *Rhadamiste*, j'irai aux Petites-Maisons pour *Catilina*. Jugez si j'ai eu du plaisir quand je vous ai entendu dire que vous trouviez le caractère de Catilina peut-être le plus beau qu'il y ait eu au théâtre [2]...

---

1. Collé, *Journal* (Paris, 1805), t. I, p. 46. Décembre 1748. — D'Alembert, *Œuvres complètes* (Belin, 1821), t. III, p. 569. Éloge de Crébillon.

2. Montesquieu, *Œuvres complètes* (Paris, De Bure, 1847), p. 764. Lettre de Montesquieu à Helvétius (sans date).

Ce zèle, ce concours, cet engouement ne pouvaient qu'accroître le dépit, la profonde rancune d'un rival qui discernait à merveille ce qu'il y avait pour lui de malveillance dans cet enthousiasme. Toutefois le succès médiocre de *Catilina* le calma en le rassurant. « La cabale veut bien crier, écrivait-il triomphant à d'Argental, mais elle ne veut pas s'ennuyer, et il n'y a personne qui aille bâiller deux heures, pour avoir le plaisir de me rabaisser [1]. » Mais, loin de l'arrêter dans son projet de refaire, l'une après l'autre, les tragédies de Crébillon, les partis pris de la haine, l'opposition systématique à laquelle il se heurtait, n'avaient d'autre effet que de raffermir encore cette volonté implacable ; et, la colère aidant, en huit jours il brochera, lui aussi, un *Catilina* qui ne sera pas joué de sitôt, il est vrai.

On a fait Voltaire jaloux de tous les succès et de toutes les gloires. Piron, La Chaussée le disent envieux et l'accusent d'avoir mis tout en œuvre pour entraver la fortune de leurs pièces. Voltaire était passionné, haineux ; il n'était pas envieux. Est-on plus charmant, plus affable, plus désintéressé qu'il ne le fut à l'égard de Vauvenargues, qu'il traitait en ami et presque en maître ? A l'heure même où l'apparition de *Catilina* le rendait si soucieux, il applaudissait, avec une joie

---

1. Voltaire, *OEuvres complètes* (Beuchot). t. LV, p. 228. Lettre de Voltaire à d'Argental; le 31 décembre 1748. Disons, toutefois, que si l'on compare les dix-neuf représentations de *Catilina* au dix-neuf premières de *Sémiramis*, c'est le vieux Crébillon qui a l'avantage du chiffre. *Sémiramis* ne faisait que 43460 livres de recettes, quand *Catalina* allait à 45823. Remarquons, toutefois, et cela est significatif, que le succès s'accrut, pour Voltaire, avec les représentations, et que ce fut tout le contraire pour Crébillon.

sincère, au second succès de Marmontel, dont il avait d'ailleurs, autant qu'il était en lui, facilité les débuts. Le coup d'essai de celui-ci avait été des plus heureux, et l'auteur de *Zaïre* avait exprimé au jeune poëte la part qu'il prenait à l'accueil fait à son *Denys*[1]. *Aristomène* ne le trouva ni moins chaud, ni moins bienveillant. A en croire Marmontel, son attitude, à la représentation, fut celle d'un père; il lui parut aussi tremblant, aussi ému que lui-même. Il avait voulu se placer derrière lui, dans sa loge, prêt à jouir de son triomphe ou à le consoler de sa chute.

Aristomène eut autant de succès que *Denis*. Voltaire, à chaque applaudissement, me serrait dans ses bras... Certainement personne ne sent mieux que moi combien, du côté du talent, j'étais peu digne de lui faire envie; mais le succès était assez grand pour qu'il en fût jaloux s'il avait cette faiblesse. Non, Voltaire avait trop le sentiment de sa supériorité pour craindre des talents vulgaires. Peut-être qu'un nouveau Corneille ou qu'un nouveau Racine lui aurait fait du chagrin: mais il n'était pas aussi facile qu'on le croyait d'inquiéter l'auteur de *Zaïre*, d'*Alzire*, de *Mérope* et de *Mahomet*[2].

Tout cela est fort judicieux, et c'est là un des arguments les plus concluants que l'on puisse opposer à ces accusations de malveillance et d'envie à l'égard du premier venu, un Baculard d'Arnaud, un Desforges-Maillard, qui ne se gênent pas, eux, pour laisser entendre que les circonstances seules ont fait la supériorité de l'auteur de la *Henriade*. « Si la fortune, disait ce

---

1. Voltaire, *OEuvres complètes* (Beuchot), t. LV, p. 173, 179. Lettre de Voltaire à Marmontel, des 13 et 15 février 1748.
2. Marmontel, *OEuvres complètes* (Belin), t. I, p. 100. *Mémoires*, liv. III.

dernier, m'avait donné comme lui la faculté de vivre dans un loisir doux et commode, j'eusse porté mon vol peut-être aussi haut que lui[1]... » On sait gré à Marmontel de reconnaître ce qu'il doit à son maître, encore que ses souvenirs, comme à tant d'autres, le fassent tomber dans une étrange méprise. Toute cette scène, qu'il raconte avec tant de complaisance, est de pure confusion, nous nous garderons de dire de pure invention. Nous ne doutons point que Voltaire ne se fût conduit comme il le fait agir, s'il eût assisté à cette première représentation ; mais encore fallait-il qu'il s'y trouvât. *Aristomène* fut joué le mercredi, 30 avril. Le soir même, Voltaire écrivait à l'auteur : « Je suis arrivé à Paris trop tard pour être témoin de vos succès. La première chose que j'ai faite a été de m'en informer, et la seconde, de vous dire que j'y suis aussi sensible que vous-même[2]. » Deux jours après, il lui écrivait encore : « Je ne pourrai voir demain le second jour de votre triomphe. Je suis obligé d'accompagner madame du Châtelet, toute la journée, pour des affaires qui ne souffrent aucun délai[3]. » Marmontel, qui rédigeait ses mémoires longtemps après les événements de sa jeunesse, se sera trompé de tragédie. Disons, toutefois, que le temps presse, que Voltaire ne tardera pas à partir pour la Prusse, et qu'il ne pourra

---

1. *L'Amateur d'autographes*, 1er janvier 1865. 4e année, p. 9. Lettre de Desforges-Maillard à M. de Beauvais, professeur au collège de l'Oratoire, à Nantes ; Le Croisic, 21 juin 1753.

2. Voltaire, *OEuvres complètes* (Beuchot), t. LV, p. 272. Lettre de Voltaire à Marmontel ; mercredi au soir (30 avril).

3. *Ibid.*, t. LV, p. 274. Lettre de Voltaire à Marmontel ; vendredi au soir (2 mai).

plus assister qu'à la *Cléopâtre* de Marmontel. Nous savons d'ailleurs qu'il s'y trouva, et dans la loge grillée de l'auteur [1]. Par malheur, si *Aristomène* fut un succès, ce fut le dernier du poëte, dont la *Cléopâtre* fut accueillie, on le sait, avec peu de faveur et même avec des risées que provoqua le trop ingénieux aspic de Vaucanson.

Voltaire était-il en disgrâce; sa protectrice avait-elle tourné complétement à l'ennemi, comme les rivaux s'efforçaient de le faire croire? Non, assurément. L'intérêt de celle-ci, autant que son penchant, la disposait favorablement envers ce dispensateur de la renommée, qui savait si largement d'ailleurs reconnaître les services. L'auteur de *Mérope*, lorsqu'il eut achevé son histoire de la guerre de 1741, que venait clore le traité d'Aix-la-Chapelle, s'empressa d'en remettre une copie à madame de Pompadour, qui dut sans doute avoir des éblouissements à la lecture du dernier feuillet.

Il faut avouer, disait le moderne Tacite en finissant, que l'Europe peut dater sa félicité du jour de cette paix. On apprendra avec surprise qu'elle fut le fruit des conseils pressans d'une jeune dame du plus haut rang, célèbre par ses charmes, par des talens singuliers, par son esprit et par une place enviée. Ce fut la destinée de l'Europe dans cette longue querelle, qu'une femme la commençât, et qu'une femme la finît; la seconde a fait autant de bien que la première avait causé de mal, s'il est vrai que la guerre soit le plus grand des fléaux qui puissent affliger la terre, et que la paix soit le plus grand des biens qui puissent la consoler.

---

1. Voltaire, *Lettres inédites* (Didier, 1857), t. I, p. 192. Lettre de Voltaire à mademoiselle Clairon (mercredi 20 mai).

Quelle était l'intention de Voltaire en écrivant ces lignes ? Était-ce une flatterie sans conséquence et qui ne l'engageait en rien dans l'avenir, ou était-il alors résolu à maintenir des éloges excessifs qui ne pouvaient abuser personne ? Nous ne voyons là, nous autres, qu'une sorte de madrigal en prose, d'un tour exquis, aussitôt qu'il n'est que cela, mais qui devait s'effacer à la publication. Ce n'était pas, toutefois, la pensée de la marquise. Duclos, auquel nous empruntons cette piquante anecdote, après avoir cité le passage qu'on vient de lire, ajoute : « C'est madame de Pompadour qui me montra cette histoire manuscrite avec une sorte de complaisance ; elle ne doutait pas que cet article ne fût un jour imprimé[1]. » Quelque illusoire que nous semble cette espérance, elle n'était point, on en conviendra, de nature à altérer l'attachement de la favorite pour ce courtisan si délié. Mais les circonstances n'étaient pas propices ; et, en dépit des meilleures intentions, devant le déchaînement de la cour, l'animosité des princesses et l'antipathie manifeste du maître, madame de Pompadour dut se renfermer dans une excessive réserve. Au fond, c'était beaucoup déjà de parer les coups, de

---

1. Duclos, *OEuvres complètes* (Belin, 1821), t. III, p. 467. De Laplace, qui avait eu communication des papiers de Duclos, avait reproduit cette page curieuse dans ses *Pièces intéressantes et peu connues*, (Bruxelles, 1785), t. I, p. 207, 208. On la trouve encore dans la *Galerie de l'ancienne cour*, t. VIII, p. 59. Restait à savoir jusqu'à quel point l'on pouvait ajouter foi à une anecdote de cette nature sur la simple affirmation du narrateur. A l'heure qu'il est, il n'est plus de doute possible ; le manuscrit Pompadour se trouve à la Bibliothèque d'Aix, provenant de la bibliothèque Méjanes, et il contient, en effet, le précieux passage tel que Duclos l'avait transcrit. Voltaire, *OEuvres complètes* (Beuchot), t. XXI, p. 1.

déjouer la malveillance ; mais l'auteur de *Sémiramis* n'était pas homme à se contenter d'une protection couarde, nageant prudemment entre deux eaux, et il ne pardonna jamais complétement à la marquise de n'avoir pas épousé sa cause comme la sienne propre. En somme, si on le subissait plus qu'on ne l'affectionnait, il n'était pas disgracié. Il était même, vers ce temps, l'objet d'une faveur spéciale, et Louis XV signait le brevet qui lui conservait le titre de gentilhomme ordinaire, après même qu'il se serait défait de sa charge.

Aujourd'huy 27 may, le roy étant à Versailles ayant agréé que le sieur Arrouet de Voltaire l'un de ses gentilshommes ordinaires et historiographe de France se démît de la charge de gentilhomme ord^{re} de Sa Mté[1] a cru ne pouvoir luy témoigner d'une manière plus distinguée la satisfaction qu'elle ressent de ses services et du zèle avec lequel il travaille à l'histoire du règne de Sa Mté qu'en luy conservant l'honneur que cette charge luy donnoit d'aprocher près de sa personne, et à cet effet elle luy a permis et permet de servir quelquefois près d'elle pendant le semestre de janvier et de se qualifier du titre de l'un de ses gentilshommes ordinaires dans tous les actes qu'il passera[2]...

Voltaire avait donc témoigné l'intention de se défaire de sa charge, comme semblent le donner à entendre les termes mêmes du brevet ? Si l'on en pouvait douter, le *Commentaire historique* dissiperait toute incertitude à cet égard. « C'était, y est-il dit en parlant du don gratuit de la charge de gentilhomme ordinaire de la

---

1. Son successeur fut le comte Dufour.
2. Archives impériales. O-93. *Registre du secrétariat du roi*, de l'année 1749, p. 189. Brevet qui conserve le titre de gentilhomme ordinaire au S. de Voltaire.

chambre, un présent d'environ soixante mille livres, et présent d'autant plus agréable que, peu de temps après, il obtint la grâce singulière de vendre cette place, et d'en conserver le titre, le privilége et les fonctions[1]. » L'on flaire, toutefois, le dépit dans ce parti pris. Soixante mille livres, quelle que fût la parcimonie du poëte, n'étaient pas une affaire, et, bien que titres, fonctions et priviléges, lui fussent conservés, c'était relâcher le lien qui l'attachait à la cour; et sans doute ne s'y fût-il pas déterminé, sans des mécomptes que son imagination grandissait encore, et la découverte tardive du peu de goût qu'il inspirait au maître.

Madame du Châtelet avait, de son côté, l'existence la plus remplie et la plus agitée, allant dans le monde, allant à la cour, pénétrant, sans doute à la suite de Voltaire, dans les plaisirs intimes de la favorite. « Ie vais demain, écrivait-elle à Saint-Lambert, à la date du 23 février, à une répétition des cabinets, ie mesnerois une vie fort heureuse si votre idée ne venoit pas sans cesse me faire sentir que tout cela n'est pas le bonheur[2]. » Non, ce n'était pas le bonheur ; mais ce

---

1. Voltaire, *OEuvres complètes* (Beuchot), t. XLVIII, p. 344. *Commentaire historique.*
2. Cabinet de M. Feuillet de Conches. *Lettres autographes de madame du Châtelet à Saint-Lambert.* Lettre 73 ; du dimanche, 23 février 1749. — Les *Mémoires du marquis d'Argenson* (Jannet), t. V, p. 33. contiennent une lettre de madame du Châtelet écrite de Lunéville au ministre, le 2 mars 1749. Il y a là infailliblement erreur d'une année ; c'est au 2 mars de l'année précédente qu'il faut la classer. Elle était bien alors à Lunéville, et nous connaissons une lettre manuscrite de celle-ci adressée à dom Calmet, deux jours après, le 4 mars 1748. Nous serrons de trop près la marquise pour qu'elle nous ait dérobé une échappée même de quelques jours; tout, d'ailleurs, dans ses

bonheur auquel elle aspirait n'était et ne pouvait être qu'une succession d'angoisses, de rapides ivresses suivies d'emportements, de scènes violentes, quand la confusion, des remords trop justifiés, ne venaient pas déchirer cette âme en proie à toutes les émotions et à tous les troubles. Cette mère devait-elle oublier qu'elle introduisait dans une famille dont la fortune ne valait pas la naissance, un membre étranger qui viendrait voler une part à laquelle il n'avait nul droit? Il y avait aussi la honte et le ridicule de devenir grosse à un âge où des femmes plus jeunes sont déjà grand'mères; et la pauvre marquise n'appréhendait pas faiblement le moment prochain où il lui serait impossible de cacher son état. Longchamp, plus haut, nous représente M. du Châtelet allant proclamer superbement sa paternité future. Il nous le fait, c'est à croire, plus ridicule qu'il n'était. Il en eût d'ailleurs été ainsi, que la marquise se fût sans doute crue dispensée d'apprendre à madame de Boufflers ce que ses fermiers connaissaient depuis longtemps. Convenons, toutefois, qu'elle eût pu le faire plus tôt; car, à cette date, sa situation n'était pas plus ignorée à Paris qu'en Champagne et probablement en Lorraine, et l'on croyait, qui pis est, savoir même à qui il fallait attribuer cette étrange paternité [1].

Eh bien, il faut donc vous dire mon malheureux secret sans attendre votre réponse sur celui que je vs demandois, je sens

épîtres à son amant, indique, avec l'impatience fiévreuse de le revoir, l'inexorable continuité de la séparation.

1. Collé, *Journal* (Paris, 1805), t. I, p. 80, 81; avril 1749.

que vs me le promettrez et que vs le garderez, et vs allés voir qu'il ne poura pas se garder encore longtems.

Ie suis grosse, et vs imaginés bien l'affliction où ie suis, combien ie crains pr ma santé, et même pr ma vie, combien ie trouve ridicule d'acoucher à quarante ans (c'est quarante-trois qu'il faut lire) après en avoir été dix-sept sans faire d'enfant, combien ie suis affligée pr mon fils, ie ne veux pas le dire encore crainte que cela n'empêche son établissement... Personne ne s'en doute, il y paraît très-peu, ie comte cependant être dans le 4 et ie n'ai pas encore senti remuer, ce ne sera qu'à 4 mois et demi, ie suis si peu grosse que si i'avois quelque étourdissement ou quelque incommodité, et si ma gorge n'étoit pas fort gonflée, ie croirois que c'est un dérangement. Vs sentés combien ie comte sur votre amitié et combien i'en ai besoin pr me consoler et pr maider à suporter mon état, il me seroit bien dur de passer tant de tems sans vs et d'être privée de vs pendant mes couches, cependant coment les aller faire à Lunéville, et y doner cet embarras-là, ie ne sais si ie dois asés comter sur les bontés du roi pr croire qu'il le désirât et qu'il me laissât le petit apartement de la reine que i'ocupois, car ie ne pourois acoucher dans l'aile à cause de l'odeur du fumier, du bruit, et de l'éloignement de M. de V. et de vs, ie crains que le roi ne soit alors à Comerci, et qu'il ne voulût pas abréger son voiage, i'acoucherai vraisemblablement la fin d'août, ou au commencement de septembre au plus tard [1]...

Ainsi, la divine Émilie expiait, par plus d'une angoisse, le bonheur intermittent d'aimer et d'être aimée. Si son caractère ne la disposait que trop à s'alarmer, à voir les choses en noir, à se croire trompée, trahie, abandonnée, il faut dire que le flegme de Saint-Lambert était bien fait pour désespérer une nature ardente qui ne se livrait pas à demi. Un des crimes de celui-ci, l'un de ceux que pardonnent le moins l'exil et l'éloi-

---

1. Cabinet de M. Feuillet de Conches. *Lettres autographes de madame du Châtelet à Saint-Lambert.* Lettre 75; de Paris, jeudi 3 avril 1749.

gnement, c'était le peu d'empressement et d'exactitude à donner de ses nouvelles. « Ie n'ai point de lettres de vs encore aujourd'hui, s'écrie la pauvre femme, cela est abominable, cela est d'une dûreté et d'une barbarie qui est au dessus de toute qualification come la douleur ou ie suis est au dessus de toute expression, ne soiés pas cependant excédé de mes lettres, si ie n'en reçois pas la première poste, ie ne vs écrirai plus [1]... » Elle en reçut de tendres, qui l'apaisèrent et la firent passer de l'extrême emportement à toute l'allégresse d'un cœur auquel il fallait aussi peu pour se rassurer que pour prendre alarme et entrer en défiance. La santé de la marquise pouvait, jusqu'à un certain point, lui servir d'excuse. « Il est très vrai, lui écrivait-elle peu après, que depuis huit jours i'ay été si incommodée que i'ai été forcée de me faire saigner sans quoi i'aurois eu le même accident qu'à Comerci, ie suis donc venuë me faire saigner ici, afin de pouvoir aller voir le roi de P. (Pologne) à Trianon où ie crois même que ie m'établirai pendant son séjour ici [2]. »

Stanislas, en effet, projetait une apparition à la cour de France après Pâques. Il y arriva le 14 avril, un peu avant le jour où il était attendu, selon sa coutume [3]. Il descendit directement à Trianon, avec le duc Ossolinski, le marquis de Boufflers et M. de la Galaizière. Son voyage avait pour but, cette fois, de voir madame

---

1. Cabinet de M. Feuillet de Conches. *Lettres autographes de madame du Châtelet à M. de Saint-Lambert.* Lettre 77.

2. *Ibid., Lettres autographes de madame du Châtelet à Saint-Lambert.* Lettre 79; de Versailles, le 13 avril 1749.

3. Duc de Luynes, *Mémoires*, t. IX, p. 385; mardi 15 avril 1749.

l'infante et l'infante Isabelle [1]. La divine Émilie, ainsi qu'elle l'annonçait à son amant, alla s'établir près du roi de Pologne, à Trianon. Malgré sa position, elle ne songeait pas à vivre absolument en recluse et ne renonçait point à accorder au monde les loisirs que lui laissait Newton. Elle se fit envoyer une partie de sa garde-robe, même ses robes d'été, ce qui fut mal pris par Saint-Lambert, qui n'avait pas le droit de se montrer exigeant. Le marquis était pauvre et très-excusable sans doute de penser à sa fortune. Il se remuait fort alors pour obtenir un régiment de grenadiers, ce qui eût eu pour premier résultat de l'éloigner. L'ombrageuse Émilie ne l'ignorait pas, elle en mourait d'indignation et de peur; et elle ne sut contenir son amertume en présence des reproches égoïstes qui lui étaient adressés si inopportunément.

De quel droit, s'écrie-t-elle, osés vs vs facher que ie fasse venir mes robes d'été, et exiger que i'acouche en Loraine, vs qui n'êtes pas sûr de ne pas quitter la Loraine pr toujours dans un mois, et qui seriés déjà à votre garnison en Flandres sans le refus du p. (prince) de Beauvau, quoi vs 'etes asés personel pr trouver mauvais que ie ne m'engage pas irrévocablement à faire mes couches à Lunéville, et cela pr que i'y sois en cas que vs y restiés, et que ie coure le risque d'y acoucher sans vs, peu vs importe où ie fasse mes couches si vs n'êtes pas à Lunéville, vs voulés bien avoir la liberté de vs séparer de moi pr toujours si c'est votre avantage, mais vs ne voulés pas que ie reste ici quinze jours de plus si ma santé ou mes affaires l'exigent, oh! vs en voulés trop aussi, ie ne marange point pr partir ni le 20 ni le 15 de mai ni jamais que vs ne soyés décidé sur ces grenadiers, et votre indécision (que dis-ie

---

1. Voltaire, *OEuvres complètes* (Beuchot), t. LV, p. 247, 254. Lettres de Stanislas à Voltaire; des 31 janvier et 17 février 1749.

votre indécision, ce n'est pas vs qui êtes indécis, puisque vs les demandés à cor et à cris) devroit me décider si j'avois un peu de courage [1]...

Comme avec Voltaire, les colères, les violences, les cris de passion se succèdent, et cette lettre est une des plus véhémentes, des plus amères, des plus cassantes du recueil. Mais tout grands que sont l'emportement et le ressentiment de l'injustice, on se souvient à temps que l'on aime, que l'existence entière est dans cet amour; on faiblit vers la fin, et la dernière phase de cette sortie virulente est un aveu de sa propre faiblesse. Saint-Lambert disposait d'elle à sa plus grande commodité, elle le sentait et le lui reprochait assez brutalement même. Mais, des deux, c'était elle qui aimait le plus, elle devait donc en passer, malgré ces révoltes stériles, par la volonté de cet homme d'esprit, que le cœur n'étouffait point. Douze jours après cette épître peu tendre, la pauvre femme n'était pas loin de rendre les armes et semblait s'en remettre à la magnanimité du vainqueur. « Peut-être lui disait-elle avec une visible confusion d'en tant accorder, serois-ie asés foible pr vs aimer et pour acoucher à Lunéville quand même vs n'iriés pas à Nanci mais ie serois malheureuse et tourmentée et ie vs tourmenterois. Il n'y a que ce sacrifice qui puisse remettre le calme dans mon cœur et ie ne vs vois aucune raison de me le refuser [2]. »

1. Cabinet de M. Feuillet de Conches. *Lettres autographes de madame du Châtelet à Saint-Lambert.* Lettre 80 ; de Trianon, le jeudi 17 avril 1749.
2. *Ibid.*, *Lettres autographes de madame du Châtelet à Saint-Lambert.* Lettre 81 ; de Trianon, mardi 29 avril 1749.

La marquise profita du séjour du roi de Pologne à Trianon et de la facilité de l'approcher pour lui dicter ses conditions. La débonnaire Majesté lui accorda tout ce qu'elle demanda avec une grâce qui doublait le bienfait, et c'en était un véritable, dans la situation particulière où se trouvait madame du Châtelet.

> Ie vs ai mandé, écrivait-elle, quatre jours après au jeune marquis, qu'il me laissoit le petit apartement de la reine, il ferme le grand, et i'en suis bien aise, ie n'aurai plus cette pierre d'achopement, on passera par l'escalier de la marquise (madame de Boufflers) et qui rend à son petit escalier, et il m'a promis un petit escalier dans la chambre verte pr aller dans le bosquet, ce qui me sera fort utile dans mon dernier mois où il faudra me promener malgré que i'en aie, ce poura même être, tout l'été le passage du roy pr venir chés moi, de son peron il n'y aura qu'un pas... Le roy est plein de bonne volonté pour ma petite maison, et la fait meubler sans que ie lui aie demandé [1].

Après une halte de quatorze jours, le roi de Pologne quitta la cour de France, le 28 avril. Bien qu'une des lettres de la marquise que nous venons de citer, soit datée, le 29, de Trianon, il est présumable que madame du Châtelet, qui n'avait plus de motif ni de prétexte d'y séjourner, alla sans plus de retard rejoindre son ami à Paris. Ses études, la dernière main à donner à l'introduction du livre de Newton l'y rappelaient. Madame du Châtelet s'était imposé, comme un devoir auquel elle n'avait pas le droit de se soustraire, l'obligation de ne quitter qu'après avoir achevé un ouvrage qu'elle ne voulait point laisser ébauché et que la mort pouvait

---

1. Cabinet de M. Feuillet de Conches. *Lettres autographes de madame du Châtelet à Saint-Lambert.* Lettre 82 ; du 3 may de l'an 1749.

l'empêcher de terminer. L'idée d'une fin prochaine la poursuivait, quoi qu'elle en eût, et au moins lui semblait-il prudent de prendre ses sûretés avec l'avenir. Mais il fallait faire agréer ce prolongement de séjour à Saint-Lambert qui, encore une fois, était sincère dans son affection, si son affection ne brillait que médiocrement par l'abnégation, le désintéressement et l'immolation. Nous l'avons vu plus haut reprocher à sa maîtresse de s'être fait envoyer sa garde-robe d'été; maintenant, c'est ce maudit livre de Newton l'objet de ses récriminations, de ses tendres doléances. Il est vrai que le mobile de ces plaintes n'avait rien que d'obligeant, et qu'il y eût eu mauvaise grâce et quelque péril à maltraiter un amant, dont l'impatience dans sa vivacité même est le témoignage le moins équivoque de l'attachement qu'il nous porte. Mais c'est ainsi que l'entend la divine Émilie. Elle prend le ton le plus insinuant, elle s'excuse, elle le supplie de croire qu'elle souffre autant et plus que lui de cet éloignement, et que, si elle demeure, quand son cœur l'appelle à ses côtés, c'est qu'elle obéit à un devoir d'honneur qu'il comprendra le premier. Au moins qu'il ne s'avise pas de penser qu'elle donne ce temps qui lui appartient, à la dissipation, au plaisir, aux distractions du monde!

Non, il n'est pas possible à mon cœur de vs exprimer combien il vs adore, l'impatience extrême où ie suis de me rejoindre à vs pr ne vs quitter jamais... Ne me reprochés pas mon Newton i'en suis asés punie, ie n'ai iamais fait de plus grand sacrifice à la raison que de rester ici pr le finir, c'est une besogne afreuse et pr laquelle il faut une tête et une santé de fer, ie ne fais que cela ie vs iure, et ie me reproche bien le peu de tems que i'ai doné à la société depuis que ie suis ici, quand ie songe que ie serois actuellement avec vs[1]...

Mêmes excuses dans cette autre lettre que nous voudrions pouvoir reproduire en entier, et qui éclaire d'une façon si complète le peu de temps qu'elle passa à Paris, depuis son retour de Trianon.

Mon départ ne dépend pas absolument de moi, mais de Cléraut et de la difficulté de ce que ie fais, j'y sacrifie tout, jusqu'à ma figure, ie vs prie de vs en souvenir, si vs me trouvés changée. Savés vs la vie que ie mene depuis le départ du roy, ie me leve à neuf heures quelquefois à huit, ie travaille jusqu'à trois, ie prens mon café à trois heures ie reprens le travail à quatre, ie quitte à dix pour manger un morceau seule. Ie cause jusqu'à minuit avec M. de V. qui assiste à mon souper et ie reprens le travail à minuit jusqu'à cinq heures, quelquefois i'attens après M. Cléraut, et i'emploie le tems à mes afaires et à revoir mes épreuves. Madame du Defant, M. de V. tout le monde sans exception est refusé pr souper et ie me suis fait une loi de ne plus souper dehors pr pouvoir finir. Ie conviens que si i'avois mené cette vie depuis que ie suis à Paris, i'aurois fini à présent, mais i'ai commencé par avoir beaucoup d'afaires, ie me suis livrée à la société le soir, ie croiois que la iournée me sufiroit, i'ay vu qu'il falloit ou renoncer à aller acoucher à Lunéville ou perdre le fruit de mon travail en cas que ie meure en couche.

..: Ma santé se soutient merveilleusement, ie suis sobre, et ie me noie d'orgeat, cela me soutient, mon enfant remue beaucoup, et se porte à ce que i'espère aussi bien que moi....

Il faut que ie vs réponde à la crainte que vs avés d'être seul avec M. du Châtelet, il ne dépend pas absolument de moi de vs en garantir, et si vs aimés mieux me voir dix ou douze jours plus tard que de risquer cet accident, ie n'ay rien à vs dire, il me semble que vs mettés cela dans la balance, et vs devés sentir l'effet que cela fait sur moi...

Le voiage du roi à Comerci me chagrine, si ie ne puis pas partir quand il partira, il faudra, ie crois, engager M. du Châ-

---

1. Cabinet de M. Feuillet de Conches, *Lettres autographes de madame du Châtelet à Saint-Lambert.* Lettre 87 ; du 18 mai 1749.

telet à vs mener à Comerci, vous emparer du gîte du gratieux curé, et ie ne tarderai pas, i'espère à vs en faire partir ¹...

Cette longue épître finissait par deux passages caractéristiques et qui en disent trop par eux-mêmes pour nécessiter d'amples commentaires. « Ie ne puis rien aimer que ce que ïe partage avec vs, car ie n'aime pas Newton, au moins, ie le finis par raison et par honeur, mais ie n'aime que vs. » Nous l'avons déjà vue renier Newton, par cette faiblesse de femme subjuguée qui ne peut faire naître en nous qu'une indulgente et sympathique pitié. C'est encore de la pitié, mais une pitié d'une tout autre nature, que nous inspire cette mère, dont le cœur pourtant était loin d'être fermé à ses enfants, quand elle ose écrire cette phrase qui semble si simple, qui n'est qu'une précaution et qui l'eût fait sûrement mourir de remords et de honte, s'il lui eût été possible de descendre en elle-même : « Ie prie M. B (madame de Boufflers) de garder mon fils sous prétexte de comédies, il ne ferait que vous embarrasser à Cirey ² ! »

Madame du Châtelet, qui passe aisément de la tendresse à l'aigreur, adresse à son amant un reproche que l'on n'a peut-être pas compris suffisamment et qu'il n'est pas inutile d'expliquer. Pour voir plus tôt le jeune capitaine aux gardes lorraines, elle avait trouvé un expédient des plus naturels et qui eût dû être accueilli avec reconnaissance ; c'était de s'arranger

---

1. Cabinet de M. Feuillet de Conches. *Lettres autographes de madame du Châtelet à Saint-Lambert.* Lettre 89.

2. *Ibid., Lettres autographes de madame du Châtelet à Saint-Lambert.* Lettre 89.

avec M. du Châtelet pour venir au-devant d'elle. Il n'y avait pas à user d'une bien grande finesse; il paraît même que le débonnaire mari en fit la proposition; et la divine Émilie de s'écrier, dans toute la joie de son âme, à cette nouvelle : « Mon Dieu! que M. du Châtelet est aimable de vs avoir offert de vs amener [1] ! » Le marquis était brave et bon homme, inoffensif, complaisant, de mœurs douces, avait de grands airs au besoin, comme il convenait à un personnage de son rang et de sa naissance; mais, nous le savons de vieille date, son génie était médiocre, et madame de Grafigny ne nous a pas laissé ignorer le peu de cas que l'on faisait de lui à Cirey. Comme son cousin Trichâteau, il n'eût pas été le voisin que l'on eût recherché à table ou dans la conversation, et il fallait la supériorité de la femme pour faire accepter la nullité du mari. « Le roi n'avait nullement la fureur de M. du Châtelet, qui l'ennuie tant qu'il veut, » nous dit Collé, cette fois, bien renseigné. Encore un coup, le marquis, homme excellent, n'avait que le tort très-grave assurément d'être ennuyeux; et lorsque sa femme songea à se servir de lui, pour ménager à son amant et à elle une plus prochaine entrevue, Saint-Lambert, comme aux approches des lèvres d'une boisson trop amère, ne sut réprimer une légère grimace. Madame du Châtelet dut être blessée, et elle estima avec raison qu'elle méritait bien le sacrifice de quelques heures et de quelques jours d'ennui. D'ail-

---

1. Cabinet de M. Feuillet de Conches. *Lettres autographes de madame du Châtelet à Saint-Lambert.* Lettre 87 ; du 18 mai 1749.

leurs elle était unie à M. du Châtelet, et, quelque abîme qui sépare deux époux, il survit une certaine responsabilité à laquelle on ne se soustrait point ; tout en trompant son mari, l'on porte encore son nom, et, partant, cet homme qui nous est en réalité si indifférent, peut aussi bien encore flatter notre amour-propre que l'humilier. En somme, la marquise, qui aime les querelles, cherche-t-elle peut-être chicane au futur poëte des *Saisons ;* et ce qui nous le ferait croire, c'est que, quelques lignes plus loin, dans la même lettre, elle lui recommande de se faire conduire à Commercy par M. du Châtelet.

Mais les détails les plus intéressants et les plus piquants de cette lettre sont, à coup sûr, ceux qu'elle donne sur son lever et son coucher, l'emploi de ses heures, le travail opiniâtre auquel elle se livre pour achever le plus rapidement cet odieux ouvrage qu'elle ne croirait pas pouvoir abandonner sans se manquer à elle-même. Mais cette besogne, à laquelle elle est rivée, elle ne la fait pas seule, elle y est aidée par un savant qui, sans le soupçonner, tient son bonheur, sa vie en ses mains, Clairaut, pour tout dire, un ami de vieille date, qu'elle associait à Maupertuis dans son affection et ses études. Tout l'hiver de 1734, durant l'éloignement forcé de Voltaire, il s'était montré des plus assidus auprès de la jeune femme, qu'il ne venait pas voir autant qu'elle l'eût désiré. Cependant, à cette époque surtout, le cœur de la marquise était trop plein de Voltaire, pour qu'il fût possible d'admettre dans leurs rapports autre chose qu'un commerce parfaitement innocent. Quant à lui, loin de prendre ombrage, il s'engoue de Clairaut, lui fait fête à Cirey où celui-ci avait eu l'héroïsme, à l'exemple de Maupertuis, de visiter les deux amis : « Un des meilleurs géomètres de l'univers, écrit-il à Thiériot, et sans contredit aussi un des plus aimables hommes, quitte Cirey pour Paris.

Et c'est la seule faute où tomba ce grand homme [1]. »

Clairaut s'est mis, présentement, à la disposition de la marquise ; elle s'enferme avec lui, et ils passent une partie des journées à vérifier les calculs et à poursuivre cette révision avec le soin, la sévérité, le scrupule qu'exige un pareil travail. Voltaire et le ménage du Châtelet tenaient à loyer une maison de la rue Traversière-Saint-Honoré, « Traversine, » comme on disait alors, et s'étaient partagé les étages. Le poëte, qui avait son ménage monté, occupait le premier étage. Depuis quelque temps, se sentant plus souffrant, il s'était, selon son habitude, imposé une diète rigoureuse, et ne se soutenait guère qu'avec d'abondantes libations de thé vert. Cette hygiène, qui tendait à l'isoler, avait sans doute amené madame du Châtelet à moins compter sur lui pour les repas. Un jour, étant sorti pour des courses, il se trouva en appétit, et demanda à souper de meilleure heure. Longchamp fut dépêché, en conséquence, auprès de la marquise et de l'académicien pour les prier de descendre. Ceux-ci, enfoncés dans leurs calculs, requièrent le quart d'heure de grâce, qui leur est accordé. Mais la demi-heure

---

[1]. Voltaire, *OEuvres complètes* (Beuchot), t. LIII, p. 538. Lettre de Voltaire à Thiériot; le 24 mars 1739. Vers de la *Mort de César*, act. II, scène IV.

s'écoule, sans que personne ne bouge. Longchamp est envoyé de nouveau, il frappe, on lui crie : « nous descendons. » Sur cela, le poëte fait servir, s'assied à table et attend. Les minutes se succèdent, les plats se figent, et nulle apparence que l'on s'exécute de sitôt. Il n'y tient plus. Ce moribond, ce perclus, cet infirme bondit, s'élance dans l'escalier qu'il enjambe quatre à quatre, essaye d'ouvrir et trouve la porte fermée à la clef. Évidemment on ne voulait point être dérangé. La précaution était excessive, et, à premier examen, elle peut paraître étrange[1]. Mais, en dépit des insinuations de Longchamp qui, d'ailleurs, anticipe d'une année sur les événements (ce qui n'est pas ici sans importance), la marquise et Clairaut alignaient des chiffres en tout bien et tout honneur ; et, lors même que Voltaire eût cru devoir prendre en main la défense des droits de Saint-Lambert, sa sollicitude et ses ombrages eussent porté à faux. Mais Voltaire jaloux, après l'épreuve qu'il a subie et dont il a su triompher ! Il n'y a guère

---

1. Tous ces savants n'en étaient pas moins hommes, avec toutes les faiblesses et tous les entraînements de l'humanité. La réputation de Maupertuis n'était plus à faire à cet égard, et Clairaut n'était pas moins galant que son collègue, avec plus de jeunesse. Treize ans après (1762), il est vrai, Morellet nous le montre acoquiné avec une demoiselle G***, qui demeurait chez lui, parce qu'en homme laborieux et appliqué, il tenait à avoir sous la main les choses dont il avait besoin. « C'étoit une assez bonne fille, qui a tenté depuis de s'empoisonner pour l'amour d'un M. Le Blanc, parce qu'il n'avoit pas voulu l'épouser après lui en avoir fait la promesse ; mais pour se dépiquer elle a épousé dans l'année un autre M. Le Blanc, auteur tragique (Le Blanc de Guillet, l'auteur de *Manco Capac* et des *Druides*). Elle aimoit alors Clairaut, qui lui avoit enseigné assez de calcul pour l'aider dans ses études astronomiques. » L'abbé Morellet, *Mémoires* (Paris, 1821), t. I, p. 120, 121.

d'apparence. Il semble, en définitive, s'être chargé lui-même de renverser toute interprétation malveillante sur une intimité purement scientifique :

> ... A l'égard du *Commentaire algébrique*, écrivait-il plus tard, c'est un ouvrage au-dessus de la traduction. Madame du Châtelet y travailla sur les idées de M. Clairaut; elle y fit tous les calculs elle-même; et quand elle avait achevé un chapitre, M. Clairaut l'examinait et le corrigeait. Ce n'est pas tout; il peut dans un travail si pénible échapper quelque méprise : il est très-aisé de substituer en écrivant un signe à un autre. M. Clairaut fesait encore revoir par un tiers les calculs, qui étaient mis au net; de sorte qu'il est moralement impossible qu'il se soit glissé dans cet ouvrage une erreur d'inattention; et ce qui le serait du moins autant, c'est qu'un ouvrage où M. Clairant a mis la main ne fût pas excellent en son genre [1].

Bien que l'on eût pu croire l'auteur de *Zaïre* poussé par une Euménide, toute cette fureur n'avait d'autre cause que l'attente prolongée qu'on lui imposait. Il enfonce la porte d'un coup de pied, à la grande frayeur des deux algébrisants, qui durent se lever et le suivre; et Voltaire, de s'écrier en redescendant l'escalier : « Vous êtes donc de concert pour me faire mourir? »

> Ordinairement, dit Longchamp, leur souper était gai et très-long; ce jour-là, il fut très-court, on ne mangea presque point; chacun d'eux, les yeux fixés sur son assiette, ne disait mot. M. *Clairaut* se retira de bonne heure, et ne revint point de quelque temps à la maison. On se raccommoda pourtant à la fin; madame *du Châtelet*, avec son adresse ordinaire, vint à bout de calmer les esprits de part et d'autre. M. *Clairaut* revint, on continua la révision du commentaire newtonien, et on ne manqua plus de se trouver avec exactitude au rendez-vous du souper [2]. »

1. Voltaire, *Œuvres complètes* (Beuchot), t. XXXIX, p. 416. *Éloge historique de madame la marquise du Châtelet*. 1752.

2. Longchamp et Wagnière, *Mémoires sur Voltaire* (Paris, 1826), t. II. p. 175, 176, 177.

Voltaire passa une mauvaise nuit, un peu confus sans doute de cette étrange sortie. Madame du Châtelet eût été en droit de lui en garder rancune ; mais ses propres torts l'obligeaient à plus d'indulgence et de mansuétude, et apparemment céda-t-elle à une considération de ce genre, le lendemain matin, en envoyant chez le poëte lui demander s'il aurait pour agréable qu'elle vînt prendre son café avec lui. Sur sa réponse affirmative elle descendait, un instant après, tenant à la main un déjeuner de porcelaine de Saxe, qu'elle affectionnait particulièrement et qui était un bijou, à ne s'en rapporter qu'à la description séduisante que nous en fait Longchamp. Tout en goûtant, elle met doucement la conversation sur la petite scène de la veille et veut démontrer à son ami qu'il s'est emporté à tort. Elle s'était rapprochée de son fauteuil; Voltaire, qui l'écoutait assez froidement, se redresse tout à coup comme pour la faire asseoir; et la heurte, en se levant. Ce mouvement fit échapper des mains de la divine Émilie la tasse et sa soucoupe qui allèrent tomber sur le parquet et se briser en mille éclats. Longchamp accourt au bruit et arrive assez à temps pour entendre la marquise décocher à l'auteur de la *Henriade* quelques mots foudroyants, en anglais, et disparaître avec toutes les marques d'un violent courroux. Ici les rôles changent : les débris sont ramassés, examinés avec soin, et Longchamp, dépêché tout aussitôt chez La Fresnaye, un bijoutier du Palais-Royal. Mais l'on eut beau fouiller la boutique du marchand, il fallut se résigner à choisir entre ceux qui s'éloignaient le moins du modèle. Cinq ou six déjeuners sont apportés à Voltaire, qui s'arrêta au plus riche et au plus coquet. La Frésnaye en demandait dix louis ; Voltaire jeta les hauts cris. L'ouvrier de répondre qu'en cédant à ce prix, son maître renonçait à tout bénéfice. « M. *de Voltaire*, raconte Longchamp, finit par compter à l'ouvrier les dix louis, non sans regretter cet argent, et disant entre ses dents que madame *du Châtelet* aurait bien dû prendre son déjeuner chez elle, avant de descendre chez lui. Cependant il m'envoya lui faire des excuses de sa bouderie, et lui porter ce nouveau déjeuner, qu'elle reçut en souriant. La réconcilation fut prompte, et cette petite tracasserie n'eut pas de suite [1]. » Mais cela ne peint-il pas bien Voltaire, dont on aurait à raconter cent scènes du même genre et tout aussi réjouissantes ?

Voltaire, qui avait toujours deux ou trois pièces sur le chantier, qui rêvait à un *Catilina* en complotant un *Oreste*, travaillait également à une comédie empruntée à la *Paméla* de Richardson. Il eût été désespéré de laisser derrière lui cette *Nanine*, qui avait toutes ses préférences, et de quitter Paris sans avoir vu décider de son sort. Aussi, tout malingre, tout souffrant qu'il se dit et qu'il soit, il remue ciel et terre pour précipiter l'heure de la représentation. « J'ai fait cent vers à

---

1. Longchamp et Wagnière, *Mémoires sur Voltaire* (Paris, 1826), t. II, p. 117 à 180. Ces débats entre acheteur et marchand, également opiniâtres de part et d'autre, sont fréquents dans la vie de Voltaire et donnent lieu à de vraies comédies. Marmontel cite une anecdote de ce genre, à propos de l'acquisition d'un couteau de chasse, qui est la chose la plus amusante et la plus bouffonne. *Œuvres complètes* (Belin), t. I, p. 136, 137. *Mémoires*, liv. IV.

Nanine, mais je me meurs [1], » écrit-il à madame d'Argental, qui partageait avec son mari la confiance et les confidences du poëte. L'emploi n'était pas tout bénéfice avec un pareil homme, et avait bien ses aspérités, comme le prouve cette lettre très-curieuse de la comtesse à d'Argental, au sujet même de *Nanine*, après une apparition de Voltaire qu'elle lui raconte encore sous l'impression de cette scène moitié tragique, moitié burlesque.

Voltaire est venu ici à onze heures du soir, comme un furieux; il m'a conté qu'il avait été à Versailles, à Sceaux, chez les notaires, depuis qu'il était revenu, et cent choses, avec une volubilité, prodigieuse et toujours criant qu'il était au désespoir. Enfin, quand il a pu mettre quelque ordre dans ses discours, il m'a dit que, tout chemin faisant, il avait fait non-seulement les retranchements que vous lui aviez demandés, mais même davantage, et que, comme il ne s'agissait pas seulement de retrancher mais d'avoir le sens commun, en liant les choses, qu'il avait fait des liaisons; qu'ayant été à dix heures porter à mademoiselle Granval ce qui la regardait, il l'avait trouvée apprenant une leçon que vous, qui ne vous fiez jamais à lui, lui aviez envoyée. Il m'a demandé d'une voix terrible de quoi vous vous mêliez; que cela était réparé par mademoiselle Granval, qu'il avait vue, mais qu'il fallait qu'il allât réveiller Granval et mademoiselle Dangeville qui logeaient aux deux bouts de Paris; qu'il avait fait douze lieues, qu'il était tué, excédé; qu'il fallait qu'il allât demain matin à Plaisance [2], et qu'il mourrait de la fatigue que cela allait lui causer; enfin, je n'ai jamais vu quelqu'un si hors de lui. Je l'ai calmé, cependant, et tout s'est terminé à me prier de vous écrire avant de me coucher, qu'il fallait que vous envoyassiez de bon matin chez Granval et chez mademoiselle Dangeville, et que vous leur mandassiez de suivre sa leçon et non pas la vôtre. Et puis

---

1. Voltaire, *OEuvres complètes* (Beuchot), t. LV, p. 273. Lettre de Voltaire à madame d'Argental; ce vendredi soir (2 mai 1749).
2. Maison de campagne de Pâris-Duverney.

il m'a fait promettre que je vous engagerais (attendu qu'il ne peut pas être à la comédie avant six heures) à faire recorder devant vous Granval, sa femme, mademoiselle Dangeville et Minet [1]. La fin de tout ce tapage a été qu'il a ri de sa fureur, qu'il m'a dit que l'honneur le faisait mettre en colère et extravaguer, mais que son cœur n'y avait point de part, et qu'il se jetait aux genoux de son ange pour le remercier de ses soins paternels; que pour moi, il m'aimait à la folie, et ne saluerait jamais un fermier général jusqu'à ce que j'eusse cinquante mille livres de rentes [2].

Cette lettre est charmante [3]. Voltaire est présent, on semble le voir s'emportant, se grisant au bruit de ses paroles, gémissant, se lamentant, criant qu'on l'assassine, y croyant; puis, par un de ces soubresauts soudains qui lui étaient familiers, comprenant tout le ridicule de ces clameurs, de ces larmes, de ces exagérations, se moquant de lui avec une bonne humeur, une gaieté irrésistible, et implorant son pardon avec la grâce, la gentillesse câline d'un enfant mutin qui sait qu'on ne lui gardera pas rancune. Il serait difficile de faire un tableau plus vivant et plus réel. Mais il res-

---

1. Souffleur et copiste de la Comédie française que Voltaire accusait de faire des copies des manuscrits de ses pièces, dont il traitait avec les comédiens de province.

2. *Mélanges publiés par la Société des Bibliophiles français* (Paris, Didot, 1822), t. II, p. 13, 14, 15. Lettre de madame d'Argental à son mari qui était allé souper à la campagne, à minuit. Cette lettre, qui est sans date, doit être de mai ou de juin 1749. *Nanine* n'est pas nommée, mais il ne peut être question que d'elle, comme le démontre suffisamment sa distribution.

3. Aussi la comtesse était-elle d'un esprit charmant, auquel peut-être manquait cette bonhomie qui l'accompagne si rarement, il est vrai : « Sa femme (mademoiselle Rose du Bouchet) aurait encore plus d'esprit, dit le président Hénault, si elle en avait moins. » *Mémoires* (Dentu, 1855), p. 396.

sort de là, comme on l'a remarqué plus haut, que cette amitié, ces relations n'étaient pour d'Argental ni une sinécure, ni un emploi du temps toujours souriant. Une femme de la société de l'*Ange gardien* disait de lui « qu'il vivoit de Voltaire [1]. » Au moins, Voltaire prenait-il une bonne part de ses journées, et jamais ministre ne fut plus occupé, plus affairé, plus absorbé. « Son admiration pour Voltaire, raconte de son côté La Harpe, était un sentiment vrai et sans aucune ostentation ; il adorait ses talents comme il aimait sa personne, avec la plus grande sincérité. Il jouissait véritablement de ses confidences et de ses succès ; il n'en était pas vain, il en était heureux, et de si bonne foi, que tous ceux qui le voyaient lui savaient gré de son bonheur. » Ami dévoué, d'Argental était encore un ami éclairé, un juge compétent, sur la bienveillance duquel il n'y avait point à se méprendre, mais ayant son opinion arrêtée, et la défendant en homme convaincu qui croit pouvoir compter sur la sûreté et la solidité de son goût.

Ce n'est pas tout à fait ainsi que nous le présente Marmontel, dont il avait, en une circonstance, froissé l'amour-propre, et qui parle de lui comme de l'ennemi de tous les talents en passe de réussir, comme d'une nullité minaudière, cachant son peu de fonds, d'idées, d'initiative sous « des demi-mots, des phrases indécises, du vague et de l'obscurité. » L'auteur de *Bélisaire* raconte certaine audition de *Denys*, chez made-

---

[1]. *Lettres inédites de madame du Châtelet à d'Argental* (Paris, 1806), p. 299. Notice sur M. d'Argental.

moiselle Clairon, et il lui fait jouer le rôle d'un sot et d'un niais[1]. C'est trop et beaucoup trop en dire pour être cru. On sent, tout au contraire, dans la Correspondance, l'influence et l'action de d'Argental; Voltaire bataille avec ses *anges*, dispute pied à pied le terrain, et finit rarement par être d'un autre avis, malgré les sacrifices et l'ennui des remaniements qu'on lui impose. Les témoignages fourmillent, et nous avons eu occasion déjà plus d'une fois de constater l'intervention critique des deux frères, car Pont-de-Veyle était presque aussi consulté et son jugement n'avait pas moins de poids. Et, si l'on en pouvait douter, nous renverrions au *Discours de M. de Voltaire en réponse aux invectives et outrages de ses détracteurs*, soumis à l'avis d'un conseil littéraire, composé de d'Argental, Pont-de-Veyle et Thiériot, que l'auteur appelait son *Triumvirat*[2]. Voltaire y est épluché de fort près par le cénacle : rencontre-t-on un mot impropre, on le signale; l'on n'est pas plus indulgent pour la passion et l'amertume, et rien ne lui est passé de ce que l'on croit faux, injuste ou excessif. Ce sont toujours des amis qui parlent, mais des amis sincères, qui ont leur franc-juger et qui n'hésitent pas à formuler une sentence, même avec la conviction qu'elle ne pourra que contrarier et déplaire. D'Argental était, d'ailleurs, un pilier de théâtre, un habitué de la Comédie française, très au fait de son répertoire, très-influent auprès des acteurs qui respec-

---

1. Marmontel, *OEuvres complètes* (Belin), t. I, p. 76, 77. *Mémoires*, liv. III.
2. Voltaire, *Pièces inédites* (Didot, 1820), p. 115-137.

taient en lui un véritable amateur, un esprit aimable et conciliant, indispensable trait d'union entre le poëte et eux. Et il y a loin et fort loin, sans doute, d'un pareil homme au portrait ridicule et grotesque que Marmontel s'est plu à crayonner.

Ce fut le 16 juin que fut représentée *Nanine*, qui, s'il en fallait croire Collé, étonna plus qu'elle ne fut goûtée. « Cet auteur prend, nous dit-il, un parti singulier pour attirer le monde à ses pièces ; il paye la comédie au public ; il donne les deux tiers du parterre et des loges à ses nièces, ou à quelques autres femmes de sa connaissance ; enfin les comédiens ont assuré à Dutartre, que la réussite de *Sémiramis* lui avait coûté huit cents livres de son argent, au delà des quinze représentations qu'elle a eues [1]. » Collé, dont ce n'est pourtant point le vice originel, nous paraît ici bien naïf, et il vivrait de notre temps qu'il rougirait un peu et de ses surprises et de son indignation. Voltaire avait une foule d'amis ; n'était-il pas naturel qu'il les appelât à ces fêtes de famille, eux et les leurs, sans demander à ces derniers autre chose que de rire à ses comédies ou de pleurer à ses tragédies ? « Amusez-vous donc, si vous pouvez, à *Nanine*, écrivait-il à Baculard, le jour de la seconde représentation, voicy deux billets qui me restent. Si vous voulez, d'ailleurs, vous trouver chez Procope, je vous ferai entrer, vous, vos amis, vos filles de joye ou non joye, partout où il vous plaira [2]. » Si

---

1. Collé, *Journal* (Paris, 1805), t. 1, p. 98 ; juin 1749.
2. Charavay aîné, *Catalogue d'autographes* du lundi février 1868 (du docteur Michelin de Provins), p. 18, n° 193. Lettre de Voltaire à Baculard d'Arnaud, agent du roi de Prusse ; 18 juin 1749.

Collé tenait ses renseignements le plus souvent de Dutartre, il lui en venait aussi d'ailleurs. Laplace, le traducteur du *Théâtre anglais*, lui racontait qu'à la troisième représentation, un petit ricanement s'étant fait entendre dans le parterre, Voltaire, qui était aux troisièmes loges, en face du théâtre, se leva et cria tout haut : « Arrêtez, barbares, arrêtez! » et que le parterre se tut [1]. Au moins l'anecdote est-elle dans la vraisemblance d'un tel caractère; et pareil incident se reproduira aux représentations de son *Oreste*. « Il était un peu désagréable, nous dit Wagnière, de se trouver à côté de lui aux représentations, parce qu'il ne pouvait se contenir. Tranquille d'abord, il s'animait insensiblement; sa voix, ses pieds, sa canne, se faisaient entendre plus ou moins. Il se soulevait à demi de son fauteuil, se rasseyait; tout à coup se trouvait droit, paraissant plus haut de six pouces qu'il ne l'était réellement. C'était alors qu'il faisait le plus de bruit. Les acteurs de profession redoutaient même, à cause de cela, de jouer devant lui [2]. »

Voltaire n'attendit pas la clôture des représentations de *Nanine*. Madame du Châtelet, qui sûrement en avait fini avec Clairaut, pressait le départ et avait hâte de quitter Paris, où d'ailleurs elle menait une vie de cloîtrée. C'était vers Cirey qu'ils allaient se diriger, bien que l'on fût impatient de les avoir à Lunéville. Le roi de Prusse, qui n'avait pas perdu l'espérance de l'attirer à Berlin, écrivait de son côté lettres sur lettres

---

1. Collé, *Journal* (Paris, 1805), t. I, p. 101; juillet 1749.
2. Longchamp et Wagnière, *Mémoires sur Voltaire* (Paris, 1826), t. I, p. 51, 52. Additions au *Commentaire historique*.

à Voltaire [1], et faisait agir occultement auprès de cette vanité toute féminine sur laquelle le prestige royal n'avait que trop de pouvoir. Frédéric, malgré les prétextes de santé que l'on faisait valoir, ne se tenait pas pour battu, et ne négligeait rien pour triompher de ses indécisions ; les caresses, les supplications même ne lui coûtaient point : « Sacrifiez-moi, je vous prie, ces deux mois que vous me promettez. Ne vous ennuyez point de m'instruire : si l'extrême envie que j'ai d'apprendre et de réussir dans une science, qui de tous temps a fait ma passion, peut vous récompenser de vos peines, vous aurez lieu d'être satisfait... Mandez-moi précisément le jour que vous partirez, et si la marquise du Châtelet est une usurière, je compte m'arranger avec elle pour vous emprunter à gages [2]... » Cette expression lui plaît. On la retrouve dans une lettre de date antérieure, adressée à Maupertuis. « J'ai proposé à madame du Châtelet de me le prêter sur gage ; et le gage auroit été un de mes géomètres à son choix... » A quoi Maupertuis répondait : « Votre Majesté n'auroit rien perdu au choix qu'elle proposoit, et madame du Châtelet y auroit gagné. Je ne conçois pas comment elle et M. de Voltaire ne vous ont pas pris au mot [3]. » Un mois après sa lettre au poëte,

---

1. Voltaire, *Pièces inédites* (Didot, 1820), p. 329. Lettre de Voltaire à Thiériot ; 17 mars 1749.
2. Voltaire, *OEuvres complètes* (Beuchot), t. LV, p. 277, 278. Lettre de Frédéric à Voltaire ; le 16 mai 1749.
3. La Beaumelle, *Vie de Maupertuis* (Paris, Ledoyen, 1856), p. 414, 415. Lettre de Frédéric à Maupertuis ; à Berlin, 3 janvier. Réponse de Maupertuis ; à Saint-Malo, 20 février 1749. Disons que toutes ces lettres de Frédéric à Maupertuis ont été traitées par La

Frédéric réitère ses instances et fait sentir, quoique doucement, que, s'il ne se lasse pas d'implorer, il y aurait savoir-vivre à s'exécuter sans surexciter davantage l'envie qu'on avait de le posséder. « Madame du Châtelet accouche dans le mois de septembre ; vous n'êtes pas une sage-femme ; ainsi elle fera bien ses couches sans vous ; et, s'il le faut, vous pourrez alors être de retour à Paris. Croyez, d'ailleurs que les plaisirs que l'ont fait aux gens sans se faire tirer l'oreille sont de meilleure grâce et plus agréables que lorsqu'on se fait tant solliciter [1]. » Mais Voltaire ne se laisse point ébranler. «... Ni M. Bartenstin, ni M. Bestuchef, tout puissants qu'ils sont, ni même Frédéric le Grand, qui les fait trembler, ne peuvent à présent m'empêcher de remplir un devoir que je crois très-indispensable. Je ne suis feseur d'enfants, ni médecin, ni sage-femme, mais je suis ami, et je ne quitterai pas, même pour Votre Majesté, une femme qui peut mourir au mois de septembre. Ses couches ont l'air d'être fort dangereuses ; mais si elle s'en tire bien, je vous promets, Sire, de venir vous faire ma cour au mois de septembre[2]. »

Beaumelle comme celles de madame de Maintenon. L'éditeur, M. Maurice Angliviel, a dû le reconnaître et l'a fait loyalement, devant l'inspection des lettres originales dont M. Feuillet de Conches est le possesseur. Toutefois, les deux fragments que nous venons de citer appartiennent à des lettres qui ne figurent pas parmi celles que possède M. de Conches ; nous n'avons donc pu les soumettre à aucun contrôle, et nous nous serions gardé de les reproduire, si la lettre de Frédéric à Voltaire n'était pas une preuve que La Beaumelle avait au moins respecté les passages que nous citons.

1. Voltaire, *OEuvres complètes* (Beuchot), t. LV, p. 280. Lettre de Frédéric à Voltaire ; le 10 juin 1749.
2. *Ibid.*, t. LV, p. 287. Lettre de Voltaire à Frédéric ; à Cirey, 29 juin 1749.

Il fallut bien en passer par là. « Après m'avoir donné, répond le prince, non sans persiflage, des espérances pour l'été, vous me remettez à l'automne. Apparemment qu'Apollon, comme dieu de la médecine, vous ordonne de présider aux couches de madame du Châtelet. Le nom sacré de l'amitié m'impose silence, et je me contente de ce qu'on me promet [1]. »

La veille ou l'avant-veille de leur départ, Voltaire recevait une étrange visite. L'abbé d'Arty, chaperonné par une de ses tantes [2] fort connue de madame du Châtelet, venait implorer du poëte un service qu'un docteur en Sorbonne était, ce semble, plus en posture de lui rendre. Cet abbé, fils du prince de Conti et de madame d'Arty, avait obtenu la faveur très-disputée de prononcer, au Louvre, le panégyrique de saint Louis, devant messieurs de l'Académie française. C'était une occasion de se révéler, d'attirer l'attention et les bonnes grâces de la cour. Mais encore fallait-il qu'il y eût sinon à admirer, du moins quelque chose à louer dans ce lieu commun oratoire, roulant inexorablement sur la même donnée et dont la forme seule pouvait varier. L'abbé, après trois mois de labeurs, était accouché de son discours ; et l'on eût bien voulu avoir

---

1. Voltaire, *Œuvres complètes* (Beuchot), t. LV, p. 294, 295. Lettre de Frédéric à Voltaire; à Sans-Souci, le 25 juillet 1749.

2. La mère de l'abbé était fille de madame de Fontaine et de Samuel Bernard ; ses sœurs étaient Mesdames de Barbançois, Dupin et de La Touche. Celle des tantes de M. d'Arty qui devait être la plus connue de madame du Châtelet et de Voltaire, était, à coup sûr, madame Dupin, avec laquelle la marquise avait eu de fréquents rapports lors de l'acquisition de l'hôtel Lambert. Mais aucunes ne prenaient le titre de comtesse, que Longchamp donne obligeamment au chaperon de l'abbé.

l'avis de l'auteur de *Zaïre*. Voltaire se retrancha derrière son incompétence, allégua mille affaires, son départ imminent ; il eut beau dire, madame du Châtelet tourna à l'ennemi, et il dut promettre de revoir et même de retoucher l'ouvrage du jeune orateur. Le soir même, il parcourt le manuscrit et ne laisse pas d'être édifié, dès les premières lignes. Il biffe, il rature, il efface, chemin faisant, et avec une telle conscience, que, lecture achevée, il ne subsistait plus rien du panégyrique de M. l'abbé.

Le lendemain, le jeune d'Arty et sa tante arrivent pour avoir le sentiment du poëte. Lorsque le premier aperçut son manuscrit en pareil état, il faillit presque s'évanouir. La tante n'était pas moins désolée, et mêlait ses larmes aux larmes de son neveu. Madame du Châtelet, qui eût voulu les sortir de peine, fit entendre à Voltaire qu'il ne pouvait les laisser ainsi dans l'embarras. Ces supplications, ces pleurs ne manquèrent pas de l'émouvoir, il s'attendrit avec tout le monde et consentit à tout. Il quittait Paris la nuit suivante ; mais, une fois à Cirey, il reverrait, remanierait, ferait à nouveau ce discours qui, pour l'abbé, était et devait être un coup de partie. Voltaire, fabricateur de sermons ! Si cela paraît paradoxal, c'est là un de ces mille traits qui caractérisent un siècle où tous les contrastes se heurtent. Des sermons ! Mais c'était le gagne-pain de tout homme de lettres auquel on savait de la verve et de l'éloquence, un gousset peu garni et de grands besoins. On était philosophe, mais il fallait vivre, et l'on se mettait, anonymement, au service de quelque abbé de cour, qui avait à faire ses preuves et avait assez de modestie pour s'en rapporter à autrui du soin de confectionner ses homélies. Jean-Jacques composera de la sorte, en 1752, une oraison funèbre du duc d'Orléans pour le compte du même abbé d'Arty [1]. Diderot écrira, sur commande, pour un missionnaire, six sermons, à cinquante écus pièce [2]. Mercier, le dramaturge, dans sa jeunesse, vivait également du profit de sermons, qu'un ecclésiastique inconnu lui payait sur le taux de quinze louis chacun [3]. Un libraire n'eût pas donné ce prix d'un chef-d'œuvre. Quoi qu'il en soit, Voltaire s'était engagé à refaire le *Panégyrique* de l'abbé, et, une fois à Cirey, il fallut bien s'exécuter. Cela lui coûta une journée d'un travail maussade; et, avant la huitaine, l'abbé d'Arty recevait son discours où il ne dût guère se retrouver, car rien n'y avait été conservé du premier travail. On ne peut dire, toutefois, qu'il n'y mit point la main.

Dès l'abord, une chose l'arrêta : c'est que M. *de Voltaire* n'avait point observé les divisions ordinaires aux discours de ce genre. M. *d'Arty* n'y vit rien qui distinguât l'exorde, les premiers et seconds points, et la péroraison. C'était un texte continu. Il crut qu'il ne lui serait pas difficile d'établir ces divisions, et il ne consulta personne pour cela. Il n'eut que la peine de choisir, à distance convenable, des phrases ou périodes dont le sens indiquait assez naturellement le point de repos. Il y fit des marques, écrivit à l'un de ces endroits : *Ave Maria;* et c'est là, avec l'*Ainsi-soit-il* de la fin, tout ce qu'il a mis du

---

1. J.-J. Rousseau, *Œuvres complètes* (Paris, Dupont, 1824), t. I, p. 392, 393; t. XVI, p. 43.
2. Diderot, *Œuvres choisies* (Didot), t. I, p. VII. Sa vie, par Génin.
3. Mercier, *Tableau de Paris* (Pagnerre, 1853), p. VIII, IX. Voir la notice que nous avons faite, en tête de cette édition.

sien dans ce sermon ou panégyrique qui lui a valu quelque temps après un évêché[1].

Le séjour de Voltaire et de madame du Châtelet, à Cirey, fut d'une quinzaine environ. Cette dernière devait être pressée de retrouver Saint-Lambert, et le beau temps n'était pas ce qui les pouvait retenir; car il gelait bel et bien encore les 23, 24 et 25 juin. Le froid ne cessa qu'au mois de juillet. Voltaire remarquait, à ce propos, qu'on parlait beaucoup en Lorraine de l'été de la Saint-Martin, et que l'on ne disait rien de l'hiver de la Saint-Jean[2]. Le poëte et son amie prirent le chemin de Commercy, où le roi de Pologne se trouvait alors, et qu'ils quittèrent bientôt pour Lunéville, où la petite cour était installée, dès le 21 juillet, comme nous l'apprend une lettre de Voltaire à cette date[3].

1. Longchamp et Wagnière, *Mémoires sur Voltaire* (Paris, 1826), t. II, p. 236 à 245. — *Gazette de France* du 3 août 1749, p. 444. — Voltaire, *OEuvres complètes* (Beuchot), t. XXXIX, p. 125 et suiv. Jamais l'abbé d'Arty n'a été évêque. Nous le voyons figurer sur le contrat de mariage d'un de ses parents, à la date du 9 février 1768, avec les titres de conseiller au grand conseil (qu'il n'obtint pas sans peine au dire de d'Argenson), de prévôt de Favières et de doyen de Pontois. *Registre des mariages célébrés à la paroisse Saint-Eustache, en l'année* 1768, p. 27. — Marquis d'Argenson, *Mémoires* (éd. Rathery), t. IX, p. 262; 3 mai 1756. Ajoutons que ses mœurs étaient loin de démentir son origine; et les inspecteurs de police nous le révèlent comme un abbé galant, allant sur les brisées, à un certain moment, du marquis d'Étreham, l'amant de mademoiselle Camille Vésian, jeune italienne dont Casanova nous a fait un gracieux portrait dans ses Mémoires. *Journal des inspecteurs de M. de Sartines.* (Bruxelles, 1863), p. 160; du 16 juillet 1762.

2. Durival, *Description de la Lorraine et du Barrois* (Nancy, 1778), t. I, p. 198.

3. Voltaire, *OEuvres complètes* (Beuchot), t. LV, p. 290. Lettre de Voltaire à madame d'Argental; à Lunéville, le 21 juillet 1749.

Nous l'avons dit, c'était la vie de château, une existence de grand seigneur plus que de souverain, que l'on menait à Commercy et à Lunéville. Au demeurant, Stanislas (il le savait et s'y résignait sans trop d'amertume) n'était qu'un grand seigneur, avec quelque pouvoir sur ses vassaux, mais sans autorité réelle dans son royaume, qu'administrait, sans lui, et au besoin contre son gré, un intendant dépêché par le roi de France. Il s'était, à l'occasion, montré courageux, énergique, digne de l'amitié de ce fou sublime qui sortait d'affaires en périssant à Stralsund; il avait vu la mort de près, sans effroi, avec grandeur d'âme. Mais il n'était pas né, comme Sobieski, pour être un héros de Plutarque, et il s'accommoda de la paix, du calme, du bien-être, d'un semblant de royauté, lorsque la fortune, lasse de le persécuter, voulut l'indemniser des traverses passées en assurant la tranquillité de sa vieillesse.

Ce mot qui a fait proverbe : « Mon secrétaire vous dira le reste », saillie des plus plaisantes dans le sens où l'entendait Stanislas, avec madame de Boufflers, ce mot eût pu avoir de bien autres applications. Le terrible secrétaire, *qui disait le reste*, qui avait mission d'achever la phrase embarrassante, disait tout, en somme, le commencement aussi bien que la fin. Comment Stanislas eût-il été un duc de Lorraine effectif, quand il n'y avait plus de duché, s'il y avait encore des Lorrains qui s'obstinaient à demeurer Lorrains ? Malgré ce fantôme de roi et de duc, le pays était annexé, annexé par une main impitoyable, un poignet de fer, par un tyran, à l'heure qu'il est encore, en exécration, mais sans lequel la Lorraine n'eût jamais été soudée à la France. Au point de vue français, au point de vue de l'unité, M. de la Galaizière fut un de ces instruments qui, comme Richelieu, Louvois, savent forcer la fortune ; et, en dépit de tenaces préventions, il fut l'homme de son pays, rudement, durement, mais efficacement à une époque difficile, et s'il fut le maître et le seul maître, il s'en tira comme ne s'en serait point tiré, c'est à croire, le bon roi de Pologne. Soyons justes même pour M. de La Galaizière, qui fit face à tout avec ses seules ressources et contint par sa seule volonté, sa seule intrépidité l'ennemi extérieur prêt à envahir la frontière et l'ennemi du dedans qui l'appelait au moins de tous ses vœux.

VIII

L'ABBÉ PORQUET. — VOLTAIRE PRIS PAR FAMINE. —
COUCHES DE LA MARQUISE. — SA MORT.

L'ambition de ce roi sans pouvoir, ambition qui, répétons-le, lui a été aigrement reprochée, fut de faire date dans l'histoire de la Lorraine, et, ce qui est mieux encore, dans le cœur reconnaissant des Lorrains. Il succédait à des princes affectionnés, et il fallait plus d'un jour pour qu'on rendît justice à ses efforts. Stanislas aimait à construire, et ses bâtiments étaient son passe-temps le plus doux. La matinée était régulièrement consacrée à l'examen des travaux, en compagnie de ses architectes, de ses peintres et de ses sculpteurs. Les jardins de Lunéville étaient peuplés de petits cabinets, de grottes, de bassins. Ces cabinets, il les distribuait entre ses courtisans privilégiés, auxquels il allait demander sans façon, quand la fantaisie lui en venait, un dîner improvisé, se contentant le plus souvent de les faire avertir trois heures à l'avance[1]. Au reste, en fait de table, ses exigences n'étaient pas grandes. Le repas

---

1. Narbonne, *Journal des règnes de Louis XIV et de Louis XV, de 1701 à 1744* (Versailles, 1866); p. 578.

ne durait jamais plus d'une heure, et la hâte d'en finir avec cette nécessité de la vie le portait à avancer tous les jours son dîner; ce qui fit dire à M. de la Galaizière : « Sire, si vous continuez, vous finirez par dîner la veille [1]. » L'après-midi se passait au jeu, en concerts, en comédies, en opéra. La comète était le jeu favori de la petite cour, et on s'y livrait avec une vraie furie. Voltaire, qu'eût guéri madame du Châtelet, si c'eût été encore à faire, gardait rancune à la comète. « Je voudrois, lui écrivait le bon roi, dans une lettre déjà citée, à tel prix que ce soit, que la malheureuse *comète* vous amusât plus favorablement qu'elle n'a fait, et qu'il n'y ait rien qui vous ennuie à Lunéville. Ma troupe de qualité de la comédie, qui surpasse celle de profession, y suppléera [2]. » Cette troupe de qualité, c'était toute la société intime du prince, les grandes dames et les courtisans de sa cour, madame de Boufflers, madame de Lénoncourt, madame de Lutzelbourg, le vicomte de Rohan, Saint-Lambert, M. Devaux, l'abbé Porquet, tous gens d'esprit et poëtes pour la plupart, même les femmes.

Madame de Boufflers faisait agréablement les vers et l'on a conservé d'elle un quatrain sur la mort de Voltaire qui n'est pas d'une caillette, et dans lequel elle force un peu ses cordes. Pour l'ordinaire, la dame de Volupté ne fronce point son joli sourcil; la vie à ses yeux n'est qu'une plaisanterie à laquelle, jusqu'à la fin, il faut conserver sa gaieté. Elle riait de tout. Le huitain

---

[1]. Chamfort, *Œuvres* (Lecou, 1852), p. 147.
[2]. Voltaire, *Œuvres complètes* (Beuchot), t. LV, p. 246, 247. Lettre de Stanislas à Voltaire; à Lunéville, le 31 janvier 1749.

qui suit est un échantillon et de sa belle humeur et de cette plaisanterie un peu osée mais que font accepter la forme et le naturel. Nous avons déjà parlé de cet abbé Porquet, le précepteur de son jeune fils, qu'elle avait imposé comme chapelain au roi de Pologne. L'abbé était tout un type. De petite taille et de plus petite santé, il semblait n'avoir que le souffle, et se rendait à cet égard la justice la plus stricte. « Je suis comme empaillé dans ma peau, disait-il; » d'ailleurs, incapable du moindre excès, même devant l'eau claire. C'eût été là un piètre amant, et il ne fallait que le voir pour trouver fort innocent, sinon fort convenable, l'aveu rimé de la spirituelle Boufflers :

> Jadis je plus à Porquet
> Et Porquet m'avait su plaire :
> Il devenait plus coquet;
> Je devenais moins sévère.
>   J'estimais son rabat,
>   J'admirais sa perruque;
>   Aujourd'hui j'en rabats,
>   Car je le crois eunuque[1].

En revanche, l'abbé était un délicat, un homme de goût et d'un goût exigeant, dont les petits vers, si petits qu'ils fussent, lui coûtaient un soin scrupuleux. Il rêvait trois mois un quatrain, nous dit La Harpe.

Saint-Lambert, lui aussi, s'était révélé par des poésies légères élégamment tournées.

Je ne puis me refuser, écrivait à la fin de juillet 1748 madame du Châtelet à la comtesse d'Argental alors à Plombières,

---

1. La Harpe, *Correspondance littéraire* (Paris, 1804). t. III, p. 280, 281.

je ne puis me refuser de vous envoyer des vers d'un homme
de notre société, que vous connoissez déjà par *l'Épître à Chloé*[1],
je suis persuadée qu'ils vous plairont. Il meurt d'envie de faire
connoissance avec vous, et il en est très-digne... Votre ami,
qui l'aime beaucoup, veut bien lui faire avoir ses entrées à la
Comédie pour *Sémiramis*, et, assurément, je ne crois pas que
les comédiens y répugnent, vu tout ce qu'il leur procure. Je
vous demande cependant votre protection pour cette affaire :
c'est un homme de condition de ce pays-ci, mais qui n'est pas
riche[2], qui meurt d'envie d'aller à Paris, et à qui ses entrées
à la Comédie feront une grande différence dans sa dépense...
Notre petit poëte vous prie de ne point donner à Plombières
des copies de ses vers, parce qu'il y a beaucoup de lieutenants-
colonels lorrains[3].

C'était donc sous le manteau de la cheminée et en
tapinois que le jeune officier faisait et récitait ses vers.
La poésie, cependant, ne devait pas être pour lui une
bagatelle; il s'était de gaieté de cœur condamné à un
rude labeur, et il n'y avait guère d'apparence qu'il fût
inquiété dans une pareille besogne, lorsqu'il apprit
tout à coup qu'il ne faisait lui-même qu'aller sur les

---

1. Indiquons également les vers de Saint-Lambert au prince de
Beauveau qui sont de ce temps, et que l'on trouve dans le *Journal de
Collé* (Paris, 1805), t. I, p. 69, 70; mars 1749.

2. Vers 1786, Saint-Lambert, qui était alors de l'Académie française, sollicitait une pension de 1053 fr. 12 sous, comme homme de
lettres, pour, avec 2546 fr. 8 sous dont il jouissait comme officier,
lui compléter un traitement de 3600. Techener, *Bulletin du Bibliophile* (1861), XVe série, p. 534. État des gens de lettres demandant des pensions. Saint-Lambert n'était pas, toutefois, réduit
à ces maigres ressources, comme le démontre une quittance sur
parchemin, à la date du 10 janvier 1783, de la somme de 750 livres, pour six mois échus d'une rente viagère qui lui avait été con-
stituée par le duc d'Orléans. Laverdet, *Catalogue d'autographes* (XXXe),
p. 137. N° 1075.

3. *Lettres inédites de madame du Châtelet à M. d'Argental* (Paris,
1806), p. 280, 281; Commerci, 30 juillet 1748.

brisées d'un autre poëte, qui avait alors le vent en poupe. « L'abé de Bernis, lui mandait son amie, fait un poëme des Saisons, on le dit même fort avancé, si i'en puis voir quelque chose ie vs en instruirai[1]. » Celui de Saint-Lambert était trop avancé aussi pour être abandonné, et il n'en poussera pas moins, en effet, un pied devant l'autre avec une intrépidité dont il n'y a point trop à s'étonner, car le dix-huitième siècle est le siècle du poëme descriptif ; et Dieu sait ce qu'il a sur la conscience à cet égard !

Là, comme partout, deux partis se disputaient la faveur et l'influence, et ne négligeaient rien pour se substituer l'un à l'autre, le parti des mondains, des voluptueux, et celui des rigoristes et des dévots. Chacun avait son action auprès du galant et pieux Stanislas, qui n'eût demandé qu'à mettre tout le monde d'accord, madame de Boufflers et le père Menoux, que nous connaissons déjà par le mal que nous en a dit Voltaire et dont il y a fort à rabattre. Le vrai, c'est l'autorité du religieux, c'est l'estime qu'il inspirait au prince, les bienfaits qu'il sut attirer sur son ordre et qui semblaient excessifs au parti des mondains, souvent à même de trouver, quand il s'agissait d'eux, Stanislas trop calculateur. Un jour que le roi venait d'accorder des pensions à plusieurs membres de la célèbre compagnie, Tressan, qui était loin d'applaudir aux largesses de cette nature, dit avec un certain accent : « Sire, Votre Majesté ne fera-t-elle rien pour la famille

---

[1]. Cabinet de M. Feuillet de Conches. *Lettres autographes de madame du Châtelet à Saint-Lambert.* Lettre 47 ; de Versailles, le dimanche 15 mai 1748.

de Damiens, qui est dans la plus profonde misère [1]? »
Le mot était dur, et le père Menoux, tout bon chrétien
qu'il fût, ne le pardonna point à celui-ci, sur la tête duquel il attirait plus tard, à propos d'un de ses discours
à l'Académie de Nancy, le plus terrible orage. Nous
ne nous arrêterons pas sur cette physionomie spirituelle, le type du littérateur de qualité, courtisan,
guerrier et toujours homme de lettres, même jusqu'à
compromettre le gentilhomme. Tressan, qui connaissait Stanislas de vieille date, et avait été quelque temps
le favori de sa fille, dont il avait reçu le surnom de
Petit-Train, était encore au service avec le grade de
lieutenant général, et ce ne fut qu'à la fin de 1751
qu'il obtint la charge de maréchal des logis du roi de
Pologne, à la place de M. du Châtelet nommé à celle
de grand chambellan [2]. Et il ne sera plus question
alors de Voltaire qui ne songeait guère auprès de
Frédéric le Grand, à la petite cour de Stanislas.

Les rigoristes, qui avaient le père Menoux pour chef
de ligne [3], ne devaient pas voir non plus d'un bon œil
l'amitié que le roi de Pologne témoignait au poëte-

---

1. Chamfort, *OEuvres* (Lecou, 1852), p. 67.
2. Duc de Luynes, *Mémoires,* t. IX, p. 310.
3. Il faut citer aussi l'évêque de Troyes, Poncet de la Rivière, que Stanislas avait nommé son grand aumônier. « Il débuta par être amoureux de madame de Boufflers, nous dit Voltaire, et fut chassé. » Il serait permis de douter de l'anecdote, si celui-ci n'y revenait, dans une lettre à la comtesse de Lutzelbourg, qui savait aussi bien que Voltaire ce qui se passait à la cour de Lorraine. « On vous envoie dans votre Alsace, un confesseur, un martyr de la *Constitution,* que j'ai vu quelque temps fort amoureux, et dont sa maîtresse était aussi mécontente que ses créanciers. » 23 août 1756. Voltaire, *Œuvres complètes* (Beuchot), t. XL, p. 83; t. LVII, p. 144.

philosophe et à la marquise esprit fort. De là à l'envie
de déposséder ces intrus d'une faveur qui les scanda-
lisait et ne les chagrinait pas moins, de là à la tentation de mettre en jeu d'innocentes manœuvres que le
résultat eût, dans tous les cas, plus que fait excuser,
il n'y avait qu'un pas ; et nous allons assister à une
petite machination des plus amusantes et d'un comique
exquis. Parmi la coterie des gens graves, prudents,
très-carrés dans leur antipathie, mais très-réservés,
très-discrets dans leurs démarches, figurait M. Alliot,
commissaire général de la maison du roi de Pologne,
administrateur fort capable, fort probe, sans lequel,
avec des revenus si bornés, Stanislas n'eût pu, c'est à
croire, faire face à une dépense réglée mais qui ne
laissait pas d'être lourde. « C'est lui, est-il dit avec
un peu d'emphase dans l'*Année littéraire*, qui a fait
les conditions de tous les contrats sous les ordres de
son maître, et ces établissemens, qui vous étonnent
par leur nombre, sont le fruit des économies de sa
maison, dont le détail lui est confié depuis longtemps.
Ce que peut l'activité intelligente d'un seul homme !
On sera tenté de croire, dans la postérité reculée, en
voyant les beaux monumens de *Stanislas*, qu'il étoit
le prince le plus opulent de l'Europe [1]. » Voltaire
n'eût pas demandé mieux de demeurer en bonnes relations avec l'économe et le caisssier de son hôte ; mais
celui-ci, qui eût voulu le savoir bien loin, se tint toujours avec lui dans une réserve glacée, et les avances

---

1. *L'Année littéraire* (1759), t. I, p. 173. *Le précis des fondations et établissements faits par Sa Majesté le roi de Pologne, duc de Lorraine et de Bar* (Nancy, chez Pierre Antoine). In-4° de 200 p. 1759.

du poëte furent en pure perte. Ses politesses envers madame Alliot [1] ne réussirent pas davantage; et il se vit, à peu de choses près, mis à la porte par la bonne dame, qui, durant un orage épouvantable, lui fit entendre que sa présence pourrait bien attirer le tonnerre sur sa maison. Cette crainte n'était rien moins que flatteuse; Voltaire qui, a-t-on prétendu, n'était pas plus rassuré qu'elle, eût reparti en montrant le ciel : « Madame, j'ai pensé et écrit plus de bien de celui que vous craignez tant, que vous n'en pourrez dire de toute votre vie [2]. »

La petite cour de Lunéville était gouvernée par M. Alliot avec une régularité un peu étroite, excellente pour un couvent, moins applicable au palais d'un souverain, même d'un souverain en retrait d'emploi. Vers cette époque, la dépense de la table s'élevait à vingt mille livres par mois; disons que, dans l'origine, elle ne dépassait point sept à huit mille [3]. Nous avons toutes sortes de renseignements sur cette partie des dépenses royales. Nous pourrions dire jusqu'au nom du maître d'hôtel; il s'appelait Colombel, et commandait à trois chefs de cuisine qui avaient sous eux des aides. « Ils reçoivent très-bien leurs amis, » nous

---

1. Saint-Lambert nous dit dans une lettre à madame d'Houdetot, à propos du mariage de madame de l'Hôpital, fille de madame Alliot : « Cette fille avait déjà un amant, il faut savoir aussi que la mère est une vieille coquette qui se croit toujours malade pour ne pas se croire vieille. » Cabinet de M. Feuillet de Conches. *Lettres autographes de Saint-Lambert à la comtesse d'Houdetot*. Lettre 6. Lunéville, 22 janvier.

2. Voltaire, *Œuvres complètes* (Beuchot), t. LV, p. 326. Note de l'éditeur de Kehl.

3. Duc de Luynes, *Mémoires*, t. X, p. 341; 25 septembre 1750.

dit un ancien chef du comté de Toulouse, de passage en Lorraine [1]. Tout était ordonné, distribué, métré, et les fournisseurs n'avaient qu'à se féliciter du conseiller aulique. Peut-être les hôtes du roi de Pologne s'accommodaient-ils moins de ces exigences de régularité conventuelle, auxquelles on voulait les plier. Voltaire avait une santé et une humeur qui s'opposaient également à un tel asservissement. Il n'était ni moine, ni prisonnier; son âge, sa délicatesse, sa valeur personnelle méritaient des égards, qu'il ferait valoir au besoin. La lutte commença par des négligences ou des oublis suivis de réclamations dont on tenait peu de compte. L'auteur de *Sémiramis* ne se méprit pas longtemps sur ces manquements d'une administration qui avait l'œil à tout. Il démêla une arrière-pensée hostile, un complot ourdi contre lui; et, avec sa vivacité habituelle, il voulut, dès l'instant même, en avoir le cœur net. Il envoyait, à neuf heures du matin, le billet qui suit à M. Alliot, et attendait nerveusement l'effet qu'il produirait :

> Je vous prie, monsieur, de vouloir bien avoir la bonté de me faire savoir si je puis compter sur les choses que vous m'avez promises, et s'il n'y a point quelque obstacle. Le mauvais état de ma santé ne me permet ni de rester longtemps à la cour du roi, auprès de qui je voudrais passer ma vie, ni d'avoir l'honneur de manger aux tables auxquelles il faut se rendre à un temps précis, qui est souvent pour moi le temps des plus violentes douleurs. Il fait froid, d'ailleurs, les matins et les soirs, pour les malades.
> Il serait un peu extraordinaire que, malgré votre amitié, on

---

[1]. Narbonne, *Journal des règnes de Louis XIV et de Louis XV, de 1701 à 1744.* (Versailles, 1866), p. 580.

refusât ici les choses nécessaires à un homme qui a tout quitté pour venir faire sa cour à Sa Majesté.

Je vous prie de me faire savoir s'il faut en parler au roi [1].

Le billet n'avait pas beaucoup de chemin à faire pour parvenir à son adresse, puisqu'après un quart d'heure de patience, le poëte, estimant sans doute que c'était autant et plus qu'il n'était besoin pour une réponse, décochait ce second poulet au même M. Alliot :

Le 29 août, à neuf heures un quart du matin.

Je vous supplie, monsieur, de vouloir bien donner des ordres, en vertu desquels je sois traité sur le pied d'étranger ; et ne me mettez pas dans la nécessité de vous importuner tous les jours.

Je suis venu ici pour faire ma cour au roi. Ni mon travail ni ma santé ne me permettent d'aller piquer des tables. Le roi daigne entrer dans mon état ; je compte passer ici quelques mois.

Sa Majesté sait que le roi de Prusse m'a fait l'honneur de m'écrire quatre lettres pour m'inviter à aller chez lui. Je peux vous assurer qu'à Berlin je ne suis pas obligé à importuner pour avoir du pain, du vin et de la chandelle (s'il eût pu lire dans l'avenir!). Permettez-moi de vous dire qu'il est de la dignité du roi et de l'honneur de votre administration, de ne pas refuser ces petites attentions à un officier de la cour du roi de France, qui a l'honneur de venir rendre ses respects au roi de Pologne.

Après l'envoi de cette seconde sommation, Voltaire se croise les bras et se résigne à attendre. Soit que le premier délai, à la réflexion, lui eût paru quelque peu bref, soit qu'il voulût mettre dans tout son tort le conseiller aulique et ne laisser aucun prétexte à la

---

1. De la Place, *Piéces intéressantes et peu connues* (Bruxelles, 1790), t. II, p. 223. Lettre de Voltaire à M. Allyot ; 29 août 1749, 9 heures du matin.

malveillance, il accorda au coupable un répit d'une demi-heure. Mais que cette demi-heure dut lui sembler mortelle! comme il dut trépigner sur son siége, faire claquer ses doigts, et combien de fois il dut porter ses yeux à la pendule! Ce fut en pure perte; M. Alliot faisait le mort, M. Alliot tenait à le pousser à toute extrémité. Pour le coup, c'est au maître que Voltaire écrira, qu'il demandera justice et satisfaction.

29 août 1749, neuf heures trois quarts.

Sire,

Il faut s'adresser à Dieu, quand on est en paradis. Votre Majesté m'a permis de venir lui faire ma cour, jusqu'à la fin de l'automne, temps auquel je ne puis me dispenser de prendre congé de Votre Majesté. Elle sait que je suis très-malade, et que des travaux continuels me retiennent dans mon appartement, autant que mes souffrances. Je suis forcé de supplier Votre Majesté qu'elle ordonne qu'on daigne avoir pour moi les bontés nécessaires et convenables à la dignité de la maison, dont elle honore les étrangers qui viennent à sa cour. Les rois sont, depuis *Alexandre*, en possession de nourrir les gens de lettres; et quand *Virgile* était chez *Auguste*, *Allyotus*, conseiller aulique d'*Auguste*, faisait donner à *Virgile* du pain, du vin et de la chandelle. Je suis malade aujourd'hui, et je n'ai ni vin, ni pain pour dîner.

M. Alliot avait laissé sans réponse les deux billets à lui adressés; cette dernière lettre eut plus d'effet, et M. de Voltaire reçut enfin, dans une épître qu'il nous faut citer et qui n'est certes pas la moins piquante du dossier, des explications dont il n'eut pas lieu sans doute de se trouver pleinement satisfait.

Vous avez à dîner chez vous, monsieur. Vous y avez potage, pain, vin et viandes : je vous fais donner bois et bougie; et vous vous plaignez à M. le duc (?), au roi même, aussi injustement. Sa Majesté m'a remis votre lettre, sans m'en rien dire ; et je n'ai pas voulu, pour vous-même, lui dire que vous aviez le plus grand tort du monde de vous plaindre. Il est des règles ici qu'il faut suivre : ainsi, vous aurez agréable de vous soumettre ; je ne m'en départs point : c'est que rien ne se donne à la cave par extraordinaire, sans un billet de moi chaque jour. Le détail est grand et pénible ; il est pour moi. Que vous importe, pourvu que vous ayez ce que vous demandez.

Vous n'avez manqué de rien : je le dis à vous-même ; et vous dites que vous avez manqué de tout !

Vous êtes le premier qui se soit plaint de la façon dont on reçoit ici les étrangers, puisque vous voulez l'être. Je vous ai fait donner ce que vous avez demandé ; et vous avez, encore une fois, tort de vous plaindre.

Vous citez la cour de France pour modèle. Elle a ses règles et nous avons les nôtres : mais la nôtre est absolument inutile à la cour de France, vous le savez mieux que moi.

Je suis très-fâché, pour vous-même, de vos démarches, et j'espère que vous sentirez combien elles sont déplacées, puisque je compte que vous vous trouverez très-bien de la façon avec laquelle vous avez été traité jusqu'à présent et à laquelle il n'y a rien à ajouter.

Je vous nie qu'*Allyotus*, conseiller aulique, fît donner du pain, du vin, de la chandelle à *Virgile*.

Je le fais à M. *de Voltaire*, parce que c'est un pauvre homme, et que *Virgile* étoit puissant, et avoit chez lui une table fine et excellente où il traitoit ses amis, et y étoit à son aise avec eux : ainsi nulle comparaison des temps : *Virgile*, d'ailleurs, travailloit pour son plaisir et pour la gloire de son siècle, au lieu que M. *de Voltaire* le fait par nécessité et pour ses besoins ; ainsi, on accorde à l'un par bienséance, ce que l'on n'auroit osé offrir à l'autre, crainte d'être refusé [1].

Là s'arrête cette correspondance, et c'est dommage ;

---

1. Mettons de côté l'ironie. Fallait-il, parce que M. de Voltaire était riche, qu'il apportât vin, pain, viande, chez un roi dont il était l'hôte ? Montesquieu, Helvétius (un fermier général, confrère par conséquent d'Alliot), sauvaient-ils au prince les frais de leur dépense, et les laissait-on faire, « crainte d'être refusé ? » Cela est tout bonnement absurde.

à part son côté plaisant, elle eût servi à élucider des faits qui sont demeurés obscurs et contradictoires. M. Alliot soutient à Voltaire qu'il ne l'a laissé manquer de rien, et qu'il a eu potage, pain, vin, viandes, bois et bougies; il est pourtant difficile d'admettre que celui-ci se fût plaint de la disette de toutes ces choses, si complète satisfaction eût été accordée à ses moindres exigences. Mais Voltaire ne voulait pas être astreint à figurer à la table commune; il comptait avoir ses aises à la cour d'un roi comme chez lui. On ne lui refusait rien, mais tout devait être soumis au visa d'un administrateur intègre. « Le détail est grand et pénible; il est pour moi, que vous importe, pourvu que vous ayez ce que vous demandez? » objecte le conseiller aulique. Mais cela importe beaucoup; et l'on sent que, devant l'obligation d'en passer par toutes ces formalités, l'on préfère cent fois se passer des choses. Ce n'est point tout à fait, il est vrai, l'avis de Voltaire, qui n'est pas venu à Lunéville, encore un coup, pour être moins bien que dans sa rue Traversine. Toute cette lettre d'Alliot est impertinente, absolue, celle d'un homme qui sait qu'il est indispensable, et ne sera pas sacrifié, même au plus grand poëte de son temps. Il met le marché à la main, comme s'il était le maître [1], avec la bonne envie d'être pris au mot. Nous lisons, dans un libelle, que tout cela avait été comploté entre le conseiller aulique

---

1. Il l'était bien un peu. Alliot appartenait autant et plus au roi de France qu'au roi de Pologne. Pour lui, comme pour M. de la Galaizière, le vrai maître était Louis XV, et, s'il était conseiller aulique de Stanislas et commissaire général de sa maison, il était un des soixante fermiers généraux du roi de France.

et le roi de Pologne, qui, excédé des prétentions, des mille caprices de son hôte, eût demandé à Alliot de le débarrasser de cet illustre brouillon. Après y avoir rêvé, celui-ci eût répondu, en riant : « *Hoc genus dæmoniorum non ejicitur nisi in oratione aut jejunio;* mais je crois le premier de ces moyens peu efficace. — Eh bien! reprit le prince, faites-le donc jeûner[1]. » L'expédient eût été mis en œuvre, sans désemparer, avec un succès tel, que Voltaire eût plié bagage le jour même. Ce prétendu dénoûment indique assez quel cas on doit faire d'une anecdote dont on assigne d'ailleurs la date à l'année 1756.

En réalité, tout s'arrangea, puisqu'il demeura. Mais s'en tira-t-il avec les honneurs de la guerre? nous n'oserions trop dire. Stanislas, habitué à ne pas trancher dans son ménage, laissait volontiers les adversaires aux prises, à commencer par le père Menoux et la marquise de Boufflers; comme Pilate, il se lavait les mains de toutes ces tracasseries, se bornant, quand les choses menaçaient d'aller trop loin, à apporter des paroles conciliantes et à rétablir de son mieux la paix et l'union autour de lui. Au lieu de répondre à Voltaire, il remet au conseiller aulique la lettre du poëte, sans rien ajouter, s'il en faut croire celui-ci. La réplique d'Alliot n'était pas faite pour apaiser l'auteur de la *Henriade*, du caractère dont nous le connaissons. Il est à supposer que madame du Châ-

---

1. *Essai sur le jugement qu'on peut porter de M. de Voltaire, suivi de notes historiques et anecdotes.* Lettre à M. *** (Amsterdam, 1780), p. 33, 34. — Comte d'Haussonville, *Histoire de la réunion de la Lorraine à la France* (Lévy, 1860), t. IV, p. 333.

telet, qui avait toutes les raisons du monde de rester à Lunéville, mit tout en jeu pour le calmer ; mais encore est-il présumable que l'on donna quelque satisfaction à cet amour-propre si irritable. Voltaire avait d'ailleurs un appui naturel dans la favorite, dont l'avarice d'Alliot ne faisait pas les affaires, et qui, grâce à cette lésine, « tirait à peine alors du roi de Pologne de quoi avoir des jupes[1]. » Nous en sommes réduits, toutefois, aux conjectures, car rien ne nous apprend comment se termina ce conflit entre le poëte et le publicain[2]. Ne perdons pas de vue que ce petit incident avait lieu le 29, six jours avant les couches de la marquise, et que ce dernier événement, par lui-même et par ses funestes conséquences, coupait net avec des chiffonneries, bien mesquines devant un pareil malheur.

Madame du Châtelet se livrait à tous les plaisirs, à toutes les distractions avec cette ardeur fébrile du condamné à mort. On l'a vu déjà, elle n'était pas sans anxiété sur un dénoûment toujours fort grave et encore plus périlleux pour une femme de cet âge. Longchamp nous dit, de son côté, qu'elle avait des pressentiments, et qu'elle était frappée de l'idée de périr en couches. Ses rapports avec Saint-Lambert avaient ce je ne sais quoi d'attendri des existences

---

1. Voltaire, OEuvres complètes (Beuchot), t. LV, p. 323.
2. Cependant il y eut une réconciliation, et, dans la suite, Voltaire semblera avoir tout à fait écarté de son esprit ses griefs contre le terrible économe. « Quoique j'aie absoluement renoncé, écrivait-il à Panpan, à la comète, cependant je n'ai point oublié la maison de M. Alliot, et vous me ferez grand plaisir de me protéger un peu dans cette maison. » Voltaire, OEuvres complètes (Beuchot), t. LV, p. 617. Lettre de Voltaire à Devaux (1751).

menacées. Les emportements, les ombrages avaient fait place à une douceur, une tendresse, une mélancolie d'un charme indéfinissable. Ce n'eût pas été trop pour la pauvre femme de l'avoir à tout instant près d'elle, et de puiser dans ses paroles consolantes le courage dont elle avait besoin. Mais il était souvent rappelé à Nancy par son service, et, bien qu'il fît plus d'une fugue et vînt à Lunéville en secret et contre son devoir, elle sentait péniblement ces absences et gémissait d'avoir à lui écrire, quand il eût été si doux de le voir, de l'entendre, de passer les heures ensemble.

Mon Dieu, que tout ce qui était chez moi quand vs êtes parti m'impatientoit! que mon cœur avoit de choses à vs dire! Vs m'avés traitée bien cruellement, vs ne m'avés pas regardée une seule fois; ie sais bien que ie dois encore vs en remercier, que c'est décence, discrétion, mais ie n'en ai pas moins senti la privation. Ie suis accoutumée à lire à tous les instans de ma vie dans vos yeux charmans que vs êtes occupé de moi, que vs m'aimés : ie les cherche partout, et assurément ie ne trouve rien qui leur ressemble; les miens n'ont plus rien à regarder. Ie suis d'une impatience extrême de savoir si vs monterés la garde demain... Songés que si vs montés la garde demain ie puis vs revoir lundi. Songés qu'un iour est tout pr moi, et ie n'ai pas besoin pr le sentir de mes craintes ridicules, car ie les condamne, mais un iour passé avec vs vaut mieux qu'une éternité sans vs. Ie ferai mon possible pr n'avoir pas d'humeur ce soir; mais comment ferois-ie pr qu'on ne s'aperçoive pas de l'inquiétude et du malaise de mon âme, car c'est le mot qui peut rendre mon état! Ne iuiés pas de moi par ce que i'ai été, ie ne voulois pas vs aimer à cet excès; mais à présent que ie vs connois davantage, ie sens que ie ne puis iamais vs aimer assés. Si vs ne m'aimés pas moins, si mes torts n'ont pas affoibli cet amour charmant sans lequel ie ne pourrois vivre, ie suis bien sûre qu'il n'existe personne d'aussi heureuse que moi; mais ie vous avoue que ie le crains. Rassurés-moi, mon cœur en a besoin; la moindre diminution dans vs sentimens, me déchireroit de remords; ie croirois touiours que ç'a été ma faute, que sans Paris vs auriés touiours été le même. Songés que mon amour, que les chagrins que vs m'avés faits en voulant me quitter et par la crainte de ces grenadiers m'ont assés punie ; ie vs aime avec une ardeur bien faite pr vs rendre heureux, si vs pouvés m'aimer encore comme vs m'avés aimée. Ie n'ai rien trouvé de mieux à vs envoyer que la cassette où vs renfermerés mes lettres. Rapportés-les, ie vous le demande à genoux, bonheur de ma vie !

La marquise avait mis en ordre tous ses papiers ; chaque paquet scellé, cacheté ; et Longchamp, en cas de malheur, devait les rendre à leurs adresses respectives. « Il y en avait, nous dit-il, pour ses amis, que je connaissais tous, pour son mari et pour quelques autres personnes. » D'après la lettre qu'on vient de lire, elle n'a qu'à se louer de l'affection et des procédés de son amant. Celui-ci sent qu'il a sa part de responsabilité dans l'état menaçant de madame du Châtelet, et il l'aime assez, quelque personnel qu'on le fasse et qu'il soit, pour en être préoccupé et inquiet. Plus on approchait du terme, plus la pauvre femme sentait en elle un trouble dont elle essayait en vain de se défendre. Saint-Lambert était là aussi souvent que possible et lui rendait le calme par sa présence ; mais chaque séparation, vers la fin, devait avoir le caractère d'un dernier adieu, car rien ne la garantissait qu'il la revît vivante. On conçoit tout ce que cette idée avait de terrible dans une imagination assiégée de sinistres pressentiments. La dernière lettre à Saint-Lambert, qu'on a d'elle, et très-probablement la dernière aussi qu'elle lui écrivit, peint admirablement bien l'état de son âme, le trouble et le découragement auxquels elle est en proie.

Samedi, 30 août 1749.

Vs me connaissés bien peu, vs rendés bien peu justice aux empressemens de mon cœur, si vs croyés que ie puisse être deux jours sans avoir de vos lettres, lorsqu'il m'est possible de faire autrement. Vs êtes d'une confiance sur la possibilité de monter vos gardes en arrivant qui ne s'accorde guère avec l'impatience avec laquelle ie supporte votre absence. Quand ie suis avec vs, ie suporte mon état avec patience, ie ne m'en aperçois souvent pas; mais quand ie vs ai perdu, ie ne vois plus rien qu'en noir; i'ay encore été aujourd'hui à ma petite maison à pied, et mon ventre est si terriblement tombé, i'ai si mal aux reins, ie suis si triste ce soir que ie ne serois point étonée d'acoucher cette nuit, mais i'en serois bien désolée, quoique ie sache que cela vs feroit plaisir, i'en suporterai mes douleurs plus patie^{mt} quand ie vs saurai dans le même lieu que moi; ie vs ai écrit hier huit pages, vs ne les recevrés que lundi. Vs n'articulés point si vs reviendrés mardi, et si vs pourés éviter d'aler à Nanci au mois de septembre. Ne me laissés pas d'incertitude, ie suis d'une affliction et d'un découragement qui m'efroieroient si ie croiois aux préssentimens. Le prince va être bien heureux de vs posséder; il n'en connoîtra pas le prix si bien que moi. Dites bien au prince que vs n'irés plus à Aroué[1] avant mes couches, ie ne le souffrirois pas. I'ai un mal de reins insupportable et un découragement dans l'esprit et dans toute ma personne dont mon cœur seul est préservé. Ma lettre qui est à Nanci vs plaira plus que celle-ci; ie ne vs aimois pas mieux, mais i'avois plus de force pr vs le dire; il y avoit moins de tems que ie vs avois quitté[2]...

Enfin, le moment si redouté arriva; et madame du

---

1. Le prince dont il s'agit ici est le prince de Beauvau. Haroué n'était pas, comme le pense madame Collet, une maison de plaisance du roi de Pologne; mais le domaine du marquisat Lorrain, créé, comme nous l'avons déjà dit (t. I, p. 413), en faveur du maréchal de Bassompierre, en 1623, et qui était passé, en 1720, aux Beauvau-Craon.
2. Cabinet de Feuillet de Conches, *Lettres autographes de madame du Châtelet à Saint-Lambert*. Lettre 91. Samedi 30 août 1749. (Le manuscrit porte à tort 31; le 31 était un dimanche.)

Châtelet, contrairement à ses appréhensions, devint mère, presque sans s'en douter. Voltaire, que cette grossesse avait au moins inquiété, et qui devait être soucieux du dénoûment, entonne des chants d'allégresse; il est aussi transporté que pouvait l'être Saint-Lambert. Il annonce la nouvelle à tous ses amis et l'accompagne de plaisanteries, de lazzi, de folies qui témoignent et des craintes qu'il avait ressenties, et de son bonheur d'en être quitte à aussi bon compte. « Madame du Châtelet, écrit-il à d'Argental, cette nuit, en griffonnant son *Newton*, s'est senti un petit besoin; elle a appelé une femme de chambre qui n'a eu que le temps de tendre son tablier, et de recevoir une petite fille qu'on a portée dans son berceau. La mère a arrangé ses papiers, s'est remise au lit; et tout cela dort comme un liron, à l'heure où je vous parle[1]. » Il écrivait à Voisenon : « Mon cher abbé *Greluchon* saura que madame du Châtelet étant cette nuit à son secrétaire, selon sa louable coutume, a dit : *mais je sens quelque chose!* Ce quelque chose était une petite fille qui est venue au monde sur-le-champ. On l'a mise sur un in-quarto qui s'est trouvé là, et la mère est allée se coucher[2]. » Mêmes détails mandés le même jour, sous la même impression de joie, à M. d'Argenson[3].

L'enfant avait été porté à la paroisse et mis en nourrice. Quant à la malade, à part l'épuisement et

1. Voltaire, OEuvres complètes (Beuchot), t. LV, p. 334. Lettre de Voltaire à d'Argental; à Lunéville, le 4 septembre 1749.

2. *Ibid.*, t. LV, p. 337. Lettre de Voltaire à l'abbé de Voisenon; à Lunéville, le 4 septembre 1749.

3. *Ibid.*, t. LV, p. 338. Lettre de Voltaire au marquis d'Argenson; à Lunéville, le 4 septembre 1749.

les incommodités inévitables, tout allait au mieux, lorsqu'une imprudence inqualifiable vint tristement changer la face des choses. Le temps était d'une chaleur accablante, la fièvre de lait qui était venue n'était pas de nature à apaiser la soif dévorante qui tourmentait la marquise ; elle demanda un verre d'orgeat à la glace, et l'on eut la faiblesse de lui obéir. L'effet en fut aussi soudain que désastreux. Le médecin du roi, M. Reynault, est appelé, qui, un instant, croit tout sauvé ; mais, dans la journée du lendemain, des étouffements et des suffocations révèlent l'imminence du danger. Deux praticiens de Nancy, M. Salmon et l'illustre Bagard, sont adjoints au médecin de Stanislas. Ce qu'ils prescrivent semble apporter une amélioration sensible dans l'état de la marquise. C'était vers le soir. Madame du Châtelet, plus calme, paraissait disposée à s'assoupir. Les nombreux visiteurs se retirèrent alors chez madame de Boufflers, et M. du Châtelet les y suivit. Saint-Lambert demeura seul près d'elle avec Longchamp et mademoiselle du Thil, cette demoiselle du Thil que nous avons vue intervenir dans la négociation des médailles de Benoît XIV, et que madame du Châtelet avait mandée pour ses couches. Tout à coup, « huit ou dix minutes après, » l'on entend une sorte de râlement entremêlé de hoquets ; l'on se précipite à son chevet : elle était sans connaissance. On s'empresse de l'asseoir sur son lit, de lui faire respirer des sels, on lui agite les pieds, on lui frappe dans les mains sans réussir à la rappeler à elle. De son côté, mademoiselle du Thil vole prévenir madame de Boufflers, M. du Châtelet, Voltaire ; toute la société, qui soupait chez la favorite, accourt. Ce ne fut que pour constater un malheur irréparable. « On était si troublé, que personne ne songea à faire venir ni curé, ni jésuite, ni sacrements : elle n'eut point les horreurs de la mort; il n'y eut que ses amis qui les sentirent[1]. » Ce lugubre drame avait lieu le 10 décembre, le sixième jour après l'accouchement.

La consternation fut profonde. On emmena M. du Châtelet. Voltaire et Saint-Lambert demeurèrent quelque temps près du lit, résistant à tous les efforts. Enfin, Voltaire sort, se traîne sans avoir conscience de ce qu'il fait, et va tomber au pied de l'escalier extérieur, près de la guérite d'une sentinelle[2]; il se frappe la tête contre le pavé, dans un de ses accès de désespoir fou. Son laquais, qui le suivait, se précipite et s'efforce de le relever. Saint-Lambert descendait également l'escalier; il aperçoit Voltaire étendu à terre et vole à son secours. « Ah! mon ami, s'écrie l'auteur de *Zaïre*, la voix pleine de sanglots, c'est vous qui me l'avez tuée! » Puis, se redressant, avec un accent de fureur sauvage : « Eh! mon Dieu, monsieur, de quoi vous avisiez-vous de lui faire un enfant! » Dès le jour même, il annonçait cette catastrophe à d'Argental[3] et à madame du

---

1. Voltaire, *OEuvres complètes* (Beuchot), t. XL, p. 84. Mémoires pour servir à la vie de M. de Voltaire.
2. Les appartements de la feue reine de Pologne, qu'occupait madame du Châtelet, avaient une sortie particulière du côté de la ville, par un petit escalier qui existe encore. C'est au pied de cet escalier, et non sur les marches du grand perron du château, qu'alla tomber Voltaire. Comte d'Haussonville, *Histoire de la réunion de la Lorraine à la France* (Paris, Lévy, 1860), t. IV, p. 335.
3. Voltaire, *Lettres inédites* (Didier, 1857), t. I, p. 185. Lettre de Voltaire à d'Argental; 10 septembre 1749.

Deffand, qui avait appris les couches de la marquise par le président Hénault. On l'a vu, toutes ses lettres étaient sur le ton grotesque ; le danger écarté, il n'y avait plus qu'à se sauver du ridicule d'enfanter à un âge où on laisse d'ordinaire un tel soin à ses filles, et il avait été convenu que l'on prendrait l'initiative des railleries et de la moquerie. « Hélas ! madame, nous avions tourné cet événement en plaisanterie ; et c'est sur ce malheureux ton que j'avais écrit, par son ordre, à ses amis. Si quelque chose pouvait augmenter l'état horrible où je suis, ce serait d'avoir pris avec gaieté une aventure dont la suite empoisonne le reste de ma vie misérable [1]. » Pareilles lettres désespérées à d'Argenson et à l'abbé de Voisenon, contrastant lamentablement avec la folie des premières [2].

Mais la comédie ne tarde pas à se mêler aux larmes. Voltaire, qui avait repris un peu d'empire sur lui-même, se souvint d'une bague en cornaline, entourée de petits diamants, que madame du Châtelet portait au doigt et dont le chaton recouvrait son portrait à lui, Voltaire. Il s'inquiète, appelle Longchamp, lui ordonne de s'informer près de la première femme de chambre de ce qu'était devenu l'anneau, et, dans le cas où il serait entre ses mains, d'en ôter le portrait et de le lui rendre. Longchamp répond qu'il l'avait lui-même enlevé du doigt de la marquise et donné à M. du Châ-

---

1. Voltaire, *Œuvres complètes* (Beuchot), t. LV, p. 339. Lettre de Voltaire à madame du Deffand ; le 10 septembre 1749.

2. *Ibid.*, t. LV, p. 340. Lettre de Voltaire à Voisenon ; auprès de Bar, ce 14 septembre 1749. — *Lettres inédites* (Didier, 1857), t. I, p. 186. Lettre de Voltaire au marquis d'Argenson ; à Lunéville, ce 11 septembre 1749.

telet. On s'imagine le trouble de Voltaire. Il avait hélas ! bien grand tort de concevoir la moindre crainte ; et le fidèle serviteur le tira tout aussitôt, par un assez maussade réveil, il est vrai, de son anxiété, en lui apprenant que madame de Boufflers avait extrait le portrait devant lui, mais que ce portrait était celui de Saint-Lambert. « O ciel ! s'écrie alors l'ami sacrifié, en joignant les mains, voilà bien les femmes ! j'en avais ôté Richelieu, Saint-Lambert m'en a expulsé ; cela est dans l'ordre, un clou chasse l'autre : ainsi vont les choses de ce monde [1]. »

Au surplus, Voltaire ne devait pas être le seul à faire des découvertes de ce genre. Les papiers de la marquise étaient renfermés dans une cassette ; elle avait écrit sur le couvercle ces mots qui eussent dû être respectés : « Je prie M. du *Châtelet* de vouloir bien brûler tous ces papiers, sans y regarder ; ils ne

---

1. Longchamp et Wagnière, *Mémoires sur Voltaire* (Paris, 1826). t. II, p. 253, 254. Longchamp nous semble avoir encore ici le mérite de l'invention et de l'arrangement. Dans une lettre à Voltaire, où il essaye de se disculper d'accusations d'infidélité qu'il n'avait que trop méritées, il fait également allusion à cette bague, et voici ce qu'il ajoute : « ... Il me pria (Saint-Lambert) de lui avoir son portrait qui était dans une bague que madame portait au doigt, et me donna le secret pour l'ouvrir. Je détachai le portrait que je lui remis chez madame de *Boufflers*, et donnai en même temps la bague à M. le marquis *du Châtelet*. Voilà tout ce que je sais, et c'est la plus exacte vérité. » Longchamp ne parle-t-il pas comme s'il pensait apprendre quelque chose au poëte ? Si cette étrange explication eût eu lieu entre Voltaire et lui, il se fût apparemment borné à la rappeler par un mot, sachant bien qu'il n'eût pas été besoin de plus pour être compris. Nous pouvons nous tromper, mais nous soupçonnons fort notre homme d'avoir voulu nous donner la comédie. Après tout, la scène est bonne, et nous avons regret aux doutes que nous allons semer dans l'esprit du lecteur.

peuvent lui être d'aucune utilité, et n'ont nul rapport à ses affaires. » Cet air de mystère piqua la curiosité du mari qui voulut voir. Le comte de Lomont, avec lequel il se trouvait, lui donnait prudemment le conseil de n'en rien faire. Mais l'indiscret marquis, sans l'écouter, se mit à lire les premiers papiers qui tombèrent sous sa main. C'étaient des lettres ; de qui étaient ces lettres et que contenaient-elles ? « Probablement elles ne lui plaisaient guère, poursuit Longchamp, car je lui voyais faire la grimace et secouer les oreilles. Son frère, qui s'en aperçut, lui dit que c'était bien fait, et qu'il était payé de sa curiosité. » Sur cela, le comte ordonna à Longchamp d'allumer une bougie, vida le contenu de la cassette dans la cheminée et y mit aussitôt le feu, ce qui ne laissa pas de prendre quelque temps. Longchamp, profitant d'un moment où ils avaient le dos tourné, s'empara prestement de plusieurs papiers, qu'il put ainsi arracher à cet auto-da-fé. Il paraîtrait que ces derniers étaient des lettres où Voltaire était assez maltraité. Madame du Châtelet, en sacrifiant le poëte, donnait-elle satisfaction à quelque exigence jalouse de Saint-Lambert ? Étaient-ce des lamentations amères comme en arrache l'irritation du moment ? C'est ce que le secrétaire peu discret ne dit pourtant pas, quoique la chose en valût la peine. Mais tout cela est encore d'une mince vraisemblance. Madame du Châtelet avait trop d'esprit et d'expérience de la vie, pour ne pas ignorer combien peu d'ordinaire sont respectés ces derniers vœux des mourants, et s'en reposer outre mesure sur la docilité de son mari.

Mais les lettres de Voltaire, les lettres, les manuscrits

de la marquise, dans quelles mains passèrent-ils?
Madame du Châtelet avait écrit, sous le titre d'*Emiliana*, des mémoires sur sa vie, qu'elle continuait
encore, lorsqu'elle se mit au lit. Longchamp déclare
les avoir vus et même en avoir lu plusieurs pages à
reprises différentes. Quelles trouvailles seraient ces
papiers, s'ils n'ont pas été détruits, ce qui est plus que
supposable à cette heure! Et ces huit volumes d'épîtres
de Voltaire à la divine Émilie, dont nous parle Voisenon, dans quel gouffre sont-ils allés se perdre?

> J'ai ouï dire, écrivait François de Neufchâteau à Panckoucke, que M. de Saint-Lambert avoit eu de madame du Châtelet une grande quantité de lettres que Voltaire avoit écrites à son Émilie, dans son meilleur temps; que cette collection considérable, puisqu'elle portoit à cinq ou six volumes in-4°, renfermoit toute la coquetterie de l'esprit de Voltaire amoureux, et toute la hardiesse de la philosophie du même Voltaire, catéchisant une prosélyte qui l'adoroit, et qui étoit digne de l'entendre; mais comme je ne tiens pas ce fait d'une source bien pure, je n'ose vous l'assurer; il vous sera facile de sçavoir ce qui en est de M. de Saint-Lambert même; ne vous informez cependant qu'avec précaution. On soupçonne que M. de Voltaire, peu content de la manière dont M. de Saint-Lambert avoit, en quelque sorte, escamotté ses lettres à sa maîtresse, ne lui avoit pardonné cette double perfidie que par un ménagement politique et forcé, pour ne pas induire M. de S... à publier indiscrètement les billets doux du grand homme [1].

Ce que l'on peut dire, c'est que, pour qu'il n'ait rien
surnagé de cet amas énorme, pour que pas même un
billet ne se soit retrouvé, il faut que tout ait été bien
complétement anéanti. Mais qui pouvait être intéressé

---

1. *L'Amateur d'autographes*, 2ᵉ année (16 novembre 1863), p. 348, 349. Lettre de François de Neufchâteau à Panckoucke; Mirecourt, le 6 décembre 1778.

à cet acte d'absolue destruction? Nous soupçonnons, comme bien d'autres, que Saint-Lambert fut l'Érostrate de cette correspondance dont rien ne saurait compenser la perte. Longchamp déclare formellement qu'à la mort de la marquise rien ne se retrouva de ses papiers. A qui les avait-elle confiés? Il n'y a à hésiter, selon lui, qu'entre deux personnes, mademoiselle du Thil et Saint-Lambert; et encore pense-t-il avoir ses raisons de donner décharge de ce dépôt au dernier. « Ce qui me le fait croire ainsi, dit-il, c'est que je lui ai remis un paquet le jour de la mort de madame *du Châtelet*, qu'elle avait recommandé à madame *Lafond* de lui remettre, en cas qu'elle vînt à mourir. Ce paquet n'était pas considérable, et ne pouvait contenir aucun ouvrage étendu, mais plutôt quelques lettres qu'on avait roulées ensemble et cachetées, avec cette adresse : *Pour remettre à M. de Saint-Lambert, après ma mort;* et, au-dessous, la date de deux jours auparavant. » Mais cela ne suffit pas pour nous convaincre. La marquise eût pu lui envoyer, à une autre époque et par une autre voie, ceux de ses papiers qu'il eût été dangereux de laisser derrière elle, et qu'elle ne se sentait pas le courage de détruire. Ainsi, ses *Réflexions sur le Bonheur*, qui ne pouvaient faire partie du mince dossier dont parle Longchamp, et que l'auteur des *Saisons* se laissa soustraire [1], prouvent assez que madame du Châtelet préféra comme dépositaire son jeune amant à son vieil ami, et nous autorisent à supposer sans trop de témérité que sa con-

---

1. Laverdet, *Catalogue d'autographes* du 7 décembre 1854, p. 108. N° 811. Lettre de Saint-Lambert à Suard.

fiance s'étendit à d'autres papiers. Et maintenant admettons que les lettres de Voltaire à Émilie et celles d'Émilie à Voltaire aient été laissées à la disposition et à la discrétion de Saint-Lambert par sa maîtresse : qu'imagine-t-on qu'il fera? Anéantir ces témoignages flagrants d'une passion coupable n'eût-ce pas été acte d'honnête homme? En bonne morale, qui eût pu l'en blâmer? Si ce ne furent pas les raisons qui le déterminèrent; si, au fond, un sentiment jaloux et chagrin [1] eut plus de part à ce vandalisme que le soin d'une réputation qui lui était chère, il put se payer lui-même de ces prétextes et se persuader qu'il accomplissait là un indispensable devoir. Il est vrai qu'alors il n'eût pas dû s'arrêter en chemin, et que la même main impitoyable eût dû faire également disparaître ces lettres si passionnées, si peu contenues, si étrangement éloquentes, que lui adressait la marquise. Mais le sentiment tout personnel qui le poussait à la destruction des premières préservait les dernières d'un sort aussi rigoureux; et c'est sans doute la véritable et seule raison de leurs fortunes bien diverses. Citons, pour en finir, une petite anecdote qui ne laisse pas d'être concluante. Bien des années après ces événements, un jour, devant Saint-Lambert et madame

1. Ce ne serait pas calomnier l'auteur des *Saisons* que de dire qu'il avait un orgueil qui se fût arrangé difficilement même de la rivalité d'un souvenir. On l'admettra aisément quand on saura qu'il fit la scène la plus étrange, parce que M. et madame d'Houdetot, amenés l'un et l'autre par l'âge à la condescendance et à une affection dont Saint-Lambert n'avait certes pas à être jaloux, s'étaient avisés de célébrer, en bons vieux qu'ils étaient, le cinquantième anniversaire de leur mariage. Madame d'Épinay, *Mémoires* (Charpentier, 1865), t. II, p. 486.

d'Houdetot, on parlait des lettres de Rousseau. La comtesse, interrogée sur leur existence, répondit en toute sincérité qu'elle les avait brûlées, à l'exception de quatre qu'elle avait remises à l'auteur des *Saisons*. Un vif intérêt, un reste d'espoir se reportait dès lors sur ces quatre privilégiées, que leur éloquence, leur passion, une raison quelconque, semblaient avoir préservées ; et l'on demanda au marquis ce qu'il en avait fait. « Brûlées aussi, » répliqua-t-il avec un sourire et une grimace [1]. Les lettres de Jean-Jacques ne pouvaient pourtant qu'affirmer le constant triomphe de son rival. Voltaire, au contraire, avait été longtemps aimé souverainement d'Émilie, et plus et mieux que Saint-Lambert ne le fut d'elle durant leurs rapides amours ; et ces huit énormes volumes de correspondance étaient un monument de leur tendresse que le délicat Saint-Lambert devait être encore moins désireux de transmettre à la postérité.

Cette mort, qui fut pendant quelques jours l'objet des conversations de tout Paris, donna lieu à plus de quolibets que d'épithalames. Madame du Châtelet était médiocrement aimée. Les uns la haïssaient par haine pour Voltaire ; les autres pour ses talents propres, pour les qualités viriles dont elle était douée ; les femmes surtout (et on en a pu juger par les sentiments qu'elle inspirait à celles qui se disaient ses amies, à madame du Deffand et à la baronne de Staal) ne lui pardonnaient point d'être une femme supérieure. Des mots atroces furent dits sur son compte, en vers comme en prose.

---

1. Damiron, *Mémoires pour servir à l'histoire de la philosophie au XVIIIe siècle* (Paris, 1858), t. II, p. 178.

« J'apprends à Estioles, où je suis revenu le 16, que madame du Châtelet est morte, hier ou avant-hier, en couche. Il faut espérer que c'est le dernier air qu'elle se donnera : mourir en couche à son âge, c'est vouloir se singulariser ; c'est prétendre ne rien faire comme les autres [1]. » Quelque temps après, une épitaphe anonyme se passait dans les soupers, épitaphe qui n'honore pas le cœur du roi de Prusse auquel on la donne (du moins, a-t-elle été recueillie dans ses œuvres) :

> Ci-gît qui perdit la vie
> Dans le double accouchement
> D'un traité de philosophie
> Et d'un malheureux enfant.
> On ne sait précisément
> Lequel des deux l'a ravie.
> Sur ce funeste événement
> Quelle opinion doit-on suivre?
> Saint-Lambert s'en prend au livre ;
> Voltaire dit que c'est l'enfant [2].

A ces vers opposons ceux que le poëte, quelques jours après, traçait au bas du portrait de son amie.

> L'univers a perdu la sublime Émilie.
> Elle aima les plaisirs, les arts, la vérité.
> Les dieux, en lui donnant leur âme et leur génie,
> N'avaient gardé pour eux que l'immortalité [3].

---

1. Collé, *Journal* (Paris, 1805), t. I, p. 118 ; septembre 1749.
2. *OEuvres complètes de Frédéric le Grand* (Berlin, Preuss), t. XIV, p. 169. Épitaphe de la marquise du Châtelet. Il existe une variante mieux tournée et qui eût été à préférer.
3. Voltaire, *OEuvres complètes* (Beuchot), t. XIV, p. 407. Voltaire les désavoue, pourtant. « Il faut, dit-il, être bien indigne de l'amitié et avoir un cœur bien frivole, pour penser que, dans l'état horrible où je suis, mon esprit eût la malheureuse liberté de faire des vers

Nous avons cité les épigrammes, les propos de salon ; citons, en revanche, l'opinion d'un homme compétent, qui nous semble avoir, en quelques lignes, tracé un portrait fidèle de madame du Châtelet.

La société (c'est Maupertuis qui parle) perd une femme d'une figure noble et agréable, et qui mérite d'autant plus d'être regrettée qu'avec beaucoup d'esprit elle n'en faisoit aucun mauvais usage. Ni tracasserie, ni médisance[1], ni méchanceté caractère de femme d'un prix infini surtout aujourd'hui. Quelle merveille d'ailleurs d'avoir sçu allier les qualités aimables de son sexe avec les connoissances sublimes que nous croyons uniquement faites pour le nôtre. Ce phénomène surprenant rendra sa mémoire éternellement respectable.

Un mauvais plaisant ajouteroit que le public, par cette perte, se voit privé des nouvelles scènes dont la liaison de ces deux personnes, les plus singulières dans leur espèce qu'il y ait jamais eu, auroit continué de le régaler[2].

pour elle... » Lettre de Voltaire à madame du Boccage; à Paris, ce 12 octobre 1749. — Fréron, après avoir annoncé la mort de la défunte, à laquelle il ne marchande pas l'éloge, finit, comme de raison, par une critique malveillante du quatrain de Voltaire. « On pourroit, dit-il, objecter à l'auteur de ces vers, qu'il n'est guère possible que les dieux donnent leur âme sans donner leur immortalité. D'ailleurs les dieux gardant pour eux l'immortalité il n'en reste point à madame *du Châtelet*. Il me semble qu'il eût été plus flatteur pour sa mémoire d'assurer que les dieux l'avaient fait participer à leur immortalité, ses ouvrages ne devant jamais périr. » *Lettres sur quelques écrits de ce temps* (Genève, 1749), t. II, p. 32, 33, 34 ; à Paris, ce 8 septembre 1749. Cette critique fut-elle pour quelque chose dans le désaveu de Voltaire qui vint un mois après l'attaque du journaliste ?

1. « Tout ce qui occupe la société était de son ressort, hors la médisance. Jamais on ne l'entendit relever un ridicule. » Éloge historique de madame la marquise du Châtelet. Voltaire, *OEuvres complètes* (Beuchot), t. XXXIX, p. 419. — « Une femme qui n'a jamais dit de mal de personne, et qui n'a jamais proféré un mensonge... » *Ibid.*, t. LV, p. 350. Lettre de Voltaire à d'Arnaud; ce 14 octobre 1749.

2. *Isographie des hommes célèbres* (Mesmer, 1828-1830), t. III. Fragment d'une lettre de Maupertuis.

SON ÉLOGE PAR VOLTAIRE.   327

Ces dernières lignes ont un ton dégagé qui choque dans un homme traité et considéré jusqu'à la fin comme un ami ; mais l'éloge n'en a que plus de poids et d'autorité. Madame du Châtelet, en dépit de ce qu'en pensaient ses bonnes amies, était une belle et brillante organisation, une grande et rare intelligence, qui ne se perdait pas dans les nuages, ne s'arrêtait ni aux mots ni aux tournures, et que l'idée seule frappait et fixait.

Née avec une éloquence singulière, nous dit son panégyriste, cette éloquence ne se déployait que quand elle avait des objets dignes d'elle ; ces lettres où il ne s'agit que de montrer de l'esprit, ces petites finesses, ces tours délicats que l'on donne à des pensées ordinaires, n'entraient pas dans l'immensité de ses talents. Le mot propre, la précision, la justesse et la force, c'étaient le caractère de son éloquence. Elle eût plutôt écrit comme Pascal et Nicole que comme madame de Sévigné ; mais cette fermeté sévère et cette trempe vigoureuse de son esprit ne la rendaient pas inaccessible aux beautés de sentiment. Les charmes de la poésie la pénétraient, et jamais oreille ne fut plus sensible à l'harmonie [1]...

1. L'harmonie musicale, soit ; madame du Châtelet était bonne musicienne : mais l'harmonie de la période, l'harmonie du rhythme, l'harmonie du vers, rien n'est moins exact, s'il fallait surtout en croire cette anecdote dont Chamfort s'est constitué l'historien. « M. de Voltaire se trouvant avec madame la duchesse du Chaulnes, celle-ci, parmi les éloges qu'elle lui donna, insista principalement sur l'harmonie de sa prose ; tout d'un coup, voilà M. de Voltaire qui se jette à ses pieds. « Ah ! madame, je vis avec un cochon qui n'a pas d'or- « ganes, qui ne sait pas ce que c'est qu'harmonie, mesure, etc. » Le cochon dont il parlait, c'était madame du Châtelet, son Émilie. Chamfort OEuvres (Lecou, 1852), p. 72. Chamfort rapporte quelques anecdotes de cette force, dont celle qui suit n'est pas la moins risquée. « M. de Voltaire étant chez madame du Châtelet et même dans sa chambre s'amusait avec l'abbé Mignot encore enfant, et qu'il tenait sur ses genoux ; il se mit à jaser avec lui et à lui donner des instructions. « Mon ami, lui dit-il, pour réussir avec les hommes, il faut

Mais c'est là où l'éloge cesse d'être vrai. Madame du Châtelet n'aimait ni les vers, ni la poésie, qu'elle ne sentait guère ; et, si elle se donna le change à elle-même, ce fut un grand effort de l'amitié [1]. Pour ce qui est de la forme, elle se fût accommodée du nécessaire, et elle ne comprenait l'ornement et la parure que pour l'ajustement et la toilette ; car, en cela, elle était restée femme et autant femme que possible. Elle éprouvait peu de penchant même pour l'histoire. L'histoire, telle qu'on l'écrivait alors, devait médiocrement contenter un jugement rigoureux qui n'y rencontrait point cette solidité, cette certitude, sans lesquelles il ne pouvait être ni touché, ni fixé. L'auteur de *Charles XII*, qui aimait l'histoire et réunissait, à un degré éminent, quelques-unes des qualités qui constituent l'historien de haut vol, souffrait de cette antipathie et de ce dé-

« avoir les femmes pour soi, il faut les connaître. Vous saurez donc que
« toutes les femmes sont fausses et catins... — Comment ! toutes les
« femmes ! que dites-vous là, monsieur ? dit madame du Châtelet en
« colère. — Madame, dit M. de Voltaire, il ne faut pas tromper l'en-
« fance. » *Ibid.*, p. 96. L'abbé Mignot, que l'on aurait tort de confondre avec un frère aîné venu au monde en 1711 et mort en juin 1740, ne dut pas naître longtemps avant la mort de sa mère. Il s'appelait Alexandre-Jean, et Voltaire songea un instant à le faire entrer officier dans le régiment de M. du Châtelet. Lettre à Thiériot ; 7 février 1738.

1. Elle prévient même quelque part le reproche d'exclusivisme qu'elle sentait bien au fond mériter. « Nous sommes bien loin d'abandonner, dit-elle, ici la poésie pour les mathématiques... Ce n'est pas dans cette heureuse solitude qu'on est assez barbare pour mépriser aucun art. C'est un étrange rétrécissement d'esprit que d'aimer une science pour haïr toutes les autres ; il faut laisser ce fanatisme à ceux qui croient qu'on ne peut plaire à Dieu que dans leur secte. On peut donner des préférences, mais pourquoi donner des exclusions ? La nature nous a donné si peu de portes par où le plaisir et l'instruction peuvent entrer dans nos âmes ! faudrait-il n'en ouvrir qu'une ? »

dain; et ce fut pour en triompher qu'il composa, à son usage et dans la forme qu'il jugeait le mieux convenir à cette organisation philosophique, l'*Essai sur les mœurs et l'esprit des nations*[1].

Si la marquise, en applaudissant à ses vers, faisait bien moins acte d'appréciateur que d'ami, le poëte pût s'y tromper, et l'intérêt chaud et sincère que l'on témoignait pour ses moindres compositions était bien fait pour l'entretenir dans une erreur dont elle fut dupe la première. En somme, elle n'entrava rien. Jamais Voltaire ne rima plus que durant ces quinze années; et cette étape à Cirey fut une des phases les plus heureuses et les plus fécondes de ce talent souple, élégant, universel. Ces deux esprits, si différents, étaient entraînés l'un vers l'autre par les dissonances mêmes de leurs aptitudes, et si tous deux n'eurent qu'à se louer intellectuellement de cette communauté de toutes les heures, ce fut encore le poëte qui gagna le plus à cet échange, parce qu'il avait, au degré le plus éminent, le don d'assimilation et d'appropriation, quand son amie, d'un génie unicorde, ne sentait, ne comprenait bien que ce qui satisfaisait pleinement son esprit exact et mathématique. Une telle influence n'était point à redouter pour lui; la pente était trop de l'autre côté; elle ne faisait que rappeler à sa raison native, à son admirable bon sens ce tempérament passionné, emporté, paradoxal, trop enclin à s'abandonner au courant. Voltaire, nous objectera-t-on, fut toujours plutôt un écolier sagace

---

1. Voltaire, *OEuvres complètes* (Beuchot), t. XV, p. 245.

qu'un savant considérable[1] ; encore dut-il à la marquise d'avoir joint à la somme de ses connaissances une série d'études dont le penseur et le philosophe allaient faire leur profit. L'auteur de l'*Essai sur la nature du feu et sa propagation* discourra sur ces matières avec cette limpidité, cette précision, cet agrément dont on n'avait pas cru, jusqu'à Fontenelle, les sciences susceptibles, et il ne déraisonnera que quand il le voudra bien, au moins quand la passion brouillera ses verres, comme dans ses étranges hypothèses sur les coquilles. Sans doute, avant de connaître madame du Châtelet,

---

1. C'est faire bon et trop bon marché de la valeur scientifique de Voltaire ; et des esprits compétents sont venus tout récemment rendre à ce génie universel, né avec toutes les aptitudes, la justice qui lui était due. M. Saigey (Edgard Saveney) lui a consacré dans la *Revue des Deux-Mondes* deux articles fort étendus où il reconnaît au poëte, entre autres facultés, une rectitude de jugement, un flair, presqu'un don de découverte qui eussent pu faire de l'auteur de la *Henriade* un savant de premier vol, s'il eût été homme à laisser là les vers et toutes les vanités des lettres. Dans son *Essai sur la nature du feu*, il s'en faut de bien peu que Voltaire n'ait compris le phénomène de l'oxydation, et cette sagacité est d'autant plus singulière, qu'en France la doctrine de Stahl sur la combustion, qui devait précéder la découverte de l'oxygène, était complétement ignorée ; et lord Brougham ne semble pas être trop hyperbolique, quand il dit que les expériences faites à Cirey, si elles eussent été poursuivies avec plus de persévérance, auraient probablement placé son nom parmi ceux des plus grands novateurs de son siècle. L'un des savants les plus considérables de l'Allemagne prononçait de son côté, en janvier 1768, à l'Académie des sciences de Berlin, à l'occasion de l'anniversaire de Frédéric II, un discours remarquable et qui faisait sensation, sur les rapports de Voltaire avec les sciences naturelles, et tel qu'un académicien français eût pu en prononcer un dans une assemblée française. M. du Bois-Raymond a su s'élever généreusement au-dessus des préjugés de nationalité, en un moment où rien de ce qui pouvait regarder de près ou de loin la France ne devait être en faveur, et se montrer non-seulement équitable, mais reconnaissant envers le « grand Français »

Voltaire effleurait la grande question newtonienne; ses *Lettres philosophiques* précédèrent leurs relations, quoique de bien peu, et ce fut même lui qui fit de son amie une adepte de la nouvelle doctrine. Mais la divine Émilie était vouée de toute éternité à la physique, à l'algèbre, aux sciences exactes, et, la voie ouverte, elle s'y précipita avec l'ardeur et l'obstination de sa nature, entraînant le poëte qui, tout en la suivant, ne renia pas ses dieux. Le commencement de leur intimité est une date dans le talent de Voltaire, et la période de Cirey une période de développement, de

comme il appelle Voltaire. Ce n'est pas lui qui eût donné, comme Clairaut, le conseil au poëte de se borner à être poëte. Sans exagérer l'importance de travaux scientifiques qui n'étaient qu'un premier pas dans ce champ sans limites de la science, il proclame, lui aussi, la sagesse de vue, la clairvoyance, la sagacité, les hautes qualités de cet esprit curieux, investigateur, qui eût fait sa moisson, et qui était déjà sur la voie de découvertes intéressantes. A quoi attribuer pourtant l'oubli, l'indifférence profonde dans lesquels est tombé, en ce pays, un écrivain d'une influence si universelle sur la Prusse de 1750? La raison que M. Raymond donne de ce discrédit est piquante, sans doute vraie, mais a meilleure grâce dans sa bouche qu'elle ne l'aurait formulée par nous. « La véritable cause, c'est paradoxal à dire, en est que nous sommes tous plus ou moins voltairiens, voltairiens sans le savoir et sans nous nommer ainsi... Sa puissance a été telle qu'aujourd'hui les biens intellectuels pour lesquels il a lutté toute sa vie avec un zèle infatigable, un dévouement passionné, avec toute arme de l'esprit, et surtout avec sa terrible ironie, la tolérance, la liberté, la dignité humaine, la justice, sont devenus pour nous des éléments vitaux aussi naturels que l'air auquel nous ne songeons que quand il nous manque, qu'en un mot, ce qui tombait jadis de la plume de Voltaire comme la pensée la plus hardie est devenu pour nous lieu commun. » Émile du Bois-Raymond, *Voltaire in Seiner Beziehung zur Naturwissenschaft* (Berlin, 1868), p. 6. — *Revue des Deux-Mondes* (1er janvier 1869), t. LXXIX, p. 30. La physique de Voltaire, par M. Edgard Saveney. — Lord Brougham, *Voltaire et Rousseau* (Paris, Amyot, 1845), p. 110.

maturité, de progrès, dont, il est vrai, l'âge a bien le droit de revendiquer sa part.

Voilà les grands côtés et les grands bénéfices de l'association. Sont-ce les seuls? Ne faut-il compter pour rien un milieu élégant, élevé, la familiarité d'une femme bien née qui maintint et disciplina, autant que faire se put, cette exaltation permanente, cette tête en constante ébullition, capable de tous les excès, si on la livrait à elle-même? Elle n'eut pas à l'introduire dans la bonne compagnie ; peut-être même son séjour à Cirey et les procès de la marquise le tinrent-ils éloigné de Paris autant que de continuelles imprudences; aussi, sont-ce moins ses manières que ses démarches, ses façons d'être que ses façons d'agir qui sont à surveiller, et l'on n'a été que trop à même d'apprécier et la délicatesse et la difficulté de la tâche assumée par madame du Châtelet. Cette existence en commun, qui eut ses jours d'orage, n'en laissa pas moins un sillon lumineux dans le souvenir reconnaissant du poëte, quelque mobile et quelque envahi qu'il soit par les intérêts présents. Plus tard, avec madame Denis, Voltaire aura également les tiraillements domestiques, les scènes intimes, les exigences, les heurts de caractère; mais ce sera un esprit étroit succédant à un esprit supérieur, une organisation vulgaire à la nature la mieux douée et la mieux trempée. Ce qui est incontestable, c'est que personne désormais ne prendra la direction de sa vie. Madame du Châtelet eût vécu, qu'à coup sûr son existence eût été moins remplie d'aventures, comiques celles-ci, celles-là tragiques. Un historien de Voltaire peut se féliciter de ce concours d'événements, dans l'intérêt de son livre ; mais que gagnera la renommée de Voltaire au voyage à Berlin, à ce séjour de trois années près du philosophe de Sans-Souci? Ne sera-ce pas là, à part les tribulations et les déboires, une phase improductive, une sorte de sommeil éveillé, traversé par les enivrements de la faveur et les amertumes de la disgrâce? Et supposez ces années écoulées à Cirey, près de cette même femme dévouée à sa gloire; que d'œuvres écloses au sein d'une intimité fécondante! Il n'y a pas à insister davantage. Peut-être trouvera-t-on que c'est trop déjà. Mais notre devoir était de dégager, d'analyser l'influence exercée par l'Égérie du poëte, et de reconnaître avec équité l'action qu'elle avait pu avoir sur son illustre et terrible ami.

Madame du Châtelet fut inhumée dans la nouvelle église paroissiale de Lunéville[1]. Stanislas voulut que les plus grands honneurs lui fussent rendus. Il envoya à son convoi ses principaux officiers, et tout ce qu'il y avait à la cour de grands seigneurs et de gens de distinction assista à ses funérailles. Voltaire était comme

---

1. Une grande plaque de marbre noir, sans inscription, indique encore, au milieu de la nef, l'endroit où elle fut déposée. Durant la Révolution, quelques misérables ouvrirent son cercueil pour en voler le plomb, et laissèrent ses restes épars. « Cette odieuse profanation des cendres de l'amie célèbre de Voltaire, nous dit M. d'Haussonville, s'était accomplie au temps même où le corps de l'apôtre de la liberté, du précurseur du grand mouvement de 1789, était porté en triomphe, par un peuple enivré, dans les caveaux du Panthéon. Aujourd'hui, grâce aux recherches entreprises à notre occasion, on a pu inhumer enfin convenablement les dépouilles mortelles de la pauvre créature pour qui la tombe même n'a pas été un séjour de repos. » Comte d'Haussonville, *Histoire de la réunion de la Lorraine à la France* (Paris, Lévy, 1860), t. IV, p. 335, 336.

anéanti. Trois fois dans la journée Stanislas alla s'enfermer dans sa chambre pour pleurer avec lui. Il l'emmena à la Malgrange, et l'y garda jusqu'au moment où le poëte se décida à partir pour Cirey. Qu'allait-il faire? qu'allait-il devenir? Il s'était arrangé pour passer le reste de son existence avec cette rare amie, il ne comptait pas lui survivre, et jamais l'idée d'une séparation de cette nature ne lui était venue. C'était un passé charmant à oublier, d'autres habitudes à prendre, tout un inconnu plein d'effroi, à un âge où les plis sont formés, où l'obligation de relations nouvelles est un vrai supplice. Plus d'un parti lui traversa l'esprit dans ces premiers moments de trouble. Il eut un instant l'idée de se réfugier à l'abbaye de Sénones, auprès de dom Calmet, l'ami particulier et le généalogiste des du Châtelet, avec lequel il s'était rencontré plus d'une fois à Cirey. Nous avons cité une lettre de Voltaire au savant religieux, dans laquelle il le menaçait d'une prochaine invasion, ne réclamant de son hospitalité que des livres et des œufs frais. Ce qui devait tenter le poëte, c'était le calme de la solitude et une bibliothèque considérable qui lui eût été ouverte alors comme elle le fut plus tard. Avec la réflexion, les inconvénients apparurent. Les livres, l'isolement, c'eût été au mieux, sans la règle, sans les moines. Longchamp nous dit qu'il tourna ensuite les yeux vers l'Angleterre, sa patrie intellectuelle, et qu'il annonça à lord Bolingbrocke, en même temps que la perte qu'il venait de faire, son intention d'aller chercher près de lui des consolations, un asile et une existence plus stable. Cette lettre ne s'est point retrouvée, et, si elle n'a pas été détruite, elle dort dans quelque collection particulière. En somme, Voltaire ne s'arrêta pas plus à l'un qu'à l'autre projet.

Il avait, avant tout, à régler avec M. du Châtelet certains intérêts qui n'étaient pas à remettre, et il fut décidé qu'il l'accompagnerait à Cirey. L'on prit congé du roi de Pologne, qui témoigna au poëte la plus réelle affection, et lui fit même promettre de le revenir voir. Voltaire appréhendait ce voyage. Poser le pied dans cette maison, où il ne la retrouverait plus; cette idée le glaçait. Cependant madame de Champbonin, cette fidèle amie de tous les deux, l'y attendait, et ils purent mêler leurs larmes et confondre leurs regrets. Voltaire se trompait, du reste, sur l'impression que lui produirait l'aspect de ces lieux où il avait vécu si longtemps d'un si réel bonheur. « Je ne crains point mon affliction, je ne fuis point ce qui me parle d'elle, écrit-il à d'Argental. J'aime Cirey; je ne pourrais pas supporter Lunéville, où je l'ai perdue d'une manière plus funeste que vous ne pensez; mais les lieux qu'elle embellissait me sont chers. Je n'ai point perdu une maîtresse; j'ai perdu la moitié de moi-même, une âme pour qui la mienne était faite, une amie de vingt ans que j'avais vue naître. Le père le plus tendre n'aime pas autrement sa fille unique. J'aime à en retrouver partout l'idée; j'aime à parler à son mari, à son fils. Enfin les douleurs ne se ressemblent point, et voilà comme la mienne est faite [1]. »

Envisagée de la sorte, cette affection désintéressée

---

[1]. Voltaire, *Œuvres complètes* (Beuchot), t. LV, p. 342, 343. Lettre de Voltaire à d'Argental; à Cirey, le 23 septembre 1749.

de tout commerce des sens, dans les dernières années
du moins, était celle d'un ami indulgent et généreux,
et non d'un complaisant qui tolère par habitude et par
égoïsme. Si madame du Châtelet avait considéré longtemps Voltaire comme un amant, et si longtemps elle
lutta obstinément contre une évidence qui la désespérait et l'humiliait, celui-ci n'avait pu donner que ce
qui était en lui, un foyer moral très-ardent et qui répondait si bien à l'un des côtés de cette nature élevée,
qu'elle sacrifia complétement l'être matériel à cette entente, à cet accord tout intellectuel. Il y avait dans la divine Emilie et la femme et le grand homme ; la femme
devait, un jour ou l'autre, échapper à Voltaire, et lui
échappa, en effet. Mais Saint-Lambert, auquel dans
l'intimité il était immolé avec cette lâcheté ordinaire de
la passion, Saint-Lambert eût-il réussi à amener une
rupture avec cet ami de quinze années, à qui tant de
liens attachaient encore la marquise, quelque envahie
qu'elle fût? Piquant problème que l'on se pose, tout en
sachant qu'il n'y a pas de solution, mais que la force
seule des choses, à défaut du despotisme bien connu
de l'auteur des *Saisons*, eût sans doute posé, quelques
jours plus tôt ou plus tard, si la mort n'eût prématurément tranché la difficulté de sa faux inexorable.

IX

RETOUR A PARIS. — ORESTE. — L'HOTEL DE CLERMONT.
LE KAIN.

Voltaire, en accompagnant à Cirey M. du Châtelet, croyait accomplir un devoir de convenance et d'humanité ; mais ses intérêts l'y appelaient également, et les douze ou quinze jours qu'il y passa furent employés à recueillir sa bibliothèque, à emballer les meubles, les objets de prix qu'il s'était plu à entasser dans l'aile du château construite par lui de ses deniers. La galerie contiguë à son appartement était peuplée de statues, de bustes en marbre qu'on logea du mieux que l'on put dans des futailles vides ; un nombre infini de caisses reçut le cabinet de physique et les instruments d'astronomie. Cet énorme chargement fut alors dirigé vers Paris, où il devait précéder son destinataire, recommandé à l'amitié de M. de la Reynière qui lui sauva les droits et l'inspection pointilleuse de MM. de la chambre syndicale, dont les scrupules eussent pu trouver à redire à la composition fort mêlée de la bibliothèque du poëte.

M. du Châtelet, devant un pareil néant, sembla

regretter de ne s'être pas arrangé avec son hôte pour conserver ces reliques précieuses que Voltaire eût d'autant mieux abandonnées qu'un aussi long voyage en compromettait étrangement l'intégralité. Mais, lorsqu'il s'en avisa, les voitures étaient déjà sur la route de la capitale. Le marquis, auquel plus de quarante mille francs avaient été avancés pour les transformations et les embellissements de Cirey, n'eut pas, en tous cas, à se plaindre de la générosité du poëte, qui se contenta d'une dizaine de mille francs, comme cela ressort fort en détail d'une lettre de Voltaire à madame de Montrevel[1], une sœur cadette de M. du Châtelet. Ils se séparèrent l'un et l'autre dans les meilleurs termes, mais pour ne plus se revoir. Désormais Cirey ne pouvait plus être, pour l'auteur de *Zaïre*, qu'un asile désenchanté, et qu'il avait d'ailleurs en quelque sorte réduit à ses quatre murs. Il annonçait son départ pour le 25 septembre, avec l'intention de passer deux jours chez une amie *de ce grand homme et de cette malheureuse femme*, madame de Champbonin, qui ne l'avait pas quitté durant cette étape douloureuse. Il fallait bien regagner Paris; mais ce n'était pas sans une sorte d'appréhension sinistre qu'il en prenait le chemin. Il était souffrant, cette catastrophe l'avait frappé, et l'idée de sa fin prochaine semble l'avoir poursuivi d'une façon assez sérieuse. « Il faudra bien revenir à Paris, mandait-il à Voisenon; je compte vous y voir. J'ai une répugnance horrible à

---

1. Voltaire, *OEuvres complètes* (Beuchot), t. LV, p. 363, 364, 365. Lettre de Voltaire à la comtesse de Montrevel; le 15 novembre 1749.

être enterré à Paris : je vous en dirai les raisons[1]. »

En conséquence, il ne se pressait point, et revenait à petites journées. On le trouve à Châlons, le 3 octobre. Il annonçait ensuite à ses *anges* une halte de deux ou trois jours chez M. de Pouilli, où il arrivait, le 5, au soir. On a déjà dit quel homme était M. de Pouilli; un délicat, un gourmet de l'antiquité, un véritable érudit, paresseux pourtant et butinant un peu au hasard[2]. Tout désolé qu'il est, Voltaire parle de ses études, communique son *Catilina*. « C'est un homme que vous aimeriez bien que ce Pouilli; il a votre candeur, et il aime les belles-lettres comme vous. » Ce *Catilina*, à peine ébauché, tout plein de ratures, était illisible, et il lui fallait une autre enveloppe pour se produire à Paris. L'on cherche un copiste dans Reims, et il s'en rencontre un, qui commence par prendre connaissance de l'ouvrage et, ravi de sa lecture, adresse au poëte les vers suivants :

> Enfin le vrai Catilina
> Sur notre scène va paraître;
> Tout Paris dira : le voilà !
> Nul ne pourra le méconnaître.
> Ce scélérat par sa fierté,
> César par sa valeur altière,
> Cicéron par sa fermeté,
> Montreront leur vrai caractère;
> Et, dans ce chef-d'œuvre nouveau,

---

1. Voltaire, *OEuvres complètes* (Beuchot), t. LV, p. 340. Lettre de Voltaire à l'abbé de Voisenon; auprès de Bar, ce 14 septembre 1749.

2. Louis Lévesque de Pouilli, le frère de Burigny, né à Reims en 1693. Il avait été élu lieutenant général du présidial de Reims en 1746. Il est l'auteur de la *Théorie des sentiments agréables*.

Chacun reconnaîtra, par les coups de pinceau,
César, Catilina, Cicéron et Voltaire[1].

Ce M. Tinois avait beaucoup d'esprit pour un copiste, et un copiste rémois. « Vous m'avouerez qu'il est singulier qu'un copiste ait senti si bien, et ait si bien écrit[2]. » Voltaire ne demande pas mieux de s'attacher un pareil homme, et voilà notre Tinois qui, alléché par l'idée de courir le monde et d'appartenir à un aussi grand poëte, quitte la bonne ville de Reims, à la suite de l'auteur de la *Henriade*, lequel était de retour à Paris, le 12 octobre. Ce dernier y arrivait malade de corps et d'esprit. L'encombrement de meubles, de tableaux, de caisses, d'objets de toute espèce ne dût pas être un mince tourment pour cette organisation épuisée par tant de secousses et pour laquelle le repos, le calme extérieur étaient les premiers des besoins. M. du Châtelet, qui venait rarement à Paris, depuis la mort de sa femme, trouvait fort inutile de garder un appartement qu'il n'occuperait point. Il informa Voltaire de l'intention où il était de rendre la maison de

---

[1]. Voltaire, *OEuvres complètes* (Beuchot), t. LV, p. 347. Lettre de Voltaire à d'Argental ; à Reims, le 8 octobre 1749.

[2]. Il paraîtrait que la maison était au nom de M. du Châtelet. « M. le marquis *du Châtelet*, dit Longchamp, venait fort rarement occuper son appartement dans la maison qu'il tenait en location rue Traversière, et dont il avait cédé la moitié à M. de Voltaire. » Longchamp et Wagnière, *Mémoires sur M. de Voltaire* (Paris, 1826), t. II, p. 266. L'hôtel existe encore, au coin des rues du Clos-Georgeau et Fontaine-Molière (ancienne rue Traversière). Il porte le n° 25 de cette dernière. Son aspect est sensiblement modifié. Le locataire actuel est un marchand de vins. Le propriétaire de l'immeuble est l'élégant traducteur de *Lucrèce*, M. de Pongerville, de l'Académie française. Le comédien Fleury habita, à un certain moment, le premier étage. Édouard Fournier, *Paris démoli* (Aubry, 1855), p. 200.

la rue Traversière au propriétaire, du moins d'en remettre la partie occupée par la marquise, et de la sous-louer, s'il n'y avait pas d'autre solution. Son homme d'affaires avait ordre de vendre les meubles à lui appartenant, ce qui eut lieu en effet. Qu'allait devenir Voltaire alors? où s'abattrait-il en arrivant à Paris? avait-il quelque idée sur son installation future? C'est ce qui préoccupa, dès la première heure, les époux d'Argental. « Vous portez l'attention de votre amitié, leur écrivait-il de Cirey, à la date du 21 septembre, jusqu'à chercher à me loger. Pourriez-vous disposer de ce devant de maison? J'en donnerai aux locataires tout ce qu'ils voudront; je leur ferai un pont d'or... Voyez si vous pouvez me procurer la plus chère des consolations, celle de m'approcher de vous. » Tout cela semble le séduire fort. Mais, soit que les obstacles le rebutent, soit qu'après tout, malgré le vide de la demeure, il trouve que cette maison de la rue Traversière est encore ce qui lui convient le mieux, deux jours après, il est déjà sensiblement refroidi. « Il n'y a guère d'apparence, mandait-il à ses anges, que je puisse, en arrivant, jouir de ce petit bouge qui serait un palais. Je prévois bien qu'on ne pourra faire déloger sur-le-champ des locataires, et que je serai obligé de loger chez moi. Je vous avouerai même qu'une maison qu'elle habitait, en m'accablant de douleur, ne m'est point désagréable. » Il se détermina donc à prendre l'hôtel à son compte, quitte à chercher un autre locataire, qu'il se flatta un instant d'avoir trouvé.

Vous revenez, dites-vous à Paris, écrivait-il à d'Aigueberre, un ancien ami de madame du Châtelet; Dieu le veuille! si vous faites cas d'une vie douce, avec d'anciens amis et des philosophes, je pourrais bien faire votre affaire. J'ai été obligé de prendre à moi seul la maison que je partageais avec madame du Châtelet. Les lieux qu'elle a habités nourrissent une douleur qui m'est chère, et me parleront continuellement d'elle. Je loge ma nièce, madame Denis, qui pense aussi philosophiquement que celle que nous regrettons, qui cultive les belles-lettres, qui a beaucoup de goût, et qui, par-dessus tout cela, a beaucoup d'amis, et est dans le monde sur un fort bon ton. Vous pourriez prendre le second appartement, où vous seriez fort à votre aise; vous pourriez vivre avec nous, et vous seriez le maître des arrangements. Je vous avertis que nous tiendrons une assez bonne maison [1]...

Quelque séduisante que fût l'offre, d'Aigueberre la déclina, ou parce qu'une pareille communauté l'effrayait plus encore qu'elle ne l'attirait, ou tout simplement parce qu'il avait déjà pris ses arrangements. Madame Denis y gagna d'être installée plus vastement, car son oncle lui abandonna tout ce qu'occupait la marquise. Mais elle ne devait prendre possession qu'à Noël, et, jusque-là le poëte se trouva tête à tête avec sa douleur, n'ayant d'autre distraction que le travail et les visiteurs qui, chaque jour un peu plus, s'enhardirent à venir saluer le grand homme. Sa désolation était un spectacle que bien des gens voulaient se donner. Parmi ceux qui la croyaient sincère, beaucoup comptaient peu sur sa durée. A une lettre d'Algarotti où l'aimable Italien s'étendait avec attendrissement sur un pareil malheur[2], Frédéric répondait : « Voltaire déclame trop dans son affliction, ce qui me fait juger

1. Voltaire, *Œuvres complètes* (Beuchot), t. LV, p. 356, 357. Lettre de Voltaire à d'Aigueberre; Paris, le 26 octobre 1749.
2. *Œuvres de Frédéric le Grand* (Berlin, Preuss), t. XVIII, p. 68. Lettre d'Algarotti à Frédéric; Berlin, 17 septembre 1749.

qu'il se consolera vite[1]. » Généralement, le plus sûr est de spéculer sur l'instabilité de la nature humaine qui, heureusement pour elle, se relève des plus terribles coups; l'organisation mobile du poëte était une présomption de plus, et qui, en fin de compte, devait donner raison à Frédéric, dont l'optimisme s'était vite changé en un scepticisme que le temps ne fera qu'accroître. Marmontel, sachant Voltaire de retour, s'empresse de l'aller voir et de lui témoigner toute la part qu'il prenait à son affliction.

« Venez, dit-il en me voyant, venez partager ma douleur. J'ai perdu mon illustre amie; je suis au désespoir, je suis inconsolable. » Moi à qui il avait dit souvent qu'elle était comme une furie attachée à ses pas, et qui savais qu'ils avaient été plus d'une fois dans leurs querelles à couteaux tirés l'un contre l'autre, je le laissai pleurer et je parus m'affliger avec lui. Seulement pour lui faire apercevoir, dans la cause même de cette mort, quelque motif de consolation, je lui demandai de quoi elle était morte. « De quoi! vous ne le savez pas? Ah! mon ami, il me l'a tuée, le brutal. Il lui a fait un enfant! » C'était de Saint-Lambert, de son rival, qu'il me parlait, et le voilà me faisant l'éloge de cette femme incomparable et redoublant de pleurs et de sanglots. Dans ce moment arrive l'intendant Chauvelin qui lui fait je ne sais quel conte assez plaisant, et Voltaire de rire aux éclats avec lui. Je ris aussi en m'en allant de voir dans ce grand homme la facilité d'un enfant à passer d'un extrême à l'autre dans les passions qui l'agitaient[2].

Il est vrai que Longchamp expliquerait cet apaisement prématuré par des révélations capables de calmer le plus violent désespoir. De retour à Paris, Vol-

---

1. *OEuvres de Frédéric le Grand* (Berlin, Preuss), t. XVIII, p. 68, 69. Lettre de Frédéric à Algarotti; Postdam, 19 septembre 1749.
2. Marmontel, *OEuvres complètes* (Belin), t. I, p. 130. Mémoires, livr. IV.

taire, tout au souvenir de la marquise, s'était parqué dans sa douleur, ne voulant voir personne, se refusant aux consolations et aux distractions qui venaient à lui. Il se levait au milieu de la nuit, parcourait ses appartements comme une âme en peine, articulant d'une façon lamentable le nom de son amie. Longchamp le trouva, une fois, transi, à demi évanoui sur des in-folio qui l'avaient fait trébucher. Cela le détermina à sortir son maître, fût-ce par une douleur aiguë, de cet état de marasme que chaque jour semblait accroître. Il exhibe les lettres d'Émilie et les lui donne à lire.

... Fort de ces pièces concluantes, je me hasardai de lui dire qu'il avait grand tort de se chagriner ainsi de la mort d'une personne qui ne l'aimait point. Malgré sa faiblesse, à ces mots, il fit un bond et s'écria vivement et avec force : « Comment, mordieu! elle ne m'aimait pas? — Non, lui dis-je, j'en ai la preuve en main, et la voilà. » Je lui donnai en même temps trois lettres de madame *du Châtelet*. La lecture qu'il en fit aussitôt le rendit muet pendant quelques minutes. Il pâlissait et frémissait de colère et de dépit d'avoir été si longtemps trompé par une personne qu'il n'en croyait pas capable. Enfin il prit son parti et il se calma; alors, revenu à lui-même, il dit en soupirant : *Elle me trompait! Ah! qui l'aurait cru?* Depuis ce moment, je ne l'entendis plus dans la nuit prononcer le nom de madame *du Châtelet*, et je le vis reprendre sa santé et son train de vie ordinaire, ce qui fit grand plaisir à tous ses amis[1].

Mais que pouvaient renfermer ces lettres que Voltaire ne sût? D'après ce que nous raconte Longchamp lui-même, non-seulement son maître était pleinement renseigné, mais il avait, de bonne grâce, sanctionné une

---

1. Longchamp et Wagnière, *Mémoires sur Voltaire* (Paris, 1826). t. II, p. 264, 265.

liaison faite à même ses droits. Encore une fois, cette correspondance soustraite aux flammes pouvait contenir des expressions peu mesurées, peut-être railleuses, par cette petite lâcheté de femme qui croit faire sa cour à l'amour en ne ménageant pas les sarcasmes à l'amitié ; mais sans doute rien de plus. Quant au changement assez et trop subit qui se fit dans l'humeur de Voltaire, nous devrons l'attribuer à une cause tout humaine. Les imaginations vives ont cela de bon ou de mauvais que les déchirements les plus cruels ne sont chez elles que passagers, et disparaissent aussi vite, sans laisser plus de traces. Nous ne sommes que ce que Dieu nous a faits, et Voltaire était une de ces natures exaltées sur lesquelles les impressions glissent comme le rayon sur une surface polie, sans s'y arrêter.

Les seules personnes qui, dans les premiers temps, purent pénétrer jusqu'au poëte, furent Delaleu son notaire, son neveu l'abbé Mignot, M. de Richelieu et d'Argental. Tous les soirs, tantôt l'un, tantôt l'autre, venait s'asseoir à son foyer et le distraire de ses idées sombres et mélancoliques. Ils avaient à leur disposition les moyens de séduction les plus effectifs contre une misanthropie qui était loin d'être incurable. Il ne fallait que parler théâtre pour faire tressaillir le cœur du poëte. Voltaire pouvait bien mourir de sa douleur, mais non sans avoir antérieurement assisté à la représentation et au succès de ses derniers ouvrages, deux tragédies conçues, faites et parfaites dans le but de porter le coup de grâce à l'auteur de *Catilina*. Il était profondément ulcéré de l'engouement de parti pris témoigné à Crébillon dans la seule vue de l'humilier. Il avait juré de s'en venger à force de triomphes ; et, malgré sa santé déplorable, de retour à Lunéville, poursuivi par ce spectre boiteux de *Catilina*, il s'était mis à l'œuvre avec frénésie. Sa colère fut sa muse inspiratrice.

Le 3 du présent mois, ne vous en déplaise, le diable s'empara de moi, et me dit : Venge Cicéron et la France, lave la honte de ton pays. Il m'éclaira, il me fit imaginer l'épouse de Catilina, etc. Ce diable est un bon diable, mes anges ; vous ne feriez pas mieux. Il me fit travailler jour et nuit. J'ai pensé mourir ; mais qu'importe ? En huit jours, oui, en huit jours, et non en neuf, *Catilina* a été fait, et tel à peu près que les premières scènes que je vous envoie... O mes chers anges ! *Mérope* est à peine une tragédie en comparaison... Croyez-moi, croyez-moi, voilà la vraie tragédie. Nous en avions l'ombre, mais il s'agit qu'elle soit aussi bonne que le sujet est beau [1].

C'est bien là l'enthousiasme de la première heure, du premier jet. Et ne sourions pas trop ; tenons compte du moment, du point de vue d'alors, ne regardons pas avec nos verres. Deux jours après, il écrivait au président Hénault : « ... J'achèverai, s'il vous plaît, mon *Catilina*, que j'ai ébauché entièrement en huit jours. Ce tour de force me surprend et m'épouvante encore. Cela est plus incroyable que de l'avoir fait en trente ans. On dira que Crébillon a trop tardé, et que je me suis trop pressé [2]... » Et, le même jour, c'est une autre lettre à la duchesse du Maine, que l'on veut attirer

---

1. Voltaire, *OEuvres complètes* (Beuchot), t. LV, p. 301, 302. Lettre de Voltaire à d'Argental ; à Lunéville, le 12 août 1749.

2. *Ibid.*, t. LV, p. 303. Lettre de Voltaire au président Hénault ; à Lunéville, ce 14 août 1749.

à soi, et dont, en somme, on n'a fait qu'accomplir les ordres en mettant en cinq actes cette page fangeuse de l'histoire de Rome. « Madame, Votre Altesse sérénissime est obéie, non pas aussi bien, mais du moins aussi promptement qu'elle mérite de l'être. Vous m'avez ordonné *Catilina*, et il est fait. La petite-fille du grand Condé, la conservatrice du bon goût et du bon sens, avait raison d'être indignée de voir la farce monstrueuse de *Catilina* de Crébillon trouver des approbateurs. Jamais Rome n'avait été plus avilie, et jamais Paris plus ridicule. Votre belle âme voulait venger l'honneur de la France ; mais j'ai bien peur qu'elle n'ait remis sa vengeance à d'indignes mains... Enfin, l'ouvrage est achevé ; je suis épouvanté de cet effort ; il n'est pas croyable, mais il a été fait pour madame la duchesse du Maine[1]. » Il est plein d'ardeur pour le combat, un combat à outrance. D'Argental, l'homme prudent et circonspect qui n'aime pas à tenter le ciel, qui sait d'ailleurs qu'il s'agit moins pour Voltaire de faire un *Catilina* supérieur à celui de Crébillon que d'arracher un jugement équitable à des ennemis, d'Argental eût voulu que le poëte n'allât pas par avance crier à tous les échos qu'on ne tarderait pas à avoir de ses nouvelles. « Je sais bien ce que j'aurai à essuyer, répondait Voltaire aux observations et même aux reproches de ses *anges* ; je sais bien que je fais la guerre, et je la veux faire ouvertement. Loin de me proposer des embuscades de nuit, armez-vous, je vous

---

[1]. Voltaire, *OEuvres complètes* (Beuchot), t. LV, p. 307, 308. Lettre de Voltaire à la duchesse du Maine ; à Lunéville, ce 14 août 1749.

en prie, pour des batailles rangées, et faites-moi des troupes, enrôlez-moi des soldats, créez des officiers...» Cela était moins aisé à faire qu'à dire, et Voltaire n'imposait pas à son ami une tâche commode. Mais, trop passionné pour voir le péril ou s'en effrayer, il cédait rarement aux représentations les mieux fondées, quand elles contrariaient ses desseins. *Rhadamiste* excepté, il prétendait couler à fond toute l'œuvre du vieux tragique, il y userait plutôt sa vie : c'était là son dernier mot. La haine, toutefois, ne lui fermait pas les yeux sur la nécessité de diminuer, autant que possible, les chances qu'il avait contre lui. Crébillon était la créature de madame de Pompadour ; Voltaire avait intérêt à obtenir d'elle une neutralité bienveillante. « Il faut en être protégé, ou du moins souffert. Je lui rappellerai l'exemple de Madame, qui fit travailler Racine et Corneille à *Bérénice*[1]. »

Mais il a été question de deux tragédies. A peine *Catilina* était-il ébauché, que le poëte s'attelait à une autre tragédie destinée, elle aussi, à concourir au même but. « Je ne sais, écrivait-il à Voisenon, si madame du Châtelet m'imitera, si elle sera grosse encore ; mais, pour moi, dès que j'ai été délivré de *Catilina*, j'ai eu une nouvelle grossesse, et j'ai fait sur-le-champ *Electre*: Me voilà avec la charge de raccommodeur de moules, dans la maison de Crébillon[2]. » Ce sera une *Electre*

---

1. Voltaire, *OEuvres complètes* (Beuchot), t. LV, p. 333. Lettre de Voltaire à d'Argental ; à Lunéville, le premier septembre 1749.
2. *Ibid.*, t. LV, p. 337. Lettre de Voltaire à l'abbé de Voisenon ; à Lunéville, le 4 septembre 1749.

sans amour, sans partie carrée[1], quelque chose dans le goût de *Mérope*, mais d'un tragique supérieur. Il est dans toutes les ivresses de l'enfantement. Avec Voltaire, le nouveau-né est toujours le plus aimé et le plus digne de l'être. Collé, qu'il faut toujours lire avec réserve et défiance, se fait l'historien d'une prétendue surprise, dont la raison lui échappe et qu'il veut croire ridicule jusqu'à plus ample informé.

Le lundi 17 courant, Voltaire assembla chez M. d'Argental, MM. de Choiseul, l'abbé Chauvelin, Pont de Veisle, et quelques autres de ses fanatiques, avec Dumesnil, Clairon, Grandval, et quelques-uns de leurs camarades. L'invitation était faite pour une lecture de *Catilina;* Voltaire tire son manuscrit, et commençant par lire les personnages, il dit : *Oreste, Clytemnestre, Electre...* Tout le monde reste surpris; et alors : *Vous vous attendiez,* dit-il à l'assemblée, *que j'allais vous faire une lecture de* Catilina; *point du tout, messieurs, c'est* Électre *que je donne cette année, et je ne ferai paraître* Catilina *que l'année prochaine. Je vais faire la distribution des rôles. Je demande le plus profond secret.* Ce secret profond a été gardé jusqu'au lendemain matin, et il est actuellement le véritable secret de la comédie...

A quoi tend cette gentillesse? quelle gloire, quel profit trouve-t-il dans ce mystère? Quel est son but? Qu'est-ce que ce beau jeu? C'est une misère que ses contemporains ni ceux qui nous suivront ne comprendront point, et sur laquelle on se travaillera beaucoup pour lui donner des motifs.

Quoi qu'il en soit, on va jouer *Electre,* encore que les rôles de *Catilina* soient actuellement distribués pour donner le change, et que Dumesnil et Clairon jurent sur leur Dieu qu'elles n'ont point entendu parler d'*Electre,* et qu'elles ne savent ce que c'est.

Un mauvais plaisant a dit à l'occasion de tout ceci : *Vous croyiez d'abord, messieurs, qu'on allait jouer* Catilina; *on vous a*

---

1. Voltaire, *OEuvres complètes* (Beuchot), t. LV, p. 319. Lettre de Voltaire à d'Argental; à Lunéville, le 21 août 1749.

donné le change en répandant le bruit que ce serait Électre; *il n'est rien de tout cela,* M. *de Voltaire va nous donner* Atrée et Thyeste, *afin de nous surprendre davantage*[1].

Et ce mauvais plaisant ne supposait pas être si bon prophète, car *Atrée et Thyeste* ne devaient pas échapper à l'active rancune du poëte, qui leur opposera, mais bien plus tard, ses *Pélopides.* Quoi qu'il en soit, Voltaire avait bien véritablement renoncé, pour le présent, à faire jouer son *Catilina.* Ce que Collé nous donne comme un de ces caprices qui caractérisent Voltaire, avait pourtant sa raison d'être bien explicable. L'auteur de l'une et l'autre tragédie écrivait à la duchesse du Maine : « Madame, en arrivant à Paris, j'ai trouvé les comédiens assemblés, prêts à répéter une comédie nouvelle, en cas que je ne leur donnasse pas *Oreste* ou *Rome sauvée* à jouer en huit jours. Ce serait damner *Rome sauvée* que de la faire jouer si vite par des gens qui ont besoin de travailler six semaines. J'ai pris mon parti, je leur ai donné *Oreste,* cela se peut jouer tout seul[2]... » Et voilà à quoi tendait « cette gentillesse, » dont la postérité malgré les appréhensions de Collé, aura eu le mot, s'il ne fut pas réservé aux contemporains d'en saisir les motifs.

Mais *Oreste* ne pouvait pas plus se passer que *Sémi-*

---

1. Collé, *Journal* (Paris, 1805), t. I, p. 132, 133; novembre 1749. — Montesquieu annonçait aussi à la même date ce mystérieux revirement au chevalier d'Aydie : « ...On prétend que le jour où il doit donner son *Catilina,* il donnera une *Electre.* » Montesquieu, OEuvres complètes (Paris, De Bure, 1827), p. 73. Lettre du président au chevalier; Paris, ce 24 novembre 1749.

2. Voltaire, OEuvres complètes (Beuchot), t. LV, p. 381. Lettre de Voltaire à la duchesse du Maine; Paris, ce vendredi.

ramis du visa de Crébillon ; et, après les retranchements qu'il avait fait subir à celle-ci, Voltaire était fondé à appréhender de la part de son rival une recrudescence de sévérité et de scrupules dont sa tragédie ne pouvait que pâtir. Il s'adresse à son recours habituel, à M. Berrier. Sa première idée avait été de le prier de remettre l'approbation de sa tragédie au président Hénault, « afin d'éviter les aventures auxquelles cette vieille mégère de Villeneuve [1] et ses chiens exposent les manuscrits. » Ce n'est pas la première fois que Voltaire fait allusion aux dangers que couraient les manuscrits [2] chez le vieux tragique, dont l'appartement, à sa mort, était encombré et infecté par une légion de chiens et de chats (dix chats et vingt-deux chiens, s'il faut en croire son ami Favart [3]). Quoi qu'il en soit, l'auteur de la nouvelle *Electre* se ravise. Il a pensé qu'il serait peut-être mieux d'aller lui-même, de la part du magistrat, chez son censeur. « C'est au bout du compte mon confrère et mon ancien. Les démarches honnêtes sont toujours nobles. Je lui dirai qu'en travaillant sur le même sujet, je n'ai pas prétendu l'égaler, que je lui rends justice dans un discours que je ferai prononcer avant la représentation, et que j'ose compter sur son amitié. Ce procédé et un petit billet de vous que j'ose vous

---

1. C'était une horrible vieille, haute de quatre pieds et large de trois, avec des jambes torses. « Elle avoit bien le nez le plus long et les yeux les plus malignement ardents que j'aie vus de ma vie. C'étoit la maîtresse du poëte. » Mercier, *Tableau de Paris* (Pagnerre, 1853), p. 356, 357.

2. Voltaire, *OEuvres complètes* (Beuchot), t. LI, p. 363. Lettre de Voltaire à Moncrif; 11 avril 1733. « Ils disent que M. de Crébillon laissera manger mon *Temple* par ses chats... »

3. Favart, *Mémoires et Correspondance* (Paris, 1808), t. II, p. 9.

demander pour le lui rendre doivent le désarmer[1]... »
Berrier souscrivit de grand cœur à l'arrangement et
lui envoya une lettre pour Crébillon. Voltaire se transporta alors chez son censeur, qui demeurait rue des
Douze-Portes, au Marais[2], et ne manqua pas de lui
débiter le compliment dont il nous donne la substance.
L'auteur de *Rhadamiste*, quelle que fût sa bonhomie,
savait à quoi s'en tenir sur la sincérité de celui-ci,
qu'il appelait « un très-méchant homme, » et sa réponse, en lui remettant le manuscrit, a un accent de
fierté qui ne messied point : « Monsieur, j'ai été content du succès d'*Electre;* je souhaite que le frère vous
fasse autant d'honneur que la sœur m'en a fait[3]. »

En somme, le souhait était charitable; l'*Electre* de
Crébillon avait obtenu, dans son temps, un beau
succès, et l'*Oreste* de Voltaire, quelle que fût sa supériorité, avait à compter avec un goût plus délicat et
autrement exigeant. Celui-ci l'éprouva bien, à la première représentation, qui eût lieu le lundi 12 janvier
1750. Ce parti pris d'entrer en lutte avec un vieillard,
dont les ouvrages avaient eu leur heure de triomphe,
pouvait déplaire même à cette portion de public qui
n'épouse aucune coterie et ne veut voir que l'œuvre.
Aussi, Voltaire a-t-il soin de se défendre de toute intention mesquine et personnelle; il n'a eu en vue que

---

1. Léouzon Leduc, *Etudes sur la Russie* (Amyot), p. 468, 469. Lettre de Voltaire à M. Berrier; Paris, ce mardi 6 janvier 1750.

2. L'appartement donnait bien sur la rue des Douze-Portes, mais l'on entrait par la rue Saint-Louis. C'est dans ce même appartement que Crébillon mourait, douze ans après, le jeudi 17 juin 1762.

3. Voltaire, *OEuvres complètes* (Beuchot), t. VI, p. 148. Avertissement des éditeurs de Kehl.

l'art, d'autre préoccupation que de transporter dans notre littérature et notre langue l'un des grands chefs-d'œuvre de l'antiquité. Qui oserait l'en blâmer? N'a-t-il pas pour lui l'exemple des siècles? « Les Athéniens, qui inventèrent ce grand art que les Français seuls sur la terre cultivèrent heureusement, encouragèrent trois de leurs citoyens à travailler sur le même sujet. Vous, messieurs, en qui l'on voit aujourd'hui revivre ce peuple aussi célèbre par son esprit que par son courage, vous qui avez son goût, vous aurez son équité [1]. » Voilà ce qu'il faisait dire, par l'un des acteurs, avant la représentation, dans ce discours à l'adresse des spectateurs, dont il est parlé plus haut.

Une petite nouveauté dans la rédaction des billets de parterre, qui avait peut-être sa malice, ne passa pas inaperçue et fut l'objet d'interprétations et de plaisanteries de plus d'une sorte. Voltaire avait fait ajouter les initiales de chacun des sept mots qui composent ce vers bien connu d'Horace :

Omne tulit punctum qui miscuit utile dulci.

« C'était sans doute, nous fait remarquer Collé, un petit coup de patte qu'il voulait donner à Crébillon sur sa versification, qui, effectivement, n'est pas aussi correcte et aussi douce que la sienne, mais qui est plus mâle. » De braves gens, qui apparemment ne savaient pas le latin, expliquaient de la façon suivante ces signes hiéroglyphiques : « *Oreste*, Tragédie Pitoyable Que

---

1. Voltaire, *OEuvres complètes* (Beuchot), t. VI, p. 160. Discours prononcé au Théâtre Français avant la première représentation de la tragédie d'*Oreste*.

M. Voltaire Donne[1]. » La plaisanterie est assez innocente, et semble d'ailleurs imitée de celle que l'on fit, en son temps, sur la *Pélopée* de l'abbé Pellegrin[2]. Quoi qu'il en soit, la première représentation fut loin d'être un succès décisif, bien qu'il ne faille pas s'en rapporter au dire de l'auteur de la *Partie de chasse de Henri IV*, qui déclare qu'à l'exception du parterre, recruté par Voltaire, mais que l'ennui gagna comme le reste des spectateurs, *Oreste* fut hué de la salle entière. Même en prenant l'affirmation à la lettre, plus d'un endroit dut triompher de cette malveillance ou de cette justice rigoureuse, comme on voudra. Le poëte se tenait blotti dans la loge de d'Argental avec l'intention d'y faire le mort. Mais, à un moment où l'on applaudissait avec force, il oublia l'*incognito* qu'il s'était promis de garder, et se porta vivement sur le bord de la loge, en s'écriant : « Courage, braves Athéniens, c'est du Sophocle[3] ! » Cela n'empêcha point quelques frondeurs de demander l'*Electre* de Crébillon.

1. Clément, *Les Cinq années littéraires* ou *Nouvelles littéraires* des années 1748-1752 (La Haye, 1754), t. II, p. 42. Paris, 30 janvier 1750.

2. *Anecdotes dramatiques* (Paris, 1775), t. II, p. 45.

3. La Harpe, *Commentaires sur le théâtre de Voltaire* (Paris, 1814), p. 250. — Voltaire, *OEuvres complètes* (Beuchot), t. VI, p. 147. Avertissement des éditeurs de Kehl. — Marmontel raconte ce petit incident un peu différemment. « Il fit l'*Oreste* d'après Sophocle, et il s'éleva au-dessus de Sophocle lui-même dans le rôle d'Électre, et dans l'art de sauver l'indécence et la dureté du caractère de Clytemnestre. Mais dans le cinquième acte, au moment de la catastrophe, il n'avait pas encore assez affaibli l'horreur du parricide ; et le parti de Crébillon n'étant là rien moins que bénévole, tout ce qui pouvait donner prise à la critique fut relevé par des murmures ou tourné en dérision, le spectacle en fut troublé à chaque instant ; et cette pièce, qui depuis a été justement applaudie, essuya des huées. J'étais

Au moins était-il prudent de donner satisfaction, dans ce qu'elles pouvaient avoir de légitime, aux critiques du public; *Alzire* fut annoncée pour le mercredi, et *Oreste* pour le samedi suivant. « Je vous écris le lendemain de la première représentation; l'auteur en prépare une seconde *avec les corrections qui ont paru nécessaires*, ce sont les termes de l'affiche [1]. » Mais ces mots, soulignés par Clément avec une intention visiblement malveillante, ne sont-ils pas, tout au contraire, à la louange du poëte que la passion, l'engouement, l'infatuation de soi-même n'aveuglent point?

Voltaire se met aussitôt à l'œuvre, dépêche version sur version à mademoiselle Clairon; il y joint ses conseils qu'il adoucit par les éloges et les flatteries, par ces paroles emmiellées qui dénotent tout ce qu'un pauvre auteur, fût-il célèbre, doit employer de réserves couardes avec cette race ombrageuse et hautaine des comédiens et comédiennes. « Je prie la divine Électre, dont je me confesse très-indigne, de ne point trouver mauvais que j'aie chargé son rôle de quelques avis. Je n'ai point prétendu noter son rôle, mais j'ai prétendu indiquer la variété des sentiments qui doivent régner, et les nuances des sentiments qu'elle doit exprimer : c'est l'*allégro* et le *piano* des musiciens. J'en use ainsi

---

dans l'amphithéâtre plus mort que vif. Voltaire y vint, et, dans un moment où le parterre tournait en ridicule un trait de pathétique, il se leva et s'écria : *Eh! barbares, c'est du Sophocle!* » Marmontel, OEuvres complètes (Belin), t. I, p. 134. Mémoires, liv. IV.

1. Clément, *Les Cinq années littéraires* ou *Nouvelles littéraires des années* 1748 à 1752 (La Haye, 1754), t. II, p. 31. Paris, 13 janvier 1750.

depuis trente ans avec les acteurs, qui ne l'ont jamais trouvé mauvais [1]. » Nous avons quatre lettres de Voltaire à l'actrice à propos d'*Oreste,* où le poëte demande pardon des avis qu'il donne, pour ne pas blesser et faire qu'on les agrée. Mais une princesse de théâtre en vaut bien une autre; et Voltaire n'est guère plus humble, plus respectueux, plus implorant dans sa lettre à madame du Maine, à laquelle *Oreste* allait être dédié, et qui, pour une cause ou pour une autre, s'était dispensée de paraître à la première représentation. Cette abstention était faite pour chagriner le poëte, qui pouvait y voir une sorte de défection dont ses ennemis ne manqueraient pas de se prévaloir.

Quoi! j'ai fait *Electre* pour plaire à Votre Altesse sérénissime; j'ai voulu venger Sophocle et Cicéron, en combattant sous vos étendards; j'ai purgé la scène française d'une plate galanterie dont elle était infectée; j'ai forcé le public aux plus grands applaudissements; j'ai subjugué la cabale la plus envenimée; et l'âme du grand Condé qui réside dans votre tête[2] reste tranquillement chez elle à jouer au cavagnole et à caresser son chien! Et la princesse, qui, seule, doit soutenir les beaux-arts et ranimer le goût de la nation, la princesse qui a daigné jouer *Iphigénie en Tauride*, ne daigne pas honorer de sa présence cet *Oreste* que je lui dédie! Je vous demande en grâce, madame, de ne me pas faire l'affront de négliger ainsi mon offrande. *Oreste* et *Cicéron* sont vos enfants; protégez-les également. Daignez venir lundi. Les comédiens viendront à votre loge et à vos pieds. Votre Altesse leur dira un petit mot de *Rome sauvée;* et ce petit mot sera beaucoup. Je vais faire transcrire les rôles; mais il faut que madame la duchesse du Maine soit ma protectrice dans Athènes comme dans Rome. Montrez-vous; achevez ma victoire. Je suis un de ces Grecs

---

1. Voltaire, *OEuvres complètes* (Beuchot), t. LV, p. 387. Lettre de Voltaire à mademoiselle Clairon; janvier 1749.
2. La duchesse du Maine était petite-fille du grand Condé.

qui avaient besoin de la présence de Minerve pour écraser leurs ennemis... Je vous demande en grâce de venir lundi [1].

On l'a vu pour *Mariamne*, pour *Eriphyle*, pour *Zaïre*, pour *Sémiramis*, pour toutes, Voltaire ne marchandait pas sa peine, et n'y allait pas de main morte, en fait de remaniements et de corrections. « M. de Voltaire, fait-on dire à Fontenelle au sujet même d'*Oreste*, est un homme bien singulier, il compose ses pièces pendant leur représentation [2]. » *Oreste* ne pouvait être joué le samedi 17, comme on l'avait annoncé, et ce ne fut que le lundi 19 qu'il reparut, retouché et expurgé, devant un aréopage qui lui sut gré de sa docilité et de son ardente envie de lui plaire. Il va sans dire que Collé ne se laissa pas désarmer et tint bon dans son sentiment et une antipathie dont nous avons vainement recherché les motifs, si Collé a besoin de motifs pour haïr les gens.

Le parterre soudoyé fit son devoir d'applaudir, et tâcha de gagner son argent; en sorte qu'aidé de ses fanatiques, soutenu par ses cabales et son manége, je ne doute pas que Voltaire ne fasse traîner sa pièce huit ou dix représentations, peut-être même ne lui fasse faire une petite fortune injuste, comme il l'a procurée à *Sémiramis* (en payant s'entend). Je ne serois point étonné qu'elle eût quinze ou dix-huit représentations comme cette dernière rapsodie.

On a appelé le cinquième acte de cette tragédie, qu'il a refait, à peu de choses près, en entier, *un acte de contrition;* et

---

1. Voltaire, *OEuvres complètes* (Beuchot), t. LV, p. 387, 388. Lettre de Voltaire à la duchesse du Maine; cette lettre est sans date, mais écrite entre la première et la deuxième représentation, le samedi soir 17 ou le dimanche 18 janvier 1750.

2. *Almanach littéraire* ou *Etrennes d'Apollon* (à Athènes, 1777), p. 129. *Fontenelliana*.

je dis, moi, que c'est tout au plus un acte d'*attrition*, car la *contrition* n'est nullement parfaite[1].

Oreste obtint, dans sa nouveauté, neuf représentations, dont la dernière eut lieu le 7 février. Voltaire, s'il faut en croire Collé, qui ne lâche pas aisément sa proie, incessamment sur la brèche, animait ses partisans, distribuait ses séides et ses applaudisseurs à gage, claquant sa pièce lui-même, et criant à ceux qui l'entouraient : « Battons des mains, mes chers amis, applaudissons, mes chers Athéniens! » Ce cri-là, il le proféra à la première soirée, nous le savons; mais Collé se soucie peu du double emploi, il y mettrait plutôt du sien, que de rien négliger de ce qui peut être préjudiciable à la renommée d'un écrivain qu'il déteste. « Enfin, ajoute-t-il, un jour il a poussé les choses jusqu'à insulter un nommé Rousseau, parce qu'il avoit les mains dans son manchon, et qu'il n'applaudissoit pas. Ce dernier lui répondit assez ferme, mais sagement, et point aussi vertement qu'il auroit pu [2]. » Nous avons été un instant sur le point de croire que ce « nommé Rousseau » n'était autre que l'auteur futur du *Devin du Village*. Voltaire précisément alors, sur des rapports mensongers, se répandait en plaintes contre Jean-Jacques, et s'attirait de ce dernier une lettre digne, fière, mais polie et respectueuse, où le citoyen de Genève se défendait avec indignation de torts qu'il n'aurait jamais, et où il se proclamait hautement l'obligé de l'auteur de la *Princesse de Navarre* [3].

1. Collé, *Journal* (Paris, 1805), t. I, p. 151 ; février 1750.
2. *Ibid.*, t. I, p. 155 ; février 1750.
3. J.-J. Rousseau, *Œuvres complètes* (Paris, Dupont, 1824),

Rousseau était encore complétement inconnu, si quelques mois plus tard il devait se révéler par un coup de tonnerre ; et son nom n'ayant nullement figuré sur le livret imprimé des *Fêtes de Ramire*, Collé pouvait l'avoir mêlé à quelque commérage de l'autre monde avec sa légèreté et sa malveillance habituelles. Mais il nous apprendra par la suite que ce Rousseau était Pierre Rousseau, qui avait déjà donné au théâtre la *Coquette sans le savoir*, la *Rivale suivante* et l'*Année merveilleuse* [1]. Quant à l'anecdote, elle est véritable ; nous conviendrons que nous en doutions un peu, mais nous en avons trouvé la confirmation ailleurs. L'on ne raconte point comment s'engagea la dispute, mais, avec Voltaire, les choses allaient bon train. « Qui êtes-vous ? criait le poëte hors de lui. — Rousseau, répondait la partie adverse. — Quel Rousseau ? le petit Rousseau [2]... » Voltaire ne réfléchissait pas qu'il empêchait le spectacle, et sans doute était-il loin d'avoir fini,

---

t. XVIII, p. 138, 139, 140. Lettre de Jean-Jacques à Voltaire ; à Paris, le 30 janvier 1750.

1. Collé, *Journal* (Paris, 1805), t. I, p. 266.
2. L'abbé de Laporte dit, à propos de ce surnom : « En parlant de quelques écrivains de ce tems, qui ont travaillé pour la Comédie italienne, je ne dois pas oublier M. Rousseau, dit *le petit Rousseau*, pour le distinguer du grand poëte de ce nom, et d'un autre Rousseau de Genève, qui, par un discours qui a remporté le prix de l'Académie de Dijon a excité une dispute littéraire, à laquelle toute la France a paru prendre quelque part... » *Voyage en l'autre monde ou Nouvelles littéraires de celui-cy* (Paris, Duchesne, 1752), 2ᵉ partie, p. 169. L'abbé de Laporte se trompe, quant à Jean-Jacques ; car ce ne fut que le 9 juillet 1750, que l'Académie de Dijon couronna ce fameux discours, qui faisait dire à Diderot : « Il prend tout par-dessus les nues. » Musset-Pathay, *Histoire de la vie et des ouvrages de J.-J. Rousseau* (Paris, 1821), t. II, p. 364.

lorsqu'une grande femme, à l'air viril, se dressant de toute sa hauteur, lui dit d'une voix de stentor : « Si vous ne vous taisez pas, je vais vous donner un soufflet ; » ce qui le mit en fuite et fit rire toute la salle. Cette virago, habituée dans son ménage à parler sur ce ton, était l'hommasse madame Le Bas, la femme du célèbre graveur, qui du reste n'était point inconnue à notre poëte [1].

Collé est intarissable, d'ailleurs, lorsqu'il s'agit d'égrener quelque bon conte sur Voltaire. Polichinelle prend aussi *Oreste* à partie, et ce sont des ordures que nous nous garderons bien de reproduire, mais que l'auteur de la *Vérité dans le vin*, de *Léandre grosse*,

---

1. Edmond et Jules de Goncourt, *Portraits intimes du XVIIIe siècle* (Dentu, 1858). Deuxième série, p. 219. « Elle entre un jour chez une actrice de la Comédie française pour lui demander des billets. Voltaire était dans un fauteuil, et tout absorbé par les conseils qu'il donnait à celle-ci. Madame Le Bas l'appelle, il ne répond pas ; à la troisième fois, elle s'avance, lui saisit le bras et lui fait une belle révérence. « Que me voulez-vous ? — Deux billets d'amphithéâtre pour votre tragédie. — Qui êtes-vous, madame ? — La femme de Jacques-Philippe Le Bas, graveur du roi. — Comment, des billets d'amphithéâtre, dit Voltaire, pour la femme d'un de mes confrères ? Je vous enverrai, madame, des billets de première galerie. » *Ibid.*, p. 220. Jacques-Philippe Le Bas était de l'Académie royale, depuis 1743. Son énergique moitié, qu'il avait épousée en 1733, était née Élisabeth Duret. Bibliothèque impériale. Cabinet des Estampes, *Notice manuscrite sur la vie et les ouvrages de Le Bas*, p. VI. Le Bas envoyait ses œuvres à son « confrère » et il existe une lettre de remercîment du poëte à qui il avait adressé l'estampe d'une foire, d'après un tableau de Vernet. « Je n'ai pu me lasser, lui répond obligeamment Voltaire, d'y admirer cette multitude de figures, et la beauté de l'ensemble. Si les tableaux de Vernet restent en France, vos estampes les font passer dans les quatre parties du monde. » Voltaire, *OEuvres complètes* (Beuchot), t. LXIX, p. 162. Lettre de Voltaire à Le Bas ; 1774.

et d'une demi-douzaine de chefs-d'œuvre de ce genre, consignera dans son journal sans supposer qu'on y trouve le moindre mal [1]. Viennent ensuite une épigramme de Piron, dont le trait final est un emprunt à un sonnet de Scarron, deux couplets que notre amphigouriste s'est lui-même permis contre l'ennemi commun et que, plus tard, il reconnaîtra en tout dignes de ceux que rimait en son temps le cocher de M. de Verthamont; enfin, une sorte de calotte en prose, ayant pour titre : *Lettres patentes de Bourge d'âne*, production misérable, illisible. Encore Collé nous dira-t-il, en abandonnant de guerre lasse le chapitre de Voltaire : « Quoique j'aye été beaucoup plus long que je n'aurois voulu sur le sujet de Voltaire, je n'ai cependant pas rapporté le quart des mauvaises plaisanteries qui ont été faites sur lui à l'occasion d'*Oreste*[2]. » Quel homme discret que ce Collé !

Le poëte n'eût pas éprouvé, sans se l'avouer, le besoin impérieux de rentrer en possession de soi et des autres, que les répétitions et les représentations d'*Oreste* eussent eu le résultat inévitable de l'enlever à sa solitude et de le rejeter en pleine fournaise. Mais sa douleur avait fait son temps; si ses regrets n'étaient pas éteints, la vie avait repris ses droits, et il avait dû s'arranger pour remplir le vide que la mort avait fait à

---

1. *Voltaire âne, jadis poëte* (en Sybérie, de l'imprimerie volontaire, 1750), petit in-8° de 39 pages. Ce dont Collé parle figure dans ce recueil sous le titre de la *Pétarade* ou *Polichinelle auteur*, espèce de parodie d'*Oreste*.

2. Collé, *Journal* (Paris, 1805), t. I, p. 160. Février 1750. Voir, pour tout ce qui a été écrit à propos d'*Oreste*, la *Bibliothèque voltairienne*, de Quérard, p. 136, 137, du n° 793 à 804.

ses côtés, par d'autres affections, d'autres intérêts. Depuis Noël, madame Denis était venue définitivement s'installer près de son oncle et tenir sa maison. Elle aussi, après avoir donné à M. Denis des larmes sincères, avait pris son parti sur un malheur irréparable, et s'était résignée à vivre le plus agréablement qu'il était possible à une veuve qui se trouvait jeune encore et n'avait pas renoncé à tâter du mariage. Madame Denis, qu'il ne faut pas juger sur les éloges métaphoriques de Voltaire, était loin d'être une femme supérieure. Elle avait du babil, du jargon, un certain papillotage. A entendre l'auteur de la *Henriade*, elle jouait *Zaïre* comme ne l'eût pas jouée mademoiselle Clairon, et peut-être le croyait-il. Elle n'avait guère, en tout cas, le physique de l'emploi, et les années, déjà en nombre, ne devaient pas lui apporter ce qui lui manquait de ce côté. « Il faudrait, disait-elle plus tard, être belle et jeune. » Et un naïf de lui répondre : « Ah! madame, vous êtes bien la preuve du contraire[1]. » Depuis son veuvage, elle tenait maison à Paris, recevant les amis du poëte et sa propre famille. Marmontel, qui y avait été admis, se montre reconnaissant de son accueil et fait de madame Denis un portrait avantageux. Il nous la peint comme une « femme aimable avec sa laideur, et dont l'esprit naturel et facile avait pris la teinture de l'esprit de son oncle, de son goût, de son enjouement, de son exquise politesse, assez pour faire rechercher et chérir sa société. » En somme, la maîtresse du logis était souriante, engageante, et s'était

---

1. Chamfort, *OEuvres* (Lecou, 1852), p. 52.

fait un salon comme si elle eût pressenti le malheur qui devait arriver.

Mon vieil ami, l'abbé Raynal, se souvient, comme moi, des soupers agréables que nous faisions chez elle. L'abbé Mignot, son frère, le bon Cideville, mes deux abbés gascons de la rue des Mathurins, y portaient une gaieté franche ; et moi, jeune et jovial encore, je puis dire qu'à ces soupers j'étais le héros de la table, j'y avais la verve de la folie. La dame et ses convives n'étaient guère plus sages, ni moins joyeux que moi ; et quand Voltaire pouvait s'échapper des liens de sa marquise du Châtelet, et de ses soupers du grand monde, il était trop heureux de venir rire aux éclats avec nous [1].

Tout eût donc été pour le mieux, sans la démangeaison du bel esprit et les prétentions littéraires. Mais madame Denis avait rêvé qu'elle ferait des comédies aussi bien que Destouches et La Chaussée, pour peu qu'elle voulût s'en donner la peine ; et, malheureusement, comme bien d'autres qui croient qu'esprit et talent sont tout un, elle avait cédé à la tentation, au grand chagrin de l'oncle qui pressentait les mille soucis que leur pouvait donner à tous deux ce besoin de noircir du papier et de faire parler de soi. « Madame Denis m'a mandé, écrivait-il de Châlons à d'Argental, le 3 octobre, que vous aviez sa pièce, et que vous en étiez plus content qu'autrefois ; mais ce n'est pas là mon compte. Si elle n'est pas mieux, ce n'est pas assez. Je voudrais qu'elle fût bonne, ou qu'elle ne la donnât point. Le bel honneur d'avoir le succès de madame du Boccage [2] ! Je l'ai conjurée d'avoir en vous au-

---

1. Marmontel, OEuvres complètes (Belin), t. I, p. 87. Mémoires, liv. III.

2. L'auteur des *Amazones* n'en recevait pas moins des lettres où le

tant de confiance que j'en ai, et je vous supplie de lui dire la vérité sur son ouvrage, comme vous me la dites sur les miens. Mandez-moi du moins ce que vous en pensez. Il me semble qu'une femme ne doit point sortir de sa sphère pour s'étaler en public et hasarder une pièce médiocre [1]. » D'Argental, interrogé, répond par quelques mots d'éloges qui ne satisfont qu'à moitié Voltaire. « Je suis bien content, lui dit-il, que vous le soyez un peu plus de l'ouvrage de ma nièce; mais je serais désolé qu'elle se mît dans le train de donner au public des pièces médiocres. C'est le dernier des métiers pour un homme et le comble de l'avilissement pour une femme [2]. » Rien de mieux pensé, à coup sûr, et de plus judicieux. Le tout était de persuader madame Denis et de la faire renoncer à des projets de gloire qui pouvaient compromettre sa considération et son repos. Les meilleurs avis et les plus autorisés sont peu écoutés en pareil cas, et l'expérience seule est capable de décourager, quand elle décourage, sur des insuccès que l'on a encore la ressource d'attribuer à la méchanceté de son étoile et à la perfidie des ennemis.

Voltaire avait repris, depuis longtemps déjà, son train accoutumé, se montrant au théâtre, chez ses amis, chez madame du Maine, à la cour, partout. Quelques jours après la clôture des représentations

---

poëte la louait à toute outrance avec la sincérité que l'on voit (21 août et 12 octobre 1749).

1. Voltaire, *Œuvres complètes* (Beuchot), t. LV, p. 344. Lettre de Voltaire à d'Argental ; à Châlons, le 3 octobre 1749.

2. *Ibid.*, t. LV, p. 346. Lettre de Voltaire à d'Argental ; à Reims, le 5 au soir, en arrivant (octobre 1749).

d'*Oreste*, il assistait au *Mauvais Riche*, de Baculard, qui, rebuté par les comédiens ordinaires du roi, avait trouvé le moyen, en se passant d'eux, d'attirer la plus brillante assemblée. Le théâtre a toujours été et sera toujours notre grande passion. A l'époque même où les comédiens de profession étaient bel et bien excommuniés et jetés à la voirie après leur mort, il n'était pas un château, un hôtel dans Paris, qui n'eussent leur salle de spectacle, et, conséquemment, leurs acteurs tous recrutés parmi les amis et les hôtes de la maison. La duchesse de Bourgogne, de son temps, avait joué la comédie avec toute la cour; madame du Maine, à Clagny et à Sceaux, avait psalmodié les tragédies de l'abbé Genest et de Duché. Et madame de Pompadour, à l'heure où nous sommes, enchantait Louis XV et les petits cabinets, dans des opéras et des ballets, en attendant qu'elle abordât les grands rôles. Tous ces grands seigneurs et toutes ces belles dames que Fragonard et ses pareils nous représentent errant dans les allées touffues en Arlequins et en Colombines, passaient leur vie à répéter le jour les pièces qu'ils jouaient le soir, avec l'assurance et tout l'aplomb des artistes de profession. Mais cette fureur avait envahi toutes les conditions, le petit marchand, le commis, l'artisan; aussi bien que les classes les plus élevées de la société; et la paix de 1748 fut la date d'une recrudescence dans cette passion de la comédie et du théâtre.

Trois troupes se formèrent, composées de jeunes gens de la petite bourgeoisie pour la plupart, qui s'établirent, la première à l'hôtel de Soyecourt, au faubourg Saint-Honoré; la seconde à l'hôtel de Clermont[1], au Marais; la dernière, rue Saint-Merry, à l'hôtel Jabach. Comme Lekain ne mentionne la troupe de l'hôtel de Soyecourt que pour mémoire, nous passerons aux deux dernières, qui durent bientôt, sinon se fusionner, du moins se partager le même local. La salle de la rue Saint-Merry nécessitant à l'intérieur d'urgentes réparations, MM. de Jabach se virent forcés d'implorer l'hospitalité de leurs confrères de Tonnerre; ceux-ci consentirent de la meilleure grâce à abriter leurs jeunes rivaux qui, tout naturellement, se chargèrent de la moitié du loyer et des frais. Ce petit arrangement à l'amiable avait lieu au mois de juillet 1749. La jalousie, la désunion eussent pu résulter d'un semblable voisinage; l'émulation seule en jaillit, et ces deux troupes vécurent si bien côte à côte, se conduisirent si sagement, si honnêtement, et leur succès fut tel qu'elles excitèrent l'ombrage de messieurs de la Comédie française. De simples jeux de la foire Saint-Germain avaient pu s'attirer leur persécution; les grands chantres de Melpomène, comme les appelle Lekain, ne devaient se montrer ni moins attentifs ni moins pointilleux à l'égard d'institutions non autorisées dont le

---

1. Lekain dit l'hôtel de Clermont-Tonnerre; La Condamine ne lui donne pas d'autre nom. L'on a compté jusqu'à quatre hôtels de Clermont-*Tonnerre*, mais aucun au Marais. L'un, rue Cherche-Midi; le second, rue Saint-Dominique-Saint-Germain; le troisième, rue du Bac; et un ancien, quai de la Tournelle. En revanche, au Marais, se trouvent deux hôtels de Clermont : l'hôtel de Clermont-*Gallerande*, rue des Blancs-Manteaux, et l'hôtel de Clermont-*Montoison*, rue des Francs-Bourgeois. Lequel des deux s'ouvrit aux théâtres de société dont parle Lekain? c'est ce que nous ne saurions trop dire, l'une et l'autre rue aboutissant également à la rue Vieille-du-Temple. *Les Rues et Environs de Paris* (Langlois, 1777), t. I, p. 492.

nombre pouvait décupler avec l'engouement, et très-
capables d'ailleurs de leur faire une rude concurrence.
Aussi ne s'endormirent-ils point et obtinrent-ils la
fermeture de la salle de Clermont-Tonnerre. Mais ces
artistes amateurs, également intéressants par leur zèle,
leurs efforts, leur bonne conduite et le talent de quelques-uns, avaient aussi leurs protecteurs qui se re-
muèrent et réussirent à faire lever l'interdiction.
L'abbé Chauvelin, conseiller-clerc au parlement, un
janséniste, fou de théâtre, eut le principal mérite de
ce coup d'État profitable à tous, même aux vaincus.
Le *Mauvais Riche*, une comédie en cinq actes et en
vers, fut choisie pour la réouverture. Une lettre de
Lekain à l'auteur nous donne sur les répétitions de la
pièce des détails qui ne sont pas sans curiosité.

> Si vous voulés qu'il y ait répétition, lui mande-t-il, demain
> à l'hostel de Tonnerre, j'ay des raisons particulières pour vous
> prier d'engager vous-même mademoiselle Signol à s'y rendre à
> trois heures précises. J'ay receû hier son rosle et l'ay colla-
> tionné; j'ay fait récrire le rosle de Polémon et de Frontin, je
> suis apres[nt] à écrire ceux du poëte, du musicien, tailleur, etc.
> Je compte voir aujourd'huy Heurtaux pour corriger et revoir
> son cinquième acte. J'indiqueray aujourd'huy la répétition pour
> demain trois heures après midy à l'hostel de Tonnerre; votre
> présence y est absolument nécessaire[1].

Si Lekain n'avait pas la direction de la troupe, au
moins était-il chargé par ses camarades de l'emploi de
régisseur, fonction délicate et qui demande, avec une

---

1. Charavay aîné, *Catalogue d'autographes* du lundi 3 février 1868 (du docteur Michelin de Provins), p. 11, N° 119. Lettre de Lekain à d'Arnaud; ce 7 février (samedi) 1750. Il est à remarquer que Lekain signe ici : Kaïn.

grande intelligence de la scène, une non moins grande connaissance du cœur humain, beaucoup de souplesse, de condescendance et de patience. Heurtaux, nommé ici, sans avoir les qualités supérieures de Lekain, n'était pas sans moyens : il montrait déjà des dispositions sérieuses qu'il réalisa par la suite, à la cour de la margrave de Bayreuth, d'où il passera dans la troupe du roi de Prusse, durant le séjour de Voltaire à Berlin. Quant à mademoiselle Signol, qui ne semble pas sans exigences, elle nous échappe, et rien ne prouve qu'elle se consacra à la carrière théâtrale. Longchamp parle, de son côté, d'une demoiselle Baton, fille d'un procureur au parlement, qui avait de la figure, du zèle et n'avait contre elle que trop de jeunesse, défaut passager et dont le remède vient toujours assez tôt. Le directeur de l'association était un ouvrier tapissier, appelé Mandron, qui jouait passablement les rôles de pères et de rois [1]. Quoi qu'il en soit, la première représentation du *Mauvais Riche* approchait, et c'était à qui assisterait à cette fête théâtrale. La Condamine écrivait, l'avant-veille, à l'auteur :

> Vous m'avez fait espérer, monsieur, quatre billets pour la comédie de vous qui se joue à l'hôtel de Tonnerre dimanche. Ma sœur, ma nièce et moi nous faisons un grand plaisir de cette partie et moi en particulier. Votre modestie seule peut vous faire demander de l'indulgence. Madame la marquise de Plessis-Bellière, sœur de M. le duc de Chaulnes, a demandé à ma sœur si elle pourroit lui donner une place. Je voudrois bien que

---

1. Longchamp et Wagnière, *Mémoires sur Voltaire* (Paris, 1826), t. II, p. 272, 273. Longchamp place ce théâtre à l'entrée de la vieille rue du Temple, chez le maître de Mandron. Serait-ce le même local que celui de l'hôtel de Clermont, également dans ces parages ?

ce ne fût pas la mienne et je vous serai très-obligé de m'envoyer un billet de plus [1].

Ce billet témoigne de l'intérêt que l'on portait à la troupe d'amateurs et de l'importance que lui avait donnée la persécution. Voltaire, convié à cette solennité, fut ponctuel au rendez-vous. Quoique la pièce dût lui paraître faible de composition et de versification, si elle eut peu de succès, ce ne fut pas faute des encouragements et des bravos qu'il lui accorda. Il est vrai que l'interprétation eut sa part dans ses applaudissements. Il avait été frappé du jeu de l'acteur chargé du rôle de l'amoureux; il demanda quel était ce jeune homme : on lui répondit que c'était le fils d'un marchand-orfévre de Paris; qu'il jouait la comédie pour son plaisir, mais qu'il aspirait à en faire son état. Il voulut le voir, et recommanda à Baculard de le lui envoyer le surlendemain. Le cœur de celui-ci battait violemment dans sa poitrine en prenant le chemin de la rue Traversière-Saint-Honoré. Pour premier bonjour, Voltaire lui tendit les bras, remerciant Dieu « d'avoir créé un être qui l'avait ému et attendri en proférant d'assez mauvais vers. » Voilà bien cette sorte d'exaltation continue du poëte, plus sincère dans son exagération qu'on ne pense! Quel intérêt, en somme, eût-il eu à tromper ce fils d'artisan obscur, s'il n'eût pas pressenti, en dépit de l'incorrection et de l'âpreté du débit, une des natures de comédien les mieux douées et les plus puis-

---

[1]. Lettre inédite de La Condamine à M. d'Arnaud, à l'hôtel de Médoc, rue des Cordeliers; ce vendredi. Baculard demeurait précédemment, rue de Tournon, à l'hôtel d'Entragues, qu'il avait quitté le 7 septembre 1749 pour ce nouveau gîte.

santes? Il le fit asseoir, lui fit prendre sa part d'une douzaine de tasses de chocolat mélangées de café[1], l'interrogeant, durant cela, sur sa condition, celle de son père, son éducation, ses projets d'avenir. Le futur Roscius de répondre intrépidement qu'il ne connaissait d'autre bonheur sur la terre que de jouer la comédie, et qu'il n'avait qu'une ambition, celle de devenir comédien : il était libre, maître de ses actions ; il jouissait d'une petite fortune de sept cent cinquante livres de rentes ; rien ne s'opposait donc à ce qu'il courût une carrière qui lui paraissait la plus belle de toutes. « Ah! mon cher ami, s'écria Voltaire, ne prenez jamais ce parti-là ! Croyez-moi, jouez la comédie pour votre plaisir ; mais n'en faites jamais votre état... Si vous voulez renoncer à votre projet, je vous prêterai dix mille francs pour commencer votre établissement, et vous me les rendrez quand vous pourrez. Allez, mon ami, revenez me voir sur la fin de la semaine, faites bien vos réflexions, et donnez-moi une réponse positive. »

Jean-Jacques Rousseau disait un jour, chez Dusaulx, en parlant de Voltaire : « Je ne sache point d'homme sur la terre dont les premiers mouvements aient été plus beaux que les siens[2]. » Et l'auteur des *Confessions* ne peut être suspecté de bienveillance envers l'auteur de la *Guerre de Genève*. Personne, en effet, plus que Voltaire n'eut de ces élans, de ces chaleurs

---

1. *Bibliothèque de mémoires sur le XVIIIe siècle* (éd. Barrière), t. VI, p. 109. Mémoires de Lekain.

2. J.-J. Rousseau, *OEuvres complètes* (Lefèvre, 1839), t. I, p. 666. Appendice aux *Confessions* (Petétain).

d'âme; et, si trop fréquemment la passion, l'intérêt comprimèrent, étouffèrent en lui les instincts généreux, il y céda bien aussi quelquefois, et plus souvent qu'on ne veut le croire. Le Kain, en quelques pages émues, rend pleine justice à ce protecteur, à ce père, auquel il dut son art, sa fortune, sa célébrité; c'est un hymne qu'il entonne à sa gloire et à l'honneur de tous deux, bien qu'il n'y songe point. Le pauvre garçon, troublé, bouleversé, ne sachant plus où il en était, allait se retirer, quand le poëte le rappelle et le prie de lui réciter quelques fragments de ses rôles. Le Kain propose, avec candeur, le couplet de *Gustave*, du second acte. « Point, point de Piron! s'écrie Voltaire avec une voix tonnante et terrible! je n'aime pas les mauvais vers : dites-moi tout ce que vous savez de Racine. » Le Kain, qui savait son *Athalie* du premier au dernier vers, pour l'avoir apprise au collége Mazarin, ne se le fait pas dire deux fois, et commence la première scène entre Abner et Joad. Mais Voltaire ne le laissa pas achever. Il avait les larmes aux yeux, il était transporté. « Ah! mon Dieu, les beaux vers? et ce qu'il y a de bien étonnant, c'est que toute la pièce est écrite avec la même chaleur, la même pureté, depuis la première scène jusqu'à la dernière, c'est de la poésie inimitable... Adieu, mon enfant, ajouta-t-il en l'embrassant, c'est moi qui vous prédis que vous aurez la voix déchirante, que vous ferez un jour tous les plaisirs de Paris; mais pour Dieu, ne montez jamais sur un théâtre public. » Tout cela était plus encourageant que désespérant pour quelqu'un qui se sentait consumé du feu sacré; et, en sortant de chez le poëte, la résolution de Le Kain était prise, elle était immuable. Il ne reparut plus que pour supplier Voltaire de le recueillir près de lui comme son pensionnaire, son élève, et d'établir dans sa demeure, qui était spacieuse, un théâtre où lui et ses amis joueraient sous ses yeux et pourraient profiter de ses leçons.

A en croire Longchamp, les choses se seraient passées bien autrement, et ce serait à lui que Le Kain eût été redevable de sa fortune. Le récit de ce dernier, empreint d'une incontestable vérité, est celui auquel il faut s'arrêter, quelque tort qu'il puisse faire aux prétentions de l'important valet de chambre [1]. La salle de spectacle fut bientôt construite au deuxième étage, et

---

1. Au surplus, Longchamp rencontra-t-il un personnage aussi ambitieux que lui-même et qui, comme lui, se targuait d'avoir été l'instigateur de la haute fortune dramatique du Roscius moderne. Mais il faut voir de quelle façon est accueillie par l'honnête Longchamp la prétention ridicule de ce dernier venu. « Il y a quelque temps que j'ai ouï dire que le tapissier qui avait établi chez lui Vieille rue du Temple, une salle pour le petit spectacle dirigé par *Mandron*, se vantait que c'était lui qui avait procuré M. *Lekain* à M. *de Voltaire*, et qu'il avait été cause de sa fortune, de sa réputation et de sa gloire; je ne sais pas même s'il n'a pas eu l'audace de faire imprimer cette assertion dans un petit ouvrage sur les théâtres. Je peux lui prouver la fausseté de ce qu'il avance. M. *Lekain* ne doit qu'à moi la connaissance personnelle de M. *de Voltaire*, qu'il ne connaissait auparavant que par son nom et ses ouvrages. J'ai été le premier qui l'ai introduit dans sa maison, c'est moi qui l'ai installé dans le petit appartement que *M. de Voltaire* lui avait fait préparer (au moins rien ne dément cette dernière allégation, ainsi que ce qui va suivre); et comme il restait quelque chose à y faire quand il vint dans la maison, on lui donna provisoirement ma chambre, qu'il occupa huit ou dix jours, pendant lequel temps, je couchai dans une mansarde immédiatement au-dessus de lui. » Longchamp et Wagnière, *Mémoires sur Voltaire* (Paris, 1826), t. II, p. 289, 290.

en état de recevoir le public réduit qui serait appelé
à ces solennités privées. La première pièce qui y fut
essayée fut *Mahomet*. C'était bien, en effet, un essai
en famille, à huis clos, en présence des deux nièces,
du ménage d'Argental, de Pont de Veyle, du maréchal de Richelieu ; et, à l'arrière-plan, de deux ou trois
serviteurs, en tête desquels Longchamp se place tout
naturellement. Mandron, le fondateur de la troupe
Jabach, jouait le personnage de *Zopire,* Le Kain celui
de *Mahomet*, Heurtaux faisait *Séide*, et mademoiselle
Baton *Palmire;* une Palmire de quinze ans, plus dé-
cente, plus ingénue, plus timide qu'habile et pénétrée
de son rôle. C'est à elle, et en cette occasion même,
que Voltaire, un peu dépité d'entendre psalmodier un
rôle qui demandait des entrailles, dit avec sa vivacité
habituelle : « Mademoiselle, figurez-vous que Mahomet
est un imposteur, un fourbe, un scélérat, qui a fait
poignarder votre frère, qui vient d'empoisonner votre
père, et qui, pour couronner ses bonnes œuvres, veut
absolument coucher avec vous. Si tout ce petit manége
vous fait un certain plaisir, ah ! vous avez raison de le
ménager comme vous faites ; mais pour le peu que
cela vous répugne, voilà comme il faut vous y prendre... » Et se mettant lui-même à déclamer dans le
ton et avec la chaleur qu'exigeait la situation, il donna
à la pauvrette, qui ne savait où se blottir, une leçon
qu'elle ne dut jamais oublier, et qui, en somme, lui
profita, car elle finit par devenir une actrice très-
agréable, à ce qu'assure Le Kain.

Ce premier essai, en petit comité, donnait la mesure
de ce que l'on pourrait avec du zèle, du soin, de la

persévérance. Le poëte avait retenu tous ses interprètes à souper; et *Rome sauvée* leur fut distribuée, séance tenante. Ceux-ci, au comble de la joie, étudièrent et apprirent leur rôle en quelques jours, et les répétitions commencèrent. Ce fut là, pour Voltaire et pour eux, la pierre d'achoppement, car l'auteur de *Zaïre* était exigeant et ne se contentait pas de l'à peu près. Mais il avait affaire à tous gens de bonne volonté, fiers de son amitié, et qui tenteraient l'impossible pour mériter un mot d'éloge. L'auteur, content de tout son monde, forma aussitôt le dessein de donner à un public de connaisseurs et d'amis les prémices d'une œuvre qui, dans l'ordre des temps, eût du passer avant *Oreste*. Ce projet une fois conçu, rien ne devait être négligé pour attirer sur cette soirée un éclat retentissant : jeu des acteurs, mise en scène, costumes, les moindres accessoires. Pour arriver à son but, l'argent ne lui eût pas coûté, il s'agissait de sa gloire et de sa vengeance! Mais une idée lui vient, idée machiavélique et économique, qui supprimait le temps et la dépense, et l'aidait à battre l'ennemi avec ses propres armes. On se souvient que la cour s'était mise en frais d'habillements et d'oripeaux pour le *Catilina* de Crébillon; cette défroque dormait dans les magasins de la Comédie. Voltaire s'adresse à M. de Richelieu qui était en exercice et régnait en vizir sur cet empire de carton, de papier doré et de fer-blanc. Tout le vestiaire lui fut aussitôt envoyé dans sa rue Traversière, où il comptait bien faire une rude guerre et à l'auteur de *Catilina* et à ses insolents interprètes; car, malgré des succès sans nombre, malgré tout l'argent que rapportait à ceux-ci même une chute de Voltaire, le poëte aura constamment à se plaindre de leur morgue, de leurs méchants procédés et de leur inqualifiable ingratitude. Quoi qu'il en soit, les difficultés étaient levées, la salle était ornée, les artistes savaient leur rôle, ils étaient aussi impatients que le maître de se produire devant un auditoire restreint, mais composé de l'élite de la haute société et des beaux esprits qui étaient alors à la tête du mouvement littéraire.

Ces derniers étaient représentés par d'Alembert, Diderot, Marmontel, le président Hénault, l'abbé de Voisenon, l'abbé Raynal, l'abbé d'Olivet. Les ducs de Richelieu et de La Vallière, tous deux amis du poëte, figuraient au premier rang. Mentionnons encore, pour la singularité de la rencontre, la présence du père de Latour qui, cédant aux caresses de Voltaire, à ses obsessions, avait consenti à assister avec son compagnon à la représentation d'un ouvrage dont il avait eu déjà communication et auquel il avait donné force éloges. Mais il n'était pas, comme on va voir, l'unique religieux attiré là par la curiosité. Cette soirée eut tout le succès qu'en attendait le vaniteux poëte; les applaudissements, les témoignages d'admiration ne firent pas défaut. L'abbé d'Olivet, notamment, ne se sentait pas d'aise. En sa qualité de traducteur de Cicéron, il avait été plus que révolté du rôle bas et vil que lui faisait jouer Crébillon, et il témoigna à l'auteur de *Rome sauvée* sa reconnaissance pour cette justice rendue au père de la patrie.

Voltaire, transporté, écrivait à la duchesse du Maine, à laquelle il soumettait docilement les moindres corrections : « Nous avons répété aujourd'hui la pièce avec ces changements, et devant qui, Madame? Devant des cordeliers, des jésuites, des pères de l'Oratoire, des académiciens, des magistrats, qui savent leurs *Catilinaires* par cœur! Vous ne sauriez croire quel succès votre tragédie a eu dans cette grave assemblée. Ah! madame, qu'il y a loin de Rome au Cavagnol[1]! » Le théâtre de la rue Traversière ne pouvait être inauguré dans de meilleures conditions, et, le lendemain, il n'était question, dans Paris, que du *Catilina* de Voltaire, de la pompe du spectacle, de l'intelligence des acteurs, dont quelques-uns avaient joué comme ne l'eussent pas fait messieurs du tripot tragique. Voltaire avait-il, dès le début, l'intention arrêtée de donner des représentations suivies? Sans doute il n'avait songé qu'à se rendre compte de certains effets scéniques sur lesquels il n'est qu'une façon de s'édifier avec une complète certitude. L'éclat de cette soirée, les instances, les supplications de ses acteurs, les sollicitations d'une foule de gens auxquels il ne voulait pas déplaire et qui n'avaient pu faire partie de la première chambrée, le déterminèrent à répéter ces petites fêtes dont le retentissement était d'autant plus grand qu'il y avait quelque gloire à en avoir été le témoin, et que l'on avait intérêt à n'en pas diminuer les mérites. « J'y ai vu plus d'un ministre et d'un ambassadeur, nous dit Longchamp. Il fallut prendre le parti de faire des bil-

---

[1]. Voltaire, *OEuvres complètes* (Beuchot), t. LV, p. 371. Lettre de Voltaire à la duchesse du Maine; ce dimanche, novembre 1749. Indication fausse de mois et d'année. Voir, plus loin, p. 409, nos remarques à l'égard de ce classement erroné.

lets, dont les porteurs seuls étaient admis. On n'en distribuait qu'à proportion de la capacité de la salle, qui n'était pas fort vaste. Au moyen de quelques gradins établis sur les côtés, et que M. *de Voltaire* appelait ses loges, cent personnes environ y pouvaient être assises, et une vingtaine d'autres au moins, debout dans une espèce de vestibule ou antichambre, pouvaient encore jouir du spectacle [1]. »

Ces succès intimes, et, pour ainsi parler, domestiques, n'étaient pas les seuls à le venger de la morgue et de la hauteur de Messieurs de la Comédie française. D'autres comédiens, qui, comme talent peut-être, ne valaient pas ceux de la rue Traversière, luttaient vers le même temps de zèle et d'efforts pour interpréter le moins indignement qu'il leur serait possible l'un de ses ouvrages les plus pathétiques, *Alzire*. Jusque-là, le répertoire des petits Cabinets consistait en comédies, en opéras, en ballets, en pantomimes, tous les genres sauf la tragédie. Qui se fût avisé de songer à ces sommets? Mais, peu à peu, l'on en vint à se dire qu'il n'y avait pas une distance si énorme entre la comédie de caractère et la tragédie, et qu'après avoir joué d'une façon si remarquable le *Méchant*, l'on pouvait bien aborder nos tragiques. Les succès avaient enhardi cette petite troupe des Cabinets. Après de longues hésitations, madame de Pompadour décida que l'on passerait le Rubicon, et ce fut l'*Alzire* de Voltaire, à laquelle on s'arrêta, soit qu'elle voulût donner cette satisfaction à ce favori en délica-

---

[1]. Longchamp et Wagnière, *Mémoires sur Voltaire* (Paris, 1826), t. II, p. 280, 281.

tesse, soit que la pièce fût plus qu'aucune autre dans les cordes de chacun. Le rôle d'Alvarès échut à M. de Pons, Don Gusman à M. de Maillebois, Montès à M. de Lasalle, Zamore à M. de Duras, un Américain à M. de Clermont et Alonze à M. de Frise. Il va sans dire que madame de Pompadour s'était réservé le personnage d'Alzire. Madame de Marchais, compensant la qualité par la quantité, s'était chargée des deux rôles de suivantes, Émire et Céphane.

Ce ne fut pas, toutefois, sans appréhension que l'on tenta l'aventure (28 février). Le nombre des spectateurs avait été notablement réduit : la reine ne s'y trouva point, ni le Dauphin, ni Mesdames. L'événement, en définitive, vint donner le plus triomphant démenti à ces craintes, à ces terreurs. *Alzire* fut bien jouée, nous dit-on. Madame de Pompadour - *Alzire* et M. de Duras - *Zamore* furent couverts d'applaudissements[1]. Voltaire ne parut pas à cette première représentation; il assistait, en revanche, à la seconde, qui fut encore plus brillante (vendredi, 6 mars). Le roi, qui s'était amusé, dit tout haut, à la fin du spectacle : « qu'il était étonnant que l'auteur d'*Alzire* pût être le même que celui qui avait fait *Oreste*[2]. » Cela n'était pas trop aimable pour *Oreste*. L'on sait que Louis XV trouvait une sensible volupté à piquer son monde. Il aimait à donner de l'éperon et parfois d'une façon cruelle : il rappelait leur âge aux vieillards, leurs infirmités, leur santé chancelante, leur parlait d'apoplexie à propos d'un saignement de nez, avec

1. Duc de Luynes, *Mémoires*, t. X, p. 222.
2. *Ibid.*, t. X, p. 227.

une impitoyable insistance qui, disons-le, tenait plutôt de la monomanie que de la férocité [1]. S'il n'y avait pas à se méprendre sur l'intention, encore fallait-il sourire et faire bon visage. Cependant, il arrivait parfois que le courtisan disparaissait devant l'homme; et quelque verte réplique, quoique rarement, venait couper court à ces funèbres plaisanteries. Le mot de M. de Souvré, entre autres, est d'une présence et d'une prestesse d'esprit, et aussi d'un osé qui ravit. « Vous vieillissez, lui disait un jour Louis XV, où voulez-vous qu'on vous enterre? — Aux pieds de Votre Majesté, » répondit le marquis.

Mais le roi, dans cet éloge d'*Alzire* qui était un camouflet pour *Oreste*, avait voulu peut-être châtier cette obstination à chagriner les derniers jours de Crébillon; au moins la supposition enlève-t-elle à cette dureté ce qu'elle eût eu de gratuit. C'est d'ailleurs ce que le duc de Luynes, qui rapporte ce petit incident, semble nous donner à entendre. « *Oreste*, ajoute-t-il, est une nouvelle pièce de Voltaire; c'est l'*Électre* de Crébillon que Voltaire refait. Il a déjà refait le *Catilina* du même auteur, qu'il a mis sous le nom de *Rome sauvée*. C'est à l'occasion de ces ouvrages entrepris par Voltaire que ses ennemis ont fait ces deux vers qui ont couru dans le public :

> Voltaire a cru venger Sophocle et Cicéron,
> Il n'a vengé que Crébillon.

Quoi qu'il en soit, l'auteur d'*Oreste* fit le sourd et ju-

---

1. *Bibliothèque de Mémoires sur le XVIIIe siècle* (édit. Barrière), t. III, p. 67. Mémoires de madame du Hausset.

gea que le plus habile comme le plus spirituel était de ne pas avoir entendu une observation blessante. La favorite n'était pour rien, après tout, dans la malveillance de son amant, et en faisant applaudir l'une des tragédies qui lui tenaient le plus au cœur, elle avait servi le poëte comme il aimait le mieux l'être. Le lendemain matin, il allait à son lever et soldait sa dette de reconnaissance envers la Lecouvreur des Cabinets par un quatrain qu'il débitait à sa porte avant d'en franchir le seuil.

> Cette Américaine parfaite
> Trop de larmes a fait couler.
> Ne pourrai-je me consoler
> Et voir Vénus à sa toilette ?

Hâtons-nous de dire que c'est bien là un impromptu; car nous ne pensons pas qu'il lui soit arrivé deux fois dans sa vie de faire d'aussi misérables vers. L'*Enfant prodigue* et *Alzire* furent les deux seuls ouvrages de Voltaire joués sur le théâtre des Cabinets, dont la clôture coïncida, du reste, avec son départ pour la Prusse.

X

FRÉRON. — UN PENSIONNAIRE DE FRÉDÉRIC. — ROME
SAUVÉE. — ÉCHANGE DE MADRIGAUX.

Bien qu'alors, pour Voltaire, la somme des satisfactions d'amour-propre fît plus que compenser les piqûres des frelons et des dégoûts qu'il n'eût pas dû rencontrer, il perdait vite de vue les succès pour n'être sensible qu'aux attaques, petites ou grandes, dont il était le but. Les Desfontaines ne périssent jamais ; du moins sont-ils sûrs, en mourant, que quelqu'un ramassera leur héritage. Le successeur de l'abbé était tout trouvé. L'auteur des *Observations* l'avait façonné de longue main à son image et avait pu emporter l'espérance de laisser, pour continuer son œuvre, une plume digne de la sienne. Son attente devait même être surpassée ; car Fréron sera un tout autre homme que Desfontaines, quelque exagérée qu'ait été sa valeur d'écrivain, de critique et de pamphlétaire. On s'est demandé, on a recherché le point de départ de cette guerre, sourde d'abord, que l'auteur futur de l'*Année littéraire* fit à l'auteur de *Mérope*. Disons que Voltaire, étrangement attentif à cet égard, sentit l'ennemi même avant les torts, et il se tenait prêt à repousser le nouvel assaillant avec toutes les armes à sa disposition. En fait d'armes, on le sait, il n'en a pas de courtoises. Ne menacez pas son repos, admirez ou taisez-vous, et ce sera l'homme le plus charmant, le plus affable, le plus serviable et le meilleur. Si vous voulez la bataille, si vous lancez le premier javelot, attendez-vous à tout. En tout cas, ne plaignons pas trop Fréron. Fréron, comme Desfontaines, était né homme d'attaque, condottière. Il avait de l'esprit, du trait, plus de goût que d'élévation ; pour lui, comme pour Desfontaines, la critique consistait plus à peser des mots que des idées; elle n'avait pas cette ampleur, cette observation fécondante et créatrice d'un Diderot. Dans de telles conditions, la malice est une nécessité au premier chef ; à défaut de portée et d'enseignement, le lecteur se contentera d'épigrammes bien affilées et qui emportent la pièce. Mais Fréron aura, au degré le plus éminent, ce genre de qualités, et, aux cris de douleur et de rage que poussera Voltaire, il n'y aura pas à douter de la sûreté de la main. Encore une fois, en s'enrôlant sous la bannière de Desfontaines, Fréron s'engageait à harceler le grand homme de ses attaques incessantes, attaques sournoises à propos de rien, mais qui n'en faisaient pas moins rugir le lion.

Bientôt, une petite déception vint fortifier cette haine gratuite jusque-là. Fréron, l'abbé Fréron, ainsi qu'il se fit appeler dans l'origine, s'était avisé de chanter la victoire de Fontenoi, comme Piron, comme l'abbé de Portes, comme bien d'autres. Mais sa voix ne fut pas entendue dans ce concours lyrique, quoique ce soit le contraire qu'il prétende. « Il ne me convient pas de me citer, dit-il dans ses feuilles ; ce privilége n'appartient qu'aux grands écrivains comme vous, monsieur ; mais le public honora d'un favorable accueil mon ode sur la *Journée de Fontenoy*. Vous daignâtes vous-même applaudir à ce faible essai[1]. » Et, sans doute, ne pardonna-t-il pas à Voltaire d'avoir tout attiré à lui, honneurs et récompenses. Mais trop habile pour laisser percer le bout de l'oreille, il donnera des louanges au poëme de ce dernier, et le défendra même contre ses détracteurs, dont il aura soin, toutefois, de reproduire sournoisement les noirceurs. Ainsi ces derniers dépouillent notre poëte de ce qu'ils nomment l'invention et le dessin. Ils lui refusent le talent de créer et ne lui concèdent que celui de l'arrangement. Avec le secours d'autrui, il fera *OEdipe, Brutus, la Mort de César, Zaïre*, qui n'est que l'*Othello* des Anglais. Quand il puisera dans son propre fonds, il produira *Artémire, Eriphyle, Adélaïde du Guesclin, Zulime*, la *Princesse de Navarre*. Et l'équitable critique de répliquer aussitôt : « Mais *Alzire*, dont la texture lui appartient jusqu'à présent, n'est-elle pas un sujet *vierge*, aussi régulièrement construit que ceux qu'il s'est donné la peine de refondre ? » On le voit, Fréron est le meilleur ami de Voltaire, ou du moins son aristarque le mieux disposé. On pourrait souhaiter plus de discrétion dans des citations qui ne sont aucunement à la louange de Voltaire ; mais le moyen de les combattre sans les reproduire ? Et puis un journaliste

---

1. *Lettres sur quelques écrits de ce temps* (Genève, 1749), t. I, p. 197 ; à Paris, ce 15 juillet 1749. Réponse à une lettre de Roi.

ne doit laisser rien ignorer à ses lecteurs, quitte à chercher ailleurs ce qu'il ne lui pas été donné d'apprendre par lui-même.

A l'égard du caractère de cet auteur, je ne le connois pas assez, madame, pour entreprendre de vous le dépeindre. J'ai seulement lu quelque part qu'Aristippe et Diogène tour à tour, il recherchoit les plaisirs, les goûtoit et les célébroit, s'en lassoit et les frondoit; que par ses familiarités avec les grands il se dédommageoit de la gêne qu'il éprouvoit avec ses égaux; qu'il étoit sensible sans attachement, voluptueux sans passions, sociable sans amis, ouvert sans franchise, et quelquefois libéral sans générosité; qu'avec les personnes jalouses de le connoître, il commençoit par la politesse, continuoit par la froideur, et finissoit par le dégoût; qu'il ne tenoit à rien par choix, et tenoit à tout par boutade. Je le crois modeste, quoique poëte. Il sçait trop que la vanité, ce partage des petits esprits, dégrade un génie supérieur [1]...

Ce portrait n'est pas, en effet, de Fréron, qui eût pu se dispenser de le reproduire dans ses feuilles, car il avait couru Paris dans son temps (1735) et avait paru assez piquant et assez renseigné pour que l'on en recherchât l'auteur [2]. Mais tout s'oublie, et, après une

1. *Lettres de madame la Comtesse de* *** *sur quelques écrits modernes* (Genève, 1746), t. I, p. 19 à 25. Lettre 11; Paris, ce 10 septembre 1745.

2. Ce portrait a été reproduit en plus d'un endroit; on peut le lire, notamment dans : *Voltaire, particularités curieuses de sa vie et de sa mort*, par le P. Harel (Paris, 1818), p. 15, 16. Voltaire y fait allusion dans plusieurs de ses lettres ; et peut-être au fond le trouve-t-il plus ressemblant qu'il ne veut le faire croire. « J'ai vu le portrait qu'on a fait de moi; il n'est pas, je crois, ressemblant. J'ai beaucoup plus de défauts qu'on ne m'en reproche dans cet ouvrage, et je n'ai pas les talents qu'on m'y attribue; mais je suis bien certain que je ne mérite pas les reproches d'insensibilité et d'avarice que l'on me fait. Mon amitié pour vous me justifie de l'un, et mon bien prodigué à mes amis me met à couvert de l'autre. » Lettre à Berger; à Cirey,

dizaine d'années, il n'est pas inutile de rafraîchir la mémoire d'un public blasé, frivole, tout au moment présent, et auquel il arrive souvent de perdre de vue des choses d'une bien autre importance. Telle est la première morsure de Fréron. Dans les lettres qui suivent, il ne laissera pas échapper l'occasion d'un coup de dent, sans toutefois enfoncer trop avant dans les chairs [1]. Il se croyait prudent et ne semblait pas supposer que ses victimes fussent en droit de jeter les hauts cris; car Voltaire était loin d'être l'objet exclusif de ses attaques. C'était là une illusion de journaliste qui lui fut vite enlevée. Ses *Lettres* furent supprimées tout à coup par l'autorité au moment où il préparait la vingtième. La cause des mesures de rigueur dont il fut l'objet se trouve dans un passage de sa lettre XIX, intitulé : *Pension donnée.*

Je sçais, madame, votre zèle et votre respect pour l'Académie. Nous sommes pénétrées l'une et l'autre des mêmes sentimens. On dit que ces messieurs font peu de bruit pendant leur vie; il faut qu'ils meurent pour éveiller le public sur le choix des successeurs : encore la curiosité est-elle assez faible. Pour confondre ces discours, voici fort à propos un événement d'éclat, qui réjouit cette célèbre compagnie, sans lui coûter aucune perte. Un abbé, le plus jeune des académiciens, vient d'être honoré d'une pension : non pas sur quelque bénéfice; c'est la récompense commune à tous les ecclésiastiques. Celle-ci est bien d'une autre distinction. J'en suis avec tout mon sexe

le 4 août 1735. Mais de qui était ce portrait? « Le nom de M. de Charost, qu'on met à la tête de ce petit écrit, dit-il ailleurs, me confirme dans le soupçon où j'étais que l'ouvrage est d'un jeune abbé de La Mare, qui doit entrer chez M. de Charost. C'est un jeune poëte fort vif et peu sage... » Lettre à Thiériot; Cirey.

1. *Lettres de madame la Comtesse de*** sur quelques écrits modernes* (Genève, 1746), t. I, p. 64, 113, 197, 205.

transportée de joye. M. l'abbé, illustre par sa naissance et par deux petites odes, dont je vous prie de vous souvenir, l'une intitulée *les Poètes lyriques*, l'autre *les Rois*, se vit en sortant de classe élevé tout à coup à la suprême dignité de la littérature : sa réception fut une des plus magnifiques fêtes du Parnasse. J'étois au rang des spectateurs, avec plusieurs beautés; je fus moins fâchée que jamais d'être femme. Le croiriez-vous, madame? Je conçus de flatteuses espérances sur la protection des abbés[1].

Ce jeune abbé, cet académicien imberbe, qu'on ne nomme point, mais qu'on n'avait pas besoin de nommer, était Bernis, le favori de la favorite, qui venait en effet de le récompenser de ses services en lui faisant donner par le roi une pension sur sa cassette. Pourquoi pas sur quelque bénéfice, comme cela se pratique à l'égard des ecclésiastiques ? Cette question était de trop. Elle avait ou parut avoir un sous-entendu d'une suprême insolence ; et, comme on n'avait pas à rendre de comptes à Fréron, on supprima ses feuilles sans lui en dire les vraies raisons. La note de police qui a trait à l'événement affecte de citer l'abbé Le Blanc, une de ses victimes[2]. Mais le journaliste n'en

1. *Lettres de madame la Comtesse de* *** *sur quelques écrits modernes* (Genève, 1746), t. I, p. 295, 296; à Paris, ce 12 janvier 1746.
2. « C'étoit pour avoir composé, fait imprimer et distribuer des libelles et ouvrages périodiques de toute espèce, où ils déchiroient (son collaborateur, l'abbé d'Estrées, avait été arrêté avec lui) inhumainement tout le monde, tellement que tout Paris en étoit scandalisé; entre autres, ils avoient fait des satyres contre l'abbé Le Blanc, auteur qui avoit la réputation d'honnête homme et qui ne travailloit jamais à de mauvais ouvrages. » Archives de la police. *Notes sur les prisonniers de la Bastille et de Vincennes.* Carton 2. Mais les *Anecdotes sur Fréron*, qui sont de Voltaire, disent formellement qu'il fut envoyé à Vincennes pour avoir attaqué l'abbé de Bernis. Voltaire, *OEuvres complètes* (Beuchot), t. XL, p. 232, 233.

devait pas être quitte pour la suppression de ses feuilles. La perquisition et la saisie de ses papiers ne firent que précéder son arrestation et son incarcération au donjon de Vincennes, où on lui laissa tout le loisir d'apprécier les difficultés et les écueils de sa profession militante [1].

Fréron, qui espérait bien que sa captivité ne serait pas éternelle, songea à l'adoucir autant qu'il était en lui, et, comme il le dit, en disette de tout commerce avec les vivants, il voulut du moins s'entretenir avec les morts. Il demanda un Ovide au gouverneur, qui, sans y entendre malice, lui fit porter les *Miracles de saint Ovide*. En somme, la gaieté, la bonne humeur ne l'abandonnent point, et, pour tuer le temps, il rime contre l'abbé Le Blanc de méchantes épigrammes dont il régale le ministre [2], et vide, chaque matin, une bouteille de bon vin, ce qui lui fait endurer patiemment le reste de la journée. Ses amis ne s'endormaient pas et sollicitaient son élargissement. Un président à la chambre des comptes de Montpellier, M. Claris, obtint un ordre d'exil à Bar-sur-Seine [3], un exil plus ou moins long étant une transition inévitable entre la

---

1. Archives impériales. O-90. *Registre du secrétariat de la maison du Roy*, de l'année 1746. « Du 21 janvier. — Les Srs Fréron et d'Estrées, mis au château de Vincennes, perquisition préalablement faite chez eux dans leurs papiers et effets. Aposition de scellé sur iceux en leur présence et de tout procès-verbal dressé. » Enregistrement. Ordres du Roy.

2. *Opuscules de M. F**** (Amsterdam, 1753), t. I, p. 405. Lettre écrite du donjon de Vincennes à un ministre.

3. Archives impériales. O-90. *Registre du secrétariat de la maison du Roy*, de l'année 1746. « Du 15 mars. — Ordre qui enjoint au S. Fréron de se retirer à Bar-sur-Seine, l'ordre de se retirer à Quimper révoqué. »

sortie d'une prison d'État et la réintégration complète dans la société. Cette hégire ne se prolongea pas beaucoup au delà de trois mois, et le journaliste rentrait dans Paris à la fin de juin [1], mais avec défense de continuer ses feuilles [2]; et il ne lui fallut pas moins de trois années de sollicitations pour arracher la permission de les reprendre, encore dût-il en modifier quelque peu le titre. Les *Lettres sur quelques écrits de ce temps* parurent le 1er janvier 1749. Il va sans dire que cela se fit sans demander l'agrément de Voltaire, qui s'écriait : « Pourquoi permet-on que ce coquin de Fréron succède à Desfontaines? Pourquoi souffrir Raffiat après Cartouche? Est-ce que Bicêtre est plein [3]? »

Et pourtant Fréron, depuis la réapparition de ses feuilles, loin de se donner de nouveaux torts, n'avait glissé dans ses articles le nom du poëte que d'une façon tout aimable. Il est vrai que l'auteur de la *Henriade* n'y devait rien perdre, et que la lettre XIII allait lui être exclusivement consacrée. L'attaque était d'autant plus sanglante qu'elle portait sur une œuvre de Voltaire, que Voltaire ne pouvait avouer, et où, sous le couvert de l'anonyme, il s'adjugeait ingénument la supériorité dans tous les genres [4]. L'occasion était

1. Archives impériales. O-90. *Registre du secrétariat de la maison du roy*, de l'année 1746 « Du 27 juin. — Révocation d'exil pour le S. Fréron. »
2. Delort, *Histoire de la détention des philosophes et des gens de lettres à la Bastille et à Vincennes* (Paris, 1829), t. II, p. 166.
3. Voltaire, *Œuvres complètes* (Beuchot), t. LV, p. 293. Lettre de Voltaire à d'Argental ; 24 juillet 1749.
4. *Connoissance des beautez et des défauts de la poésie et de l'éloquence françoise; à l'usage des jeunes gens, et surtout des étrangers, avec des exemples par ordre alphabétique*, par M. D***, à Londres.

belle pour le journaliste qui sut profiter de ses avantages. Ces vingt pages sont un petit chef-d'œuvre de persiflage, de raison et de discussion, auxquelles il y eût eu peu de choses à répondre[1]. Aussi, quoique frappé au cœur, garda-t-on le silence. Fréron, enhardi par ce succès, croyant d'ailleurs son honneur intéressé à défendre Desfontaines traîné sur la claie dans les *Mensonges imprimés*, décoche un nouveau trait qui eut tout le résultat qu'il en attendait[2]. Pour le coup, c'en était trop, l'indignation des honnêtes gens était à son comble et c'était au magistrat chargé du soin de protéger les citoyens, de les venger dans la personne de Voltaire des attaques de ce misérable folliculaire.

Monsieur, écrit le poëte à M. Berrier, je me suis présenté à votre porte pour vous supplier de ne point laisser avilir les gens de lettres en France, et surtout ceux que vous honorez de vos bontés, au point qu'il soit permis aux sieurs Fréron et abbé de La Porte d'imprimer tous les quinze jours les personnalités les plus odieuses. L'abbé Raynal[3], attaqué comme moi, est venu avec moi, monsieur, pour vous supplier de supprimer ces scandales dont tous les honnêtes gens sont indignés... Il est dur pour un homme de mon âge, pour un officier du roi, d'être compromis avec de pareils personnages[4]...

1. *Lettres sur quelques écrits de ce temps* (Genève, 1749), t. I, p. 267 à 287 ; à Paris, ce 4 août 1749.
2. *Ibid.*, t. III, p. 47 à 66 ; à Paris, ce 15 janvier 1750.
3. Il ne peut être question que d'une appréciation, piquante sans dépasser la mesure, de l'*Histoire du Parlement d'Angleterre*. Fréron oppose le portrait de Cromwell fait par Raynal à ce portrait fameux du Protecteur par Bossuet. La seule malice est dans les mots en italique. Tout cela n'a rien que de licite et n'est pas de nature à aire pendre son critique. *Lettres sur quelques écrits de ce temps* (Genève, 1749), t. I, p. 21 à 25; Paris, ce 2 février 1749.
4. Voltaire, *Lettres inédites* (Didier, 1857), t. I, p. 190. Lettre de Voltaire à M. Berrier; à Paris, 15 mars 1750.

Voltaire priait le lieutenant de police d'en conférer avec M. d'Argenson. Et, comme cela n'allait pas assez vite, au gré de sa fiévreuse impatience, il écrivait quelques jours plus tard à M. de Mairan, qui avait l'oreille du chancelier et que l'on supposait fort influent auprès du chef de la magistrature. Ces feuilles s'imprimaient sans permission ; cette témérité eût dû les faire supprimer, lors même qu'elles eussent été aussi innocentes qu'elles étaient criminelles. « S'ils se bornaient (l'abbé de La Porte et Fréron) à juger des ouvrages, il faudrait leur interdire une liberté qui ne leur appartient pas ; mais ils vont jusqu'à insulter personnellement plusieurs citoyens ; ils causent dans Paris un scandale continuel, ils excitent des querelles. Il est, sans doute, de l'équité de M. le chancelier de réprimer une telle licence, et de sa prudence d'en prévenir les suites[1]. »

Mais voilà qu'il est question de ce même Fréron, pour la correspondance de Frédéric. Qui avait conseillé un tel choix ? Cette pensée seule jeta Voltaire dans des transports de rage. Une pareille appréhension se comprend. Le moyen d'avoir, à une distance de deux ou trois cents lieues, d'autres idées sur les hommes et les choses que celles que l'on nous fait ? L'auteur de la *Henriade* se voyait déjà dépossédé,

1. Voltaire, *Lettres inédites* (Didier, 1857), t. I, p. 191. Lettre de Voltaire à M. de Mairan ; 22 mars 1750. Ces démarches ne semblent pas avoir été complètement sans effet. Si les feuilles ne furent pas supprimées, au moins y eut-il une notable distance entre la feuille VI et la feuille VII, la première étant du 22 février et la seconde du 4 octobre 1750. A partir d'octobre, Voltaire ne sera plus là, il sera à Berlin, et Fréron aura les coudées plus franches.

évincé, répudié. Mais, c'est ce qu'il saurait empêcher à tout prix. Il ne perd pas un moment, et écrit au monarque prussien, précisément deux jours après avoir adressé au lieutenant de police cette fulgurante diatribe contre le successeur de Desfontaines :

> Voilà d'Arnaud à vos pieds! Qui sera à présent assez heureux pour envoyer à Votre Majesté les livres nouveaux et les nouvelles sottises de notre pays? On m'a dit qu'on avait proposé un nommé Fréron. Permettez-moi, je vous en conjure, de représenter à Votre Majesté qu'il faut, pour une telle correspondance, des hommes qui aient l'approbation du public. Il s'en faut beaucoup qu'on regarde Fréron comme digne d'un tel honneur. C'est un homme qui est dans un décri et dans un mépris général, tout sortant de la prison, où il a été mis pour des choses assez vilaines. Je vous avouerai encore, sire, qu'il est mon ennemi déclaré, et qu'il se déchaîne contre moi dans de mauvaises feuilles périodiques, uniquement parce que je n'ai pas voulu avoir la bassesse de lui faire donner deux louis d'or, qu'il a eu la bassesse de demander à mes gens, pour dire du bien de mes ouvrages. Je ne crois pas assurément que Votre Majesté puisse choisir un tel homme. Si elle daigne s'en rapporter à moi, je lui en fournirai un dont elle ne sera pas mécontente; si elle veut même, je me chargerai de lui envoyer tout ce qu'elle me commandera. Ma mauvaise santé, qui m'empêche souvent d'écrire de ma main, ne m'empêchera pas de dicter les nouvelles[1].

Voltaire avait tout aussitôt cherché autour de lui, parmi ses relations, ses amis, le groupe d'hommes de lettres qui s'étaient enrégimentés sous ses bannières. Son choix s'arrêta sur un de ces beaux esprits hâbleurs, loquaces jusqu'à la gêne et l'infirmité, à formules philosophiques, d'une ambition telle, qu'elle le pouvait mener, le cas échéant, jusqu'au martyre. Il s'agit ici

---

1. Voltaire, *OEuvres complètes* (Beuchot), t. LV, p. 406, 407. Lettre de Voltaire à Frédéric; à Paris, 17 mars 1750.

du futur historien des deux Indes, de cet abbé Raynal, que la persécution, et il y comptait bien, devait rendre fameux, si elle ne l'immortalisa point. L'auteur de *Mahomet* se contente de faire ses offres de service au prince, sans indiquer personne. Il trouvera, si on l'en veut charger; mais rien n'indique qu'il ait déjà trouvé. Un mois après, il était autrement explicite. Il est vrai que, cette fois, ce n'est plus au roi qu'il parle, mais à l'un de ses confidents, de ses serviteurs familiers les plus en crédit, à Darget. Sa lettre, à laquelle il joignait un échantillon du savoir-faire de son protégé, est curieuse, et il est à regretter que sa longueur empêche de la reproduire intégralement.

> Voici une espèce d'essai de la manière dont le roi votre maître pourrait être servi en fait de nouvelles littéraires. L'abbé Raynal, qui commence cette correspondance, a l'honneur de vous écrire et de vous demander vos instructions. C'est un homme d'un âge mûr, très-sage, très-instruit, d'une probité reconnue, et qui est bien venu partout. Personne dans Paris n'est plus au fait que lui de la littérature... Ce n'est pas d'ailleurs un homme à vous faire croire que les livres sont plus chers qu'ils ne le sont en effet; il les met à leur juste prix pour l'argent comme pour le mérite... Soyez persuadé qu'il était de l'honneur de ceux qui approchent votre respectable maître de ne pas être en liaison avec un homme aussi publiquement déshonoré que Fréron. Ses friponneries sont connues, ainsi que le châtiment qu'il en a reçu; et il n'y a pas encore longtemps que la police l'a obligé de reprendre une balle de livres qu'il avait envoyée en Allemagne, et qu'il avait vendue trois fois au-dessus de sa valeur. Vous sentez quel scandale c'eût été de voir un tel homme honoré d'un emploi qui ne convient qu'à un homme qui ait de la sagesse et de la probité. J'ai osé mander à Sa Majesté ce que j'en pensais. J'ai ajouté même que Fréron était mon ennemi déclaré; et je n'ai pas craint que Sa Majesté pensât que mes mécontentements m'aveuglassent sur cet écrivain. Fréron n'a été mon ennemi que parce que je lui

ai refusé tout accès dans ma maison, et je ne lui ai fait fermer ma porte que par les raisons qui doivent l'exclure de votre correspondance[1]...

Cette lettre est toute une biographie de Fréron, biographie qui ne pèche pas par excès de bienveillance et de charité, et qu'il ne faut accepter, bien entendu, que sous bénéfice d'inventaire. En réalité, Fréron est moins noir qu'il ne le fait, et, pour ne parler que de cela, très-probablement, Voltaire n'eut pas à lui fermer sa porte, dont Fréron ne songea point à franchir le seuil. Il s'était fait armer chevalier dans l'autre camp : ses protecteurs, ses amis étaient tous les ennemis acharnés du poëte; il ramassa, comme Annibal, l'héritage de vengeance et de haine que lui laissait Desfontaines. « Je perds un bienfaiteur, s'écriait-il, à sa mort, un guide, et, plus que tout cela, un ami. S'il a paru de moi quelque écrit qui ait mérité des applaudissements, si j'ai montré quelque *étincelle* de talent et de goût :

C'est à vous, ombre illustre, à vous que je le dois[2]. »

Sans doute Fréron avait déjà vu se refermer sur lui les lourdes portes de Vincennes; mais ce qui l'y avait mené, nous le savons, c'étaient les mêmes crimes qui y conduisirent tant de philosophes et d'écrivains, des écarts de plume contre des gens puissants dont le crédit réclama et obtint le châtiment du folliculaire. Voilà ce que Voltaire se garde bien de dire. Il est vrai

1. Voltaire, *OEuvres complètes* (Beuchot), t. LV, p. 409, 410. Lettre de Voltaire à Darget; Paris, 21 avril 1750.
2. *Lettres de madame la comtesse de*** sur quelques écrits modernes* (Genève, 1746), t. 1, p. 239, 240. Lettre de Fréron sur la mort de l'abbé Desfontaines; à Paris, ce 20 décembre 1745.

qu'il mêle à cela d'autres accusations suggérées par une haine implacable, et que nous ne croyons pas plus sérieuses.

Nous voyons Voltaire se préoccuper outre mesure du choix que le roi de Prusse allait faire d'un correspondant littéraire. Cela, tout naturellement, nous ramène au souvenir de Thiériot que le poëte avait donné à Frédéric, sans que le père Mersenne se fût cru obligé à quelques devoirs envers une amitié que sa tiédeur n'avait pu lui aliéner. Tout en le trouvant important et ridicule, le prince s'accommodait assez de ses commérages, et nous l'avons vu prendre sa défense auprès de la terrible madame du Châtelet qui eût voulu le voir casser aux gages, comme un valet. Casser aux gages ! L'expression ne saurait être plus impropre. Frédéric ne pouvait avoir eu l'idée d'user de ce pauvre diable sans rétribuer ses services ; mais c'était une terrible chose, pour Frédéric, que de dénouer les cordons de sa bourse, et ce n'était pas sans douleur qu'il s'y décidait, même pour payer les gages de ses serviteurs. Thiériot, qui n'était pas riche, on le sait, et ne vivait guère que des bienfaits de Voltaire, et, à un certain moment, des générosités de La Popelinière, Thiériot, toujours nécessiteux, se fût fort accommodé d'avances ; en tous cas, il n'était point en état de faire de longs crédits à son royal débiteur. Telle fut, néanmoins, tant qu'il fut employé par le roi de Prusse, l'étrange situation qui lui fut faite. Il exécutait les ordres qu'il recevait, envoyait les livres qu'il lui était commandé d'acheter, il griffonnait régulièrement et du mieux qu'il pouvait les cailletages et les cancans littéraires du jour, sans que la moindre rétribution vînt le rémunérer de ses peines. S'il se dépitait, s'il se désespérait, c'était tout bas; la peur d'indisposer le prince lui fermait la bouche. Dans sa détresse, il s'adresse à Voltaire, qui, toujours serviable, consent à prendre en main ses intérêts. Le poëte, étant alors à Reinsberg, ne pouvait être mieux placé pour plaider la cause de son ancien camarade. « Je commence par vous dire que je viens de parler à Sa Majesté en présence de M. de *Keiserling*. Les sentiments de ce grand homme sont dignes de ses lumières. Il a dans l'instant réglé tout ce qui vous regarde; il se réserve le plaisir de vous en faire instruire lui-même [1]. » A la bonne heure! Après plus de deux ans de services assidus, Thiériot palpera des écus du monarque : il aura un peu attendu, mais enfin tout vient à point à qui sait et peut attendre.

Voltaire, de retour à Bruxelles, plus de deux mois après, trouvait deux lettres fort éplorées de son ami ; il ne pouvait, cependant, que lui redire ce qu'il lui mandait à la fin de novembre. « Il m'a promis positivement, je vous le répète, une pension pour vous, et sans délai. M. de *Keiserling* y était présent. Regardez-la comme une chose sûre. Je vous redis encore qu'il veut avoir seul tout l'honneur et tout le plaisir de faire ses grâces [2]... » Vingt jours se passent, et Thiériot ne voit rien venir. Voltaire s'étonne un peu; mais le

---

1. Voltaire, *Pièces inédites* (Didot, 1820), p. 300. Lettre de Voltaire à Thiériot; Reinsberg, 24 novembre 1740.

2. *Ibid.*, p. 302. Lettre de Voltaire à Thiériot; Bruxelles, 7 février 1741.

royal débiteur a plus d'une affaire sur les bras; apparemment ses arrangements sont pris pour le mois de juin : c'est un peu plus de quatre mois à patienter; mais, avant tout, il faut prendre garde d'importuner. « J'ai de plus à vous dire, qu'autant que j'ai connu le caractère de Sa Majesté prussienne, il n'aime pas qu'on lui demande¹. » Voltaire n'y entend pas malice, mais le mot est charmant. Talleyrand, plus tard, dira à ses créanciers s'enquérant près de lui de l'époque où il les solderait : « Vous êtes bien curieux ! » La position de Thiériot était étrange et avait ses mirages. Quand il pouvait oublier les nécessités présentes, il rêvait que ce même roi, qui ne le payait point, réglerait sa pension à des taux fabuleux, quelque chose comme deux mille livres. C'était un leurre sur lequel le poëte se crut, en conscience, obligé de le désabuser : ce serait douze cents francs, et non plus, qu'il toucherait, lorsqu'il en arriverait là. Voltaire a beau se démener, l'on fait la sourde oreille à Berlin. Pur oubli. « J'ai reçu trois lettres de Sa Majesté depuis son départ pour la Silésie, dans lesquelles il ne me fait point l'honneur de me parler de cet arrangement². .. » Mais il ne doute pas que le roi de Prusse, en payant la pension, ne paye aussi les arrérages ; et sa grande raison « c'est que la chose est juste et digne de lui³. » Le temps marche, et point de pension. Que pouvait un pauvre hère comme

1. Voltaire, *Pièces inédites* (Didot, 1820), p. 305. Lettre de Voltaire à Thiériot; Bruxelles, 27 janvier 1741.

2. *Ibid.*, p. 307. Lettre de Voltaire à Thiériot; Bruxelles, 16 février 1741.

3. *Ibid.*, p. 312. Lettre de Voltaire à Thiériot; Bruxelles, 13 mars 1741.

Thiériot, sinon ronger son frein en silence? Il n'est pas le seul qu'on ajourne et qu'on amuse. Dumolard, lui aussi, s'est vu soumettre au même régime; mais il s'est fatigué ou indigné, et a pris la clef des champs, ce que Voltaire n'approuve point. « Encore une fois, ne vous découragez pas, » écrit-il, à la date du 28 mai 1741 [1]. Le reste de l'année s'achevait sans résultat. Toutefois, à moitié de janvier 1742, le poëte, qui a reçu des lettres de Berlin, est persuadé que l'on touche enfin au terme, et l'annonce à son ami. Il rappelle au prince sa double dette envers Thiériot et

1. Voltaire, *Pièces inédites* (Didot, 1820), p. 307. Lettre de Voltaire à Thiériot; Bruxelles, ce 6 avril 1741. Mais ce qui arrivait à Thiériot et à Dumolard était, après tout, le sort du plus grand nombre de gens de lettres, d'artistes, de comédiens que leur mauvaise étoile menait à Berlin. Dans les poésies mêlées de Voltaire, se trouve un huitain à l'adresse de Frédéric, et peut-être en faveur de Thiériot, qui n'y est pas désigné : *Placet pour un homme à qui le roi de Prusse doit de l'argent*. « Travailler pour le roi de Prusse est un proverbe qui n'avait que trop son application au désespoir, à l'indignation grande et parfois débordante du créancier évincé. Le sculpteur Tassaert disait au prince Henri qui visita son atelier à Paris : « M. *votre frère* a une singulière manière de payer les gens! » Cela n'est qu'une boutade plaisante; un autre statuaire dont Thiébaud ne cite pas le nom, le prit de plus haut et, de France où il était rentré, adressa au roi une épître où il ne marchandait point son débiteur. « Cette lettre écrite *ab irato* n'était pas mal rédigée; le ton en était ferme et hardi ; elle était même assez noble et philosophique; il n'y avait d'injures que par le fond des choses; mais, à ce dernier égard, on n'y trouvait aucun ménagement. Les filous, les suborneurs, les voleurs de grands chemins, y étaient offerts comme objets de comparaison qui méritaient la préférence, parce qu'au moins on avait contre eux des recours ou des moyens de vengeance. Frédéric méprisa cette lettre, dont on n'a jamais parlé, et qui, adressée à tout autre souverain, aurait évidemment causé la perte de son auteur. » Cette modération est très-convenable sans doute, mais, en fin de compte, Frédéric paya-t-il? Dieudonné Thiébaud, *Souvenirs de vingt ans de séjour à Berlin* (Didot, 1860), t. I, p. 137, 233, 244.

Dumolard par quelques rimes courageuses. Malheureusement, sa lettre ne s'est pas retrouvée, pas plus que celles du prince, auxquelles il fait allusion plus haut. Ce n'est qu'en juin (1742) que nous trouvons une requête de douze vers relatifs au père Mersenne.

> Thiriot me dit tristement :
> Ce philosophe conquérant
> Daignera-t-il incessamment
> Me faire payer mes messages?
> Ami, n'en doutez nullement,
> On peut compter sur ses largesses;
> Mon héros est compatissant
> Et mon héros tient ses promesses :
> Car sachez que, lorsqu'il était
> Dans cet âge où l'homme est frivole,
> D'être un grand homme il promettait,
> Et qu'il a tenu sa parole[1].

Mais les jours, les semaines, les mois, les années s'enfuient et le triste Mersenne se lamente et gémit en vain. Voltaire, qui ne peut davantage, le repaît d'espérances; il est de nouveau à Berlin, il est près de Frédéric, il ne s'en retournera pas sans s'être jeté aux pieds du roi (8 octobre 1743). Huit mois se passent encore. Pour le coup, l'on va s'exécuter. « Cette petite somme payée à la fois vous mettra fort à l'aise, remarque judicieusement l'auteur de *Mérope*, et votre philosophie s'en trouvera très-bien (8 mai 1744). » Et, quelques jours après : « J'attends avec impatience la nouvelle du paiement qui s'est fait attendre si longtemps. Il faut bien qu'enfin vous jouissiez de cette petite aisance qui

---

1. Voltaire, *OEuvres complètes* (Beuchot), t. LV, p. 445. Lettre de Voltaire à Frédéric; juin 1742.

ne dérangera pas votre philosophie, mais qui la rendra plus heureuse (30 mai). » Il y avait neuf ans, en effet, qu'il attendait; mais rien n'avait changé. Nous nous trompons : on avait dit à Thiériot d'envoyer son mémoire. « Cependant je ne puis croire, s'écriait l'optimiste Voltaire, que, tout Vespasien qu'il est par son goût que vous lui reprochez pour l'argent, il ne vous paie, à la fin, en Titus. Il ne vous a pas demandé votre mémoire pour ne vous rien donner (11 juin 1744). » Le 18 mars 1746, Thiériot n'avait pas avancé d'une semelle. Mais les mauvais temps étaient finis, le roi de Prusse l'avait assigné au mois de mai. Jusque-là il avait été tellement occupé à battre les Autrichiens, qu'il n'avait pas songé aux pensions de Thiériot[1]. Deux années se succèdent, après lesquelles Thiériot apprend qu'il est disgracié, qu'on ne veut plus de ses guenilles, et qu'un autre le remplace. L'a-t-on payé, en dernière analyse, de ses onze années de service? Eh bien, non! et il en est réduit à fatiguer tous ceux qui approchent du roi de Prusse de ses doléances, de ses supplications, de ses regrets; car il était au désespoir de s'être vu enlever ce poste qui, faute d'autres avantages, lui donnait un vernis dont s'accommodait fort la vanité de notre Thiériot! Tout cela ressort de deux lettres inédites du marquis d'Argens et de Darget à Bachaumont, qui sont toute une révélation.

... Je vous dirai que M. Thiriot est persuadé que je puis obtenir du roy le payement de ce qui luy est dû en quoy il se trompe fort; M. Darget et moy avons agi en conséquence de ce

---

1. Voltaire, *Pièces inédites* (Didot, 1820), p, 326. Lettre de Voltaire à Thiériot; Versailles, 18 mars 1746.

que M. Thiriot souhetoit, nous avons parlé plusieurs fois ; mais nous avons été assés malheureux pour ne point réussir. Cependant nous reviendrons encor à la charge autant qu'il est permis à un sujet qui a interest de ménager la protection du roy son maître d'y revenir ; car je crois M. Thiriot trop sensé pour vouloir exiger que je déplaisse à mon maître, sans même que cela puisse luy être utile. M. Thiriot se figure, que si je n'avois pas proposé M. d'Arnaud il auroit été continué dans ses fonctions, et il se trompe fort, car ça n'a été qu'après que le roy eut signifié qu'il ne vouloit pas absolument se servir de luy que M. Darget et moy nous proposâmes d'Arnaud. J'écris sur tout cella à M. Thiriot et je vous prie de luy remetre ma letre que je vous envérai l'ordinaire prochain [1]...

La lettre de Darget n'est ni moins explicite, ni moins curieuse, et indique le peu de chance qui restait au pauvre Thiériot d'amener à résipiscence son redoutable débiteur.

M. Thiériot m'écrit quelquefois, et me paroît persuadé de toute la satisfaction que j'aurois de voir ses affaires ici terminées, je le voudrois sur mon honneur aux dépens des miennes propres, mais je vous diray, de vous à moy, monsieur, que je n'y vois guère d'apparence ; j'ay fait tout ce que je pouvois et le marquis est témoin que j'ay poussé les choses à cet égard plus loin peut-être qu'un autre n'auroit osé faire, aussi n'y puis-je plus rien, et je n'ay plus d'espérance que dans quelqu'un de ces bons momens, qu'à la cour comme auprès des belles, on ne sauroit toujours ny prévoir ny amener, et moins icy encore que partout ailleurs. Je ne sais si le marquis vous a parlé avec autant de franchise, mais je crois, monsieur, vous la devoir [2]...

Le roi de Prusse s'était promis de dépeupler la

1. Bibliothèque de l'Arsenal. Manuscrits. B. L. F. 359. *Portefeuille de Bachaumont*. Mélanges, correspondances, f. 139. Lettre du marquis d'Argens à M. de Bachaumont.
2. *Ibid.*, f. 137. Lettre de Darget à M. de Bachaumont ; à Berlin, le 4 janvier 1749.

France de ses grands hommes, soit dans les lettres, soit dans les sciences. Ses coquetteries s'adressaient à tous, et il ne tint pas à lui si Paris en garda quelques-uns plus attachés au sol, comme Gresset et d'Alembert, que séduits par ses caresses et ses flatteries. Cette ambition était louable, et ce qui en amoindrit un peu la valeur, ce sont ces préoccupations d'économie un peu mesquine qui ne le quittent jamais. Tout se paye et doit se payer, surtout la renommée d'un Léon X, d'un François Ier et d'un Louis XIV. Frédéric visait manifestement au titre de protecteur des lettres, des arts et des sciences de son siècle ; mais il voulait qu'il lui en coûtât le moins possible. On le savait en France; et Louis XV, trop fier et trop timide pour songer à s'entourer de grands hommes devant lesquels il n'eût pas placé un mot, mais piqué de telles manœuvres, disait ce qu'il en pensait, un jour, chez madame de Pompadour, avec une certaine acrimonie.

Il entra un jour chez Madame avec un papier à la main, et lui dit : « Le roi de Prusse est certainement un grand homme, il aime les gens à talents, et, comme Louis XIV, il veut faire retentir l'Europe de ses bienfaits envers les savants des pays étrangers. » Madame et M. de Marigny, qui était présent, attendaient : « Voici, dit-il, une lettre de lui, adressée à milord Maréchal, pour lui ordonner de faire part, à un homme *supérieur* de mon royaume, d'une pension qu'il lui accorde; » et jetant les yeux sur la lettre, il lut ces mots : « Vous saurez qu'il y a un homme à Paris, du plus grand mérite, qui ne jouit pas des avantages d'une fortune proportionnée à ses talents et à son caractère. Je pourrais servir d'yeux à l'aveugle déesse, et réparer au moins quelques-uns de ses torts; et je vous prie d'offrir, par cette considération... Je me flatte qu'il acceptera cette pension, en faveur du plaisir que j'aurai d'avoir obligé un homme qui joint la beauté du caractère aux talents les plus sublimes de l'esprit[1]. » Le roi s'arrêta, et dans ce moment arrivèrent MM. de Gontaut et d'Ayen, auxquels il recommença la lettre ; et il ajouta : « Elle m'a été remise par le ministre des affaires étrangères, à qui l'a confiée milord Maréchal, pour que je permette *au génie sublime* d'accepter ce bienfait. Mais, dit le roi, à combien croyez-vous que se monte ce bienfait? » Les uns dirent, *six, huit, dix* mille livres. « Vous n'y êtes pas, dit le roi : à *douze cents livres*. » « Pour des talents sublimes, dit le duc d'Ayen, ce n'est pas beaucoup. Mais les beaux esprits feront retentir dans toute l'Europe cette lettre, et le roi de Prusse aura le plaisir de faire du bruit à peu de frais. » M. de Marigny raconta cette histoire chez Quesnay, et il ajouta que l'homme de génie était d'Alembert, et que le roi lui avait permis d'accepter la pension. Sa sœur avait, dit-il, insinué au roi de donner le double à d'Alembert, et de lui défendre d'accepter la pension. Mais il n'avait pas voulu, parce qu'il regardait d'Alembert comme un impie. M. de Marigny prit copie de la lettre, qu'il me confia[2].

Louis XV pouvait avoir raison ; mais, en somme, pour avoir le droit de blâmer ou de se moquer, il fallait faire mieux. Frédéric dénouait à regret les cordons de sa bourse ; mais son économie avait ses très-légitimes raisons d'être, et si les pensions étaient chétives, la considération dont il entourait les gens de lettres les indemnisait, et au delà, des médiocres secours qu'ils recevaient de lui. C'étaient ses égaux, ses maîtres ; il mettait une charmante coquetterie à vouloir qu'on oubliât le roi et qu'on ne vît que l'homme, nous allions dire le confrère. Le roi, de temps à autre, pouvait bien redresser l'oreille ; mais cela était rare, et toujours provoqué par un défaut de tact et de mesure.

---

1. *OEuvres complètes de Frédéric le Grand* (Berlin, Preuss.), t. XX, p. 257. Lettre de Frédéric à lord Maréchal (1754).

2. *Bibliothèque de Mémoires sur le XVIII*[e] *siècle* (coll. Barrière), t. III, p. 111, 112. Mémoires de madame du Hausset.

Quant à Louis XV, il ne demandait pas mieux, lui aussi, de dépouiller sa défroque royale et de s'abandonner à toutes les licences, à tout le débraillé d'un comité restreint qui n'était point composé de capucins. Mais il ne s'encanaillait point, et il n'admit guère de gens de lettres près de lui. Aussi bien, s'en expliquait-il nettement, avec une sorte de candeur, comme le rapporte madame du Hausset en un autre endroit de ses très-piquants commérages.

Le roi, qui admirait tout ce qui avait rapport au siècle de Louis XIV, se rappelait que les Boileau, les Racine avaient été accueillis par lui, et qu'on leur attribuait une partie de l'éclat de ce règne, était flatté qu'il y eût sous le sien un Voltaire; mais il le craignait, et ne l'estimait pas. Il ne put s'empêcher de dire : « Au reste, je l'ai aussi bien traité que Louis XIV a traité Racine et Boileau; je lui ai donné, comme Louis XIV à Racine, une charge de gentilhomme ordinaire et des pensions : ce n'est pas ma faute, s'il a fait des sottises, et s'il a la prétention d'être chambellan, d'avoir une croix, et de souper avec un roi. Ce n'est pas la mode en France; et comme il y a un peu plus de beaux esprits et plus de grands seigneurs qu'en Prusse, il me faudrait une bien grande table pour les réunir tous. » Et puis il compta sur ses doigts : « Maupertuis, Fontenelle, La Motte, Voltaire, Piron, Destouches, Montesquieu, le cardinal de Polignac. — Votre Majesté oublie, lui dit-on, d'Alembert et Clairaut. — Et Crébillon, dit-il, et La Chaussée. — Et Crébillon le fils, dit quelqu'un : il doit être plus aimable que son père. Et il y a encore l'abbé Prévost, l'abbé d'Olivet. — Eh bien, dit le roi, depuis vingt-cinq ans, tout cela aurait dîné ou soupé avec moi »[1].

Ce n'était pas la mode en France, nous le concédons; ajoutons que le prestige de la royauté eût pu en souffrir. Mais, puisque Louis XV salue dans son

---

1. *Bibliothèque de Mémoires sur le XVIIIᵉ siècle* (coll. Barrière), t. III, p. 98, 99. Mémoires de madame du Hausset.

bisaïeul le grand roi par excellence, il eût dû se dire que, sans laisser entamer ce qu'il avait d'olympien, Louis XIV n'avait nulle peine à se montrer bienveillant, accueillant, affable, bonhomme même envers les poëtes et les écrivains célèbres de son règne, sachant les défendre au besoin contre le dédain et les hauteurs de ses courtisans. Racine, Boileau (et Molière, que Louis XV oublie) avaient près de lui leur franc parler; il leur témoignait des égards qui honoraient en eux l'intelligence et la pensée, à une époque où la naissance semblait être tout. « Souvenez-vous, disait-il à Despréaux, que j'aurai toujours une demi-heure à vous donner[1]. » En un mot, il faisait plus que pensionner, il protégeait. Et quant à ces sortes de levées à l'étranger que nous voyons Frédéric pratiquer au plus juste prix, l'exemple lui en avait été donné par le grand roi qui n'épargnait rien, lui non plus, pour attirer les savants et les artistes des autres pays. Louis XV avait donc tort de se comparer à Louis XIV pour avoir accordé à Voltaire une charge de gentilhomme de la chambre, ce qu'il n'avait fait encore qu'en cédant aux sollicitations et aux obsessions de la favorite.

Pour en finir avec les appréhensions de l'auteur de la *Henriade*, hâtons-nous de dire qu'il en fut quitte pour la peur. Fréron ne devint point le correspondant du philosophe couronné, ce qui eût eu lieu sans les démarches éplorées du poëte auprès du prince. Mais si Voltaire triompha sur ce point, il échoua sur

---

1. Villemain, *Tableau de la Littérature française au XVIIIe siècle* (Paris, Didier, 1852), t. II, p. 315.

le compte de l'abbé Raynal. L'héritage de Baculard fut recueilli par Morand, qu'il ne faut pas confondre avec le chirurgien-major des Invalides, l'ami de d'Arnaud et de Fréron. Poëte et écrivain dramatique, Pierre Morand jouissait d'une certaine réputation, bien que ses tentatives au théâtre n'eussent pas été toutes heureuses. Sans avoir contre lui les mêmes griefs que contre Fréron, Voltaire ne l'eût pas indiqué au choix de Frédéric; il ne l'aimait pas, et lorsqu'il parle de l'auteur de *Childéric* c'est avec peu de bienveillance. De son côté, Morand n'était pas des mieux disposé pour Voltaire, et il le prouva de reste dans les lettres qu'il dépêchait de Paris au roi de Prusse.

Les représentations de la rue Traversière se suivaient avec régularité. La petite troupe redoublait d'ardeur et de zèle, et, à part le piquant de la nouveauté et de l'imprévu, le mérite de l'exécution eût suffi pour assurer un concours de spectateurs autrement considérable. A ces jeunes amateurs, dont quelques-uns étaient destinés à briller sur de plus vastes scènes, vinrent se joindre d'importantes recrues. Voltaire pouvait-il demeurer longtemps inactif et assister passivement, comme le moindre de ses invités, aux exhibitions de ses propres pièces? On se battait à ses côtés et il fût resté l'arme au bras! Nous le connaissons trop pour nous étonner de lui voir endosser la toge de Cicéron et en jouer le personnage avec la chaleur, l'excès de verve qu'il apportait dans tout. Ses deux nièces, madame Denis et madame de Fontaine, suivirent son exemple et firent leurs débuts, la première dans le rôle de Zulime, la seconde dans celui d'Atide, aux applaudissements d'un parterre des mieux disposés, cela va sans dire. Si le poëte s'enivrait de ces triomphes à huis clos, comme il s'était enivré de ceux qu'avait remportés jadis son *Jules César* chez les jésuites, il avait encore un autre but, en empilant successivement dans son grenier transformé toute la bonne compagnie de Paris. Il voulait, par la vogue de ces représentations, inspirer à ces comédiens français si dédaigneux, si arrogants, le regret de leurs mauvais procédés et de leur coupable ingratitude.

Leur attitude à l'égard de l'auteur de *Sémiramis* et d'*Oreste* avait été d'autant moins concevable, que les tragédies de Voltaire étaient les seules qui attirassent la foule et fissent recette. « On vous aura peut-être écrit, mandait Buffon à l'abbé Le Blanc, que Voltaire fait jouer chez lui toutes les pièces que les comédiens ont refusées. J'entends faire à quelques-uns des éloges de sa *Rome sauvée*; l'abbé Sallier, qui l'a vu représenter, m'en a dit du bien[1]. » Ce bien que l'on disait de *Rome sauvée* était ce qui, plus qu'autre chose, devait ramener ceux-ci à résipiscence. Ils n'avaient pas tardé à s'émouvoir de cette concurrence inattendue. Que deviendrait la Comédie, si chaque auteur se chargeait de l'exhibition de ses produits? Cela n'était guère à craindre de la généralité, mais on pouvait se passer de leur aide; et les pièces que l'on applaudissait hors du cénacle, il n'avait tenu qu'à eux d'en recueillir et la gloire et le profit. Les moins compromis ou ceux qui n'avaient eu rien à démêler avec le poëte tentèrent

---

1. Buffon, *Correspondance inédite* (Hachette, 1860), t. I, p. 47. Lettre de Voltaire à l'abbé Le Blanc; Montbard, 23 juin 1750.

une démarche pour obtenir d'assister à ces solennités si courues, et deux entrées leur furent octroyées pour chacune des quatre représentations suivantes. Aux yeux de gens qui s'étaient exténués à galvaniser le cadavre de *Catilina, Rome sauvée* dut revêtir des proportions cornéliennes; *Zulime* et le *Duc de Foix* ne les impressionnèrent pas moins, et ils en revinrent subjugués. S'ils avaient pu hésiter encore, le coup qu'allait frapper le poëte eût mis fin à ce reste d'incertitude ou de fausse honte qui partageait le tripot tragique.

Depuis longtemps, Voltaire répandait dans le monde que la duchesse du Maine, passionnée pour son *Catilina*, le pressait de le donner au public[1]. Au moins, avait-il tout fait pour l'intéresser à sa cause et persuader à ses ennemis qu'ils la rencontreraient sur leur chemin dans la guerre aveugle qu'ils lui livraient. Nous l'avons vu gémir, se plaindre tendrement de la princesse, dont l'absence avait été remarquée à la première représentation d'*Oreste*. Madame du Maine, qui, jusqu'à la fin, aura le goût et l'amour du théâtre, et ne ressentira pas avec les années une moins profonde horreur pour la solitude, n'avait pu toutefois échapper complétement aux influences de l'âge; son penchant pour le monde était le même, elle s'entourait toujours d'un noyau de gens d'esprit, de poëtes, d'épicuriens aimables, mais qui, pour la plupart, vieillis avec elle, avaient insensiblement remplacé cette activité un peu turbulente de la jeunesse par l'attrait d'une conversation savoureuse, commerce délicieux que l'on n'appré-

---

1. Buffon, *Correspondance inédite* (Hachette, 1860), t. I, p. 47. Lettre de Voltaire à l'abbé Le Blanc; Montbard, le 21 mars 1750.

cie bien qu'au déclin de la vie. Voltaire avait décidé que *Rome sauvée* serait représentée sur le théâtre de Sceaux ; il en parla à la princesse comme s'il n'eût dû se heurter à aucun obstacle. Mais il ne trouva pas tout l'accueil auquel il s'attendait. Madame du Maine n'avait pas oublié sans doute ce qui s'était passé, trois ans auparavant (décembre 1747), et le sans-façon avec lequel on en avait usé envers elle ; et ce souvenir n'était pas de nature à l'échauffer sur un projet qui ne tendait à rien moins, en somme, qu'à mettre, sens dessus dessous, son château. Mais Voltaire n'était pas aisé à rebuter ; il revint à la charge, alla s'installer à Sceaux, où nous le voyons notamment établi le 8 mai[1], employant tous les moyens de séduction dont il était capable, s'adressant aux courtisans les plus écoutés de la duchesse, qui finit par se laisser convaincre. Il écrivait à la marquise de Malause, l'une des femmes les plus charmantes de la petite cour :

> Aimable Colette, dites à Son Altesse Sérénissime qu'elle souffre nos hommages et notre empressement de lui plaire. Il n'y aura pas, en tout, cinquante personnes au delà de ce qui vient journellement à Sceaux. Madame la duchesse du Maine est bien bonne de croire qu'il ne lui convienne plus de donner le ton à Paris ; elle se connaît bien peu. Elle ne sait pas qu'un mérite aussi singulier que le sien n'a point d'âge ; elle ne sait pas combien elle est supérieure même à son rang. Je veux bien qu'elle ne donne pas le bal ; mais, pour les comédies nouvelles, jouées par des personnes que la seule envie de lui plaire a fait comédiens, il n'y a qu'un janséniste convulsionnaire qui puisse y trouver à redire. Tout Paris l'admire et la regarde comme le soutien du bon goût. Pour moi, qui en fais

---

1. Voltaire, *Lettres inédites* (Didier, 1857), t. I, p. 191, 192. Lettre de Voltaire au marquis d'Argenson ; à Sceaux, ce 8 mai 1750.

une divinité, et qui regarde Sceaux comme le temple des arts, je serais au désespoir que la moindre tracasserie pût corrompre l'encens que nous lui offrons et que nous lui devons[1].

Cette lettre, en répondant aux objections qui lui avaient été faites, aux obstacles qu'on lui opposait, démontre, entre autres choses, que la princesse, si elle consentait à ce qu'on jouât la tragédie de Voltaire sur son théâtre de Sceaux, cédait bien moins à son propre entraînement qu'aux sollicitations tenaces de l'auteur de *Rome sauvée*. Du reste, rien n'est négligé de ce qui peut la tranquilliser. Les manteaux de « nosseigneurs les comédiens du roi » ont été requis ; mais, à la rigueur, on s'en passera, et l'on conspirera fort bien sans manteau, ce qui ne veut pas dire que les sénateurs ne doivent pas être vêtus ; et le poëte, à ce propos même, adresse un petit mémoire pour M. Martel. Madame du Maine, entre autres appréhensions, était effrayée d'avoir à donner la couchée aux acteurs. Mais il a réponse et remède à tout. « Je débarrasse encore ma protectrice du logement des histrions. Je prie seulement l'intrépide et l'exact Gauchet de m'envoyer, lundi, à une heure précise, une gondole et un carrosse à quatre, qui amèneront et ramèneront conjurés et consuls[2]. »

1. Voltaire, *OEuvres complètes* (Beuchot), t. LV, p. 422, 423. Lettre de Voltaire à la marquise de Malause ; à Sceaux, ce dimanche (1750).
2. *Ibid.*, t. LV, p. 370. Lettre de Voltaire à madame du Maine ; ce samedi, novembre 1749. Cette lettre et celle qui la suit dans la correspondance ne peuvent être de 1749. Elles sont infailliblement de 1750, comme on en a la preuve par diverses lettres de ce temps, entre autres celle de La Chaussée. L'indication du mois est aussi fautive ;

La représentation de *Rome sauvée* eut lieu le lundi 22 juin, et non en août, comme le dit Le Kain, qui nous a laissé de cette journée quelques détails intéressants. Voltaire s'était réservé le personnage de Cicéron, qu'il joua comme lui seul le pouvait jouer.

Je ne crois pas qu'il soit possible de rien entendre de plus vrai, de plus pathétique et de plus enthousiaste que M. de Voltaire dans ce rôle. C'était en vérité Cicéron lui-même, tonnant à la tribune aux harangues contre le destructeur de la patrie, des lois, des mœurs et de la religion.

Je me souviendrai toujours que madame la duchesse du Maine, après lui avoir témoigné son étonnement et son admiration sur le nouveau rôle qu'il venait de composer, lui demanda quel était celui qui avait joué le rôle de Lentulus Sura, et que M. de Voltaire lui répondit : « Madame, c'est le meilleur de tous. » Ce pauvre hère qu'il traitait avec tant de bonté, c'était moi-même [1].

Cette représentation eut tout le retentissement qu'en attendait le poëte. Les amis, et tout autant les rivaux et les ennemis, firent tapage ; les premiers pour exalter l'œuvre nouvelle, les seconds pour attirer le ridicule sur cette façon inusitée de se produire et de se passer des seuls interprètes auxquels on avait cru devoir recourir jusque-là. « Il fait jouer sa pièce chez lui et à Sceaux, écrivait La Chaussée à l'abbé Le Blanc, alors à Rome avec M. de Vandières (Marigny), le frère de la favorite : il y joue lui-même le rôle de Cicéron. Il fait comme ces pâtissiers qui, ne pouvant vendre leurs petits pâtés, les mangent eux-mêmes [2]. » Si cela vise

en novembre 1750, Voltaire est déjà à Berlin. On s'étonne que Beuchot, d'ordinaire si judicieux, soit tombé dans pareille méprise.

1. *Bibliothèque de Mémoires sur le XVIIIᵉ siècle* (coll. Barrière), t. VI, p. 112, 113. Mémoires de Le Kain.
2. Charavay, *Catalogue d'autographes* du jeudi 7 décembre 1865,

à être spirituel, le but ne nous semble que très-insuffisamment atteint. Nous avons eu déjà plus d'une occasion de le remarquer, La Chaussée faisait profession de médire de Voltaire : le pourquoi? C'est que La Chaussée était méchant et envieux, et se soulageait en distillant son doucereux venin. Nous avons vu ce que pensait l'abbé de Voisenon de La Chaussée; et l'abbé Le Blanc, tout en insistant sur le peu d'équité de la comparaison, nous apprend que certaines gens lui trouvaient plus d'un rapport avec La Rancune du *Roman comique*[1]. En résumé, les uniques torts de Voltaire avaient été une exquise urbanité dans ses relations avec lui, et une bienveillance aussi outrée dans l'appréciation qu'il faisait de son talent[2]. « Mais ces louanges, nous dit d'Alembert, qui en constate également l'excès, prouvent au moins l'injustice des reproches qu'on a si souvent faits à ce grand homme, de dénigrer tout ce qui n'est pas lui : injustice dont M. de La Chaussée lui-même n'était pas exempt. Nous l'avons souvent entendu attaquer Voltaire sur ce point, et, par une représaille que sans doute il croyait méritée, se montrer lui-même fort injuste à l'égard de cet illustre écrivain[3]. »

Les quatre lignes que nous avons citées plus haut,

p. 88, n° 634. Lettre de La Chaussée à l'abbé Le Blanc; à Rome, 29 juin 1750.

1. Bibliothèque impériale. Manuscrits. *Correspondance du président Bouhier*, t. IV, p. 399. Lettre de l'abbé Le Blanc au président; 19 février 1722.

2. Voltaire, *OEuvres complètes* (Beuchot), t. LIII, p. 59. Lettre de Voltaire à Berger; Cirey, février 1738.

3. D'Alembert, *OEuvres complètes* (Belin, 1721), t. III, p. 403. Éloge de Nivelle de La Chaussée.

sont, en définitive, de peu de portée, et il n'y aurait pas grand mal, si La Chaussée se fût arrêté là. Mais c'est à la cabale de Voltaire qu'il faut s'en prendre, de la médiocre fortune de la *Force du naturel*. Notez que le poëte était dans les meilleurs termes avec Destouches, et qu'il avait consenti même à ce qu'*Oreste* ne passât qu'après sa comédie[1]. *Cénie*, de madame de Grafigny, vient d'être représentée avec succès (juin 1750); et La Chaussée de dire à ce sujet : « J'espère qu'elle aura lieu d'être contente, malgré des coquins que Voltaire a laissés pour veiller à ses intérêts qu'il fait consister dans la chute de tout ce qui paraît. » L'inculpation ne pouvait être plus fausse. Voltaire s'était réconcilié avec madame de Grafigny, depuis la mort de madame du Châtelet; et, si l'éloignement des quartiers l'empêchait de la voir assidûment[2], leurs rapports étaient excellents, et il la menait, à deux reprises, elle et sa nièce mademoiselle de Ligniville, aux représentations mêmes de son *Oreste*[3].

Mais s'agit-il de lapider l'auteur de la *Henriade* et de *Mérope*, chacun apporte sa pierre. Le petit Rousseau, celui que Voltaire avait si étrangement interpellé au parterre de la Comédie, donne, aux Italiens, l'*Étourdi corrigé* ou l'*École des pères* (8 août), que le public hue du premier au dernier acte; et Dutartre (ce Dutartre, l'ami de Collé, et dont nous avons déjà

---

1. Voltaire, *OEuvres complètes* (Beuchot), t. LV, p. 377. Lettre de Voltaire à Destouches. 1749.
2. Henri Beaune, *Voltaire au collège* (Paris, Amyot, 1867), p. 22. Lettre de Voltaire à madame de Grafigny.
3. Voltaire, *OEuvres complètes* (Beuchot). t. LV, p. 393. Lettre de Voltaire à madame de Grafigny; ce lundi au soir et ce mardi.

cité plus d'un commérage) de dire qu'il le doit à des fanatiques de Voltaire, « qui ont fait cabale contre Rousseau, pour venger ce premier du noble différend qu'ils ont eu à une représentation d'*Oreste*. » Cependant, et c'est là où il faut reconnaître la haute équité de l'auteur de la *Vérité dans le vin*, Collé, en envisageant l'indignité du personnage, doute qu'on ait voulu se donner la peine de cabaler contre lui. Et, pour cette fois, du moins, nous serons de son avis [1].

Quoi qu'il en soit, ce dernier triomphe obtenu à Sceaux, en dehors de la Comédie, amena un rapprochement également désiré par l'auteur et par les acteurs. Le poëte consentit à livrer à ceux-ci : le *Duc de Foix* (l'*Adélaïde du Guesclin* transformée), *Rome sauvée* et *Zulime*, qui tous, du reste, ne devaient être joués qu'après son départ pour la Prusse.

Frédéric, dont la mort de madame du Châtelet avait ravivé les espérances, ne se fatiguait pas de rappeler à Voltaire ses promesses et de le sommer de tenir une parole si souvent renouvelée. Celui-ci gémissait d'être obligé d'ajourner un voyage qu'il n'eût pas remis au lendemain, s'il ne s'agissait pour pouvoir que de vouloir ardemment. « Je sens à la lecture de cette lettre, écrivait-il en réponse à une épître du prince, que si j'avais un peu de santé, je partirais sur-le-champ, fussiez-vous à Kœnigsberg [2]. » Mais les infirmités le retiennent, et les rigueurs de l'hiver. Toutefois, il s'exécutera dans la belle saison, et rien

---

1. Collé, *Journal* (Paris, 1805), t. I, p. 266 ; août 1750.
2. Voltaire, *OEuvres complètes* (Beuchot), t. LV, p. 398. Lettre de Voltaire à Frédéric ; à Paris, 5 février 1750.

ne pourra l'empêcher, avant de voir couper le fil auquel tient sa vie, de rendre une dernière visite « au grand homme de ce siècle. » D'Arnaud était parti, emportant une lettre et des vers charmants de Voltaire ; et le roi de Prusse annonçait à ce dernier l'arrivée de l'auteur de l'*Épître à Manon*, à la date du 25 avril.

Voltaire le vit s'éloigner sans ombrages. Quels ombrages pouvait lui causer un d'Arnaud? C'était un prôneur enthousiaste qu'il aurait près du prince, et les absents ne sont jamais si bien affermis, qu'ils aient le droit de dédaigner les bons offices du plus humble de leurs amis. Donc, à en juger par sa lettre du 19 mai à Baculard, Voltaire n'a nulle humeur; il félicite le petit d'Arnaud de son heureuse fortune, et ne semble pas supposer que l'on puisse se méprendre sur le génie de l'auteur du *Mauvais Riche*. Disons que d'Arnaud, dont il serait présentement impossible de lire quatre pages de suite, était considéré par un grand nombre comme un poëte d'avenir. Il avait fait une tragédie, *la Saint-Barthélemy*, à laquelle, faute d'autre mérite, Collé accorde celui de vers harmonieux; il avait composé des odes et des poésies galantes qui avaient leurs admirateurs, voire un poëme obscène, dont le titre même ne peut s'écrire et qui lui valut une retraite d'un mois à la Bastille et de deux à Saint-Lazare [1]. Bref, si

1. Archives impériales. O-85. *Registre du secrétariat de la maison du Roy*, de l'année 1741. « 25 février. Le sieur d'Arnaud mis à la Bastille, datté 17 du d. » — « 12 du d. Le S. Bacular d'Arnaud transféré du château de la Bastille à Saint-Lazare où sa pension sera payée sur son bien. » — « 16 du d. (may). Le S. Baculard d'Arnaud mis en liberté de Saint-Lazare datté du 16 du d. » — Archives de la Police. *Bastille. Notes sur les prisonniers*. B. année 1741, 361. — *La Bastille dévoilée*, 1re livraison, p. 95.

le temps lui avait manqué pour donner toute sa mesure, certaines gens n'élevaient pas de doute sur la grandeur future de cet Apollon, comme il s'appelait modestement [1].

Un hasard étrange a transmis jusqu'à nous la correspondance de Baculard, qui témoigne de la considération générale dont il jouissait près de ses confrères et des gens du monde qui faisaient profession de cultiver les lettres ; et cet ensemble que nous avons pu, quoique bien rapidement, inventorier, et qu'une vente publique a éparpillé sans retour, eût fourni à lui seul les documents les plus curieux et les plus piquants pour une histoire anecdotique de la dernière moitié du dix-huitième siècle [2]. Il nous suffira de citer les noms de d'Alembert, d'Argens, de l'abbé Delille, de Dorat, du roi de Prusse et de ses frères, de Fréron, de Gilbert, d'Helvétius, de Piron, de l'abbé Prévost, de Thomas, de Voisenon, de Voltaire. Que Baculard, sur cela, se soit cru un personnage ; qu'il ait, devant les caresses, perdu de sa candeur et de sa primitive modestie, c'est ce qui n'est que trop selon la nature ; et de plus fortes têtes que la sienne eussent tourné, en présence des adulations royales dont il fut l'objet à son débotté, à Berlin. Frédéric, en eût-il eu l'idée, ne pouvait procéder avec lui comme avec Thiériot. Il lui faisait une pension de mille livres pour être son corres-

---

[1]. Bibliothèque impériale. Cabinet des titres. *Dossier d'Arnaud Baculard.*

[2]. Charavay aîné, *Catalogue de la belle collection d'autographes de Baculard d'Arnaud* (provenant du cabinet du docteur Max-Michelin de Provins), du lundi 3 février 1868.

pondant ; et, lorsqu'il fut décidé qu'il irait en Prusse, le roi lui envoya une bourse de deux mille livres, qui fondirent dans les mains du trop peu réglé Baculard. Il fallait pourtant partir ; le poëte battit monnaie avec ses ouvrages, que le libraire Durand acquit en bloc pour cinquante louis [1].

Collé rencontrait, un matin, à la promenade, Thiériot, cette gazette ambulante, qui savait par cœur tous les vers du moment et les colportait aux quatre coins de Paris avec les mille commérages qu'il avait pu ramasser sur sa route. Si le père Mersenne ne dédaignait rien, c'était sur le compte de Voltaire qu'il était abondant, qu'il était prolixe ; à tous propos, le nom de Voltaire était sur ses lèvres, et il fallait subir bien des rabâchages et des redites. Mais, cette fois, il avait du neuf et du rare. Des vers du roi de Prusse à d'Arnaud et la réponse d'Arnaud au roi de Prusse, vers et réponse sur un mode si incroyable que, malgré les assurances de Thiériot, Collé ne voulut prendre l'une et l'autre pièce que pour une mystification machinée par quelque ennemi de Voltaire. En tous cas, il les reproduit tels que Thiériot les lui donne et que nous les connaissons, à quelques variantes près.

> D'Arnaud, par votre beau génie,
> Venez réchauffer nos cantons ;
> Et des sons de votre harmonie
> Réveiller ma muse assoupie,
> Et diviniser nos Manons.

---

[1]. J. Delort, *Histoire de la détention des philosophes et des gens de lettres à la Bastille et à Vincennes* (Paris, 1819), t. II, p. 151, 152. Note de police de l'exempt d'Hemery sur Baculard.

> L'amour préside à vos chansons,
> Et dans vos hymnes, que j'admire,
> La tendre volupté respire,
> Et semble dicter ses leçons.
>
> Dans peu, sans être téméraire,
> Prenant votre vol jusqu'aux cieux,
> Vous pourrez égaler Voltaire;
> Et près de Virgile et d'Homère,
> Jouir de vos succès fameux.
>
> Déjà l'Apollon de la France
> S'achemine à sa décadence;
> Venez briller à votre tour;
> Élevez-vous s'il brille[1] encore;
> Ainsi le couchant d'un beau jour
> Promet une plus belle aurore.

D'Arnaud répliquait, sans trop de confusion, par sept strophes, dont nous nous bornerons à citer les deux dernières où il s'efforce de ne pas sortir des limites de la modestie, de la convenance et de la reconnaissance.

> A ma muse, qui vient d'éclore,
> Vous annoncez un sort brillant;
> Grand roi, Voltaire à son couchant,
> Vaut mieux qu'un autre à son aurore.
>
> Mais si vous daignez me prêter
> Quelques traits de votre lumière,
> A ce prix, j'ose me flatter
> D'obtenir l'éclat de Voltaire[2].

Collé s'est donné la peine de mentionner la date de sa rencontre avec Thiériot, le 23 juin. Ce fut Thiériot

---

1. Au lieu de : « s'il *brille* encore, » on lit « s'il *baisse* » dans la pièce autographe, acquise à la vente Michelin, 3 janvier 1868. La strophe a été reproduite avec son orthographe; p. 8, n° 82 du catalogue. Demi-page in-4°; paraphée.
2. Collé, *Journal* (Paris, 1805), t. I, p. 230; juin 1750.

aussi, qui apprit à son vieil ami ce qui se passait au bord de la Sprée, et cet échange d'amitiés et de flatteries entre le Salomon du Nord et le chantre de *Manon*. Marmontel nous a tracé un tableau vivant d'une entrevue où il se trouvait en tiers et où il n'eut qu'à écouter. C'est là une de ces scènes rares qui peignent l'homme et dont il n'y a pas à retrancher un iota. Fort probablement, Voltaire ne fut pas le dernier à avoir connaissance de ces vers, et la petite comédie à laquelle on va assister dut précéder la communication faite à Collé par Thiériot, qui eût manqué essentiellement à son ancien camarade en ne lui en gardant pas les premices.

Un matin que j'allais le voir (Voltaire), je trouvai son ami Thiriot dans le jardin du Palais-Royal, et comme il était à l'affût des nouvelles littéraires, je lui demandai s'il y en avait quelqu'une. « Oui, vraiment, il y en a, et des plus curieuses, me dit-il. Vous allez chez M. de Voltaire, là vous les entendrez ; car je m'en vais m'y rendre dès que j'aurai pris mon café. »

Voltaire travaillait dans son lit lorsque j'arrivai. A son tour, il me demanda : « Quelles nouvelles? — Je n'en sais point, lui dis-je ; mais Thiriot, que j'ai rencontré au Palais-Royal, en a, dit-il, d'intéressantes à vous apprendre. Il va venir. »

« Eh bien ! Thiriot, lui dit-il, vous avez donc à nous conter des nouvelles bien curieuses? — Oh ! très-curieuses, et qui vous feront grand plaisir, répondit Thiriot avec son sourire sardonique et son nazillement de capucin. — Voyons, qu'avez-vous à nous dire? — J'ai à vous dire qu'Arnaud-Baculard est arrivé à Postdam, et que le roi de Prusse l'y a reçu à bras ouverts. — A bras ouverts ! — Qu'Arnaud lui a présenté une épître. — Bien boursouflée et bien maussade? — Point du tout, fort belle, et si belle que le roi lui a répondu par une autre épître. — Le roi de Prusse, une épître à d'Arnaud ! Allons ! Thiriot, allons, on s'est moqué de vous. — Je ne sais pas si on s'est moqué de moi, mais j'ai en poche les deux épîtres. — Voyons, donnez vite, que je lise ces deux chefs-d'œuvre. » Quelle fadeur! quelle platitude! quelle bassesse! disait-il en lisant l'épître d'Arnaud; et, passant à celle du roi, il lut un moment en silence et d'un air de pitié; mais quand il en fut à ces vers :

> Voltaire est à son couchant,
> Vous êtes à votre aurore[1],

il fit un haut-le-corps, et sauta de son lit, bondissant de fureur : « Voltaire est à son couchant, et Baculard à son aurore! Et c'est un roi qui écrit cette sottise énorme! Ah! qu'il se mêle de régner! »

Nous avions de la peine, Thiriot et moi, à ne pas éclater de rire, de voir Voltaire en chemise, gambadant de colère, et apostrophant le roi de Prusse. « J'irai, disait-il, oui, j'irai lui apprendre à se connaître en hommes; » et dès ce moment-là son voyage fut décidé. J'ai soupçonné le roi de Prusse d'avoir voulu lui donner ce coup d'éperon, et sans cela je doute qu'il fût parti, tant il était piqué du refus des mille louis, non point par avarice, mais de dépit de ne pas avoir obtenu ce qu'il demandait[2].

Marmontel raconte que Voltaire était alors en pourparlers avec Frédéric pour ses frais de voyage et certaines autres exigences que ce dernier ne semblait pas d'humeur à accorder. Le roi eût consenti à le défrayer, à lui accorder une pension dont l'auteur des *Incas* porte le chiffre à mille louis; mais l'oncle ne voulait pas s'éloigner sans la nièce, et Voltaire demandait mille louis de plus pour le déplacement de madame Denis. Frédéric eût alors répondu, comme il

---

1. On voit que Marmontel ne raconte que de souvenir, car les vers qu'il cite ne ressemblent que de loin aux vers de Frédéric. Selon lui, les vers du roi de Prusse n'eussent été qu'une réponse à ceux de Baculard, quand, en réalité, il eut le mérite ou le ridicule, comme on voudra, de l'initiative. Mais cela, et quelques autres petites erreurs, ne font rien au fond de l'anecdote.

2. Marmontel, *Œuvres complètes* (Belin, 1819), t, I, p. 135, 136. Mémoires, liv. IV.

l'avait fait jadis pour madame du Châtelet : « Je serai fort aise que madame Denis vous accompagne, mais je ne le demande pas. » Et Voltaire, outré, de s'écrier : « Voyez-vous cette lésine dans un roi, il a des tonneaux d'or, et il ne veut pas donner mille pauvres louis pour le plaisir de voir madame Denis à Berlin ! Il les donnera ou moi-même je n'irai point. » Bien que Marmontel prétende que ces paroles lui aient été adressées à lui-même, nous avons toutes les raisons de croire que sa mémoire lui a fait défaut, là comme à divers autres passages de ses curieux souvenirs. Ce n'est pas que la question d'argent n'eût été mise, et de bonne heure, sur le tapis; mais Voltaire donna à tout cela un tour qui, en menant aussi sûrement au but, dissimulait les exigences sous les apparences d'un emprunt ou de moins encore, d'une simple caution. Si ce n'est point de la diplomatie et de la plus habile, nous nous demandons de quel nom désigner ces insinuations finaudes que Fréderic comprit sans s'y reprendre à deux fois, et qui étaient les conditions auxquelles il fallait souscrire, si on voulait de Voltaire à Berlin.

> Je vais parler, non pas au roi, mais à l'homme qui entre dans le détail des misères humaines. Je suis riche, et même très-riche pour un homme de lettres. J'ai ce qu'on appelle à Paris monté une maison où je vis en philosophe avec ma famille et mes amis. Voilà ma situation ; malgré cela, il m'est impossible de faire actuellement une dépense extraordinaire : premièrement, parce qu'il m'en a beaucoup coûté pour établir mon petit ménage; en second lieu, parce que les affaires de madame du Châtelet, mêlées à ma fortune, m'ont coûté encore davantage. Mettez, je vous en prie, selon votre coutume philosophique, la majesté à part, et souffrez que je vous dise que je ne veux pas vous être à charge. Je ne peux avoir ni un bon

carrosse de voyage, ni partir avec les secours nécessaires à un malade, ni pourvoir à mon ménage pendant mon absence, etc., à moins de quatre mille écus d'Allemagne. Si Mettra, un des marchands correspondants de Berlin, veut me les avancer, je lui ferai une obligation, et le rembourserai sur la partie de mon bien la plus claire, qu'on liquide actuellement. Cela est peut-être ridicule à proposer; mais je peux assurer Votre Majesté que cet arrangement ne me gênera point. Vous n'auriez, sire, qu'à faire dire un mot à Berlin au correspondant de Mettra, ou de quelque autre banquier résidant à Paris : cela serait fait à la réception de la lettre, et quatre jours après je partirais. Mon corps aurait beau souffrir, mon âme le ferait bien aller [1]...

Ainsi le poëte ne demande au roi que de l'aider à faire un emprunt que l'état présent de ses finances rend indispensable; il n'entend solliciter que la caution royale, pure affaire de forme, car il est solvable, il est riche, quoique gêné présentement : il n'y a pas à craindre qu'il ne fasse point honneur à sa signature. Quant au reste, que Sa Majesté se rassure, il ne veut pas lui être à charge, il sera plus que payé de ses dépenses en vivant près d'un philosophe couronné qu'il aime et admire également. Mais ne voit-on pas d'ici Frédéric, lisant l'étrange poulet, avec le sourire amer de l'avare auquel on fait une saignée, et qui, la rage dans le cœur, est obligé de faire bon visage à qui le dépouille? Voltaire était incontestablement le maître de la situation, car il était moins pressé de s'expatrier que l'on n'était pressé de le posséder. Quant aux conditions, il ne les avait mises en avant, c'est fort à croire, que parce qu'il les savait inacceptables. « Cela est

---

1. Voltaire, OEuvres complètes (Beuchot), t. LV, p. 416, 417. Lettre de Voltaire à Frédéric.

peut-être ridicule à proposer, » disait-il avec toute l'ingénuité qu'on lui connaît. Frédéric dut se résigner, et il le fit en roi, de la meilleure grâce, mais non sans laisser voir qu'il n'était pas dupe, et sans persifler celui qu'il appelle le Virgile de la France. Mais, bien que Voltaire lui dise qu'il attend ses ordres, ce ne sera qu'au bout de six jours qu'il lui répondra, soit que la multiplicité des affaires ne lui en eût pas donné le loisir jusque-là, soit qu'il eût eu besoin de tout ce temps pour digérer une plaisanterie d'un genre équivoque et maîtriser sa mauvaise humeur. Sa réponse, moitié vers, moitié prose, est spirituelle. Il se compare à Jupiter et traite Voltaire de Danaé, dans de petites strophes assez joliment tournées. Puis, il arrive au sérieux, à la prose. « Vous êtes comme Horace, lui dit-il, vous aimez à réunir l'utile à l'agréable; pour moi, je crois qu'on ne saurait assez payer le plaisir; et je compte avoir fait un très-bon marché avec le sieur Mettra. Je paierai le marc d'esprit à proportion que le change hausse. Il en faut dans la société, je l'aime; et l'on n'en saurait trouver davantage que dans la boutique de Mettra[1]. » On sent qu'il en a coûté un peu à faire le roi; mais enfin on s'est exécuté, et c'est bien là l'important pour l'un et pour l'autre. Voltaire, qui s'attendait à ce dénoûment, répond, cela va sans dire, aux petits vers de Frédéric par de petits vers qui les valent bien, et où il accepte sans façon ce titre de Danaé qu'on lui donne, une Danaé quelque peu mûre et

---

1. Voltaire, *OEuvres complètes* (Beuchot), t. LV, p. 424. Lettre de Frédéric à Voltaire; à Postdam, ce 24 mai 1750.

édentée, que l'on prise assurément pour autre chose que pour son minois ridé et parcheminé.

> Votre très-vieille Danaé
> Va quitter son petit ménage
> Pour le beau séjour étoilé
> Dont elle est indigne à son âge.
> L'or par Jupiter envoyé
> N'est pas l'objet de son envie;
> Elle aime d'un cœur dévoué
> Son Jupiter, et non sa pluie.
> Mais c'est en vain que l'on médit
> De ces gouttes très-salutaires;
> Au siècle de fer où l'on vit,
> Les gouttes d'or sont nécessaires[1].

Cet échange de notes avait lieu du 8 au 24 mai, et précéda de près d'un mois la communication des vers de Frédéric à d'Arnaud; ce ne fut donc pas cette épître hyperbolique qui décida un voyage déjà arrêté, puisque Voltaire annonçait son départ, dès le 9 juin, pour les premiers jours de juillet, dans la réponse même dont nous avons extrait les vers qui précèdent. Il se peut, toutefois, et l'exagération rend la supposition plus qu'admissible, que Sa Majesté prussienne ait eu la machiavélique intention d'éperonner notre poëte, si alerte d'ailleurs à se cabrer, ne fît-on qu'érailler à peine sa vanité. Voltaire, tout le premier, semble l'avoir entendu ainsi; et, dans la lettre, datée de Compiègne, qu'il adresse au Salomon du Nord, il relève l'intention par une boutade qui dut faire sourire la maligne Majesté.

---

1. Voltaire, *Œuvres complètes* (Beuchot), t. LV, p. 425. Lettre de Voltaire à Frédéric; à Paris, 9 juin 1750.

> Quel diable de Marc-Antonin!
> Et quelle malice est la vôtre!
> Égratignez-vous d'une main,
> Lorsque vous protégez de l'autre [1] ?

Quant à madame Denis, rien n'indique que Voltaire ait fait de son voyage une condition *sine quâ non*. L'on verra même que la question ne sera agitée auprès de la nièce que lorsque le poëte sera à Postdam, et aura pris ses derniers engagements avec son royal hôte. Il n'eut longtemps d'autre idée que de faire un séjour plus ou moins long à Berlin, sans songer aucunement à un établissement définitif en Prusse. Il aimait trop Paris, pour se résoudre à un tel parti sans y être forcé par la persécution, ou tout au moins des dégoûts, des mécomptes dont son imagination devait d'ailleurs lui exagérer si étrangement l'importance. Au fond, ce fut le dépit, l'humeur qui le déterminèrent; un mot, un sourire du roi de France l'eussent retenu, et le marquis de Brandebourg en eût été pour ses agaceries et ses frais d'éloquence. Mais loin d'inspirer un regret, son départ faisait trop bien le compte de tout le monde pour que l'on fût tenté de s'y opposer. Avouons que l'auteur de la *Reine de Navarre* et du *Temple de la Gloire*, sans le soupçonner, en obéissant uniquement à sa nature envahissante, avait fait tout ce qu'il fallait pour s'aliéner ceux dont l'influence avait le plus de poids auprès de Louis XV et de la favorite. Faute d'un ministère plus sérieux, Voltaire eût voulu ordonner, diriger, régenter les Cabinets. Cela, après tout, semblait lui convenir tout

---

1. Voltaire, *OEuvres complètes* (Beuchot), t. LV, p. 433. Lettre de Voltaire à Frédéric; à Compiègne, le 26 juin 1750.

autant qu'à M. de La Vallière ou au duc d'Ayen. Mais
l'honneur de divertir cette Majesté ennuyée et de présider à ses plaisirs n'était pas de ceux qu'on se laisse
ravir de gaieté de cœur; et cette prétention seule posait
Voltaire en personnage dangereux, qu'il fallait évincer.
« Voltaire, en faveur auprès d'elle (madame de Pompadour), nous dit Marmontel, s'avisa de vouloir diriger
ce spectacle. L'alarme en fut au camp des gentilshommes de la chambre et des intendants des menus-plaisirs. C'était empiéter sur leurs droits, et ce fut
entre eux une ligue pour éloigner de là un homme qui
les aurait tous dominés, s'il avait plu au roi autant
qu'à sa maîtresse [1]. » A la cour, l'on ne machine et
conspire que le sourire aux lèvres; le dernier mot de
Louis XV au ministre qu'il va chasser est une caresse.
Longtemps, Voltaire ne crut avoir à combattre et à
vaincre que l'antipathie royale; il avait l'appui de la
marquise, il ne pouvait manquer de triompher, tôt ou
tard, d'un éloignement que sa terrible réputation d'impiété n'expliquait pas seule. S'il n'avait pas obtenu
ses entrées chez le roi, il avait un libre accès auprès
de madame de Pompadour, qui montra plus de courage et d'obstination à le défendre qu'il ne se l'imagina.
Mais, dans son esprit aussi, on s'efforçait de lui nuire,
on en recherchait et épiait les moyens, et, si tous les
coups ne portaient point, tous aussi ne frappaient pas
dans le vide. Avec cette verve, cet entrain étourdissant, dans ce cliquetis de paroles, au milieu de ces

---

1. Marmontel, *OEuvres complètes* (Belin), t. I, p. 131. Mémoires, liv. IV.

gerbes éblouissantes, il était bien difficile de se surveiller assez pour ne point laisser échapper quelque saillie imprudente. Le poëte connaissait de vieille date madame de Pompadour; il en usait avec elle le plus souvent en courtisan respectueux; mais il lui arrivait aussi de se rappeler leur ancienne familiarité et de se croire autorisé à la traiter un peu sans façon. Le sourire épanoui de celle-ci l'encourageait d'ailleurs à se tout permettre. Un jour qu'elle était à table et se trouvait aux prises avec une caille des plus replettes, elle s'avisa de la déclarer « graissouillette. » Le mot, à l'heure qu'il est, serait plus qu'innocent, il est entré dans le vocabulaire de tout le monde, et une duchesse ne dédaignerait pas plus de s'en servir qu'une commère de la rue Mouffetard. Mais alors, ce mot, à Versailles, n'avait pas plus ses petites que ses grandes entrées; il était tout bonnement une énormité dans la bouche d'une reine de la main gauche. Voltaire crut faire œuvre pie en avertissant celle qui l'avait si étrangement hasardé. Il s'approcha d'elle et lui dit, entre haut et bas, mais sans tenir beaucoup à n'être entendu que d'elle :

Grassouillette, entre nous, me semble un peu caillette,
Je vous le dis tout bas, belle Pompadourette.

On fit un crime au poëte de la licence, et l'on persuada à madame de Pompadour que son favori lui avait manqué de respect. Si elle n'en fut convaincue qu'à demi, au moins en voulut-elle à Voltaire d'avoir donné prise auprès d'elle à ses ennemis, et lui témoigna-t-elle quelque froideur. Elle voyait une fraction de la cour ameutée contre lui, Mesdames et le roi en tête ; devait-elle soutenir plus longtemps une lutte impossible et compromettre sans profit un crédit qui, lui-même, était incessamment menacé ? L'auteur de *Zaïre* s'aperçut d'un notable refroidissement, qu'il put croire d'abord momentané mais dont la durée lui parut significative. Il comprit que la cour et Versailles seraient toujours pour lui un sol mouvant, et sa résolution fut prise. Il ne pouvait s'absenter sans l'agrément du roi : la cour était alors à Compiègne ; il en prend le chemin, peut-être encore avec quelque espoir d'être retenu. « Je ne suis à Compiègne, écrit-il à Frédéric, que pour demander au plus grand roi du Midi la permission d'aller me mettre aux pieds du plus grand roi du Nord [1]. »

Le plus grand roi du Midi répondit sèchement, s'il en faut croire la chronique du temps : « qu'il pouvait partir quand il voudrait, » et lui tourna le dos [2]. Madame de Pompadour l'accueillit avec le même visage aimable mais où régnait la contrainte, et le chargea de ses compliments pour le roi de Prusse, bien éloignée de soupçonner de quelle façon seraient reçues ses avances.

J'ai oublié de vous dire que, quand je pris congé de madame de Pompadour à Compiègne, elle me chargea de présenter ses respects au roi de Prusse. On ne peut donner une commission plus agréable et avec plus de grâce ; elle y mit toute sa modestie, et des *si j'osais*, et des *pardons* au roi de Prusse, de prendre cette liberté. Il faut apparemment que je me sois mal ac-

---

[1]. Voltaire, *OEuvres complètes* (Beuchot), t. LV, p. 434. Lettre de Voltaire à Frédéric ; à Compiègne, le 26 juin 1750.
[2]. Longchamp et Wagnière, *Mémoires sur Voltaire* (Paris, 1826), t. II, p. 295.

quitté de ma commission. Je croyais, en homme tout plein de la cour de France, que le compliment serait bien reçu ; il me répondit sèchement : *je ne la connais pas.* Ce n'est pas ici le pays du Lignon. Je n'en mande pas moins à madame de Pompadour que Mars a reçu, comme il le devait, les compliments de Vénus [1].

Effectivement, il écrivit à la marquise que ses civilités avaient été des mieux accueillies, et qu'il était expressément chargé de l'en remercier.

> J'ai l'honneur, de la part d'Achille,
> De rendre grâces à Vénus [2].

1. Voltaire, *OEuvres complètes* (Beuchot), t. LV, p. 448. Lettre de Voltaire à madame Denis ; Postdam, le 11 août 1750.
2. *Ibid.*, t. LV, p. 446. Lettre de Voltaire à la marquise de Pompadour ; à Postdam, le 10 août 1750.

XI

VOLTAIRE A POSTDAM. — CARROUSEL. — D'ARNAUD CHASSÉ.

Voltaire partait de Compiègne le 18 juin, et non le 25 juillet, comme on le lui fait dire dans le *Voyage de Berlin* [1]. Il prit sa route par la Flandre, et visita, en passant, les champs de bataille de Fontenoi, Raucoux et Lawfeld. Il se trouvait, le 2, à Clèves, qu'il ne devait que traverser et où il resta quelques jours, faute de relais [2]. Il avait pourtant écrit à M. de Raesfeld pour le prier de songer au *vorspann* (relais); mais l'ordre du roi était resté à Vesel, entre les mains d'un homme qui l'avait reçu « comme les Espagnols reçoivent les bulles des papes, avec le plus profond respect, et sans en faire aucun usage. » L'ordre finit par arriver; l'auteur de la *Henriade* reprend sa route,

---

1. Évidemment, c'est là une erreur de copiste. Voltaire date une lettre à d'Argental, de Postdam, le 24 juillet, il ne pouvait donc pas être à Compiègne le 25. Mais que de fautes de ce genre se sont glissées dans la correspondance, et qui, toutes, ne sont pas si aisées à relever!

2. Voltaire dit quinze jours, dans sa lettre à d'Argental, du 24 juillet, ce qui nous paraît difficile à admettre.

passe par Vesel, franchit « les vastes, et stériles, et détestables campagnes de la Vestphalie, » dont l'aspect désolé ne devait rendre que plus riantes les campagnes fertiles de Magdebourg, et entrait, le 10 juillet, dans Postdam [1], ce Postdam si sauvage jadis, aujourd'hui un lieu de délices et d'enchantements. « Cent cinquante mille soldats victorieux, point de procureurs, opéra, comédie, philosophie, poésie, un héros philosophe et poëte, grandeur et grâces, grenadiers et Muses, trompettes et violons, repas de Platon, société, et liberté! Qui le croirait? tout cela est très-vrai [2]... »

Pas autant, assurément, que le disait le poëte disposé à tout saluer, à tout admirer; et, si les soldats victorieux, les grenadiers, les trompettes, cet attirail glorieux d'un roi conquérant étaient choses très-réelles, Postdam ressemblait infiniment plus, on s'en doute, à une caserne qu'à la république de Platon, et n'était rien moins que le séjour de la liberté, qu'un asile enchanté. Postdam, en temps habituel, était une ville de garnison, dans l'acception la plus sévère et la plus rigoureuse du mot, et d'une discipline d'autant plus stricte qu'elle se sentait sous le regard investigateur d'un prince qui ne plaisantait pas sur ce point. « Jamais, lisons-nous dans une chronique à laquelle nous avons précédemment emprunté quelques traits, jamais l'officier ni le soldat en garnison à Postdam ne

---

1. *OEuvres de Frédéric le Grand* (Berlin, Preuss.), t. X, p. x. Avertissement de l'éditeur. C'est donc à tort que M. Clogenson ajourne l'arrivée du poëte à Berlin, au 23 juillet.

2. Voltaire, *OEuvres complètes* (Beuchot), t. LV, p. 438. Lettre de Voltaire à d'Argental; à Postdam, ce 24 juillet 1750.

sort de la porte, pas même pour se promener, sans un billet signé du roi, ce qu'il accorde rarement. En général, tout ce qui est à Postdam ne peut sortir sans permission, même les princes, ses frères; qui que ce soit aussi ne peut y aller, sans avoir préalablement la permission. MM. Borghèse n'ont pu l'obtenir. Les honnêtes gens, qui connoissent ce lieu, y font le moins de séjour qu'ils peuvent, parce qu'il est peu de moments où la pudeur ne pâtisse. Il y a cinq bataillons en garnison qui ne sortent jamais. On n'y voit que soldats, dont on exalte les horreurs. Il n'y a que quelques femmes d'officiers et de soldats, qui à peine osent sortir de leurs chambres. L'insulte et le viol sont rarement réprimés, et qui n'a pas le goût du maître est peu fêté [1]. » Cela a été écrit, suppose-t-on, par un père de l'Oratoire se trouvant en Prusse, vers 1752. La malveillance la moins équivoque préside au récit du bon père, et il serait peu équitable de l'en croire sur parole. Mais, toute réserve faite, il résulte des lignes qui précèdent que Postdam n'était pas un Eldorado, et encore moins le paradis de Mahomet. « Ce n'est point une cour, dira Voltaire lui-même, quatre mois plus tard, c'est une retraite dont les dames sont bannies [2]. » Thiébaud, dont la sympathie pour Frédéric n'est pas à révoquer en doute, nous dit que le second fils du chancelier Coccéi était revenu, après son ambassade

---

1. *Nouvelle Revue encyclopédique* (Paris, Didot, 1848), t. V, p. 426. Idée de la personne, de la manière de vivre, et de la cour du roi de Prusse, Frédéric II.

2. Voltaire, *Œuvres complètes* (Beuchot), t. LV, p. 515. Lettre de Voltaire à madame Denis; Postdam, le 17 novembre 1750.

de Suède, mourir de mélancolie et d'ennui à Postdam ; « destinée ordinaire de ceux qui étaient condamnés à vivre en cette résidence, qui n'a et ne peut avoir d'agrément que pour le roi [1]. »

La bienveillance de l'accueil ne devait pas permettre à Voltaire, dès l'arrivée, d'envisager ce qui l'entourait sous cet aspect rigide. Il est tout au prince, au point de négliger ses travaux et cette *Rome sauvée* pour laquelle ses *anges* lui avaient imposé certains changements. « Mon Frédéric le Grand, s'écrie-t-il dans l'enthousiasme de son nouvel état, fait un peu de tort à *Aurélie*. Il prend mon temps et mon âme. La caverne d'Euripide vaut mieux, pour faire une tragédie, que les agréments d'une cour. Les devoirs et les plaisirs sont les ennemis mortels d'un si grand ouvrage. » Mêmes excuses, mêmes motifs de laisser dormir sa tragédie, allégués dans une lettre au marquis de Thibouville, quelques jours après. Postdam, d'ailleurs, était transformé. Il s'y préparait, ainsi qu'à Charlottenbourg et à Berlin, des fêtes d'un autre âge, des magnificences et des féeries dignes du Versailles de 1685.

---

1. Dieudonné Thiébaud, *Souvenirs de vingt ans de séjour à Berlin* (Didot, 1860), t. II, p. 183. Thiébaud revient, à plusieurs rencontres, sur le chapitre de Postdam, et toujours de la même façon. « Ce séjour si agréable pour le maître était une sorte de prison pour tous les autres. » *Ibid.*, t. I, p. 220. « Que faites-vous à Postdam ? demandait-il un jour au jeune prince Guillaume de Brunswick. — Nous passons notre vie à conjuguer tous le même verbe : oui, monsieur, nous faisons tous une conjugaison, et toujours la même : *Je m'ennuie, tu t'ennuies, il s'ennuie, nous nous ennuyons, vous vous ennuyez, ils s'ennuient ; je m'ennuyai, je m'ennuierai*, etc. ; enfin la conjugaison tout entière, et voilà notre occupation. » *Ibid.*, t. I, p. 317, 318.

Ces divertissements ruineux, si peu en rapports avec l'esprit d'économie et même de lésine du roi de Prusse, ont eu leurs historiens. Formey, le chevalier de Chazot, le baron de Bielfeld, sont entrés dans des détails qui ne sauraient trouver leur place ici; Voltaire, non moins hyperbolique qu'eux, en parle par avance, avec un accent presque lyrique :

> Un carrousel composé de quatre quadrilles nombreuses, carthaginoises, persanes, grecques et romaines, conduites par quatre princes qui y mettent l'émulation de la magnificence, le tout à la clarté de vingt mille (Formey et Chazot disent trente mille) lampions qui changeront la nuit en jour; les prix distribués par une belle princesse, une foule d'étrangers qui accourent à ce spectacle, tout cela n'est-il pas le temps brillant de Louis XIV[1] qui renaît sur les bords de la Sprée[2] ?

Ce carrousel était donné à l'occasion de l'arrivée du margrave et de la margrave de Bayreuth. Voltaire se trouvait en pays de connaissance avec tout ce monde. L'on n'a pas oublié son passage de quatorze jours à Bayreuth, en 1743, et il n'avait pas dépendu de la charmante princesse que leur correspondance n'eût été des plus actives. Il avait fait, à ce voyage, sa cour à toute la famille royale, qui l'avait reçu à bras ouverts, et qu'il éblouit de sa verve et de son esprit. Si Chazot prit part à la fête et y dépensa, malgré certains procédés économiques dont il nous a révélé le

---

1. Voir les descriptions du fameux carrousel de 1685, notamment dans les *Mémoires du marquis de Sourches* (Adhelm Bernier, 1836), t. I, p. 129 à 177, qui coûta personnellement au roi plus de cent mille livres, somme énorme pour l'époque.
2. Voltaire, *Œuvres complètes* (Beuchot), t. LV, p. 443, 444. Lettre de Voltaire à d'Argental; à Postdam, le 7 août 1750.

secret, onze mille et trois cents écus [1], Voltaire dut laisser faire les plus alertes et se borner au rôle effacé de spectateur, n'ignorant pas que son tour ne pouvait manquer d'arriver. Il était taillé pour d'autres joûtes, celles de la conversation, et, dans celles-là, téméraire eût été celui qui lui en eût disputé le prix, si l'on en excepté le philosophe de Sans-Souci, qui savait manier dextrement cette arme de la parole, et que l'on n'eût d'ailleurs osé pousser au delà d'un certain point. Une lettre autographe de Maupertuis nous apprend que, jusque dans ce tumulte et tout ce brouhaha, l'auteur de *Mérope* (quoiqu'il dise qu'il n'y a que les gens bien sains qui jouissent de tout cela [2]) se faisait écouter et charmait cet auditoire de princes suspendu à ses lèvres. « Nous avons Voltaire ici, qui fait les délices du roi, comme les nôtres : c'est un des ornemens des fêtes qui viennent de commencer [3]. »

Ces lignes font sourire, de la part de Maupertuis. Cette imprévoyance de l'avenir, ce contentement naïf d'un bel-esprit qui, pourtant, ne consentait pas plus que Voltaire à être relégué au second plan, ont de quoi surprendre. D'ordinaire, l'amour-propre, un amour-propre aussi ombrageux que celui du célèbre géomètre, a plus de flair et de coup d'œil ; et il est curieux que les indifférents y aient vu plus loin et

---

1. Chazot, alors major du régiment de Bayreuth, était l'un des six aventuriers de la quadrille des Romains, à la tête desquels marchait le prince royal de Prusse vêtu en consul romain.
2. Voltaire, *OEuvres complètes* (Beuchot), t. LV, p. 442. Lettre de Voltaire à madame de Fontaine; Postdam, le 7 août 1750.
3. Charavay, *Catalogue d'autographes* (*Lajariette*). 1860, p. 238, N° 2056. Lettre de Maupertuis à ......; Berlin, 18 août 1750.

plus clair. « Maupertuis me marque, écrivait Buffon à l'abbé Le Blanc, que Voltaire doit rester en Prusse, et que c'est une grande acquisition pour un roi qui a autant de talent et de goût; entre nous, je crois que la présence de Voltaire plaira moins à Maupertuis qu'à tout autre; ces deux hommes ne sont pas faits pour demeurer ensemble dans la même chambre [1]... » Il faut remarquer que Voltaire n'était pas moins optimiste et moins imprévoyant que son futur antagoniste : « Trouver, s'écrie-t-il, tous les charmes de la société dans un roi qui a gagné cinq batailles; être au milieu des tambours, et entendre la lyre d'Apollon; jouir d'une conversation délicieuse, à quatre cents lieues de Paris; passer ses jours, moitié dans les fêtes, moitié dans les agréments d'une vie douce et occupée, tantôt avec Frédéric le Grand, *tantôt avec Maupertuis;* tout cela distrait un peu d'une tragédie [2]. » Pour l'instant, tout apparaît couleur de rose; le poëte, dans l'enthousiasme, ne tarit point sur ces splendeurs qu'il ne s'attendait pas à rencontrer si loin de Versailles, en un pays plus militaire que magnifique et où le souverain n'avait pas l'habitude de jeter son or par la fenêtre.

Il n'y a pas moyen, mande-t-il à d'Argental, de tenir au carrousel que je viens de voir; c'était à la fois le carrousel de Louis XIV, et les fêtes des lanternes de Chine. Quarante-six mille petites lanternes de verre éclairaient la place et formaient,

---

1. Buffon, *Correspondance inédite* (Hachette, 1860), t. I, p. 48. Lettre de Buffon à l'abbé Le Blanc; Montbard, le 28 octobre 1750.
2. Voltaire, *OEuvres complètes* (Beuchot), t. LV, p. 440. Lettre de Voltaire au marquis de Thibouville; à Postdam, le 1er août 1750.

dans les carrières où l'on courait, une illumination bien dessinée. Trois mille soldats sous les armes bordaient toutes les avenues ; quatre échafauds immenses fermaient de tous côtés la place. Pas la moindre confusion, nul bruit, tout le monde assis à l'aise, et attentif en silence, comme à Paris à une scène touchante de ces tragédies que je ne verrai plus, grâce à....
Quatre quadrilles, ou plutôt quatre petites armées de Romains, de Carthaginois, de Persans et de Grecs, entrant dans la lice, et en faisant le tour au bruit de la musique guerrière ; la princesse Amélie[1] entourée des juges du camp, et donnant le prix. C'était Vénus qui donnait la pomme. Le prince royal a eu le premier prix. Il avait l'air d'un héros des Amadis. On ne peut pas se faire une juste idée de la beauté, de la singularité de ce spectacle, le tout terminé par un souper à dix tables, et par un bal. C'est le pays des fées. Voilà ce que fait un seul homme[2].

Quelque chose nous étonne dans la distribution des divertissements et le choix des œuvres représentées devant l'auguste assemblée ; aucune des pièces de Voltaire ne figure sur la liste des ouvrages donnés soit à Charlottenbourg, soit à Berlin. Ainsi, le 17, les comédiens français représentèrent le *Mauvais Riche*, de d'Arnaud ; le 19 et le 21, la soirée fut remplie par *Il Comte imaginario*, intermède italien, entremêlé de danses. Les 22 et 24, c'était le tour de l'opéra de *Phaéton*, de Quinault[3] ; le 26, de l'*Iphigénie*, de Racine, mise en

---

1. La plus jeune des sœurs de Frédéric, abbesse de Guedlinbourg.
2. Voltaire, *OEuvres complètes* (Beuchot), t. LV, p. 460. Lettre de Voltaire à d'Argental ; à Berlin, ce 28 août 1750.
3. Traduit en italien par un poëte italien nommé Villati, à quatre cents écus de gages. « Cet Orphée prend le matin un flacon d'eau-de-vie au lieu d'hippocrène, et, dès qu'il est un peu ivre, les mauvais vers coulent de source. Je n'ai jamais rien vu d'aussi plat dans une si belle salle. Cela ressemble à un temple de la Grèce, et on y joue des ouvrages tartares. » Voltaire, *OEuvres complètes* (Beuchot), t. LV, p. 453. Lettre de Voltaire à madame Denis ; à Berlin, le 22 août 1750.

musique par Graun, le maître de chapelle de Frédéric, et qui eut l'honneur d'être exécutée deux fois encore dans la durée des fêtes. Le 27, les comédiens français jouèrent le *Médecin malgré lui* et un petit acte de Cahusac, intitulé *Zénéide*[1]. Mais de Voltaire et de son théâtre nulle mention. Il n'est question de lui, dans la relation de Formey, qu'à propos d'un impromptu galant adressé par le poëte à la princesse Amélie, le premier jour du carrousel (25 août). Était-il donc si impossible de monter *Mérope*, *Mahomet* ou *Sémiramis?* Le seul fait d'une pareille abstention, qui eût eu sa signification, nous porte à croire que si l'on ne rendit pas cette sorte d'hommage à un homme que l'on comblait d'ailleurs de caresses et d'attentions de tous genres, c'est qu'il y eut à cela des obstacles insurmontables[2]. Ce qui le démontre mieux que tout ce qu'on pourrait alléguer, c'est la sérénité de Voltaire qui bat des mains avec entraînement à tous ces prodiges, et ne fait quelques réserves qu'à propos des vers de Villati et du *Mauvais Riche*, de d'Arnaud. Au reste,

1. *Journal historique des fêtes que le roi a données à Postdam, à Charlottenbourg et à Berlin*, à l'occasion de l'arrivée de Leurs Altesses royale et sérénissime de Brangdebourg-Baireuth, au mois d'août 1750 (imprimé chez Chrétien-Frédéric Henning), p. 11, 13, 40. Cette relation est généralement attribuée à Pollnitz. Il paraît qu'elle doit être restituée à Formey. Preuss, *Friederich mit seinen Berwandten und Freunden* (Berlin, 1838), p. 212. Outre les *Mémoires de Chazot* (Paris, Lévy, 1862), on trouve encore, comme on l'a dit plus haut, une description de ces fêtes dans les *Lettres familières du baron de Bielfeld* (La Haye, 1769), t. II, p. 276 à 279.

2. Voltaire arrivait à Berlin le 10 juillet, les fêtes commencèrent le 8 août; tout devait être déjà arrêté, ordonné, les pièces étudiées et en pleine répétition; il n'y avait plus rien à changer au programme.

comme nous l'apprend Maupertuis lui-même, il eut ses compensations d'amour-propre, et fut traité par le roi et les princesses avec une distinction et des égards dont sa vanité, pourtant si exigeante, semble pleinement satisfaite.

Voltaire quittait la France, c'était bien le moins qu'il fût indemnisé des sacrifices qu'il faisait à son ami couronné. L'ami couronné le sentait; il sentait aussi que, pour se l'assurer d'une manière définitive, il fallait que le poëte n'eût aucune raison désormais de regarder en arrière. Il le nomma son chambellan, lui donna un de ses ordres, avec vingt mille francs de pension, et quatre mille francs garantis à madame Denis pour toute sa vie, si elle voulait venir tenir la maison de son oncle à Berlin.

Vous avez bien vécu à Landau avec votre mari, écrit cet oncle dans le ravissement; je vous jure que Berlin vaut mieux que Landau, et qu'il y a de meilleurs opéras. Voyez, consultez votre cœur. Vous me direz qu'il faut que le roi de Prusse aime bien les vers. Il est vrai que c'est un auteur français né à Berlin. Il a cru, toutes réflexions faites, que je lui serais plus utile que d'Arnaud. Je lui ai pardonné, comme à Heurtaud, les petits vers galants que Sa Majesté prussienne avait faits pour mon jeune élève, dans lesquels il le traitait de *soleil levant* fort lumineux, et moi de *soleil couchant* assez pâle. Il égratigne encore quelquefois d'une main, quand il caresse de l'autre; mais il n'y faut pas prendre garde de si près. Il aura le *levant* et le *couchant* auprès de lui, si vous y consentez; et il sera, lui, dans son *midi*, fesant de la prose et des vers tant qu'il voudra, puisqu'il n'a point de batailles à donner. J'ai peu de temps à vivre. Peut-être est-il plus doux de mourir à sa mode, à Postdam, que de la façon d'un habitué de paroisse, à Paris. Vous vous en retournerez après cela avec vos quatre mille livres de douaire. Si ces propositions vous convenaient, vous feriez vos paquets au printemps; et moi j'irais, sur la fin de cet automne, faire mon pèlerinage d'Italie, voir Saint-Pierre de Rome, le pape, la Vénus de Médicis, et la ville souterraine. J'ai toujours sur le cœur de mourir sans voir l'Italie. Nous nous rejoindrions au mois de mai..... Il faut d'abord que le roi notre maître y consente. Cela lui sera, je pense, fort indifférent. Il importe peu à un roi de France en quel lieu le plus inutile de ses vingt-deux ou vingt-trois millions de sujets passe sa vie ; mais il serait affreux de vivre sans vous[1].

Autant de projets qui s'en iront en fumée. On soupçonnait fort à Paris que cet engouement excessif prêtait aux choses un aspect qu'elles ne sauraient garder, et l'on était en défiance. Le sage d'Argental, fâché de cet exil volontaire, dont les inconvénients possibles, présumables, inévitables, ne lui avaient pas échappé, n'avait point approuvé le voyage ; il approuvait encore moins les visées d'installation définitive, et n'était pas trop d'avis que madame Denis quittât les bords de la Seine pour les rivages trop chantés de la Sprée. Il en avait écrit avec force, comme il croyait devoir le faire, et en termes dont sans doute Voltaire exagerait l'énergie. « Ne m'écrivez jamais, mon divin ange, une lettre aussi cruelle que celle du 20 d'août. Vous me rendriez malade de chagrin. » Au moins d'Argental ne dissimulait pas tout ce qu'avait de grave, de périlleux une détermination de cette nature. Le poëte, de son côté, sentait que pour vaincre les répugnances de sa nièce il lui fallait conquérir cet ami à sa cause, et il ne ménageait nuls moyens oratoires pour y parvenir.

... Vous m'accusez de faiblesse ; comptez qu'il a fallu une

---

[1]. Voltaire, *OEuvres complètes* (Beuchot), t. LV, p. 448, 449, 450. Lettre de Voltaire à madame Denis ; à Charlottenbourg, le 14 août 1750.

étrange force pour me résoudre à achever mes jours loin de vous, et que j'ai été plus longtemps que vous ne pensez à me déterminer..... Certainement, je me repentirai toute ma vie de m'être arraché à vous et à vos amis. Il est vrai que je n'aurai pas beaucoup d'autres regrets à dévorer. L'égarement et le goût détestable où le public semble plongé aujourd'hui ne doivent pas avoir pour moi de grands charmes. Vous savez d'ailleurs tout ce que j'ai essuyé. Je trouve un port après trente ans d'orages. Je trouve la protection d'un roi, la conversation d'un philosophe, les agréments d'un homme aimable, tout cela réuni dans un homme qui veut, depuis seize ans, me consoler de mes malheurs, et me mettre à l'abri de mes ennemis. Tout est à craindre pour moi dans Paris, tant que je vivrai, malgré les protections que j'y ai, malgré mes places et la bonté même du roi. Ici je suis sûr d'un sort à jamais tranquille. Si l'on peut répondre de quelque chose, c'est du caractère du roi de Prusse.....

A propos, vous me reprochez de faire avec joie des portraits flatteurs à ma nièce; voudriez-vous que je la dégoûtasse, et que je me privasse de la consolation de vivre à Berlin avec elle, et d'y parler de vous? Voudriez-vous que je fusse insensible aux fêtes de Lucullus et aux vertus de Marc-Aurèle[1]?

Les lettres de madame Denis étaient décourageantes. Voltaire y trouvait un scepticisme à l'égard des enchantements de Berlin qui le déconcertait et dont il s'efforçait de démontrer la criante injustice. « Qui donc peut vous dire que Berlin est ce qu'était Paris du temps de Hugues Capet? Je vous prie seulement, ma chère enfant, d'aller voir votre ancienne paroisse, l'église de Saint-Barthélemi, où vous n'avez, je crois, jamais été. C'était là le palais de ce Hugues. Le portail subsiste encore dans toute sa barbarie. Venez, après cela, voir

---

[1]. Voltaire, *OEuvres complètes* (Beuchot), t. LV, p. 472 à 475. Lettre de Voltaire à d'Argental; à Berlin, ce 1er septembre 1750.

la salle d'Opéra de Berlin [1]. » Frédéric n'ignorait pas qu'on le battait en brèche, que madame Denis ne se souciait point de quitter ses habitudes, ses amis, ses plaisirs, et qu'elle essayait de détourner son oncle d'accepter des chaînes qui n'auraient peut-être pas, à la longue, la douceur des premiers jours. C'était se donner un maître, après tout, quand il connaissait si bien le charme de l'indépendance et de la liberté. Soit manége, soit préoccupation réelle, Voltaire ne cacha point la répugnance énergique qu'il rencontrait chez sa nièce, et le roi crut voir qu'au moins tous ces efforts et toutes ces raisons n'étaient pas sans l'impressionner. Frédéric, inquiet, écrivit, de sa chambre, à son hôte une lettre où il s'attachait à combattre ces craintes chimériques, offensantes pour sa personne, et à en démontrer le néant.

J'ai vu la lettre que votre nièce vous écrit de Paris. L'amitié qu'elle a pour vous lui attire mon estime. Si j'étais madame Denis, je penserais de même ; mais étant ce que je suis, je pense autrement. Je serais au désespoir d'être cause du malheur de mon ennemi ; et comment pourrais-je vouloir l'infortune d'un homme que j'estime, que j'aime, et qui me sacrifie sa patrie et tout ce que l'humanité a de plus cher ? Non, mon cher Voltaire, si je pouvais prévoir que votre transplantation pût tourner le moins du monde à votre désavantage, je serais le premier à vous en dissuader... Je vous respecte comme mon maître en éloquence et en savoir ; je vous aime comme un ami vertueux. Quel esclavage, quel malheur, quel changement, quelle inconstance de fortune y a-t-il à craindre dans un pays où l'on vous estime autant que dans votre patrie, et chez un ami qui a un cœur reconnaissant ?... Quoi ! parce que vous

---

[1]. Voltaire, *Œuvres complètes* (Beuchot), t. LV, p. 476. Lettre de Voltaire à madame Denis ; Berlin, le 12 septembre 1750.

vous retirez dans ma maison, il sera dit que cette maison devient une prison pour vous ! Quoi ! parce que je suis votre ami, je serais votre tyran ! Je vous avoue que je n'entends pas cette logique-là; que je suis fermement persuadé que vous serez fort heureux ici tant que je vivrai, que vous serez regardé comme le père des lettres et des gens de goût, et que vous trouverez en moi toutes les consolations qu'un homme de votre mérite peut attendre de quelqu'un qui l'estime[1].

Que Voltaire se laissât enivrer par tant de tendresses et de caresses, cela est tout simple. Mais madame Denis devait être moins aisée à persuader. Malgré ce viager de quatre mille livres qui lui était offert et la considération dont elle ne manquerait pas d'être entourée à Berlin, il lui semblait dur de transporter aussi loin ses dieux lares et de déserter ce Paris si charmant. Sa qualité de nièce de M. de Voltaire lui avait acquis une réelle importance, elle était accueillie à bras ouverts par les amis de son oncle, dont elle tenait la maison et présidait le salon. Tout cela sans doute se fût retrouvé à Berlin, moins les liaisons personnelles que l'on avait formées et que l'on ne se sentait pas d'humeur de quitter. Longchamp, qui n'aime pas et a ses raisons de ne pas aimer madame Denis, se répand en commérages sur son compte, et nous la présente comme une femme dissipée, inconséquente, prodigue, légère, pour ne pas dire galante. A l'en croire, Voltaire eût confié la direction de tout à son ancien valet de chambre, la garde de la bibliothèque et des manuscrits, et la manutentio de ses finances; et madame Denis, blessée, humi-

---

1. Voltaire, *OEuvres complètes* (Beuchot), t. LV, p. 455, 456. Lettre de Frédéric à Voltaire; 23 août 1750.

liée de ces arrangements, en eût conservé un profond ressentiment, ce qui ne serait pas en pareil cas de nature à trop surprendre. Cependant, il eût rendu à celle-ci des services essentiels, et elle lui eût dû sa réconciliation avec l'auteur de *Mahomet*. Quoi qu'il en soit, madame Denis, après comme avant le départ de son oncle, ne changea point son train de vie, reçut et fit grande dépense. Elle avait aussi des affections assez particulières, notamment un M. Griff, son musicien allemand, « homme d'une stature colossale, qui déplaisait fort à M. de Voltaire, » et qui, un instant évincé, reparut lorsque le poëte ne fut plus là.

Mais voici un noble Génois, amateur des lettres, et qui s'était fait présenter à Voltaire, quelques jours avant son départ. Jeune, gai, spirituel, il semblait s'accommoder fort de cette société de gens d'esprit dont il parlait plus que couramment la langue. Madame Denis le trouvait bien fait, aimable, et bientôt leur liaison fut des plus étroites. Après une entente très-cordiale des deux parts, cette intimité se rompit par un éclat, une scène de violence, où le noble Génois traita l'illustre nièce de la façon la plus outrageante; et les choses eussent pu aller aux derniers excès sans l'intervention de Longchamp, car nous sommes habitués à voir Longchamp se substituer à la Providence, et rendre à ses maîtres de bons offices que l'on ne reconnaît que médiocrement. Il paraîtrait que le jeune étranger avait prêté à madame Denis de l'argent qu'elle ne se pressait pas assez de restituer ; au moins Longchamp entendit-il celui-ci s'écrier, comme un forcené : « Je veux ravoir mes cent louis. » Il fallait, au plus vite, désintéresser ce créancier embarrassant, et c'est ce que fit l'honnête serviteur, après avoir pris les ordres de Voltaire. « J'ose dire qu'au lieu de me persécuter, madame *Denis* me devait de la reconnaissance. Je n'en ai éprouvé au contraire que de l'ingratitude ; car j'attribue à cet événement la principale cause qui a porté cette dame à me desservir auprès de M. *de Voltaire;* en quoi elle n'a que trop réussi [1]... »

Longchamp fait ici confusion un peu sciemment, car il est impossible qu'il eût oublié, même à la distance de plus d'un quart de siècle, les vrais motifs qui déterminèrent M. de Voltaire à se passer de ses services. Il est plus sincère dans une longue lettre à son maître, où il avoue des infidélités plus graves pour ce dernier que des détournements d'argent. Il avait fait ou fait faire des copies des manuscrits dont il avait la libre disposition, dans l'intention indubitable d'en tirer le parti le plus fructueux ; et si cette déloyauté avorta dans ses conséquences, c'est que le secret en fut éventé à temps. La lettre où il confesse sa faute est à la date du 30 mars 1752, et, par conséquent, postérieure de beaucoup à un commencement de procédure qui pouvait lui être fatale, si Voltaire n'eût pas répugné à la pensée de perdre un homme que de mauvais conseils avaient un instant égaré [2]. Les démarches de madame Denis pour recouvrer les papiers de son oncle remontent au 24 avril 1751 ; elles furent assez actives et

---

1. Longchamp et Wagnière, *Mémoires sur Voltaire* (Paris, 1826), t. II, p. 305.

2. *Ibid.*, t. II, p. 346 à 349. Lettre de Longchamp à M. de Voltaire, au palais du roi de Prusse à Postdam ; à Paris, ce 30 mars 1752.

amenèrent une restitution qui ne fut pas sans doute aussi complète que le prétend le coupable Longchamp [1]. Voilà ce qu'il ne dit pas dans ses mémoires, et ce qu'il ne supposait pas que l'avenir dût révéler. Ces faits regrettables font tort à la notoriété aussi bien qu'à l'honorabilité de notre historien, et mettent d'autant plus en garde contre ses récits, que l'on a à constater d'ailleurs la flagrante inexactitude de certaines anecdotes. Serait-ce une raison suffisante pour rejeter absolument ce qu'il nous raconte de son maître et de ceux auxquels il a affaire? « Parce qu'il est tombé dans une faute grave en un point, faudrait-il en conclure que tout ce qu'il dit est faux et déguisé? » Nous ne le pensons pas plus que son éditeur, et, dans les faits qui lui sont indifférents, nous admettons volontiers qu'il ne commette d'autres erreurs que des méprises involontaires, inévitable inconvénient des chroniques composées tardivement sur le seul souvenir d'un temps déjà reculé dont le courant des choses et des événe-

---

1. Ce commencement de procédure forme un dossier de cinq pièces : Mémoire de madame Denis; ce 24 avril 1751. — Lettre à M. Berrier, ce dimanche 2 mai. — *Ibid.*, à M. Berrier, ce 5 mai. — Note du lieutenant de police. — Lettre à M. Berrier, ce 20 mai. Voltaire, *OEuvres complètes* (Beuchot), t. I, p. 368, 369, 370. Pièces justificatives. — Longchamp ne rendit pas tout et *oublia* dans ses cartons plus d'une pièce curieuse. « On m'a beaucoup parlé, écrivait plus tard François de Neufchâteau, d'un ancien secrétaire de Voltaire, dont toute l'existence à Paris était fondée sur quelques lettres précieuses, qu'il allait lisant de maisons en maisons, pour avoir à dîner, comme les rapsodes grecs qui demandaient l'aumône en récitant des lambeaux de l'*Iliade*. C'est M. Palissot qui m'a conté cette dernière anecdote. » L'*Amateur d'autographes*, 2ᵉ année (16 novembre 1863), p. 348, 349. Lettre de François de Neufchâteau à Panckoucke; Mirecourt, le 6 décembre 1773.

ments nous éloigne souvent plus que la somme des années.

Voltaire, dont la détermination était encore flottante lorsqu'il se présenta à Compiègne, avait pu indirectement faire toucher quelques mots de ses projets aux puissances, mais cette menace entortillée fit peu d'impression; on ne supposait pas qu'il prît à son âge, dans sa position, malgré tout ce qui l'attachait à Paris, un parti aussi extrême; il ne pouvait avoir eu d'autres desseins qu'un séjour plus ou moins long près de son ami le marquis de Brandebourg, et la facilité dédaigneuse avec laquelle on lui accorda son congé lui disait assez qu'il n'était nullement limité sur le retour. Mais, chose étrange, il n'était venu à l'idée de personne qu'il ne dût pas y avoir de retour. Frédéric, avant de se l'attacher, en demanda civilement l'octroi à son auguste frère. « Il n'y a plus à reculer, écrivait le poëte à d'Argental; le roi de Prusse m'a fait demander au roi, et je ne suis pas un objet assez important pour qu'on veuille me garder en France. Je servirai le roi dans la personne du roi de Prusse. Ce sera une chose honorable pour notre patrie qu'on soit obligé de nous appeler quand on veut faire fleurir les arts. Enfin je ne crois pas qu'on refuse le roi de Prusse; et si, par un hasard que je ne prévois pas, on le refusait, vous sentez bien que, la première démarche étant faite, il la faudrait soutenir... » Le consentement vint[1]. Voltaire crut devoir, à ce qu'il prétend, envoyer la démission de sa charge d'histo-

---

1. « Il a fait écrire au roi par S. M. prussienne une lettre où elle demandoit la permission de garder Voltaire à sa cour. Le roi a répondu

riographe, et, partant, renoncer aux appointements qui y étaient attachés : « J'ai, Dieu merci, donné ma démission de tout : je ne veux plus tenir qu'à Frédéric le Grand [1]. » Ce qui suit dément complétement une pareille assertion. Il espérait, au contraire, garder ce titre qu'il s'était efforcé de mériter par des travaux utiles à l'histoire de son pays; et la lettre du ministre, qui lui apprenait la décision royale, lui fut sensiblement amère. « Sa Majesté, lui mandait celui-ci, consent à ce que vous vous attachiez au service de Sa Majesté prussienne... mais vous sentez que vous ne pouvez pas conserver le titre d'historiographe de Sa Majesté, qui s'en est même expliquée lorsque j'avais l'honneur de lui faire le rapport de votre lettre [2]. » Cependant, on voulut bien lui laisser une fiche de consolation. « Mon *historiographie* est donnée, mes anges ; madame de Pompadour, qui me l'écrit, me mande en même temps que le roi a la bonté de me conserver une ancienne pension de deux mille livres. Je n'ai que des grâces à rendre [3]. » Citons encore ces deux lignes écrites, le lendemain, à madame Denis : Je ne sais pourquoi le roi me prive de la place d'historiographe, et qu'il daigne me conserver le brevet de gentilhomme

---

qu'il en étoit fort aise. Sa Majesté a dit à ses courtisans que c'étoit un fou de plus à la cour de Prusse et un fou de moins à la sienne. » Marquis d'Argenson, *Mémoires* (Jannet), t. III, p. 349. 24 août 1750.

1. Voltaire, OEuvres complètes (Beuchot), t. LV, p. 445, 446. Lettre de Voltaire à Darget ; Sans-Souci, ce 9 ou 10 (août) 1750.

2. Alphonse Jobez, *La France sous Louis XV* (Paris, Didier), t. IV, p. 117.

3. Voltaire, OEuvres complètes (Beuchot), t. LV, p. 500. Lettre de Voltaire à d'Argental ; à Postdam, le 27 octobre 1750.

ordinaire [1]. » Quoi qu'il dise, il reçut donc, ce qui est un peu différent que de la donner, la démission de son historiographie, que la bienveillance de la favorite fit obtenir à Duclos, ce courtisan « droit et adroit [2]. »

On a vu, plus haut, Louis XV s'exprimer, non sans aigreur, sur ces prétentions du roi de Prusse au titre de protecteur des sciences et des lettres françaises. En lui demandant Voltaire, Frédéric le débarrassait d'un esprit remuant et dangereux qu'il avait, personnellement, en antipathie grande; cependant, cette fugue du poëte donna de l'humeur, et ce dernier apprit par M. de Richelieu que le roi et madame de Pompadour avaient été choqués l'un et l'autre d'un pareil coup de tête [3]. Du reste, ce départ, qui faisait l'affaire de tant de gens, fut l'objet du blâme de ceux qu'il arrangeait le plus. Il était parti, il pouvait revenir; il fallait le perdre tout à fait auprès du prince et dans l'opinion. « Il est plaisant, écrivait Voltaire à sa nièce, à ce propos, que les mêmes gens de lettres de Paris qui auraient voulu *m'exterminer*, il y a un an, crient actuellement contre mon éloignement, et l'appellent désertion. Il semble qu'on soit fâché d'avoir perdu sa victime [4]. » Les malveillants, les ennemis, les rivaux ou ceux qui

---

1. Voltaire, *OEuvres complètes* (Beuchot), t. LV, p. 503. Lettre de Voltaire à madame Denis; le 28 octobre 1750.
2. Archives impériales. 0-94. *Registre du secrétariat de la maison du roy*, de l'année 1750, p. 241. Brevet d'historiographe de France pour le sieur Duclos. 20 septembre 1750.
3. Voltaire, *OEuvres complètes* (Beuchot), t. LV, p. 467. Lettre de Voltaire à Richelieu; août 1750. — t. XL, p. 86. Mémoires pour servir à la vie de M. de Voltaire, écrits par lui-même.
4. *Ibid.*, t. LV, p. 494. Lettre de Voltaire à madame Denis; à Postdam, 13 octobre 1750.

ignoraient que son apparente faveur n'était rien moins que solide, criaient à l'ingratitude, et ne voyaient dans cet exil volontaire d'autre mobile que son insatiable avarice. « C'en est fait, plus de beaux vers en France, écrivait de son côté celui des Clément que le poëte appelait Clément *Maraud*, et qui, lui aussi, croyait avoir ses motifs de rancune; M. *de Voltaire* se fixe à Berlin; le roi de Prusse a joint, dit-on, vingt mille livres de rentes à trente mille qu'il avoit déjà. Ce n'est point assés d'être grand poëte, grand prosateur, homme illustre dans les lettres, et presque dans les sciences, bien vu à la cour, riche enfin : il faut s'expatrier afin d'être plus riche, courtisan, favori, et des petits soupers du roi [1]. » Ce devait être effectivement une énigme pour qui ne savait pas le dessous des cartes; et lord Chesterfield, son admirateur, se demande, comme les autres, quelle raison assez forte a pu déterminer l'auteur de la *Henriade* à brûler aussi étrangement ses vaisseaux, à quitter une existence considérée, brillante, enviée, pour ce qui ne la valait point. « On m'assure que Voltaire s'est établi pour toujours à Berlin; expliquez-moi les motifs d'une telle émigration. Académicien, historiographe de France, gentilhomme ordinaire du roi, et d'ailleurs riche, renonce-t-il à la France pour jouir des agrémens et de la délicatesse germanique? Je ne le comprends pas : s'il est vrai qu'il ait tout de bon dit adieu à la France, il vous donnera bientôt des pièces bien hardies. La

---

[1]. Clément, *Les Cinq années littéraires* ou *Nouvelles littéraires* des années 1748 à 1752 (La Haye, 1754), t. II, p. 152.

Bastille a jusqu'ici fort gêné et ses vers et sa prose [1]. »

Et c'est à quoi eût dû songer un ministère quelque peu clairvoyant. Voltaire allait être autrement audacieux à l'étranger, où rien ne le contiendrait plus, qu'à Paris où le soin de son propre repos et de sa sûreté l'obligeait à plus de réserve et de prudence. Il eût fallu l'accabler d'honneurs et l'empêcher du même coup de franchir la frontière, l'avoir toujours sous la main, et constamment tenir suspendue sur sa tête l'épée de Damoclès. Voltaire fût resté Voltaire, et force eût été de prendre son parti sur les emportements de cet esprit indépendant et généreux, quand la passion ne venait pas troubler sa sérénité. Mais encore se fût-il arrangé pour n'être pas mis à la Bastille tous les quinze jours. Au lieu de cela, il quittait la France pour n'y plus rentrer, car il n'y revint que pour s'y éteindre, au lendemain d'un triomphe comme n'en obtinrent jamais ni consul, ni empereur victorieux. Et ce sera, durant ces vingt-huit années d'éloignement, à l'abri des lettres de cachet, qu'il lancera ces mille brochures incendiaires qui feront l'opinion, saperont le présent et ouvriront d'autres horizons à une génération, à une France nouvelle. Supprimez, retranchez de sa vie son séjour forcé en Angleterre, faites qu'il ne sorte pas de Paris et de Versailles, et peut-être dépensera-t-il, gaspillera-t-il la majeure partie de sa verve intarissable contre les Desfontaines, les Fréron, les La Beaumelle, les Clément et tous ces avortons qu'il ne peut com-

---

1. *Miscellaneous Works of lord Chesterfield, with Dr mathy's mémoires of his Lordship's life* (London, 1777). Lettre de lord Chesterfield à madame *** ; à Londres, ce 30 septembre 1750.

battre qu'en se rapetissant. Les Calas, les Sirven, les Lally eussent toujours trouvé en lui un avocat aussi désintéressé qu'infatigable ; cela n'est pas douteux. On a pu, toutefois, se demander si Voltaire eût été autre chose qu'un esprit sceptique, un poëte léger, frondeur par humeur, impie même, comme ses maîtres Châteauneuf et Chaulieu, mais sans visées aucunes d'apostolat. Pour nous, Voltaire avait sa mission, et, en dépit de tout, nous pensons qu'il n'eût pu s'y soustraire. Il n'en est pas moins vrai que si ce sont les milieux qui font les hommes, en le jetant sur la terre de la libre pensée, dans un pays où le souverain avait à compter avec son peuple et ne pouvait régner qu'à la condition de respecter ses franchises, la bastonnade de l'hôtel de Sully eut des conséquences incalculables qu'eût évité le ministre en ne sacrifiant point le faible au fort, en n'exilant pas le petit pour complaire iniquement au puissant. C'est surtout après avoir eu à subir les violences de l'arbitraire que l'on comprend les lois éternelles du droit et de la justice ; et cette dure épreuve, qu'adoucirent le travail, les succès, d'illustres amitiés, coûta autrement à ce régime du bon plaisir et de l'absolutisme, à la ruine duquel il contribua plus que pas un. Quoi qu'il en soit, et quelque éloigné que l'on fût encore d'une révolution que Voltaire ne verra point, les politiques blâmèrent le gouvernement d'avoir consenti à son départ. Depuis longtemps, cette intimité avec le roi de Prusse était envisagée par les plus ombrageux comme une sorte de crime d'État ; et, on les eût cru, que, dès l'abord (n'eût-ce été que pour l'importance qu'ils donnaient à un écrivain déjà trop remuant), on se fût opposé aux voyages de Remusberg et de Berlin, et même à ses fugues en Flandre, avec la divine Émilie : « Madame du Châtelet, lit-on, dès 1743, dans un journal de police souvent consulté par nous, doit aller rejoindre incessamment Voltaire à Bruxelles. L'on fait observer qu'on auroit dû se ménager ce poëte, ou s'en assurer ; il est fort mécontent, fort outré, et fort bien avec le roi de Prusse[1]. »

Il était désormais trop tard, et les destins avaient parlé. Tout en demeurant Français par le cœur, par l'esprit, par le langage, Voltaire avait rompu avec son gouvernement à une époque où le gouvernement était la nation ; il s'était donné un nouveau maître, tout en prétendant n'avoir pas cessé d'appartenir au roi de France, comme si on pouvait appartenir à la fois à deux maîtres. On l'appela le Prussien. On le vendait grotesquement accoutré ; et madame du Hausset parle d'un marchand d'estampes qui criait par les rues : « Voltaire, ce fameux Prussien. Le voyez-vous avec son gros bonnet de peau d'ours, pour n'avoir pas froid ? A six sols le fameux Prussien[2]. » C'est ce fameux Prussien, ce Voltaire de Berlin, de Postdam et de Sans-Souci, que nous allons suivre et étudier ; c'est cette période, la plus curieuse, la plus troublée de sa vie, qui va se dérouler devant nous avec ses alternatives de faveur et de disgrâces, ses démêlés d'auteur à auteur, dans lesquels le souverain interviendra en homme de

---

1. Barbier, *Journal* (Charpentier), t. VIII, p. 309. Journal de police ; 1er juillet 1743.
2. *Bibliothèque de Mémoires sur le XVIIIe siècle* (éd. Barrière), t. III, p. 69. Mémoires de madame du Hausset.

lettres et en roi, et qui se dénoueront par la tragi-comédie de Francfort.

Madame Denis tenait bon pour rester à Paris, soutenue en cela par d'Argental. Voltaire, qui ne voulait pas l'emporter de vive force, espérait réussir par insinuation et par belles paroles, et chantait de son mieux les louanges de Berlin, s'en reposant pour le reste sur les bons sentiments de sa nièce. Il comptait toujours faire une apparition en France vers le mois de novembre et passer l'hiver à jouer la comédie, dans sa maison de la rue Traversière. Mais le roi de Prusse le tenait et n'était pas homme à le lâcher aisément. Nous avons vu le poëte projeter un voyage en Italie; sans y renoncer tout à fait, il le remettait dès lors à l'année suivante. Et il en sera, sans qu'il s'en doute encore, du voyage en France comme du pèlerinage à Rome; l'un n'aura pas lieu plus que l'autre. Après tout, comment résister à tant de caresses et de tendresses? On l'accable, on l'écrase sous les roses. Les princesses sont pleines d'égards pour lui; il est écouté, adulé, adoré. Sa *Rome sauvée* se joue sur un petit théâtre coquet qu'il fait construire lui-même dans la chambre de la princesse Amélie, et où il revêt la robe de Cicéron [1]. « Pour nous, nous jouons ici *Rome sauvée* sans tracasserie; je gronde comme je le ferais à Paris, et tout va bien [2]. » La tragédie eut en effet le plus grand succès, et obtint plusieurs

1. Voltaire, *OEuvres complètes* (Beuchot), t. LV, p. 477, 486, 489. Lettre de Voltaire à madame Denis; à Berlin, ce 12 septembre 1750. — A madame de Fontaine; 23 septembre. — A d'Argental; même jour.

2. *Ibid.*, t. LV, p. 479. Lettre de Voltaire à d'Argental; à Berlin, ce 14 septembre 1750.

représentations successives; elle lui valut un madrigal anglais de l'envoyé d'Angleterre et des vers du Prussien Formey, qui, la tête échauffée par ce spectacle, traduisit son enthousiasme en mauvaises rimes qu'il dépêcha à l'auteur. Et Voltaire de répondre aussitôt : « Monsieur, Dieu vous bénira, puisque, étant philosophe, vous faites des vers [1]. » Ce sera, ensuite, la *Mort de César*, que jouera, en véritable acteur, le prince Henri, l'un des frères du roi. « Nous bâtissons ici des théâtres, dit-il en parlant des jeunes princes, aussi aisément que leur frère aîné gagne des batailles et fait des vers. *Chie-en-pot-la-perruque* (nom burlesque qu'il se donne) est ici plus content, plus fêté, plus accueilli, plus honoré, plus caressé qu'il ne le mérite [2]. »

Voltaire était au comble du bonheur. Il n'avait jamais été si entouré, si admiré. Pas le moindre nuage, pas le plus léger grain dans son ciel! Et on lui reprochait d'avoir échangé les chiffonneries qui le poursuivaient à Paris contre une pareille sérénité! Il écrit à d'Argental que ce qu'il a voulu quitter, ce sont les petites cabales et les grandes haines, les calomnies, les injustices, tout ce qui persécute un homme de lettres dans sa patrie. Avait-il donc la simplicité de croire que les hommes n'étaient pas partout les mêmes, et que les mesquines passions étaient consignées à la frontière? D'ailleurs n'apportait-il pas lui-même ses

---

1. Formey, *Souvenirs d'un citoyen* (Berlin, 1789), t. I, p. 229, 230, 231.
2. Voltaire, *OEuvres complètes* (Beuchot), t. LV, p. 494, 495. Lettre de Voltaire à d'Argental; à Postdam, le 15 octobre 1750.

susceptibilités, sa malice acérée, son esprit ombrageux, sa vanité implacable, toutes les faiblesses regrettables d'une organisation si étrangement amalgamée de bien et de mal ?

J'ai eu l'insolence, écrivait-il à sa nièce, dans son enchantement du roi de Prusse, de penser que la nature m'avait fait pour lui. J'ai trouvé une conformité si singulière entre tous ses goûts et les miens, que j'ai oublié qu'il était souverain de la moitié de l'Allemagne, que l'autre tremblait à son nom ; qu'il avait gagné cinq batailles ; qu'il était le plus grand général de l'Europe, qu'il était entouré de grands diables de héros hauts de six pieds. Tout cela m'aurait fait fuir mille lieues ; mais le philosophe m'a apprivoisé avec le monarque, et je n'ai vu en lui qu'un grand homme bon et sociable. Tout le monde me reproche qu'il a fait pour d'Arnaud des vers qui ne sont pas ce qu'il a fait de mieux ; mais songez qu'à quatre cents lieues de Paris, il est bien difficile de savoir si un homme qu'on lui recommande a du mérite ou non ; de plus, c'est toujours des vers ; et, bien ou mal appliqués, ils prouvent que le vainqueur de l'Autriche aime les belles-lettres, que j'aime de tout mon cœur. D'ailleurs d'Arnaud est un bon diable qui, par-ci par-là, ne laisse pas de rencontrer de bonnes tirades. Il a du goût ; il se forme ; et, s'il arrive qu'il se déforme, il n'y a pas grand mal. En un mot, la petite méprise du roi de Prusse n'empêche pas qu'il ne soit le plus aimable et le plus singulier de tous les hommes [1].

Voilà qui nous amène tout naturellement à l'affaire du poëte avec d'Arnaud, affaire ridicule, qui amusa les oisifs et servit de prétexte aux ennemis pour déblatérer à leur aise contre l'humeur intraitable de l'auteur de la *Henriade*. Nous ne croyons pas, comme Marmontel, que les coquetteries calculées de Frédéric

---

1. Voltaire, *OEuvres complètes* (Beuchot), t. LV, p. 485. Lettre de Voltaire à madame de Fontaine ; à Berlin, le 23 septembre 1750.

avec Baculard aient suffi pour déterminer le départ déjà résolu de Voltaire ; mais, en tous cas, elles n'y eussent pas nui. Il ressentit bien (et le moyen qu'il en fût autrement?) quelque dépit d'exagérations poétiques dont il faisait tous les frais ; mais il existait une si incommensurable distance entre lui et un d'Arnaud, que c'était tant pis pour le roi de Prusse s'il se méprenait à ce point. Ce qu'il écrit à sa nièce à cet égard est aussi modéré que sensé ; et, bien que l'on essaye de lui monter la tête, il persiste dans sa bienveillance pour celui qu'il appelait naguère encore « son cher enfant en Apollon. » D'Arnaud lui plaisait, il lui trouvait plus d'honnêteté et de talent qu'aux trois quarts des affamés qui s'étaient institués ses pensionnaires. Mais il lui eût voulu un nom moins ridicule que ce nom de Baculard, et une moins méchante écriture[1]. Il le connut, comme il connut Linant, par une lettre et des vers d'écolier, qui lui apprenaient en même temps l'existence et l'admiration de l'étudiant en philosophie au collège d'Harcourt ; l'abbé Moussinot est aussitôt chargé de l'envoyer chercher par son frotteur et de lui remettre de sa part un petit présent de douze francs[2]. D'Arnaud se disait d'une famille noble du

1. Bibliothèque impériale. Manuscrits. F. R. 15208. *Lettres originales de Voltaire à l'abbé Moussinot*, f. 122, 138, 140, 183, 244.

2. *Ibid.*, f. 6, 8. Commencement de mai et 22 mai 1736. « Pour vous punir, mon cher ami, de n'avoir pas envoyé chercher le jeune Baculard d'Arnaud au collège d'Harcourt et demeurant chez Mr de la Croix rue Mouffetard, pour vous punir, dis-je, de ne pas luy avoir donné l'épître sur la Calomnie et douze francs, je vous condamne à luy donner un louis d'or et à l'exhorter de ma part à apprendre à écrire, ce qui peut contribuer à sa fortune... » Et au bas de la même lettre : « J'écris à ce jeune d'Arnaud : au lieu de vingt-quatre francs,

Comtat-Venaissin, cela peut être [1]; mais, même avant la banqueroute de Baculard le père, à Lille, pendant la guerre de 1741, dans quelque régie où il avait été employé, son fils ne faisait pas difficulté de recevoir les petits présents de Voltaire, dont il semblait se montrer reconnaissant par une conduite meilleure que celle des rentés habituels du poëte. Celui-ci le jugeait bon garçon, et il l'eût pris auprès de lui, n'eût été son illisible griffonnage : « Le Darnaud avait promis d'apprendre à écrire. S'il avait une bonne écriture, je l'aurais placé. C'est un sot, dites-luy cette vérité pour son bien [2]. »

C'est le seul défaut essentiel qu'il trouve à son protégé. L'intérêt qu'il lui porte est sincère, il lui fait du bien, il lui envoie de petits secours d'argent; mais il souhaiterait lui être utile d'une manière plus sérieuse. Toutefois, avant de s'employer à le caser, il veut le tâter, s'assurer de son honnêteté, pouvoir le recommander en toute assurance. « Retenez-le à dîner chez Mr Dubreuil, dit-il à Moussinot, je payerai les poulardes bien volontiers; éprouvez son esprit et sa probité afin que je puisse le placer [3]. » Il l'adresse ensuite à Helvé-

donnez-lui trente livres quand il viendra vous voir. Je vais vite cacheter ma lettre de peur que je n'augmente la somme. »

1. M. Jal nous dit avoir recherché sans succès ses origines italiennes. Toutefois, l'estimable érudit se trompe un peu de route en les cherchant à Venise. On n'a jamais dit que Baculard fût issu d'une famille vénitienne, mais bien d'ancêtres nés dans le Comtat-Venaissin. Voir, du reste, les curieuses notes qu'il a recueillies sur son compte. *Diction. critique de biogr. et d'hist.* (Paris, Plon, 1857), p. 91, 92.

2. Bibliothèque impériale. Manuscrits. F. R. 15208. *Lettres originales de Voltaire à l'abbé Moussinot*, f. 122. 27 mars 1738.

3. *Ibid.*, f. 90. 28 octobre 1737.

tius, et sa lettre de présentation s'écarte de toutes ces banalités arrachées à force d'obsession et d'importunités, et dont on sait quel cas on doit faire. « J'ose vous recommander, lui marquait-il, ce jeune homme comme mon fils; il a du mérite, il est pauvre et vertueux [1]. » A moins d'être un abbé de La Mare, l'on ne demeure pas insensible à de pareils témoignages de sympathie et d'affection ; et Baculard ne fait pas difficulté de proclamer ce qu'il doit à son protecteur. « Tout le monde connoît mon amitié, et en même tems mon admiration pour M. *de Voltaire.* Je l'ai aimé dans un âge où l'on ne s'aime pas soi-même, et je l'ai estimé dans un tems où tout ce qui anonce la raison est presque sûr de plaire. Mon penchant s'est fortifié avec mes anées. J'ai trouvé dans M. *de Voltaire* le sublime auteur, et le bon citoyen, autant philosophe que grand poëte, et ne sacrifiant jamais le cœur à l'esprit [2]... »

Lorsque Frédéric ne voulut plus de Thiériot, d'Argens proposa l'auteur de l'*Épître à Manon*, qui fut agréé. Mais, si l'affection de Voltaire pour le père Mersenne ne lui permit pas d'intervenir directement, son attachement pour d'Arnaud était seul une recommandation auprès du prince et de ceux qui l'appuyèrent. Sans les agaceries du monarque prussien qui, tout en grisant le pauvre diable, irritèrent bien quelque peu la fibre du poëte, le protecteur et l'obligé eussent vécu dans la même entente, et les bons rapports n'eussent

---

1. Voltaire, *OEuvres complètes* (Beuchot), t. LIII, p. 497. Lettre de Voltaire à Helvétius; à Cirey, le 25 février 1739.
2. *Les Amusemens du cœur et de l'esprit* (La Haye, Pierre Josse, 1742), t. IV, p. 289, 290.

pu que se fortifier avec les années. Mais voilà que d'Arnaud est traité de « soleil levant, » et que l'auteur de *Zaïre*, de *Mérope*, de *Mahomet*, est, du même coup, relégué avec les vieilles lunes et les astres à leur déclin ! Le moyen que d'Arnaud conçût le moindre doute sur la franchise de l'auteur de l'*Anti-Machiavel?* Un grand roi le proclamait un grand poëte, il fallait bien qu'il en fût quelque chose; et d'Arnaud crut devoir en prendre les grands airs. Il n'y a pas plus à ajouter foi à ce que dira désormais Voltaire de Baculard qu'aux invectives de celui-ci à l'adresse de l'homme qu'il a si longtemps encensé comme un dieu. Mais, au milieu de ces accusations suspectes, la vérité pénètre, et il n'y a pas à se tromper sur l'ensemble des faits. On l'a vu plus haut : si Voltaire tenait à prouver qu'il n'était pas encore à l'heure de son coucher, il sentait assez sa supériorité pour pardonner à Baculard les vers de Frédéric. Il lui fit le même accueil, et le traita, en apparence du moins, avec la même bienveillance. Mais d'Arnaud n'était plus d'Arnaud ; c'était un important, affichant toutes les prétentions, celles de la naissance aussi bien que celles du bel esprit. « Il débuta, en arrivant en cour par le coche, par dire qu'il était homme de grande condition, qu'il avait perdu ses titres de noblesse et les portraits de ses maîtresses avec son bonnet de nuit [1]. » Le roi lui avait donné une pension de quatre mille huit

---

1. Longchamp et Wagnière, *Mémoires sur Voltaire* (Paris, 1826), t. II, p. 517. Lettre de Voltaire à Thiériot; Postdam, novembre 1750. — Voltaire, *OEuvres complètes* (Beuchot), t. LV, p. 510. Lettre de Voltaire à d'Argental; à Postdam, ce 14 novembre 1750.

cents livres. D'Arnaud, qui mourait de faim à Paris, eût dû s'en trouver satisfait; il affecta de s'étonner de la modicité de la somme. Il se plaignit de n'être pas des soupers du roi. A ce compte, il faut lui donner décharge d'un bien gros mot, un mot comme Plutarque en met dans la bouche de ses grands hommes, et qui n'est que grotesque dans la bouche du pauvre d'Arnaud. Un soir, à la table du moderne Julien, c'était à qui ferait le plus éloquemment profession d'athéisme. Baculard s'était tu jusque-là. Le roi l'interpelle et lui demande compte de son silence; et celui-ci de répliquer, sans se préoccuper des suites de son audace : « Sire, j'aime à croire à l'existence d'un être au-dessus des rois. » On ne dit point que d'Arnaud ait été envoyé aux carrières. Cette repartie n'est point dans le tempérament paisible, doucereux, tant soit peu flagorneur du chantre de *Manon ;* et celui qui trouvait des cheveux *de génie* au jeune comte de Frise n'était pas homme à le prendre sur ce ton avec un grand roi auquel, en tout cas, ce n'était pas le meilleur moyen de faire sa cour [1].

Si d'Arnaud ne soupait pas avec Frédéric, quelque bon accueil qui lui fût fait d'ailleurs, il était reçu par les princes et jouait la comédie sur leur théâtre. A une répétition d'une tragédie de Voltaire, que Thiébaud croit être *Mariamne*, l'auteur avait chargé son « cher d'Arnaud » du rôle d'un garde qui n'avait, dans toute la pièce, que quatre ou cinq vers à dire. Baculard, sans les re-

---

1. D'Arnaud entrait un matin chez le comte de Frise, comme celui-ci était à sa toilette. « Monsieur le comte, lui dit-il, vous avez là des cheveux de génie. — Si je le croyais, répondit le prince, je les ferais couper à l'instant pour vous en faire une perruque. »

fuser, ne donna pas plus d'attention au rôle qu'il ne lui paraissait en mériter, et débita le tout avec une nonchalance qui mit Voltaire hors de lui. D'Arnaud objecta que le rôle ne demandait rien de plus, et que, pour un rôle aussi peu saillant, toute déclamation serait ridicule. « Et ce rôle est encore au-dessus de vos talents ! s'écria le poëte indigné. Vous ne savez pas même dire ces deux mots comme il convient [1]. » Il se mit alors à les scander comme il les comprenait, et prétendit que tout le nœud de la pièce portait sur ces quatre ou cinq vers, et qu'en somme c'était le rôle le plus important [2]. Heureusement pour les deux interlocuteurs, comme pour les assistants, l'énormité du paradoxe semblait tourner l'algarade en plaisanterie, bien que Voltaire ne plaisantât point. Mais cette réponse irrévérencieuse, qui l'avait mis en fureur, d'Arnaud, jusqu'au voyage de Berlin, ne se fût pas avisé de la faire. Le ton, les procédés, les manières d'être n'étaient plus les mêmes : encore un coup, on lui avait changé son d'Arnaud.

C'est dans une lettre à d'Argental, à la date du 14 novembre, que se trouvent les premières révélations de ce revirement dans les sentiments de l'un et de l'autre.

---

1. Dieudonné Thiébaud, *Souvenirs de vingt ans de séjour à Berlin* (Didot, 1860), t. II, p. 336.
2. S'il s'agit bien, en effet, de *Mariamne*, voici les vers prononcés par le garde, qui sont les cinq premiers de la scène V du IV° acte :

> . . . Seigneur, tout le peuple est en armes ;
> Dans le sang des bourreaux il vient de renverser
> L'échafaud que Salome a déjà fait dresser.
> Au peuple, à vos soldats, Sohême parle en maître :
> Il marche vers ces lieux, il vient, il va paraître.

Baculard n'ignorait pas pourtant quelle terrible chose c'était d'être en guerre déclarée avec un tel homme, et cette considération eût dû l'arrêter, eût-il d'ailleurs perdu tout souvenir des bontés dont il avait été accablé. Disons que sa conduite envers son protecteur ne fut ni délicate ni honnête. Des libraires de Rouen, ayant eu le dessein de faire une nouvelle édition des œuvres de Voltaire, vers la fin de 1749 [1], s'étaient adressés à lui et lui avaient demandé une notice biographique que ses relations avec le poëte le mettaient à même, plus que personne, de faire intéressante et complète. Baculard, heureux alors de se montrer reconnaissant, écrivit une préface où l'éloge était dispensé avec plus de zèle que de discrétion, et dont Voltaire crut devoir biffer plus d'un passage. Mais il s'était enfui ce temps de l'attachement enthousiaste, de l'admiration absolue; et Baculard poussa l'oubli des bienfaits jusqu'à adresser à Fréron une lettre faite pour être lue de tout Paris, dans laquelle non-seulement il désavouait sa préface, mais encore accusait son persécuteur d'y avoir ajouté des choses horribles contre la France [2]. Cette préface,

---

1. Il est question, dès la moitié de 1738, de cette édition à laquelle d'Arnaud devait joindre une notice biographique sur l'auteur de la *Henriade* : « A l'égard de Darnaud, voulez-vous bien avoir la bonté de luy donner 50 ₶ quand il aura fait la préface en question, que vous m'enverrez (1ᵉʳ juin 1738)? » Et le 3 juillet 1738 : « Je vous prie d'écrire au grand Darnaud de rendre son *avertissement* quatre fois plus court et plus simple, d'en retrancher les louanges que je ne mérite pas, et de laisser dans le seul feuillet de papier qu'il contiendra, une marge pour les corrections que je ferais. » Bibliothèque impériale. Manuscrits. F. R. 15208. *Lettres originales de Voltaire à l'abbé Moussinot*, f. 138, 145.

2. Delort, *Histoire de la détention des philosophes et des gens de*

PRÉFACE DÉSAVOUÉE.

on l'a publiée, telle qu'elle sortit de la Minerve de d'Arnaud, avec les passages rayés par Voltaire qui ne rature pas sans donner les raisons les plus plausibles et les plus sensées [1]. Nulle trace de ces traits contre le roi et contre la patrie dont Baculard l'accusait dans sa lettre à Fréron. Frédéric, au dire de Voltaire, se fit montrer une ancienne épreuve « de cette belle préface; » il n'y trouva point un seul mot contre la France, et put s'assurer ainsi du peu de bonne foi de Baculard.

> Il a été un peu courroucé du procédé, et il avait quelque envie de renvoyer ce beau fils comme il était venu. J'ai cru qu'il était des règles du théâtre de parler en sa faveur, et des règles de la prudence de ne faire aucun éclat. Baculard d'Arnaud ne sait pas que son petit crime est découvert; je le mets à son aise, je ne lui parle de rien. Cependant le roi veut être instruit; il veut savoir s'il est vrai que d'Arnaud ait écrit à Fréron que je l'avais desservi dans l'esprit de Sa Majesté, etc. Il est bien aise d'être au fait. On m'a mandé cependant que cette affaire avait fait du bruit à Paris; que M. Berrier avait voulu voir le lettre de d'Arnaud à Fréron; que cette lettre était publique. Franchement vous me rendrez, mon cher ami, un service essentiel, en me mettant au fait de toute cette impertinence [2]...

Voltaire demandait une lettre ostensible où fussent énumérés ses griefs contre d'Arnaud, et il existe, en effet, une lettre de d'Argental, à la date du 24 no-

---

lettres à la Bastille et à Vincennes (Paris, 1819), t. II, p. 152. Note de police de l'exempt d'Hémery sur Baculard.

1. Longchamp et Wagnière, *Mémoires sur Voltaire* (Paris, 1826), t. II, p. 481 et 510.
2. Voltaire, *Œuvres complètes* (Beuchot), t. LV, p. 511. Lettre de Voltaire à d'Argental; Postdam, ce 14 novembre 1750.

vembre, dans laquelle l'*ange* semble apprendre à son ami les mêmes choses qu'il savait si bien, puisqu'il s'en expliquait avec tant de détails, dix jours auparavant. Voltaire, comme on le pense, s'empressa de répandre des copies de cette pièce, véritable élément d'instruction. Il en remit une à Formey, qui n'hésite pas à la déclarer supposée[1]. Mais cette opinion d'un homme qui ne cache point son peu de sympathie pour le poëte ne saurait être d'un grand poids ; Voltaire accuse d'ailleurs l'existence de cette épitre dans une lettre à l'adresse de madame d'Argental, du 8 décembre : « J'ai reçu une lettre de M. d'Argental, du 24 novembre, toute en Baculard... » et dans une autre écrite au mari, trois jours après, où il lui disait : « Je vous remercie, mon cher et respectable ami, de la lettre que vous m'avez écrite sur ce malheureux correspondant de Fréron... » En tous cas, ce document, ainsi qu'une lettre du marquis d'Adhémar, datée un jour plus tard, nous semble une œuvre rêvée, conçue, rédigée pour les besoins de la cause et destinée à être une machine de guerre contre l'ennemi. Formey, nous en avons bien peur, n'a qu'à moitié tort ; il dit la pièce supposée par Voltaire ; c'est inspirée, c'est dictée par Voltaire qu'il fallait dire ; car tout donne à penser que d'Argental, en lui écrivant, ne faisait que transcrire ses propres notes. Ne retrouve-t-on pas jusqu'au style de Voltaire dans ce début, auquel on ne saurait reprocher l'excès de modération, de calme et de mesure ?

1. Formey, *Souvenirs d'un citoyen* (Berlin, 1789), t. I, p. 319, 320.

Je vous demande pardon d'avance, mon cher ami, de la lettre que je vais vous écrire. Je ne vous y parlerai que du sieur Baculard d'Arnaud. C'est une matière bien abjecte, bien peu intéressante ; et j'avais dédaigné jusqu'à présent de la traiter ; mais cet homme s'est rendu célèbre à la manière d'Érostrate ; il me force à rompre le silence et à vous le découvrir tout entier. Il y a déjà longtemps que j'ai la plus mauvaise opinion de lui ; outre que je le connaissais médiocre en talents et en esprit, supérieur en mensonge, en fatuité et folie, je savais que dans le temps qu'il recevait vos bienfaits, il parlait d'une manière indigne de vous. Moitié par mépris pour le personnage, moitié par égard pour sa misère, j'avais négligé de vous en avertir. Enfin j'appris avec la plus grande surprise qu'un très-grand roi avait daigné l'appeler à sa cour. Le public ne fut pas moins étonné que moi. Je ne pus m'empêcher de me réjouir de l'occasion qui vous en délivrait, et je n'eus garde de vous conseiller de vous opposer à ce voyage. Je ne prévoyais pas alors celui que vous méditiez, et qu'en vous éloignant des insectes qui fourmillent à Paris, vous en trouveriez un à Berlin, d'autant plus dangereux qu'on était persuadé d'un attachement qu'il vous devait à tant de titres[1]...

La lettre du marquis d'Adhémar est dans le même goût, aussi outrageante pour d'Arnaud, et disons aussi cruellement injuste, car si la vanité rendit celui-ci ingrat et fou, ses torts et sa folie ne datent que de son séjour en Prusse ; et, jusque-là, on ne saurait lui reprocher qu'une admiration trop aveugle pour l'auteur de la *Henriade,* dont il se proclamait l'élève. Nous ne citerons, de l'épître du marquis, qu'un prétendu dialogue entre d'Arnaud et le feu abbé Desfontaines que le narrateur ne tient d'ailleurs que de seconde main.

Au nom de Dieu, monsieur, en soutenant les vrais talents, gardez-vous de ces lourds frélons ; ils ne se souviennent de ce

---

1. Voltaire, OEuvres complètes (Beuchot), t. LV, p. 517. Lettre de d'Argental à Voltaire ; Paris, ce 24 novembre 1750.

qu'ils vous doivent que pour en punir leur bienfaiteur. Je me rappelle à ce propos qu'une personne me disait un jour, qu'étant placé à l'amphithéâtre auprès de l'abbé Desfontaines et de d'Arnaud, il entendit le premier reprocher à l'autre quelque attachement pour vous. Mais, monsieur, répondit d'Arnaud, vous ne faites pas attention qu'il m'oblige, et que je lui dois de la reconnaissance. Eh bien, reprit l'abbé, on peut prendre de lui lorsqu'on a des besoins, mais il faut en dire du mal.

Vous voyez que l'homme s'est souvenu de la morale, et qu'il n'a pas tardé de la mettre en pratique[1].

Ces deux lettres, en définitive, devaient être de peu d'usage pour celui qui les avait provoquées; elles ne purent servir qu'à légitimer et ses plaintes et la satisfaction qui leur fut donnée, car d'Arnaud était déjà loin, quand elles parvinrent à leur adresse.

Ce qui, pour l'heure, préoccupait fort le poëte, c'était l'épître de Baculard au journaliste. « Ne pourrait-on pas avoir une copie de la lettre de d'Arnaud à Fréron? Je ne dis pas de la lettre contenue dans les lettres *fréroniques*, dans laquelle d'Arnaud désavoue la *Préface* en question; je parle de la lettre particulière dans laquelle il se déchaîne, lettre que Fréron aura sans doute communiquée. » Ce désaveu et ce propos de Baculard le chiffonnaient fort, en effet, et il crut devoir en écrire au lieutenant de police, pour le prémunir contre ces impostures et le prier aussi d'imposer silence à Fréron. Voltaire fait peser les charges les plus graves sur d'Arnaud; il va jusqu'à l'accuser d'avoir escroqué de l'argent à Darget « et à bien d'autres. » L'auteur de l'*Epître à Manon* fut toujours assez nécessiteux et eut

---

1. Voltaire, *OEuvres complètes* (Beuchot), t. LV, p. 519. Lettre du marquis d'Adhémar; à Paris, le 25 de novembre 1750.

recours souvent à la bourse de ses amis. Voltaire écrivait à Moussinot, bien des années avant l'époque où nous sommes, il est vrai : « Ayez la bonté de donner dix écus à d'Arnaud s'il est toujours dans le même état de misère où son oisiveté et sa vanité ont la mine de le laisser longtemps [1]. » Mais, en bonne conscience, du désordre à l'escroquerie la distance est grande encore, et rien ne prouve que notre Baculard l'ait franchie. Voltaire, dans une lettre au chirurgien Morand, ne parle que de dettes [2] ; et à cela, c'est à croire, se bornent les torts de celui-ci.

En somme, la conduite imprudente, les airs importants, l'enivrement insensé de d'Arnaud étaient plus que suffisants pour le perdre. Il s'était posé en émule, en rival de son maître ; il manœuvra si bien que le roi se vit forcé de le renvoyer ou de voir l'Apollon de la France déserter ses États pour n'y plus reparaître. Il fallait choisir entre eux, et c'est ce que, sous une forme des plus respectueuses, Voltaire laisse à entendre assez catégoriquement.

D'Arnaud a semé la zizanie dans le champ du repos et de la paix. Il a fait confidence à monseigneur le prince Henri du tour cruel qu'il voulait me jouer à Paris, et il a abusé de la confiance dont Son Altesse royale l'honore pour le tromper et pour se ménager, à ce qu'il prétendait, une ressource et une excuse, lorsque la calomnie serait découverte. Le respect pour Votre Majesté me défend d'entrer dans les détails de la conduite de d'Arnaud. Mais, sire, voyez ce que vous voulez que je

---

1. Bibliothèque impériale. Manuscrits. F. R. 15208. *Lettres originales de Voltaire à Moussinot*, f. 267 ; à Bruxelles, ce 25 février 1741.

2. Voltaire, *Lettres inédites* (Didier, 1857), t. I, p. 200. Lettre de Voltaire à Morand ; Postdam, 17 novembre 1750.

fasse. J'ai passé par-dessus les bienséances de mon âge; j'ai représenté des rôles pour la famille royale; j'ai obéi avec joie aux moindres ordres que j'ai reçus, et, en cela, je crois avoir fait mon devoir; mais puis-je jouer la comédie chez monseigneur le prince Henri avec d'Arnaud, qui m'accable de tant d'ingratitude et de perfidie? Cela est impossible. Mais je ne veux pas faire le moindre éclat; je crois que je dois garder surtout un profond silence. Il me semble, sire, que si d'Arnaud, qui va aujourd'hui à Berlin dans les carrosses du prince Henri, y restait pour travailler, pour fréquenter l'Académie, en un mot, sur quelque prétexte, je serais par là délivré de l'extrême embarras où je me trouve. Son absence mettrait fin aux tracasseries sans nombre qui déshonorent le palais de la gloire, et troublent l'asile du repos le plus doux. Je m'en remets à la prudence, à la bonté de Votre Majesté [1].

Ce que demande Voltaire, c'est de n'être point exposé à se rencontrer avec d'Arnaud. Mais l'on sent que le moyen qu'il indique n'est pas sérieux. Il ne veut point prononcer le mot de renvoi, mais c'est son renvoi qu'il exige. Et, plus tard, dans un moment où les duretés ne seront pas épargnées au poëte, Frédéric lui dira nettement et crûment que d'Arnaud n'est parti qu'à cause de lui, et quoiqu'il ne fût coupable d'autres torts que de lui avoir déplu [2]. Voltaire avait mis dans ses intérêts Darget, le secrétaire des commandements du roi, celui-là même qui eût été victime des habiletés de d'Arnaud; et un hasard fit trouver, sur la promenade de la *Chaussée*, un petit billet qui annonçait à l'auteur de la *Henriade* le dénoûment de cette lutte si disproportionnée : « Enfin, nous l'emportons : d'Arnaud est

---

1. Voltaire, *OEuvres complètes* (Beuchot), t. LV, p. 508, 509. Lettre de Voltaire à Frédéric.
2. *Ibid.*, t. LV, p. 579. Lettre de Frédéric à Voltaire; Postdam, 24 février 1751.

renvoyé; on vient de lui faire signer l'ordre de partir, *Darget* [1]. » Voltaire raconte l'expulsion de « son cher d'Arnaud, » de ce ton diabolique qui commande le rire, quoi qu'on en ait.

> Le soleil levant s'est allé coucher. Ce pauvre d'Arnaud s'ennuyait ici mortellement de ne voir ni roi ni comédienne, et de n'avoir que des baïonnettes devant le nez. Il avait épuisé son crédit à faire jouer à Charlottenbourg, il y a quelque temps, sa comédie du *Mauvais Riche;* mais les pièces tirées du *Nouveau Testament* ne réussissent pas ici; elle fut mal reçue. Il s'est regardé comme Ovide, dont on aurait sifflé une élégie chez les Gètes. Tout cela, joint à un peu de chagrin de voir moi, soleil couchant, passablement bien traité, l'a porté à demander son congé fort tristement. Le roi lui a ordonné très-durement de partir dans vingt-quatre heures; et, comme les rois sont accablés d'affaires, il a oublié de lui payer son voyage. Mon enfant, mon triomphe m'attriste. Cela fait faire de profondes réflexions sur les dangers de la grandeur. Ce d'Arnaud avait une des plus belles places du royaume. Il était garçon-poëte du roi, et Sa Majesté prussienne avait fait pour lui des versiculets très-galants. Nous n'avons point, depuis Bélisaire, de plus terrible chute. Comme le monarque traite un de ses soleils [2]!...

Ce petit scandale ne laissa pas de faire du bruit à Paris; chacun l'apprécia selon son humeur, ses sympathies ou ses haines. Collé, dans ses annales, en glose d'une façon toute prophétique. « Ces chers, ces tendres amis, d'Arnaud et le roi de Prusse, ont rompu; ce dernier vient de renvoyer l'autre. On prétend que c'est Voltaire qui a fait chasser d'Arnaud; il n'imagine pas

---

[1]. Dieudonné Thiébaud, *Souvenirs de vingt ans de séjour à Berlin* (Didot, 1860), t. II, p. 339.

[2]. Voltaire, *Œuvres complètes* (Beuchot), t. LV, p. 515, 516. Lettre de Voltaire à madame Denis; à Postdam, le 24 novembre 1750.

qu'il aura le même sort, et qu'il sera chassé quelque jour, mais avec plus d'éclat que ce polisson [1]. » Ainsi, sans être expulsé ignominieusement, comme le prétend Voltaire, le pauvre Baculard dut se retirer, se retirer sans qu'on lui payât son voyage, bien que le roi de Prusse, qui l'avait fait venir, n'eût rien à lui reprocher. Mais l'amitié, l'inconcevable engouement de Frédéric lui avaient acquis une importance, un prestige que la disgrâce ne lui enleva point. Il se dirigea vers Dresde où il fut reçu à bras ouverts. « J'ai ici, écrivait le glorieux Baculard, un peuple d'amis. Il semble qu'on prenne plaisir à me venger du scélérat V., et on ne m'en vengera jamais comme je le souhaiterais [2]... » Voltaire eût bien dû laisser en repos sa victime ; mais cet accueil de la cour saxonne le chiffonne, et son dépit perce sous un ricanement qui manque, en tous cas, de générosité et de convenance. Il annonce son triomphe avec des insultes pour le vaincu, et, vraiment, il eût dû se sentir plus embarrassé que fier d'un pareil avantage. « Vous savez, sans doute, madame, que le roi a ordonné à d'Arnaud de partir dans les vingt-quatre heures ; il est à Dresde où il se vante des bonnes fortunes de tout Berlin [3]. » C'est à la margrave de Bayreuth qu'il fait part de la nouvelle. Il en mande autant, et dans les mêmes termes, à madame d'Argental : « Il s'est réfugié à Dresde où il dit qu'il était le favori des

1. Collé, *Journal* (Paris, 1805), t. I, p. 522 ; décembre 1750.
2. Charavay aîné, *Catalogue d'autographes* du 18 mai 1866, p. 4, n° 15. Lettre de d'Arnaud à M...; Dresde, 28 janvier 1751.
3. *Revue française* (1er novembre 1865), t. XII, p. 337. Lettre de Voltaire à la margrave de Bayreuth ; à Postdam, ce 9 décembre 1750.

rois et des reines, et qu'une grande passion d'une grande princesse pour ce Baculard l'a obligé de s'arracher aux plaisirs de Berlin, et de venir faire les délices de Dresde[1]. » Le roi Auguste le nomma conseiller de légation ; et, à partir de ce moment, notre d'Arnaud ne signa plus que « Baculard d'Arnaud, chevalier, conseiller d'ambassade à la cour de Saxe. » Ce n'est pas la biographie de l'auteur du *Mauvais Riche* que nous faisons ; nous n'avons point à rechercher les causes qui le ramenèrent à Paris et à entrer dans le détail de sa vie littéraire. Il grandit, toutefois, acquiert des amis, des relations et des admirateurs, qui applaudissent à ses sombres et lugubres chefs-d'œuvre. En 1762, il publiait son *Poëme à la Nation*, auquel il donnait pour épigraphe ces vers bien connus de *Zaïre* :

> Des chevaliers français tel est le caractère.

Piron, auquel il l'avait envoyé, lui écrivait une lettre de félicitations des plus louangeuses, où ne se mêlait qu'un reproche, et l'on va voir lequel :

> Je vous remercie, monsieur, de la bonté que vous avez eüe de vous souvenir de moy dans la distribution de votre poëme héroïque. Je l'ay lû et relû avec tout l'intérêt que peut y prendre un amateur zélé de la gloire des Muses et de la vôtre en particulier. Cet ouvrage de longue haleine doit vous mériter l'attention de l'État, du prince et des ministres et vous attirer par conséquent des marques honorables et solides d'une bienveillance universelle. Toutes les espèces de beautés s'y trouvent répandues à profusion. Véhémence, délicatesse, énergie,

---

1. Voltaire, *Œuvres complètes* (Beuchot), t. LV, p. 527. Lettre de Voltaire à madame d'Argental ; à Postdam, le 8 décembre 1750.

fleurs, pompe, harmonie; tout en est sage, maximes, grandes images, nobles sentimens, rien n'y dément l'âme, le cœur ny l'esprit dont Dieu vous doüa, non plus que le beau sang dont vous sortez auquel vous rendez autant et plus peut-être que vous ne luy devez[1]. Je ne vois qu'un vers foible dans votre écrit. C'est l'épigraphe. Ce seul vers n'a rien de rare, ny de marqué, comme on dit, au grand coin. Vous l'avez pris dans *Zaïre*: Vous en auriez trouvé cent dans Pélegrin, et je les citerai, si l'on m'en défie, qui auroient pu mieux mériter l'honneur de votre attention que celui-là. V*** ne le doit pourtant pas assurément à votre amitié. Vous n'êtes pas un d'Argental. C'est ce qui m'étone. Je ne vous conçois pas tous. Vous avez des lumières ou des raisons qui me passent[2]...

Piron ne regarde pas à donner au vaniteux d'Arnaud les louanges les plus hyperboliques et les plus ridicules. Mais il n'entend pas raillerie sur le compte de Voltaire. Quoi! d'Arnaud a les plus légitimes griefs contre cet odieux pacha de la littérature, et il met en tête de son poëme un vers de *Zaïre!* Il faut haïr comme aimer, du meilleur de son cœur, et ne pas plus mollir dans ses ressentiments que dans ses attachements. Mais Baculard n'avait point cette trempe romaine. Il n'avait pas oublié les bontés, les générosités, la tendresse dont il avait été l'objet; et sa pensée se reportait, malgré lui, vers ces temps où il ne trouvait pas de titre plus glorieux que celui d'élève de Voltaire. Tout avait bien changé depuis lors. Mais n'avait-il pas des torts graves à se reprocher, et était-il bien sûr que sa vanité, ses imprudences n'eussent pas amené une rupture et un éclat irréparables? Il avait boudé dix ans et plus, n'était-ce donc pas assez? Son *Poëme à la Na-*

---

1. Au moins, pour Piron, d'Arnaud était de souche illustre.
2. *Lettre inédite de Piron à d'Arnaud Baculard;* ce 1er avril 1762.

tion avait paru ; il ne résiste pas à la tentation de l'envoyer à Voltaire avec une lettre, où, toutefois, il ne demande pas pardon, où il se plaint, où il récrimine, où il accuse l'auteur de *Mérope* d'avoir accordé trop légèrement créance aux calomnies les plus grossières. Mais à cela se mêlent les témoignages d'admiration, d'estime et même de vénération ; l'on entrevoit là un cœur auquel pèse la rancune, en dépit d'un reste d'amertume, et qui ne demanderait pas mieux d'en être soulagé. La lettre de Piron venait trop tard. Elle est datée du 1ᵉʳ avril ; celle de d'Arnaud à Voltaire était écrite depuis deux jours [1]. En tous cas, elle n'eût rien empêché. Nous la reproduisons en entier.

Monsieur, je vous ai aimé comme mon père, et je vous ai admiré comme un grand homme ; j'ai cru avoir à me plaindre du premier, il me fut bien cher, mais le grand homme m'est toujours prétieux, c'est à lui que j'ai l'honneur d'envoier un poëme dont le sentiment fait tout le mérite ; il est d'un citoyen qui désireroit pour éterniser son âme, s'élever à cet art enchanteur, dont vous possédés seul l'heureuse magie. Il y a longtemps que vous devez être convaincu de ma vénération décidée pour vos talents. Vous avez cependant eu la foiblesse, vous qui vous élevez avec tant de force contre la calomnie de céder aux impostures absurdes et grossières de quelques écrivains obscurs qui se sont efforcés de me défigurer à vos yeux, vous m'avez condamné sur la foy de ces messieurs et même vous leur avez écrit sur mon compte des choses très-mortifiantes pour moi, et d'autant plus cruelles que je ne les mérite point. Si vous eussiez daigné jetter les yeux sur mon poëme de la *France sauvée* vous auriez vû que malgré notre refroidissement, l'écolier est toujours juste, et qu'il goûte toujours un nouveau plaisir à rendre hommage à son maître [2]. Si vous me

1. Le mois de mars, on le sait, a trente et un jours.
2. Baculard avait consacré à son maître un vers enthousiaste, qu'il accompagnait de cette note non moins hyperbolique : « M. de Vol-

faisiez le tort d'en douter, je pourrois vous en donner des témoins plus faits pour être crus d'un homme comme vous et d'une trempe plus noble que celle de ces reptiles qui s'enorgueillissent de vos politesses et qui ont la bêtise de les prendre pour des suffrages. Si le métier de délateur n'étoit pas au-dessous de tout être qui pense, je vous apprendrois des choses qui vous feroient regretter d'avoir pu prostituer votre plume à répondre à de telles espèces, mais je ne suis pas fait pour récriminer ; je ne veux que vous assûrer des sentimens éternels d'estime et d'admiration avec lesquels je serai toute ma vie, etc. [1].

Comment Voltaire reçut-il ces avances? L'on interrogerait vainement la correspondance générale et les nouveaux recueils de lettres qui viennent sinon compléter, du moins grossir encore un ensemble si formidable déjà. Nulles traces de d'Arnaud, en bien comme en mal. L'on regretterait, pourtant, que l'auteur de *Mérope* n'eût point été touché de ce bon mouvement, malgré une certaine rudesse de ton qui dissimulait mal son grand désir de rompre la glace et de rentrer en grâce. Nous n'avons pas la réponse de Voltaire ; mais, à coup sûr, il en fit une, et telle qu'on la pouvait espérer, après un silence de tant d'années. D'Arnaud, désormais, enverra ses nouveaux ouvrages à son ancien maître, qui les accueillera, de son côté,

---

taire est le premier poëte français qui ait dit des choses et non des mots. C'est le premier aussi, qui ait sçû tourner la maxime en sentiment, ses écrits ne respirent que l'amour de l'humanité, l'obéissance et le respect dû au souverain, la bonté du maître dûe à son peuple. Nul auteur n'a sçu mieux que lui combattre le fanatisme et la sédition, il les a rendus également odieux et ridicules. » La *France sauvée* (1757), p. 8. Nous sommes loin « du scélérat V., » et ses idées se sont singulièrement transformées, on en conviendra, depuis lors.

1. *Lettre inédite de Baculard d'Arnaud à Voltaire*, en lui envoyant son *Poëme à la Nation* ; le 29 mars 1762.

avec sa facilité ordinaire. Il venait de publier, après de Belloy, sa *Gabrielle de Vergy*, une tragédie en cinq actes et en vers, où, comme on le pense bien, il n'y avait point le mot pour rire. « C'est, nous dit Grimm, le même sujet traité par deux grands hommes également pauvres de génie, également impuissants, dont l'un se laisse aller à sa langueur, l'autre se démène comme un diable pour vous la dérober. Ce pauvre d'Arnaud croit que la frénésie de la passion est la même que celle qui résulte d'un dérangement d'organes ; il ne se doute pas de la liaison secrète qui existe entre les écarts de la passion, il croit qu'on n'a qu'à passer du blanc au noir et du noir au blanc pour avoir l'air d'un homme agité et ballotté par une passion violente. Son Fayel est un fou furieux qu'il faudrait enchaîner aux Petites-Maisons [1]. » Mais c'était là le genre de chefs-d'œuvre auquel applaudissait cette société blasée et affadie, qui prenait en si grande pitié les chevaux attelés au cadavre de Damiens et ne s'attendrissait qu'à bon escient, en dépit de cette factice sensibilité qu'elle affichait depuis la *Nouvelle Héloïse* et l'*Emile*. Et d'Arnaud avait, au degré le plus éminent, le talent faux et affecté qui convenait à ses lecteurs et à ses lectrices, à ses lectrices surtout, dont ses romans, ses héroïdes et ses pièces encombraient les toilettes.

Quoi qu'il en soit, Voltaire, à qui il avait adressé sa *Gabrielle*, ne fit pas attendre son remercîment. « J'ai

---

1. Grimm, *Correspondance littéraire* (Paris, Furne, 1829), t. VI, p. 374. 1er mars 1770.

l'honneur, lui écrivait-il par la main de Wagnière, d'être capucin, et, en qualité de moine, je vous dirai que votre moinesse de la Trappe m'a infiniment touché. Je bénis Dieu que le théâtre se soutienne par l'Église... On dit que la Comédie française est absolument tombée. La muse tragique se retire dans les couvents comme madame de La Vallière se retira aux Carmélites [1]. » Des compliments, du persiflage, une épigramme à l'endroit de la Comédie française, et aussi, sans que Baculard le soupçonne le moins du monde, à l'endroit des faiseurs de tragédies ; c'est là le Voltaire des bons jours, et il n'y a qu'à sourire à cette malice bénigne qui ne va pas jusqu'à érailler la peau.

En somme, ce qui importait, c'était de savoir si l'auteur de *Zaïre* s'était laissé désarmer par une démarche digne, honorable, méritoire, et qui témoignait d'un cœur affectueux et reconnaissant. Mais il eût été bien étrange que Voltaire, si clément, si miséricordieux envers tant d'autres, ne se fût montré impitoyable que pour le seul Baculard ; et nous n'avions pas besoin de la découverte de cette lettre inédite pour croire à un rapprochement qui nous semblait dès lors inévitable.

---

1. Charavay aîné, *Catalogue d'autographes*, du lundi 3 février 1868 (du docteur Michelin de Provins), p. 19, n° 198. Lettre de Voltaire à d'Arnaud ; 16 mars 1770.

FIN DE VOLTAIRE A LA COUR.

TABLE

I. — Madame d'Étioles. — Le Temple de la Gloire. — Rameau et Rousseau. — Les Fêtes de Ramire. — Semonce amicale. — Nouvelle passion du roi. — Mademoiselle Poisson. — Une mère avisée. — Prédiction accomplie. — Brillante éducation. — Enthousiasme de madame de Mailly. — Salon de madame d'Étioles. — Madame de Châteauroux. — Le pied de la duchesse de Chevreuse. — Mort de la favorite. — Reprise des courses dans la forêt de Sénart. — Rendez-vous dans Paris. — La rue Croix-des-Petits-Champs. — Naïveté du président Hénault. — Le cousin Binet. — La jeunesse d'Antoinette. — Désespoir de Le Normand. — Voltaire à Étioles. — Premier madrigal. — Bernis. — Ses assiduités auprès de la maîtresse du roi. — Don d'un logement aux Tuileries. — Le roi paye les clous. — Mission délicate. — Le brevet de marquise. — Idée fixe de Voltaire. — Déloyauté des États généraux. — D'Argenson charge le poëte de rédiger une protestation du gouvernement français. — Voyage de Fontainebleau. — Madame du Châtelet et les carrosses de la reine. — Elle se fait, sans s'en douter, une grosse affaire. — Un marchand de Londres. — M. Falkener. — Ambassadeur à Constantinople. — Un homonyme. — Démarche de Voltaire. — Offre d'aller en Flandre. — Indifférence simulée. — Retour du roi. — Le *Temple de la Gloire*. — Le grand couvert. — Louis XV ne dit mot à Voltaire. — Trajan est-il content? — Anecdote douteuse. — Manque de politesse du roi. — Madame de Pompadour et Agnès Sorel. — Maupertuis part pour la Prusse. — Les *Ennuis de Thalie*. — Curieuse lettre de Crébillon. — Transformation de la *Princesse de Navarre*. — La Ménagerie. — La Popelinière. — Collaborateur de Rameau. — *O ma tendre musette!* — Rousseau introduit chez le financier par Gauffecourt. — Représentation des *Muses rivales*. — Brutalité de Rameau.

— Seconde audition chez l'intendant des Menus. — Malveillance de madame de La Popelinière. — M. de Richelieu bienveillant pour Rousseau. — Premiers rapports de Jean-Jacques et de Voltaire. — Échange de politesses. — Nouveaux dégoûts. — Rousseau tombe malade. — N'assiste pas à la représentation des *Fêtes de Ramire*. . . . . Page 1

II. — VOLTAIRE A L'ACADÉMIE. — DISCOURS DE RÉCEPTION. — LE POÈTE ROI. — LES TRAVENOL. — Mort du président Bouhier. — Un fauteuil vacant. — Agrément de Louis XIV. — Activité de Voltaire. — Mot de Montesquieu. — Déchaînement des ennemis. — Pluie de libelles et de pamphlets. — *Discours prononcé à la porte de l'Académie par le directeur à M****. — Le *Triomphe poétique*. — Le poëte Roi. — Conseiller au Châtelet. — Arrêté et transféré à la Bastille. — Manie habilement l'épigramme. — L'un des faiseurs de calotines, avec Camusat et Piron. — S'attaque à tout. — Moncrif le bâtonne. — Voltaire glisse son nom dans l'*Epître sur la Calomnie*. — Roi décoré du cordon de Saint-Michel. — Il rime une satire intitulée *le Coche* contre l'Académie. — Enfermé à Saint-Lazare. — Le *Poëme de la Félicité* et la *Princesse de Navarre*. — Aversion profonde de Roi contre Voltaire. — Il est protégé par la reine. — Sa lettre au lieutenant de police. — Ses mœurs peu honorables. — Sa femme et le financier Le Riche. — Voltaire est élu. — Exaspération de ses ennemis. — Baillet de Saint-Julien. — La police mise sur pied. — Descente chez Mairault. — Saisie de ses papiers. — Le colporteur Phélizot fait des aveux. — Perquisition chez les libraires. — Nombreuses arrestations. — Discours de réception de Voltaire. — Universalité de la Langue française. — Critique plaisante. — Visite chez les Travenol. — Haine du violon contre l'auteur de *Zaïre*. — Arrestation du maître de danse. — Mauvais effet de cette mesure de rigueur. — Le père Travenol chez Voltaire. — Attendrissement passager. — L'abbé d'Olivet chargé d'apaiser le poëte. — Sa lettre à son frère. — Abus de confiance de Voltaire. — Il rend plainte contre Louis Travenol. — Mémoires du père et du fils. — L'avocat Mannory. — Un apologiste d'*Œdipe*. — Demande de secours. — Médiocre assistance. — Historique peu tendre de leurs relations. — L'abbé Prévost. — Générosité de Voltaire en faveur de Rameau. — Sentence du Châtelet. — M. Moreau avocat du roi. — Démarches du poëte auprès du magistrat pour obtenir une rétractation de Rigoley. — Elles n'aboutissent point. — Évocation au grand conseil. — Renvoi à la Tournelle criminelle. — Vers d'*Armide* parodiés par Travenol. — Portrait de celui-ci. — Nouveaux mémoires. — Factum de Mannory. — Confirmation du premier arrêt. — Les fournisseurs de Travenol. — Esprit inquiet et querelleur. — S'attaque à Jean-Jacques Rousseau. — Ses démêlés avec ses camarades. — Sa sortie de l'Opéra. — Circonstances atténuantes en faveur de Voltaire.. . . . . Page 45

III. — VAUVENARGUES ET MARMONTEL. — VOLTAIRE GENTILHOMME ORDINAIRE. — SÉJOUR A ANET. — Nature affectueuse de Voltaire. — Vauvenargues. — Se trouvait au siége de Prague. — Sa santé délicate. — Enthousiasme de Voltaire à son égard. — Ses efforts pour le servir auprès du ministre. — Leurs entretiens. — Douce influence de Vauvenargues. — Regrets que sa mort laisse dans le cœur de Voltaire. — Marmontel. — Envoi de l'ode sur *l'Invention de la poudre à canon.* — L'auteur de la *Henriade* y répond par des encouragements et des louanges. — Ivresse de l'élève de philosophie de Sainte-Catherine. — Départ pour Paris. — Première déception. — Le contrôleur général remercié. — Marmontel ne se décourage pas. — Bontés de Voltaire pour lui. — La duchesse du Maine et son âne. — Ouvertures faites au poëte. — Le château de Sorel. — L'abbé Le Blanc et les souliers de l'abbé Sallier. — Mot de Voisenon sur La Chaussée. — Les domestiques de madame du Châtelet. — Ils prennent la clef des champs. — Longchamp entre à son service. — Impudeur des femmes au XVIIIe siècle. — Le bain de la marquise. — Le cabaret de la *Maison Rouge*, de Chaillot. — Longchamp attaché à la personne du poëte. — Voyage de Fontainebleau. — Entrée en fonctions. — Voltaire à sa toilette. — Reçoit son brevet de gentilhomme ordinaire du roi. — Mauvais effet de cette faveur en Poitou. — Le chevalier de L'Huillière. — Un bon citoyen. — Épître de Voltaire sur la victoire de Lawfeld. — Voltaire et madame du Châtelet à Anet. — Plaisant récit. — Exigences d'Émilie. — Ridicules qu'on lui prête. — Sans-gêne des deux amis. — *Boursoufle.* — Madame du Châtelet parfaite dans le rôle de mademoiselle de la Cochonnière. — Départ de l'illustre couple. — Fontainebleau de 1747. — Le jeu de la reine. — Perte énorme de madame du Châtelet. — Mot imprudent de Voltaire. — Une société gangrenée. — Les fripons de qualité. — Le secrétaire de la comtesse de Beuvron. — M. de Thiars et la princesse de Monaco. — Panique de Voltaire et de la marquise. — Fuite précipitée. — Le charron d'Essonne. . . . . . . Page 97

IV. — FUITE A SCEAUX. — LES PETITS CABINETS. — PREMIER VOYAGE A LUNÉVILLE. — Voltaire trouve un refuge à Sceaux. — La ruelle de la duchesse du Maine. — Incognito rigoureux. — Le petit Savoyard. — Une bourse dans un soulier. — Désolation d'Antoine.

— La paix faite. — Arrivée de madame du Châtelet. — Voltaire délivré. — Représentation de la *Prude*. — Talents divers d'Émilie. — Billets d'entrée. — Mécontentement de la duchesse. — Bruits ridicules. — *Zadig*. — Prault et Machuel. — Stratagème de Voltaire. — Dépit des libraires. — Le poëte les apaise en leur abandonnant l'édition. — La troupe des Cabinets. — L'*Enfant prodigue*. — Madame de Pompadour joue le rôle de Lise. — Le duc de Chartres, MM. de Nivernais et de Gontaut. — La Comédie française vient prendre des leçons des Cabinets. — Entrées accordées aux auteurs. — Madame de Pompadour en informe Voltaire par un billet charmant. — Madrigal. — Voltaire chez Tournehem. — Le dîner de M. de Voltaire. — Laujon y assiste. — Coteries de la reine. — Mesdames de Luynes et de Tallard. — Indignation que soulèvent les vers adressés à la marquise. — Affection du roi pour Mesdames. — Petites intrigues de celles-ci. — Prétendus vers à la Dauphine. — Bruits d'exil. — Peu de sûreté des chroniqueurs. — A qui étaient adressés ces vers. — Départ pour la Champagne. — Carrosse brisé. — M. de Voltaire et madame du Châtelet contemplant les astres. — L'on reprend sa route. — Halte à la Chapelle. — Arrivée à Cirey. — Toute la société des environs accourt. — Lunéville. — Noble ambition de Stanislas. — Son portrait. — Comparé à Henri IV. — Ses châteaux. — Ne veut même pas qu'on lui fasse la révérence. — Le nain du roi de Pologne. — Bébé dans une boîte de tric-trac. — Exiguïté de son cerveau. — Ne sait pas son catéchisme. — But du voyage en Lorraine. — Le père Menoux. — Projets que lui attribue Voltaire. — La marquise de Boufflers. — Repartie de M. de la Galaizière. — La dame de Volupté. — Accueil empressé. — Emploi des journées. — Le marquis de Saint-Lambert. — Le roi ne l'aime point. — Voyage avorté. . . . . Page 137

V. — Madame du Châtelet et Saint-Lambert. — La cour de Lorraine. — Lunéville et Commercy. — Un amant transi. — Nature ardente de la marquise. — Longue résignation. — Les lettres que lui écrivait Voltaire. — Épreuves de l'abbé de Voisenon. — Première rencontre. — Point de départ des amours de madame du Châtelet et de Saint-Lambert. — Une harpe servant de boîte aux lettres. — Dom Calmet. — Voltaire lui annonce sa visite. — Il donne son programme. — Le carême suspend les plaisirs. — Anecdote ridicule que rapporte d'Argenson. — L'aumônier de Stanislas. — Ne sait pas son *Benedicite*. — Départ de madame du Châtelet. — Lettre incohérente. — Arrivée à Versailles. — La question des commandements. — Inquiétudes de la marquise. —

M. de Bercheny. — Heureuse solution. — M. du Châtelet obtient la charge de grand maréchal des logis. — Les Visitandines de Beaune. — La *Mort de César* au couvent de Saint-Martin. — Requête à Voltaire. — L'abbé de Chauvelin, l'un des appuis du poète, à la Comédie française. — Les deux amis quittent Paris. — Halte à Châlons. — L'hôtesse de la Cloche. — Un bouillon bien payé. — La cour de Lorraine à Commercy. — Invitation faite aux *anges*. — Plaisirs et fêtes. — Voltaire se multiplie. — Il vole le *fiat lux* au père Lemoine. — Une éclipse de soleil. — Le roi de Pologne à Trianon. — Rivalité de Voltaire et de Crébillon. — Admiration peu sincère du premier pour le second. — Démarches auprès du lieutenant de police. — Impartialité de la favorite. — Louis XV donne cinq mille francs pour la décoration de *Sémiramis*. — Encombrement ridicule de la scène. — Ce qu'en dit Voltaire. — Le marquis de Sablé et l'*Opéra au village*. — Le tombeau de Ninus. — *Messieurs, place à l'ombre!* — Désespoir de Voltaire. — Intervention bienveillante du magistrat. — Générosité du comte de Lauraguais. — Représentation de *Sémiramis*. — Le chevalier de la Morlière. — Son portrait. — Terreur qu'il inspirait. — Succès disputé. — Voltaire et le prince de Wurtemberg. — Le café Procope. — La défroque de l'abbé de Villevieille. — Invraisemblable longanimité de Voltaire. — Crébillon à Choisy. — Ingratitude des comédiens. — Vers supprimés par le censeur. — Voltaire obtient qu'on les restitue. . . . . Page 177

VI. — Sémiramis. — Les soldats de Corbulon. — Voltaire a Chalons. — Lettre a la reine. — Voltaire quitte Paris contre l'avis de ses amis. — Tombe malade à Châlons. — L'évêque et l'intendant viennent le voir. — Le souper de Longchamp. — Voltaire se laisse tenter. — Arrivée à Lunéville. — Prompt rétablissement. — Mesdames du Châtelet et de Boufflers à Plombières. — Incommodités du lieu. — Rapports quelquefois aigres des deux amants. — Menaces de rupture. — L'arme favorite de Saint-Lambert. — Une épître de madame d'Houdetot. — Les Italiens préparent une parodie de *Sémiramis*. — Émoi de Voltaire. — Lettre à la reine. — Défaite de Marie Leczinska. — Son attitude différente à l'égard de *Mariamne*. — Démarches sur démarches. — Il se retourne vers M. Berrier. — Rouerie innocente. — *Sémiramis* à Fontainebleau. — Boileau et *la Satyre des Satyres*. — La parodie écartée à Fontainebleau. — Projet de la donner à Paris. — Nouvelles démarches du poète. — Réplique sèche de M. de Maurepas. — Quitte pour la peur. — Petits nuages. — Une visite inopportune. — Voltaire découvre qu'il est trahi. — Accablé d'injures l'infidèle. — Saint-Lambert se met à sa disposition. — Préparatifs de départ. — Explication entre la marquise et Voltaire. — Logique étrange. — Voltaire désarmé. — Il pardonne. — Réconciliation des deux rivaux. — Légèreté du poëte. — Épître à Saint-Lambert. — Voltaire gagne un ami. — Distique de Gilbert. — *Histoire de la guerre de* 1741. — Lecture qu'en fait Voltaire à Lunéville. — Épisode des Stuarts. — Arrestation du prétendant. — Indignation de l'écrivain. — Assertion erronée de Longchamp. — Maison de plaisance de M. de Châlons. — L'on se met au jeu. — Impatience des postillons. — Obstination de madame du Châtelet. — Une partie de comète prolongée jusqu'au soir. — Terrible révélation. — Grossesse de la marquise. — Conciliabule. — Comédie peu édifiante. — Enchantement de M. du Châtelet. — Voltaire et Émilie à Paris. — Le poëte entre deux rois. — Le *Philosophe chrétien*. — Stanislas consulte sa fille. — Le *Panégyrique de Louis XV*. — L'Académie à Versailles. — Brouille de Voltaire et de M. de Richelieu. — Ils se raccommodent. — Libéralité de l'éloge. Page 217

VII. — Catilina. — Newton et Saint-Lambert. — Nanine. — Un sermon de Voltaire. — *Catilina*. — Importance que l'on attachait à la cour à son succès. — Madame de Pompadour y assiste. — Louis XV s'informe avec empressement du sort de la pièce. — Suppression réclamée par la marquise. — Les admirateurs de Crébillon. — Ce que Montesquieu pense de *Catilina*. — Profonde rancune de Voltaire. — L'*Aristomène*, de Marmontel. — Étrange méprise. — Un madrigal en prose. — Ce que raconte Duclos à ce sujet. — Illusion de la favorite. — Une dernière grâce. — Voltaire se défait de sa charge de gentilhomme ordinaire. — Le roi lui en conserve le titre. — Vie mondaine d'Émilie. — Agitations de son âme. — Fait part de son état à madame de Boufflers. — Stanislas à Trianon. — Madame du Châtelet l'y suit. — Se fait envoyer sa garde-robe. — Mécontentement de Saint-Lambert. — Verte réplique de la marquise. — Bontés de Stanislas pour elle. — Départ du roi de Pologne. — Retour d'Émilie à Paris. — Un devoir d'honneur. — Complète séquestration. — Mère coupable. — M. du Châtelet dans le tête-à-tête. — Emploi des heures. — Clairaut vient en aide à la marquise. — Une partie des journées consacrées à vérifier les calculs. — Voltaire en appétit. — Le quart d'heure de grâce. — Il s'impatiente. — Une scène de Voltaire. — Souper silencieux. — Gêne de chacun. — La tasse cassée. — Fureur d'Émilie. — Réconciliation coûteuse. — Le poëte chez madame d'Argental. — Sa facilité à s'apaiser. — Dévouement sincère de d'Argental. — Il vit de Voltaire. — Ce que dit de lui Marmontel. —

Indépendance des amis de Voltaire. — Le triumvirat. — *Nanine*. — Un mauvais voisin. — Sollicitations du roi de Prusse. — Fins de non-recevoir de Voltaire. — L'abbé d'Arty. — Le *Panégyrique de saint Louis*. — Démarche près de Voltaire. — Voltaire fabricateur de sermons. — Rousseau, Diderot et Mercier. — Rapide séjour à Cirey. — Un fantôme de souverain. — Ce que fut M. de la Galaizière. . . . . Page 257

VIII. — L'abbé Porquet. — Voltaire pris par famine. — Couches de la marquise. — Sa mort. — Embellissements de Lunéville. — Stanislas aime à bâtir. — Sa sobriété. — Société intime du roi de Pologne. — L'abbé Porquet. — Sa petite personne. — Huitain de madame de Boufflers. — Saint-Lambert et l'abbé de Bernis attelés au même poëme. — Les rigoristes et les mondains. — Générosités dont le père Menoux est l'objet. — Saillie de M. de Tressan. — Vengeance du père. — *Petit-train*. — M. Alliot. — Éloges que fait de lui l'*Année littéraire*. — Madame Alliot met Voltaire à la porte. — Ce que lui dit le poëte. — Dépense de Stanislas. — Administration un peu étroite du conseiller aulique. — Voltaire ne s'arrange pas du régime. — Il flaire la malveillance. — Sa résolution d'en finir avec ces tracasseries. — Petits billets aigres. — Sont sans réponse. — Il s'adresse à Stanislas. — Réplique d'Alliot. — En quoi Virgile et M. de Voltaire diffèrent. — De quel côté sont les torts. — Tout s'arrange. — Dénoûment prochain. — Défaillances de madame du Châtelet. — Pressentiments sinistres. — Attitude de Saint-Lambert. — Dernière lettre d'Émilie. — Ses couches. — Transports de Voltaire. — Annonce à tous leurs amis cet heureux résultat. — La fièvre de lait. — Le verre d'orgeat à la glace. — Effet désastreux de cette boisson. — Regnault, Salmon et Bayard sont appelés. — Mort de madame du Châtelet. — Consternation générale. — Désespoir de Voltaire. — Légende de la bague. — La cassette de la marquise. — *Emiliana*. — Curiosité de M. du Châtelet punie. — Auto-da-fé de ces papiers. — Longchamp trouve moyen d'en dérober quelques-uns aux flammes. — La correspondance de Voltaire avec Émilie. — Qui accuser de sa destruction ? — Explications de Longchamp. — Ne sont pas concluantes. — Saint-Lambert avait seul intérêt à la faire disparaître. — Les lettres de Jean-Jacques à madame d'Houdetot. — Aveu de l'auteur des *Saisons*. — Plus de quolibets que d'épithalames. — Epitaphe. — Justice rendue à la marquise par Maupertuis. — Son éloge par Voltaire. — Peu de penchant de madame du Châtelet pour l'histoire. — Son influence sur les travaux de son ami. — Aptitude de Voltaire pour les sciences. — Heureuse période de Cirey. — Bénéfices de cette existence en commun. — Honneurs rendus à la marquise. — Incertitudes de Voltaire. — Départ pour Cirey. — Un problème insoluble. . . . . Page 297

IX. — RETOUR A PARIS. — ORESTE. — L'HÔTEL DE CLERMONT. — LE KAIN. — Déménagement laborieux. — Emballage de la bibliothèque, des statues et des instruments de physique de Voltaire. — Sa générosité envers M. du Châtelet. — Départ de Cirey. — Séjour à Reims chez M. de Pouilli. — Un copiste bel esprit. — Madrigal sur *Catilina*. — M. Tinois. — La maison de la rue Traversière. — Voltaire la prend à son compte. — Voltaire se console. — Longchamp s'en attribue le mérite. — Cause plus vraisemblable. — Le *Catilina* de Voltaire. — Achevé en huit jours. — Impatience fiévreuse du poëte. — Difficultés présumables de la lutte. — Il réclame de la part de la favorite une neutralité bienveillante. — Une lecture chez d'Argental. — *Oreste* substitué à *Catilina*. — Le mot de l'énigme. — Le visa de Crébillon. — Dangers que couraient chez lui les manuscrits. — La mégère de Villeneuve. — Les dix chats et les vingt-deux chiens du vieux tragique. — Démarche de Voltaire. — Fière réponse de Crébillon. — Les billets de parterre. — Un vers d'Horace. — Plaisanterie renouvelée de la *Pélopée* de l'abbé Pellegrin. — Première représentation d'*Oreste*. — Médiocre succès. — Voltaire interpelle le public. — Corrections jugées nécessaires. — Lettres à mademoiselle Clairon. — Les princesses de théâtre. — Le public plus favorable. — Griefs peu fondés de Voltaire contre Jean-Jacques. — Le petit Rousseau. — Scène que lui fait Voltaire. — Intervention de madame Le Bas. — Parodies et facéties sur *Oreste*. — Madame Denis installée rue Traversière. — Auteur dramatique. — Craintes de son oncle. — L'amour du théâtre. — A existé de tout temps en France. — Les hôtels de Soyecourt, de Jabach et de Clermont. — Comédie bourgeoise. — Jalousie des comédiens français. — L'abbé Chauvelin. — Composition de la troupe d'amateurs. — Le *Mauvais Riche*. — Le futur Roscius. — Chaleureuse réception. — Prétentions de Longchamp. — Voltaire et mademoiselle Baton. — Le vestiaire de la Comédie française. — *Rome sauvée*. — Chambrée complète. — Retentissement de ces représentations. — Comédiens de qualité. — *Alzire* aux Cabinets. — Étrange tournure d'esprit du roi. — Un impromptu. . . . . Page 337

X. — FRÉRON. — UN PENSIONNAIRE DE FRÉDÉRIC. — ROME SAUVÉE. — ÉCHANGE DE MADRIGAUX. — Le successeur de Desfontaines. — Fréron. — Ses débuts avec Voltaire. — Maligne exhibition. —

Fréron s'attaque à l'abbé de Bernis. — Suppression de ses feuilles. — Le journaliste à Vincennes. — Les *Métamorphoses* et les *Miracles de saint Ovide*. — Le président Claris. — *Lettres sur quelques écrits de ce temps*. — Nouvelles attaques. — Exaspération de Voltaire. — Fréron proposé à Frédéric comme correspondant. — Sa biographie par Voltaire. — L'abbé Raynal sur les rangs. — Évidentes exagérations. — Thiériot. — En instances pour être payé. — S'adresse à Voltaire. — Dumolard réduit au même régime. — Requête en vers. — Thiériot remercié. — N'obtient aucun salaire. — Louis XV piqué au vif. — D'Alembert pensionné par le roi de Prusse. — Ce que Louis XV a fait pour Voltaire. — Louis XIV et les gens de lettres. — Pierre Morand succède à Baculard. — Le théâtre de la rue Traversière. — Regrets tardifs des comédiens. — Sont admis aux représentations. — Hésitation de madame du Maine. — Obstacles écartés. — Jeu pathétique de Voltaire. — Lentulus Sura. — La Chaussée méchant et envieux. — *Cénie*. — Madame de Grafigny réconciliée avec Voltaire. — Rapprochement entre le poëte et les comédiens. — Départ de Baculard pour Berlin. — Ses relations. — Échange de flatteries. — Modestie de Baculard. — Marmontel et Thiériot chez Voltaire. — Un nouvelliste officieux. — Piquant dialogue entre Voltaire et Thiériot. — Le *couchant* de Voltaire et l'*aurore* de Baculard. — La question d'argent. — Conditions du voyage. — Acceptées de bonne grâce par Frédéric. — Une Danaë édentée. — Causes déterminantes. — Esprit envahissant de Voltaire. — Il voudrait régenter les Cabinets. — La caille de madame de Pompadour. — Grassouillette. — Le poëte à Compiègne. — Réponse du plus grand roi du Midi. — Avances de la favorite près du roi de Prusse. — Étrangement accueillies. . . . . Page 381

XI. — Voltaire a Postdam. — Carrousel. — D'Arnaud chassé. — Départ de Compiègne. — Séjour forcé à Clèves. — Arrivée en Prusse. — Postdam. — N'est pas une ville de plaisirs. — Enthousiasme des premiers jours. — Imprévoyance de l'avenir. — Mutuel optimisme. — Carrousel. — Fêtes splendides. — Voltaire chambellan du roi de Prusse. — Improbation de d'Argental. — Froideur de madame Denis. — L'église Saint-Barthélemy et l'opéra de Berlin. — Frédéric battu en brèche. — Lettre qu'il écrit à Voltaire. — Séductions de Paris. — Le musicien Griff. — Madame Denis et le noble Génois. — Un créancier mal élevé. — Infidélité de Longchamp. — Elle ôte de l'autorité à ses récits. — Démarche du roi de Prusse auprès du roi de France. — L'historiographie donnée. — Dépit qu'en ressent Voltaire. — Mécontentement du roi et de madame de Pompadour. — Jugement du public. — Plus de Bastille pour le poëte. — Blâme des politiques. — Le fameux Prussien. — Châteaux en Espagne. — *Chie-en-pot-la-perruque.* — Entraînement légitime. — Baculard d'Arnaud. — Écrit comme un chat. — Affection que lui témoigne Voltaire. — Grands airs qu'il se donne. — Une sentence digne de Plutarque. — Baculard représente un garde dans *Mariamne.* — Il n'y a pas de petits rôles. — Mauvais procédés. — Préface désavouée. — Opinion de Formey. — Lettre de d'Argental. — Dialogue entre l'abbé Desfontaines et d'Arnaud. — Voltaire exige le départ de Baculard. — Le roi cède. — Baculard chassé. — Triomphe peu convenable de Voltaire. — Une prophétie de Collé. — D'Arnaud se retire à Dresde. — Y est bien accueilli. — Nommé conseiller de légation à la cour de Saxe. — *Poëme à la Nation.* — Éloges exagérés de Piron. — Rancune implacable de ce dernier à l'égard de l'auteur de *Zaïre.* — Une tentative honorable. — *Gabrielle de Vergy.* — La muse tragique au couvent. — Oubli du passé. . . . . Page 429

FIN DE LA TABLE.

ERRATUM

P. 295, ligne 11, — au lieu de : « Stralsund » lisez : « Frederickshall. »

Paris. — Imp. de P.-A. BOURDIER, CAPIOMONT fils et Cⁱᵉ, rue des Poitevins, 6.